Martin Baierl / Kurt Frey (Hg.)

Praxishandbuch Traumapädagogik

Lebensfreude, Sicherheit und Geborgenheit
für Kinder und Jugendliche

3., unveränderte Auflage

Vandenhoeck & Ruprecht

Dieses Buch ist all jenen Jungen und Mädchen gewidmet, denen wir trotz aller Sorgfalt nicht gerecht werden konnten und können.

Ich bitte um Entschuldigung.
Es tut mir leid.
Ich liebe dich.
Danke.

Diese traditionellen Worte entstammen dem »Hoʻoponopono«, einem traditionellen Aussöhnungsritual aus Hawaii.

Mit 23 Abbildungen und einer Tabelle

Bibliografische Information der Deutschen Nationalbibliothek

Die Deutsche Nationalbibliothek verzeichnet diese Publikation in der Deutschen Nationalbibliografie; detaillierte bibliografische Daten sind im Internet über http://dnb.d-nb.de abrufbar.

ISBN 978-3-525-40245-0

Weitere Ausgaben und Online-Angebote sind erhältlich unter: www.v-r.de

Umschlagabbildung: colourbox.com

© 2016, 2014, Vandenhoeck & Ruprecht GmbH & Co. KG, Theaterstraße 13, 37073 Göttingen /
Vandenhoeck & Ruprecht LLC, Bristol, CT, U.S.A.
www.v-r.de

Satz: SchwabScantechnik, Göttingen
Umschlag: SchwabScantechnik, Göttingen
Druck und Bindung: ⊕ Hubert & Co. GmbH & Co. KG,
Robert-Bosch-Breite 6, 37079 Göttingen

Gedruckt auf alterungsbeständigem Papier.

Inhalt

Hans Meyer

Geleitwort

Wertewandel und Werteverlust, sich verändernde Familienbilder, beengte Wohnverhältnisse oder auch berufliche Realitäten bis hin zur Medienvielfalt beeinflussen die Entwicklung vieler Kinder und Jugendlicher – in manchen Fällen leider sehr negativ. Aufgabe der Erziehungshilfe ist es, entsprechende Erziehungs und Förderangebote anzubieten, damit die weitere Entwicklung der Kinder und Jugendlichen positiv verlaufen kann.

Besonders in der stationären Jugendhilfe finden wir immer wieder kindliche und jugendliche Verhaltensweisen, die von den beiden Psychologen Haim Omer und Arist von Schlippe in ihrem Buch »Autorität durch Beziehung« unter anderem wie folgt beschrieben werden: »[…] manche Eltern und Erzieher sehen sich bei ihrem Kind oder Jugendlichem einem Ausmaß an Dominanzstreben, Aggression und selbst-zerstörerischem Potenzial gegenüber, das sie auf eine besondere Weise herausfordert und an ihre Grenzen bringt. […] Neben Provokationen, wütenden Ausbrüchen, riskanten und selbst zerstörerischen Akten, Gewalt gegen andere, sich selbst und irgendwelche Gegenstände, Schulabbruch, Schulschwänzen und so weiter, ist es vor allem die Neigung, aus der kleinsten Kleinigkeit einen heftigen und unversöhnlichen Machtkampf zu machen« (Omer u. von Schlippe, 2006, S. 229).

Diese und ähnliche Verhaltensweisen von Kindern und Jugendlichen überfordern Eltern und Erzieher nicht selten, werden oft auch als Gewalt erlebt und machen hilflos. In dieser Hilflosigkeit ist Gegengewalt nicht angezeigt. Es ist hinlänglich bekannt, dass entsprechende Konzepte in der stationären Erziehungshilfe auch keinen Erfolg bringen.

Betrachten wir dagegen traumatisierte Kinder und Jugendliche als verletzte Kinder und Jugendliche und nicht als Täter und Störenfriede, sind wir aufgerufen, gewaltfreie Erziehung zu betreiben, empathisch zu sein und sie zu verstehen. Traumapädagogische Arbeit bedeutet in diesem Zusammenhang nicht, einzelne Methoden und Techniken einzuüben, sondern eine Verbindung verschiedener Aktionen zu leisten. Uns selbst müssen wir deshalb fragen: Schaffen wir ein entsprechendes Lebensklima? Haben wir eine diesbezügliche Erziehungshaltung, beteiligen wir Kinder und Jugendliche an Entscheidungen, die ihre Lebenssituation beeinflussen? Wie entlassen wir Kinder und Jugendliche wieder zu ihren Eltern oder in die Selbständigkeit?

Es ist daher ausdrücklich zu begrüßen, dass sich das LWL-Heilpädagogische Kinderheim Hamm intensiv mit der Traumapädagogik in mehreren Fortbildungen für interne wie externe Mitarbeiter und Mitarbeiterinnen sowie in der täglichen Erziehungsarbeit beschäftigt. Die so gewonnenen Erfahrungen spiegeln sich auch in diesem Band wider, der in Zusammenarbeit zwischen den Fortbildungsteilnehmenden und dem Referenten Herrn Baierl entstanden ist.

Hans Meyer
Landesrat Landschaftsverband Westfalen Lippe (LWL):
Landesjugendamt, Schulen, Koordinationsstelle Sucht

Literatur

Omer, H., Schlippe, A. von (2004). Autorität durch Beziehung. Göttingen: Vandenhoeck & Ruprecht.

Martin Baierl

Zum Rahmen dieses Buchs

Die Idee zu diesem Band entstammt der Erfahrung und Freude darüber, wie hochprofessionell manche Teilnehmer der Weiterbildungen zum Traumapädagogen bereits vor Beginn der Weiterbildung mit traumatisierten Kindern und Jugendlichen umgingen. Andere konnten die Inhalte schnell in die eigene Arbeit integrieren und bieten traumatisierten Jungen und Mädchen hochwirksame und heilsame Lebensräume. Dieses Buch bündelt den aktuellen Stand psychotraumatologischer pädagogischer Ansätze mit dem reichen Erfahrungsschatz von Praktikern. Es bietet Haltungsaspekte, theoretische Hintergründe, Sichtweisen und in der Praxis vielfach bewährte Methoden.

Sinnvolle Pädagogik hängt immer auch mit Settings und der Individualität von Mitarbeitern wie Betreuten zusammen. Daher war es ein Anliegen, dass in den einzelnen Kapiteln die Autoren mit ihren Besonderheiten und spezifischen Expertisen sichtbar bleiben. Dies soll auch dazu anregen, dass die Leser die Inhalte dieses Bandes mit der eigenen Person, Fachlichkeit und Arbeitsstelle abgleichen, um einen eigenen professionell wirksamen Umgang damit zu entwickeln.

Der besseren Lesbarkeit halber wurde in diesem Band fast durchgehend die männliche Form als Bezeichnung für Mitarbeiter und Betreute gewählt. Selbstverständlich sind damit immer Frauen und Männer bzw. Mädchen und Jungen gemeint. Ebenso wird »Erzieher« oder »Pädagoge« hier umfassend als Überbegriff für alle Berufsgruppen verwendet, die erzieherischen Aufgaben nachkommen.

Mein besonderer Dank gilt Daniela Herber für die Gestaltung aller organisatorischen Aspekte der Fortbildungen, aus denen dieses Buch erwachsen ist, sowie meinem Bruder Udo Baierl für die Gestaltung der Grafiken zur professionellen Nähe. Und natürlich meiner Frau Désirée für ihre Inspiration, das kritisch-konstruktive Gegenlesen der Kapitel und das Augenzwinkern der Sterne.

Mehr zu Vorträgen, Workshops und Weiterbildungen rund um das Thema Pädagogik mit psychisch auffälligen jungen Menschen finden Sie unter www.vonwegen.org.

Kurt Frey

Vorwort: Traumapädagogik und Jugendhilfe

Jugendhilfe unterliegt Gesetzmäßigkeiten, die primär extern entschieden werden, die Arbeit aber entscheidend beeinflussen. Daher ist der Fokus auf die Struktur der Hilfe, die Konzeption der Einrichtung, das Personal zu richten.

Die Notwendigkeit, mit traumatisierten Kindern und Jugendlichen in der stationären, aber auch in der ambulanten Jugendhilfe pädagogisch zu arbeiten, wurde in den letzten Jahren deutlich betont. Entsprechende Konzepte wurden vorgestellt und in der Realität erprobt (Schmid, Wiesinger, Lang, Jaszkowic u. Fegert, 2007, S. 330–357). Die Wirklichkeit der Jugendhilfe und insbesondere der stationären Jugendhilfe, der Heimerziehung, lassen häufig Zweifel aufkommen, ob die Rahmenbedingungen zur erfolgreichen Arbeit mit traumatisierten Kindern und Jugendlichen günstig sind und den Anforderungen genügen. Damit diese Worte nicht nur missverständlich empfunden werden, soll natürlich nicht übersehen werden, dass die Heimerziehung in den letzten Jahren viele unterschiedliche Formen der Betreuung und Erziehung und unterschiedliche Gruppengrößen hervorgebracht hat. In einem Punkt treffen sich allerdings kleinere und größere Gruppen, Regel- und Intensivwohngruppen. Bei allen unterschiedlichen Formen handelt es sich immer um institutionell geprägte Lebensformen, die ihrerseits wieder Gesetzmäßigkeiten unterliegen, die Nähe, Bindung, Kontinuität und Sicherheit manchmal infrage stellen.

Rahmenbedingungen wie finanzielle Ausstattung, Personal und konzeptionelle Gestaltung der pädagogischen Arbeit sind wichtige Indikatoren für die Arbeit mit traumatisierten Kindern und Jugendlichen. Stationäre Jugendhilfe zählt im Kontext der Jugendhilfe zu den kostenintensiveren Maßnahmen der Hilfen zur Erziehung und nicht wenige Kommunen beklagen die entsprechenden Kostensteigerungen und unternehmen erhebliche Anstrengungen diese Kosten zu senken. Dies ist jedenfalls in den jährlichen Pflegesatzverhandlungen deutlich zu spüren. So ist in einer Stellungnahme des Berufsverbands für Erziehungshilfe e. V. (AFET) nachzulesen: »Die Leistungen für soziale Aufgaben bilden seit vielen Jahren in den kommunalen Haushalten einer der größten Ausgabenblöcke. Der Deutsche Städtetag hat in seinem Gemeindefinanzbericht 2012 ein weiteres Mal feststellen müssen, dass sich der Anstieg der Ausgaben für soziale Leistungen ungebremst fortsetzt. Die sozialen Leistungen hatten im Jahre 2009 erstmals die 40-Milliarden-Euro-Grenze überschritten, mittlerweile liegen sie im Jahre 2012 bei nahezu 45 Mrd. Euro. Neben der Eingliederungshilfe für Menschen mit Behinderungen sind es insbesondere auch die Hilfen zur Erziehung, die in den Kommunalhaushalten zu Buche schlagen und große Steigerungen aufweisen« (Göppert, 2013, S. 32). Diese vielerorts geführten Diskussionen betrachten primär die Kostenseite und weniger die inhaltliche Arbeit mit Kindern, Jugendlichen und deren Familien. Zusätzlich wird die Arbeit in der stationären Erziehungshilfe dadurch erschwert, dass ihr wenig Effektivität und Erfolg zugeschrieben wird. Und dies, obwohl die Effektivität von Jugendhilfemaßnahmen sowie die Rahmenbedingungen, welche effizientes und effektives Arbeiten erlauben, mittlerweile gut belegt sind (z. B. Macsenaere u. Knab, 2004).

So finden sich in Äußerungen von Sozialpädagoginnen immer wieder folgende Beschreibungen der alltäglichen Wohngruppenarbeit: »Drängende Personalnot, verbunden mit der Schwierigkeit, gut ausgebildetes, motiviertes Personal für den stationären Bereich zu finden, Belegungsprobleme in den Gruppen, die einhergehen mit Belegungsdruck seitens der Gesamtleitung, denn Belegung sichert existenziell das Überleben von Einrichtungen (Entgeltvereinbarungen decken bei Regelbelegung nicht mehr die laufenden Kosten!). Anfragesituationen, die immer mehr schwierige, schwierigste Kinder mit einer Fülle von Institutionserfahrungen ›auf den Schreibtisch‹ bringt, die hoch traumatisiert, verwahrlost in jeder Sicht sind, die mit wenigen Lebensjahren eine Bürde und Last an Erfahrungen mitbringen, denen mancher Erwachsene nicht gewachsen wäre. Im besten Fall kämpfen und ringen sie mit allen Mitteln um ihre Lebensberechtigung und ihre Lebensart oder – noch schlimmer – sie haben dieses Ringen fast schon aufgegeben« (Albert, 2012, S. 31).

Die hier angedeuteten Rahmenbedingungen, die die Wirklichkeit von Heimerziehung bedingen, sind nicht von ihr zu vertreten, sondern haben gesellschaftliche Wurzeln. So wird in einem Papier des Bayerischen Landesjugendhilfeausschusses die Auffassung vertreten, dass rückläufige Kinderzahlen nicht zwangsläufig zu sinkenden Jugendhilfekosten führen. »Die demografische Entwicklung erfordert vielmehr eine gezielte Mittelkonzentration in Jugendhilfemaßnahmen als wichtige Investition in die Zukunft. Wenn es zutrifft, dass die Leistungsadressatinnen und -adressaten zu einem signifikanten Anteil Alleinerziehendenhaushalte und Empfängerinnen und Empfänger von Transferleistungen sind, die Entwicklung der Inanspruchnahme von Hilfeleistungen also mit prekären Lebenslagen und sozialen Belastungsfaktoren zusammenhängt, ist nicht der Jugendhilfe der Vorwurf zu machen, dass die Kostenentwicklung aus dem Ruder läuft. Indikatoren wie Arbeitslosigkeit, verfügbare Einkommen, Wohnsituation, Kriminalität, Scheidungsraten oder Migrationsanteil müssen auf der Basis einer differenzierten Sozialraumanalyse mittels eines qualifizierten Fachcontrollings in ihren Auswirkungen auf die Entwicklung der Fallzahlen in der Erziehungshilfe geprüft werden. Sozialstrukturdaten und Jugendhilfeaufwand stehen fachlich zwar in einem kausalen, jedoch mit Blick auf die Wirkung jugendhilfeplanerischer Steuerungsimpulse nicht notwendig [in einem] linearen Zusammenhang. Einer näheren Betrachtung bedürfen daher auch Verfahrenstraditionen und Zuweisungspraktiken zwischen örtlichen Jugendämtern, die innerhalb von Clustern durchaus vergleichbar sind« (Bayerischer Jugendhilfeausschuss, 2013, o. S.).

Nun hilft es den betroffenen Kindern und Jugendlichen wenig, wenn wir einerseits die vorherrschenden Rahmenbedingungen bedauern und gesellschaftliche Zustände beklagen und andererseits in bekannter Selbstüberforderung Kindern und Jugendlichen im Rahmen der bestehenden Bedingungen gerecht werden wollen. Aufgabe der Pädagogik ist es, nicht für alle vorhandenen Rahmenbedingungen Verantwortung zu übernehmen, sondern nur primär für die Entwicklung geeigneter Konzepte und Ausbildungs- und Fortbildungsinhalte, die dann auch mithilfe anderer Verantwortlicher umgesetzt werden können. In den folgenden Ausführungen sollen einige Arbeitsfelder näher betrachtet werden und es soll versucht werden einen veränderten Fokus anzulegen. Fremdunterbringung geschieht in der Regel im Kontext von Heimerziehung oder dem Pflegekinderwesen: »Heimerziehung ist institutionelle Erziehung und unterliegt in erster Linie den Gesetzmäßigkeiten einer Organisation. Die Pflegefamilie dagegen ist ein privater Bereich, in den ein Organisationsteil hineinwirkt, der Fachberater des Jugendamtes oder eines beauftragten Dienstes. Vergleicht man beide Lebensformen, so ergeben sich deutliche Unterschiede. In der Organisation sind Beziehungen aufgeteilt, hängen stark an Strukturen, z. B. dem Dienstplan und der sonstigen Arbeitsorganisation und sind jeder Zeit kündbar. In der Organisation dominieren Handlungsstrukturen und Handlungsabläufe« (Wolf, 2013a, S. 20 ff.; Wolf, 2013b). Wolf spricht hier zu Recht von der »Kolonialisierung der Pflegefamilie. Die Pflegefamilie wird durch die Fachleute und dem Hilfeplan fremdbestimmt. Sie wird zum Dienstleister und Ziele werden operationalisiert und bürokratisch geplant und kontrolliert. Die Pflegefamilie hat die Planung umzusetzen und die Erwartung der Sozialen Dienste zu erfüllen. Leistet sie das nicht, kann ihr der Auftrag (und damit das Kind) entzogen werden« (Wolf, 2013b).

Ähnliches wiederholt sich in der Pflegefamilienvorbereitung, in der in erster Linie die Vorstellungen der Experten an die Pflegefamilie herangetragen werden und weniger deren Erziehungsverständnis, beispielsweise mit gruppendynamischen Methoden, reflektiert wird. Die Arbeit mit traumatisierten Kindern gewinnt dann an Kraft, wenn die Pflegefamilie ihre private Leistungsfähigkeit entfalten kann und nicht zur Quasiinstitution verkommt. Ein die Kraft der Pflegefamilie unterstützendes Modell ist das Dienstleistungsmodell. Nicht die Pflegefamilie ist der Dienstleister für das Jugendamt, sondern der Fachberater für die Pflegekinder und Pflegefamilie. Hierzu schreibt Wolf: »Die Adressaten der Dienstleistungen und damit die potenziellen Nutzer sind die Pflegefamilie und alle ihre Mitglieder: die Pflegeeltern, die leiblichen Kinder der Pflegeeltern und die Pflegekinder. Je nach Aufgabenzuschnitt werden auch die Mitglieder der Herkunftsfamilie zu Adressaten. [...] Hier kommen die Sozialen Dienste ins Spiel. Sie stellen sich der Aufgabe, den Menschen die Ressourcen zugänglich zu machen, die ihnen bei der Bewältigung ihrer besonderen Probleme nützlich sind und die sie in anderen Kontakten nicht finden. Dafür entwickeln sie Arbeitsbündnisse mit den Familienmitgliedern. Wenn sie diese Ressourcen durch professionelle Mitarbeiter bekommen, dann haben wir ein Dienstleistungsverhältnis. Die Mitarbeiter übernehmen nicht die Regie in der Familie, sondern sie können z. B. ihr professionelles Wissen als Professionelle bei der Erziehungsberatung, der Suche und Finanzierung von therapeutischen Hilfen, des Dechiffrierens merkwürdiger Verhaltensweisen des Kindes sowie bei der Ermutigung und der Restabilisierung von Sinnkonstruktionen von Pflegeeltern zur Verfügung stellen. [...] Die Professionellen können das private Leben unterstützen, erleichtern, fördern, sie können einen Puffer bilden zu belastenden Interventionen« (Wolf, 2013b). Wolf fasst zusammen: »Je leistungsfähiger ein Dienst ist, desto umfassender respektiert er das Eigenartige des privaten Lebens. Je weniger leistungsfähig ein Dienst ist, desto stärker fordert er die Professionalität des privaten Lebens« (Wolf, 2013b).

Hier gilt es im Sinne traumatisierter Kinder umzudenken und die Vielfalt und Kraft der privaten Erziehung nicht durch missverstandene Professionalisierung der Pflegefamilie zu schwächen. Vielmehr gilt es, dass Kraftspendende der Familie zur Gesundung traumatisierter Kinder zu nutzen und durch Professionalität der entsprechenden Fachberatung abzusichern. Wie bereits angeführt, entspricht Heimerziehung dem Handeln einer Organisation. Hierbei sollte nicht überlegt werden, wie privates stärker in die Institution eingebunden werden kann, sondern wie Organisationsstrukturen und pädagogische Haltungen und Abläufe beeinflusst und verändert werden können, damit eher Rahmenbedingungen entstehen, die Bindung, Kontinuität und Sicherheit erlebbar werden lassen.

Wichtig erscheint, die künstliche Trennung zwischen Intensivwohngruppen und Regelwohngruppen aufzulösen. Damit könnte auch verhindert werden, dass sich in bestimmten Wohngruppen nur sogenannte Schwierige versammeln. Ebenfalls ist die Aufteilung in Wohngruppen mit homogenen Störungsbildern bei den Bewohnern nicht sinnvoll und schafft eher eine belastende Binnenkultur. Die Forderung nach noch mehr Personal und noch kleineren Gruppen führt prinzipiell in die Handlungsunfähigkeit, da die Forderung nach besserer finanzieller Ausstattung nur über einen gesellschaftlichen Konsens erreichbar wäre – und der ist kaum in Sicht.

Bleibt also das eigene Handeln und insbesondere die Haltung des Einzelnen und der Institution in den Fokus zu nehmen. Ein gutes Beispiel für veränderte Haltung ist ein funktionierendes Mitwirkungsmodell innerhalb der Heimeinrichtung. Kinder und Jugendliche beteiligen, ihre Meinung ernst nehmen und mögliche Kritik auszuhalten, ist im Alltag nicht immer leicht und kann vonseiten der Pädagogen auch mit Sorge und Angst besetzt sein. Hier ein Beispiel gelungener Partizipation aus dem LWL-Heilpädagogischen Kinderheim Hamm: »Das neue Modell der Ratssitzung entstand, um angesichts der dezentralen Strukturen […] ein zentrales Gremium zu schaffen, in dem Kinder und Jugendliche Gehör finden – eine Art Kinder- und Jugendkonferenz. Sprecher und Sprecherinnen werden in den Gruppen gewählt und in den Rat entsandt. Und weil ein solches Gremium ohne die Akzeptanz der Mitarbeiterinnen und Mitarbeiter kaum Aussicht auf Erfolg hat, wie das Vorläuferbeispiel gezeigt hatte, wurde in der Vorbereitungsphase zur ersten Konferenz ›Partizipation‹ auf den verschiedenen Hierarchieebenen diskutiert. Um zu erfassen, wie die Beteiligung […] gelebt wurde, diskutierten die Mitarbeitenden folgende Fragen: Woran erkennen Kinder und Jugendliche in den Wohngruppen aber auch in Gruppen des Sozial Betreuten Wohnens (SBW) und der ambulanten Systeme, dass sie beteiligt werden? Wie wird Beteiligung in den Gruppen diskutiert? Was ist Kindern und Jugendlichen an der Beteiligung wichtig? Wohin wenden sich Kinder und Jugendliche, wenn sie sich außerhalb der Wohngruppe beschweren wollen? Der erste Stolperstein [für eine Implementierung] ist die Frage der Ernsthaftigkeit: Alle müssen vertrauen können, dass der Rat keine Alibiveranstaltung ist, sondern wichtig für die Beziehung zwischen Jugendlichen und Erziehern. Und alle Abläufe der Umsetzung von Beteiligungen müssen in jeder Organisationsebene von den jeweils Verantwortlichen dargestellt werden – entweder mit einer Leistungsbeschreibung in Schriftform, als Gruppenrunden und/oder Ratssitzungen. Diese Form der Kommunikation ist neu und war deshalb auch anfangs schwierig für viele, die sich kontrolliert, vielleicht entmachtet fühlten. Im Rückblick aber lassen sich bereits nach zwei Jahren Veränderungen feststellen: In den Gruppenrunden wird viel intensiver diskutiert und Veränderungen werden eingefordert; die Jugendlichen sind selbstbewusster in ihren Forderungen geworden – und ›im Gegenzug‹ wuchsen Respekt und Verständnis für die heimspezifischen Strukturen und Regeln, die anders sind als Zuhause« (Herber, 2012, S. 10 ff.).

Neben Mitwirkung und Beteiligung ist der Pädagoge selbst als handelnde Person für die Arbeit mit traumatisierten Kindern und Jugendlichen von entscheidender Bedeutung. Gelingt ihm eine tragfähige Beziehung? Hat er die Zeit, ihre Wirkung sich entfalten zu lassen? Und kann er emphatisch sein, verstehen und fördern? Dies gelingt nicht immer und geht zu schnell im Alltag unter. Daher erscheint die Frage nach Ausbildungsinhalten und begleitender Supervision berechtigt. Ebenso erscheint die Forderung nach einem internen institutionellen Erziehungsverständnis, einem gemeinsamen Erziehungsverständnis sinnvoll und geboten. Dies verlangt nach einem tragfähigen Konsens, der immer wieder neu ausgehandelt und der Arbeit mit traumatisierten Kindern und Jugendlichen entsprechen muss.

Literatur

Albert, D. (2012). Im Brennpunkt: Kinder- und Jugendhilfe. Heilpaedagogik.de, Fachzeitschrift des Berufs- und Fachverbandes Heilpädagogik (BHP) e. V., 2, 31–33.

Bayerischer Jugendhilfeausschuss (2013). 123. Sitzung des Landesjugendhilfeausschusses. Positionspapier »Entwicklung der Hilfen zur Erziehung« – Standpunkte des Bayerischen Landesjugendhilfeausschusses, http://www.blja.bayern.de/themen/erziehung/PositionspapierStand punktedesLJHA.htm

Herber, D. (2012). Demokratie üben – Das Kinder- und Jugendparlament im LWL-Heiki Hamm. Jugendhilfe aktuell, LWL Landesjugendamt Westfalen-Lippe, 1, 8–13.

Göppert, V. (2013). Position des Deutschen Städtetages zur Diskussion um die Weiterentwicklung und Steuerung der Hilfen zur Erziehung. Dialog Erziehungshilfe (AFET), 2, 32–33.

Macsenaere, M., Knab, E. (2004). Evaluationsstudie erzieherischer Hilfen (EVAS). Eine Einführung. Freiburg: Lambertus-Verlag.

Schmid, M., Wiesinger, D., Lang, B., Jaszkowic, K., Fegert, J. M. (2007). Brauchen wir eine Traumapädagogik? – Ein Plädoyer für die Entwicklung und Evaluation von traumapädagogischen Handlungskonzepten in der stationären Jugendhilfe. Kontext. Zeitschrift für Systemische Therapie und Familientherapie, 38 (4), 330–357.

Wolf, K. (2013a). Was macht eine leistungsfähige Pflegekinderhilfe aus? Dialog Erziehungshilfe (AFET), 2, 20–25.

Wolf, K. (2013b). Tagungsfolien zum Fachtag: Pflegekinderhilfe in Deutschland, Fachhochschule Münster, 10.07.2013.

Teil A:
Grundwissen und Grundinterventionen

Martin Baierl

1 Mit Verständnis statt Missverständnis: Traumatisierung und Traumafolgen

1.1 Vorbemerkung

Jede pädagogische Handlung ist letztendlich eine Begegnung von Mensch zu Mensch. Echte Begegnung – und somit zielführendes wie sinnvolles pädagogisches Handeln – setzt voraus, dass wir uns selbst kennen, bereit sind, den anderen kennenzulernen und uns in gegenseitiger Würde zu begegnen. Darauf wird in Beitrag 2 noch verstärkt eingegangen. Ein Teil des Begegnungsprozesses ist der Aufbau von gemeinsamen Wirklichkeitskonstruktionen (vgl. Mücke, 2003). Wir alle leben in der jeweils eigenen Wirklichkeit, je nachdem, worauf wir unsere Aufmerksamkeit richten, welche Bedeutung wir dem Wahrgenommenen geben und welche Schlüsse wir daraus ziehen. Dieser Beitrag beschreibt zum einen den Wirklichkeitsrahmen, innerhalb dessen die nachfolgenden Beiträge zu verstehen sind. Zum anderen legt er ein Fundament, das es erleichtert, die Wirklichkeiten traumatisierter Kinder und Jugendlicher zu verstehen. Geht es doch in der Arbeit mit traumatisierten Jungen und Mädchen immer auch darum, mit ihnen zusammen ein gemeinsames Verstehensmodell von normalem wie gestörtem Erleben und Verhalten zu entwickeln (vgl. Landolt u. Hensel, 2012). Aus diesem gemeinsamen Verständnis heraus ist es einfacher, für sie und mit ihnen gemeinsam individuelle Wege des heilsamen Miteinanders zu entwickeln. Traumatisierte Kinder und Jugendliche sind jedoch in erster Linie Kinder und Jugendliche. Wann es sinnvoll oder notwendig ist, eine traumaspezifische Brille aufzusetzen, und wann andere Betrachtungsweisen hilfreicher sind, muss im Einzelfall geklärt werden.

1.2 Häufigkeit von Traumatisierung

Als Fortbilder, Supervisor oder Berater bin ich mit einer Vielzahl von Institutionen der Jugendhilfe und Kinder- und Jugendlichenpsychiatrie im deutschsprachigen Raum vertraut. In der Regel berichten diese, dass circa 50 bis 75 % – und nicht selten 80 bis 100 % – der von ihnen betreuten jungen Menschen unter psychischen Störungen leiden. Dies deckt sich mit den aktuellen wissenschaftlichen Studien zu diesem Gebiet (z. B. Schmid, 2007; Ford, Vostanis, Meltzer, Goodman, 2007; Blower, Addo, Hodgson, Lamington u. Towlson, 2004; Hukkanen, Sourander, Bergroth u. Piha, 1999; McCann, James, Wilson u. Dunn, 1996). Mindestens 60 % der Kinder und Jugendlichen in Jugendhilfeeinrichtungen erfüllen die ICD-10-Kriterien für mindestens eine psychische Störung und über ein Drittel der dort Betreuten zeigt komplexe Symptomatiken mehrerer miteinander verwobener Störungsbilder. Dies ist sechs Mal so häufig wie der Bundesdurchschnitt bei Minderjährigen (Bundespsychotherapeutenkammer, 2013). Nachdem traumatische Erlebnisse einen Hauptrisikofaktor für psychische Störungen darstellen (Sugaya et al., 2012), ist es schwer nachvollziehbar, dass kaum systematische Erfassungen von Traumatisierungen bei fremduntergebrachten Kindern und Jugendlichen vorliegen. Traumafolgestörungen sind nach Schmid (2013) bei fremdplazierten Kindern eher die Regel als die Ausnahme. Laut Jaritz, Wiesinger und Schmid (2008) hatten mindestens 75 % der fremduntergebrachten Mädchen und Jungen in zumindest einem Lebensbereich (schwere Unfälle, Vernachlässigung, Zeuge körperlicher oder sexueller Gewalt, emotionale Misshandlung, körperliche Misshandlung, sexueller Missbrauch) ein oder mehrere traumatische Erlebnisse, über die Hälfte hatte traumatische Lebensereignisse in mehreren dieser Bereiche und fast ein Sechstel hatte traumatische Erfahrungen in über vier dieser Bereiche. Zwar erleben auch 50 bis 60 % der Gesamtbevölkerung zumindest einmal im Leben ein Ereignis, das die Stressorkriterien der Posttraumatischen Belastungsstörung erfüllt (Schnyder, 2000), aber insgesamt entwickeln laut DSM-IV nur 1 bis 14 % der Gesamtbevölkerung eine entsprechende Traumafolgestörung.

1.3 Definition von Traumatisierung

»Trauma« ist keine feste Einheit, die immer gleich bleibt. Daher wird hier der Begriff »Traumatisierung« bevorzugt, der Prozesshaftigkeit und Dynamik beinhaltet. Die ICD-10 (»International Classification of Diseases« in der 10. Überarbeitung; Dilling, Mombour u. Schmidt, 2000) ist das im deutschen Gesundheitssystem verbindliche Klassifizierungssystem für psychische Störungen. »Psychische Störung« wird dort als eine längerfristige Veränderung von Fühlen, Denken und Verhalten, das von der allgemeinen Norm abweicht, (nicht triviales) Leid verursacht und das soziale Miteinander erschwert oder verunmöglicht, beschrieben. Als eine Untergruppe davon wird Traumatisierung als »Reaktion auf ein belastendes Ereignis oder eine Situation kürzerer oder längerer Dauer, mit außergewöhnlicher Bedrohung oder katastrophenartigem Ausmaß, die bei fast jedem eine tiefe Verzweiflung hervorrufen würde« definiert.

Im DSM-5 (APA, 2013), dem Klassifikationssystem der Amerikanischen Psychiatrischen Gesellschaft, das häufig für internationale Forschungs-vorhaben genutzt wird, werden vor allem Situationen, die extreme körper-liche Bedrohungen (inklusive sexuellem Missbrauch) bei sich oder anderen beinhalten, als Voraussetzungen für Traumafolgestörungen anerkannt. Sack (2013) betont dagegen, dass vielgestaltige lang anhaltende Belastungen über die Zeit hinweg ähnliche Auswirkungen haben können. Für die Behandlung – und somit auch für die Pädagogik – sei es nicht relevant, ob ein »Trauma« im eigent-lichen Sinne vorliege. Anders, Shallcross und Frazier (2012) betonen ebenso, dass neben den klassischen Extremerlebnissen auch wiederholte und starke Kränkungen im Alltag (etwa durch Mobbing, Ausgrenzung oder Abwertung) zu für Traumatisierung typischen Symptomen führen können. Shore (2001) fasst unter »Bindungs- und Beziehungstrauma« zusammen, wie nicht nur Miss-brauch und Misshandlung, sondern auch Vernachlässigung oder andere Formen fehlender Bindung zu Traumatisierung führen können. Copeland, Keeler, Angold und Costello (2010) fügen den möglichen Auslösern einer Traumatisierung noch den Verlust wichtiger Bezugspersonen hinzu. Unter diesem Gesichtspunkt sollte viel dafür getan werden, Maßnahmeabbrüche und die sich daraus ergebenden Beziehungsabbrüche so gering wie möglich zu halten.

All diesen Sichtweisen ist gemeinsam, dass Traumatisierung überwiegend auf ein furchtbares oder stark belastendes Geschehen zurückzuführen ist und nicht primär auf Eigenheiten der traumatisierten Personen. Ergänzt wird diese Sicht in der Traumadefinition von Fischer und Riedesser (1998, S. 79) als »ein vitales Diskrepanzerlebnis zwischen bedrohlichen Situationsfaktoren und den individuellen Bewältigungsmöglichkeiten, das mit Gefühlen von Hilflosigkeit und schutzloser Preisgabe einhergeht und so eine dauerhafte Erschütterung von Selbst- und Weltverständnis bewirkt.« Aus den obigen Definitionen scheint mir folgende Zusammenfassung sinnvoll:

Traumatisierung
- entsteht durch Situationen oder Geschehnisse extremer oder lang anhal-tender, meist außergewöhnlicher Belastung,
- welche die Bewältigungsmöglichkeiten des Betroffenen übersteigen
- und dadurch zu anhaltenden tiefgreifenden Veränderungen des Selbst- und Welterlebens führen

- sowie dauerhafte Veränderungen von Denken, Fühlen und Handeln hervorrufen.

1.4 Typen von Traumatisierung

Es gibt unterschiedliche Unterteilungen von Traumatisierung, wie zum Beispiel in frühe, einfache und komplexe bzw. Typ-1- und Typ-2-Traumatisierung, Entwicklungstraumastörung, Bindungstrauma oder auch die Traumafolgestörungen nach ICD-10. Dieser Band beschreibt grundlegende Dynamiken, die all diesen unterschiedlichen Traumatypen zugrunde liegen. Die vorgestellten Rahmenbedingungen und Interventionen sind ebenfalls unabhängig der spezifischen Traumatypen hilfreich. Eine ausführliche Beschreibung dieser Typen findet sich in Sack, Sachsse und Schellong (2013).

1.5 Folgen von Traumatisierung

Die »tiefgreifenden Veränderungen des Selbst- und Welterlebens sowie dauerhafte Veränderungen von Denken, Fühlen und Handeln« können sich in der Erscheinungsform aller psychischen Störungen und Symptomatiken sowie vielerlei körperlichen Beschwerden zeigen (u. a. Ackerman, Newton, McPherson, Jones u. Dykman, 1998; Schmid, Fegert u. Petermann, 2010). Wird keine traumaspezifische Anamnese erhoben, wird schnell übersehen, dass Mädchen und Jungen, welche zum Beispiel Symptome einer Störung des Sozialverhaltens, ADHS oder einer Depression zeigen, dies als Folge einer Traumatisierung tun und der Symptomatik ursächlich traumatypische Dynamiken zugrunde liegen. Wird in solchen Fällen nur nach dem vordergründigen Symptombild diagnostiziert, entstehen Fehldiagnosen, aus denen wenig erfolgreiche Behandlungsversuche und ebenso erfolglose pädagogische Interventionen abgeleitet werden.

Seit einiger Zeit wird daher die Forderung einer neuen diagnostischen Klassifikation gestellt, welche dieser Dynamik gerecht wird und die in ICD und DSM aufgenommen werden sollte (z. B. van der Kolk et al., 2009; Rosner u. Steil, 2012). In Deutschland hat sich diesbezüglich der Begriff *entwicklungsbezogene Traumafolgestörung* durchgesetzt. Andererseits führen Ereignisse, die als traumatisch definiert werden (wie etwa Gewaltverbrechen, schwere Unfälle oder Naturkatastrophen), nicht bei allen Betroffenen zu Traumatisierung und Traumafolgestörungen (Hensel, 2014). Zudem ist Komorbidität – also das gleichzeitige Vorliegen unterschiedlicher psychischer Störungen – ein Faktor, der beachtet werden muss. Für die Posttraumatische Belastungsstörung sind zum Beispiel Depression, Sucht, Impulsive Persönlichkeitsstörung vom Borderlinetyp, andere Angststörungen und Somatisierungen, insbesondere chronische Schmerzen, besonders häufig. Über tatsächliche Verletzungen, dauerhafte körperliche Stressreaktionen und psychosomatische Prozesse können zudem vielfältige körperliche Symptome und Krankheitsbilder als Traumafolge-störung entstehen. Dies macht deutlich, dass eine sorgfältige und fachkundige Diagnostik für die pädagogische wie therapeutische Arbeit mit traumatisierten Kindern und Jugendlichen ein unbedingtes Muss ist. Beachtet man zudem, dass mindestens 75 % der fremduntergebrachten Kinder und Jugendlichen traumatische Erfahrungen haben und mindestens 60 % die ICD-10-Kriterien von mindestens einer psychischen Störung erfüllen, sollte eine entsprechende Diagnostik selbstverständliche Voraussetzung für jede (!) stationäre Jugend-hilfeleistung sein.

1.5.1 Typische traumaspezifische Symptome

ICD-10 bzw. DSM-5 benennen diesbezüglich vor allem:
- Kontrollverluste, wie etwa
  - wiederholtes Erleben des Traumas in sich aufdrängenden Erinnerungen (Intrusionen), Nachhallerinnerungen, Flashbacks und dadurch
  - wiederholtes Erleben und Verhalten, als ob das Trauma sich gerade jetzt ereignen würde;
  - teilweise oder vollständige Unfähigkeit, einige wichtige Aspekte der Belas-tung zu erinnern.
- Vermeidung von Gedanken, Gefühlen, Aktivitäten und Situationen, die Erinnerungen an das Trauma wachrufen könnten;
- starkes Träumen oder Albträumen sowie vielfältige Schlafstörungen;
- anhaltende Symptome einer erhöhten psychischen Sensitivität;
- Zustand von vegetativer Übererregtheit mit erhöhter Wachsamkeit und einer übermäßigen Schreckhaftigkeit (Hypervigilanz);
- Konzentrationsmangel und hohe Ablenkbarkeit;
- negative Gefühle wie Angst, Depression, Scham, Schuld, Entfremdung gegen-über anderen, andauerndes Gefühl von Betäubtsein, emotionale Stumpf-heit, Gleichgültigkeit gegenüber anderen Menschen, Teilnahmslosigkeit der Umgebung gegenüber;
- selbstverletzende, selbstzerstörerische oder waghalsige Verhaltensweisen;
- Suizidgedanken;
- Störungen des Sozialverhaltens, insbesondere Aggressivität oder Rückzug.

Sack (2013) betont unter anderem speziell

- Erinnerungsfragmentierung als Folge von Dissoziation während des traumatischen Erlebnisses;
- fehlende Bindungssicherheit und als kompensatorische Folge
  - unstillbarer Hunger nach Zuwendung und abhängiges Verhalten;
  - verstärktes Bindungsverhalten oder Bindungsabwehr/extremes Suchen oder Meiden von Nähe;
  - Versuch, die Beziehungsperson als gut zu bewahren (Ambivalenzentstehung);
  - Stressbelastung aufgrund innerer Ambivalenz, wie zum Beispiel den missbraucht habenden Bruder zu hassen *und* zu lieben, sich Nähe wünschen *und* keine Nähe aushalten können;
  - Anpassung an die potenziell bedrohliche Bezugsperson und Verallgemeinerung dieser Erfahrung auf weitere Bezugspersonen als potenziell gefährlich.
- Schwierigkeiten, selbstfürsorglich zu handeln;
- Dissoziation eigener Wahrnehmung, Gefühle, Erinnerungen, Verhaltensweisen, Erinnerungen und daraus folgend wenig kohärentes Selbst und fehlende Wahrnehmung positiver Dynamiken und Ressourcen.

Aus dieser Symptomliste lassen sich bereits viele sinnvolle Interventionen aus dem bekannten pädagogischen Fundus ableiten, wie zum Beispiel das Erlernen von Entspannungstechniken, Konzentrationsübungen, Training emotionaler Kompetenzen, Suizidprävention oder die Förderung von Selbstwirksamkeit, Selbstwertgefühl und Stressbewältigungsfähigkeiten. Dadurch können auch Mitarbeiter ohne spezifischeren traumapädagogischen Hintergrund bereits viel wertvolle Unterstützung geben. Anderen Aspekten, wie etwa der Umgang mit Dissoziationen oder getriggerten Verhaltensweisen, die Unterscheidung von Kontrollverlusten und willkürlichem Fehlverhalten sowie traumaspezifischer Beziehungsgestaltung, kann ohne tieferes Verstehen und den entsprechenden Fähigkeiten nur schwer hilfreich begegnet werden. Einige zentrale Traumafolgen werden daher im Folgenden ausführlich dargestellt.

1.5.2 Typische Dynamiken der Traumasymptomatik

Einige Symptomatiken, wie etwa Ängste oder Intrusionen, sind unmittelbare Traumafolgen. Um mit diesen besser umgehen zu können, entwickeln Betroffene dann zusätzliche Strategien der Traumakompensation, zum Beispiel Vermeidungsverhalten von als gefährlich Erlebtem oder starke Reizsuche, um

Intrusionen vorzubeugen (z. B. Einschalten von Fernseher, Musik und hellem Licht in der Einschlafsituation). Die primären wie die kompensatorischen Symptome führen häufig zu weiteren Schwierigkeiten. Kinder, die in Belastungssituationen erstarren statt sich zu wehren, werden zum Beispiel besonders häufig gemobbt. Jugendliche, die um sich zu schützen aggressiv auftreten, werden eher als Problem denn als unterstützungswürdig angesehen. Zudem verursachen sie mit ihrem Verhalten eine Vielzahl neuer Probleme für sich und andere. Ohne traumaspezifische Betrachtungen werden die mittelbaren wie unmittelbaren Traumafolgen oft nicht als solche erkannt, sondern der Eigenart des Jungen oder Mädchens zugeschrieben. Je früher im Leben eine Traumatisierung geschieht, desto weitreichender sind die Folgen, da sie die gesamte psychosoziale und teilweise körperliche Entwicklung beeinträchtigen wie zum Beispiel Selbstkonzept, Beziehungsgestaltungen, Konfliktverhalten oder Gehirnentwicklung (vgl. Brisch u. Hellbrügge, 2003; Hüther, 2003). Viele Traumafolgen dienen (oder dienten ursprünglich) dazu, das Überleben in gefährlichen Situationen zu sichern. Sie sind in dieser Hinsicht sinnvolle und zu würdigende Überlebensstrategien auch wenn sie in den neuen Kontexten eher Schwierigkeiten bereiten als hilfreich zu sein. Natürlich beeinflussen sich die einzelnen Komponenten möglicher Traumafolgestörungen gegenseitig und sind eng miteinander verflochten. Eine saubere Trennung und eindeutige Zuordnung einzelner Symptomatiken zu spezifischen Kategorien ist daher nur schwer möglich. Der besseren Übersicht wegen wird im Folgenden dennoch eine Unterteilung versucht.

1.5.2.1 Veränderungen in der Physiologie bzw. Neurologie

Die Reaktionen unseres Körpers auf Stress sind entwicklungsgeschichtlich sehr alt. Sie dienten bereits dazu, das Überleben in der Steinzeit zu sichern. Dafür waren keine langen Denkprozesse notwendig, sondern blitzschnelle und automatisch ablaufende Verhaltensweisen. Hier folgte eine verkürzte Darstellung traumarelevanter körperlicher Reaktionen.

Sachsse (2012) beschreibt drei aufeinanderfolgende Stresssysteme. Das *Kampf-Flucht-System* versetzt den Körper blitzschnell in Handlungsbereitschaft. Wir sind wach, aufmerksam, angespannt und maximal reaktionsbereit, bereit zu kämpfen oder zu fliehen. Lösen wir Situationen über dieses System, sind wir stolz und fühlen uns als Helden. Lässt sich eine Situation nicht über Kämpfen oder Fliehen lösen, setzt das *Bindungssystem* ein. Wir nehmen eine Demutshaltung ein, zittern oder zeigen uns anderweitig hilflos. Dies soll bei Feinden Beißhemmung und bei Freunden Hilfeleistung aktivieren. Erhalten wir darüber Hilfe wird unsere Bindungserfahrung gestärkt. Wenn weder Kampf noch Flucht noch Bindungsappell greifen setzt *Erstarrung* (Todstellreflex) ein. Zum einen wird ein für tot gehaltener Gegner nicht weiter bekämpft und viele Gefahren stammen ursprünglich von Raubtieren, die kein Aas fressen. Zum anderen setzt hier oft Dissoziation ein. Wir schirmen äußere Wahrnehmungen weitgehend ab und fliehen quasi nach innen. Die klassische Definition von Trauma bezieht sich auf Situationen, in denen das Erstarrungssystem aktiviert wurde. Neuere Definitionen, wie etwa das Bindungstrauma greifen auch bei längerer, wiederholter oder besonders intensiver erfolgloser Aktivierung des Bindungssystems.

Am *Kampf-Flucht-System* sind hauptsächlich der Hirnstamm, limbisches System und der präfrontale Cortex beteiligt. Der Hirnstamm ist der entwicklungsgeschichtlich älteste Teil des Gehirns, den wir uns mit den meisten Tieren teilen. Er steuert die lebensnotwendigen Systeme des Körpers wie Atmung, Kreislauf, Herzfrequenz, Blutdruck, Schwitzen sowie den Wechsel zwischen Wachen und Schlafen. Das limbische System sitzt im Mittelhirn und beherbergt unter anderem den Hippocampus und die Amygdala (Mandelkern). Im limbischen System laufen viele Informationen aus vielen Hirn- und Körperregionen zusammen und beeinflussen sich gegenseitig. Es ist wesentlich beteiligt an der Steuerung des vegetativen Nervensystems, der Gedächtnisbildung (insbesondere der Strukturierung von Gedächtnisinhalten), der Entstehung und dem Umgang mit Gefühlen, der Bewertung und Wiedererkennung von Situationen sowie der unbewussten Gefahreneinschätzung und somit an Angst-, Kampf- oder Fluchtreaktionen. Die Amygdala verknüpft Ereignisse mit Emotionen. Durch Überreizung bzw. Übererregung der Amygdala sinkt die Auslöseschwelle dafür, einen Reiz als gefährlich einzustufen, und es werden immer mehr und immer kleinere Reize als gefährlich eingestuft (Generalisierung). Bei Gefahr aktiviert das limbische System über den Sympathikus die Ausschüttung von Adrenalin und Noradrenalin. Ebenso werden Kortisol und Glutamat ausgeschüttet. Dies führt unter anderem zu schnellerem Herzschlag und Atmung. Es fließt mehr Blut in die Muskeln, der Sauerstoff führt zu einer besseren Verbrennung sowie höherer Kraft und Schnelligkeit. Blut fließt vom Körperäußeren zu lebenswichtigen Organen und den Muskeln. Dies schützt auch vor großem Blutverlust bei Verletzungen. Schweißbildung lässt einen möglichen Angreifer eher abgleiten. Bei der Kampf-Flucht-Reaktion stellt der Körper weitgehend auf Autopilot und automatische Reaktionen, in die das Bewusstsein nur bedingt eingreifen kann. Viele lebensrettende Reaktionen kämen zu langsam, wenn wir erst darüber nachdenken müssten (vgl. zu diesem Abschnitt Krystall, 1988; Sack et al., 2013). Zugehörige Erfahrung: *Ich kann mir selbst helfen.*

Das *Bindungssystem* setzt ein, wenn weder Kämpfen noch Fliehen möglich ist. Bedeutsam ist diesbezüglich vor allem Oxytocin. Dieses Hormon wird im Hypothalamus gebildet. Von dort gelangt es zu Hinterlappen und Hypophyse, wo es gelagert und bei Bedarf abgegeben wird. Oxytocin wird teilweise als Bindungshormon bezeichnet, es spielt auch bei Sexualität, Schwangerschaft, Geburt und Stillvorgängen sowie sozialem Lernen eine Rolle. Wird Oxytocin ausgeschüttet, hemmt dies die Aktivität der Amygdala und somit das Kampf-Flucht-Verhalten. Zudem wird der Parasympathikus aktiviert, der im vegetativen Nervensystem für Entspannungs- und Erholungsreaktionen zuständig ist (vgl. Brisch u. Hellbrügge, 2008). Zugehörige Erfahrung: *Mir wird geholfen.*

Das *Erstarrungssystem* wird aktiviert, wenn die Gefahr weder über das Kampf-Flucht- noch über das Bindungssystem beseitigt werden konnte. Hier sind hauptsächlich das periaquäduktale Höhlengrau und das limbische System wichtig. Eine starke Parasympathikusaktivierung verursacht das allgemeine Herunterfahren des vegetativen Nervensystems bis hin zum Kollaps der psychobiologischen Aktivitäten. Körpereigene Opiate werden ausgeschüttet und wirken schmerzlindernd und/oder betäubend. Die möglichen Folgen beinhalten Erstarrung, Herzrasen, extreme Muskelspannung, Sprachlähmung, Ohnmacht und Dissoziation. Enkephaline können eine sofortige Schmerzlosigkeit, Unbeweglichkeit und die Hemmung von Hilfeschreien bewirken. All dies geschieht autonom, unwillkürlich und ohne Steuerung durch höhere Gedankenprozesse (vgl. Shore, 2001). Zugehörige Erfahrung: *Ich bin ausgeliefert.*

Bei Traumatisierten ist zudem die Broca-Region weniger aktiv (Hull, 2002). Diese Region der Großhirnrinde ist wesentlich an der Sprachsteuerung beteiligt. Eventuell besteht hier ein Zusammenhang zur Schwierigkeit traumaspezifische Inhalte zu verbalisieren. Besonders bei komplexer Traumatisierung kann es geschehen, dass eines der drei beschriebenen Systeme daueraktiviert bleibt oder sich Komponenten der drei Systeme abwechseln. Gehirn und somit alle Körperreaktionen sind dann in ständiger Alarmbereitschaft (Grawe, 2004). Bereits kleine Reize (Trigger) können aufgrund der überhöhten physiologischen Reaktionsbereitschaft zum Beispiel eine deutlich überhöhte Ausschüttung von Cortisol und Adrenalin verursachen. Die Betroffenen sind dann nicht nur auf 180, sondern auf 420 oder höher und können sich entsprechend nicht mehr steuern. Zudem werden diese Stoffe bei Traumatisierten auch deutlich langsamer abgebaut. Sind Jungen und Mädchen also deutlich höher erregt und die Erregung braucht deutlich länger um abzuklingen, kann von ihnen nicht erwartet werden, sich zu kontrollieren bzw. in den gewohnten Zeitspannen zu beruhigen. Während solchen Kontrollverlusten ist die Informationsaufnahmekapazität deutlich eingeschränkt. Aufarbeitung und Gespräche, die nicht unmittelbar der Deeskalation dienen, sind erst nach ausreichender Beruhigung sinnvoll.

Der Körper reagiert in Folge einer Traumatisierung immer wieder neu oder pausenlos mit vegetativer Übererregtheit und/oder Reaktionsstarre. Dadurch werden auch die zugehörigen neuronalen Verbindungen verstärkt. Die Zustände werden dadurch chronifiziert und verstärken sich zudem. Da die beschriebenen neuronalen und physiologischen Prozesse unter anderem Gefahreneinschätzung, Angst, Emotionssteuerung und das gesamte vegetative Nervensystem betreffen, ist nicht verwunderlich, dass Symptome aus all diesen Bereichen zu finden sind. Durch die Generalisierung können in immer mehr Situationen Teile oder die gesamte Erlebens- und Verhaltenspalette dieser Systeme getriggert werden. Langfristig führt das gehäufte Auftreten der Stressreaktion zu erhöhter Infektanfälligkeit und zu Schlafstörungen. Spannungskopfschmerz und Störung der Konzentration können ebenso folgen wie Störungen des Verdauungstraktes (Schäffler u. Schmidt, 1998). Die zunächst gesteigerten Immunantworten bei traumatisierten Kindern und Jugendlichen können zur Überforderung des Immunsystems führen und Mitursache für die höhere Krankheitsanfälligkeit der Betroffenen sein. Einzelne Reize der ursprünglichen Hochgefahrensituation werden als Gefahrensignal gespeichert. Tauchen diese wieder auf, wird eine ähnliche Bedrohung wie in der ursprünglichen Situation erlebt und entsprechendes Verhalten gezeigt. Diese Reize nennt man Trigger (Auslöser), die darauf folgende Reaktion des Wiedererlebens Flashback (unmittelbares Wiedererleben) oder Intrusion (starke Erinnerung an damals). Trigger tendieren ebenfalls dazu zu generalisieren. Auch wenn Trigger bekannt sind und um deren Ungefährlichkeit gewusst wird, geschieht dennoch eine Aktivierung der autonomen physiologischen Systeme und die getriggerte Reaktion setzt ein. Diese kann dem Kampf-Flucht-, Bindungs- oder Erstarrungssystem entstammen. Kinder und Jugendliche mit Kontrollverlusten jedweder Art sind in erster Linie Opfer – auch des durch Kontrollverluste verursachten eigenen Verhaltens.

1.5.2.2 Veränderungen des Selbst- und Welterlebens

Die Traumatisierung ist wie eine Brille, durch die man sich selbst, die Welt und andere Menschen betrachtet. Je nach Art der Traumatisierung nimmt dies ganz unterschiedliche Formen an. Bezüglich des eigenen Selbst sind die folgenden vier Aspekte besonders häufig:

- *Bedrohung:* Ich bin in Gefahr, nicht sicher, muss um mein Überleben kämpfen etc.
- *Kontrollverlust:* »Es« kann jederzeit wieder geschehen. Um zu überleben, muss ich alles unter Kontrolle halten. Selbst wenn ich mich noch so anstrenge, kann mir Schlimmes wiederfahren. Alle Anstrengung lohnt sich nicht, da ich nie etwas richtig machen kann. Es gibt keine Lösung/Rettung etc.
- *Infragestellen des eigenen Wertes bis hin zur Existenzberechtigung:* Ich bin wertlos, Abschaum, beschmutzt. Ich habe es nicht anders verdient. Mich

kann man nicht lieben, sonst hätte meine Mama mich nicht hergegeben. Mit mir darf jeder machen, was er will. Ich habe kein Recht zu leben, weil mein Bruder gestorben ist etc.

– *Schuld bzw. Scham:* Wenn ich mich besser gewehrt hätte, wäre »das« nicht passiert. Ich habe auch Lust empfunden, folglich habe ich es wohl gewollt. Ich hätte verhindern müssen, dass Papa meine Schwester misshandelt. Weil ich überlebt habe, mussten andere sterben etc.

Hat sich ein negatives Selbstbild erst verfestigt, zeigt es sich oft als sehr veränderungsresistent. Rogers (1959) sowie Perry (2009) zeigen beide auf sehr unterschiedliche Weise, dass Menschen bestrebt sind, die eigenen Erfahrungen – insbesondere so zentrale Erfahrungen wie das Selbsterleben – zu bewahren. Wird dieses infrage gestellt, entstehen Angst und häufig heftige Abwehrreaktionen. Zudem haben viele Betroffene gelernt, wie sie sich als »böses« oder »ungeliebtes« Kind verhalten müssen, um vergleichsweise sicher zu sein, haben aber keine Vorstellung davon, wie sie anders »sicher« sein könnten. Die Anspannung, die es bedeutet, das eigene Selbst – und mag es noch so negativ sein – infrage zu stellen, ist für viele Betroffene eine nicht auszuhaltende Belastung. Geschieht dies trotz aller Abwehrreaktionen, steigt der Stresspegel und führt zu den typischen Verhaltensweisen von Menschen in Überforderungssituationen. Treten Kontrollverluste auf, kommt eventuell die Angst vor dem eigenen Handeln hinzu und die Betroffenen erleben sich als gefährlich, unberechenbar oder böse. Für Mädchen und Jungen ist es zudem oft weniger beängstigend anzunehmen, dass sie selbst böse sind und ihnen alles Schlimme zu Recht geschieht, als anzunehmen, dass die Eltern – oder andere wichtige Bezugspersonen, die ihnen Schlimmes angetan haben – böse wären. Das Konzept, dass Bösen Böses und Guten Gutes geschieht, hilft dabei, ein Grundgefühl von Kontrollierbarkeit aufrechtzuerhalten.

Insbesondere bei durch Menschen verursachte Traumata oder wenn Hilfe erwartet, aber nicht gewährt wurde, werden andere Menschen in der Folge als gefährlich eingestuft. Das Vertrauen auf andere geht verloren und die Betroffenen erleben Begegnungen mit Dritten überwiegend oder punktuell als Bedrohung und verhalten sich entsprechend. Vertrauensverlust, Wut und andere Gefühle gegenüber Eltern oder anderen Schutzpersonen, die »das Schlimme« nicht verhindert haben, können sich auf alle folgenden Schutzpersonen, wie zum Beispiel Erzieher oder Pflegeeltern, übertragen. Einige Betroffene kommen zu dem Schluss, dass Menschen entweder Opfer oder Täter sind. Opfer zu bleiben, ist dann die einzige Möglichkeit, ein guter Mensch zu sein, da Täter als böse wahrgenommen werden. Andere etablieren sich ganz klar als Täter, um nie wieder Opfer zu werden.

Da ihre eigenen Grenzen so vehement überschritten wurden, spüren einige Betroffenen diese nicht mehr. Entsprechend können sie sich gegen neuerliche Grenzüberschreitungen nicht wehren und lassen alles mit sich machen. Oder sie überkompensieren und grenzen sich vehement gegen alles ab, was auch nur ansatzweise zu Grenzüberschreitungen führen könnte. Ohne ein Gespür für die eigenen Grenzen können oft die Grenzen anderer nicht wahrgenommen werden. Dann begehen die Betroffenen ungewollt und ohne es zu merken beständig Grenzüberschreitungen bei anderen. Nicht nur durch missbrauchte Mädchen und Jungen entsteht so ein hohes Gefahren- und Konfliktpotenzial. Auf spiritueller Ebene kann ein Gefühl der existenziellen Bedrohung und Einsamkeit entstehen, wenn eine bisher als schützend erlebte Macht bzw. die Einbindung in liebvolle Mächte infrage gestellt wird. Extrem wird dies, wenn eine bisher als gut wahrgenommene Macht nunmehr als böse oder ohnmächtig erlebt wird. Diese Vorstellung ist für viele so existenziell bedrohlich, dass stattdessen angenommen wird, dass man selbst »das Schlimme« verdient habe und sich das Selbstbild wie beschrieben wandelt.

Durch Traumatisierung in den ersten 12 bis 16 Lebensmonaten entsteht häufig eine grundlegende Störung der Bindungsfähigkeit. Spätere Traumatisierungen können die Bindungsfähigkeit so stark erschüttern, dass Symptome wie bei Bindungsstörungen auftreten (vgl. Sack, 2013). Besonders brisant ist die Ambivalenz zwischen »Sehnsucht nach Nähe« und »niemandem vertrauen können«. Sobald ein Erzieher (oder anderer Mensch) als nett und womöglich glaubwürdig wahrgenommen wird, beginnt für die Kinder und Jugendlichen das Dilemma, sich zwischen der »Sehnsucht nach Nähe« und der »Sicherheit durch Abstand« entscheiden zu müssen. Dies führt zu einem dauerhaft hohen Stress mit allen diesbezüglichen Auswirkungen wie etwa Reizbarkeit, Erschöpfung oder psychosomatischen Beschwerden. Im Beziehungsverhalten pendeln sie oft zwischen extremer Nähe und extremer Ablehnung, was eine enorme Belastung für professionelle wie private Beziehungen darstellt.

Insbesondere dann, wenn eine Beziehung zu gut und somit die Nähe zu gefährlich zu werden droht, beginnen häufig die folgenden Dynamiken einzeln oder gemischt: Der Stresspegel wird zu hoch und es kommt zu Kontrollverlusten, welche die Beziehung beenden oder so belasten, dass getrost wieder Abstand genommen werden kann. Oder der junge Mensch sorgt immer wieder durch (un-)bewusstes Fehlverhalten dafür, dass Spannungen zwischen ihm und dem Erzieher bestehen, welche die Sehnsucht nach Nähe dämpfen und einen aushaltbaren Abstand erlauben. Solche Verhaltensweisen gilt es als Kooperationsangebote zu würdigen. Oder der Erzieher wird (un-)bewusst daraufhin getestet, ob er wirklich vertrauenswürdig ist. Erst wenn diese Tests mehrfach und über lange Zeit bestanden wurden, kann der nächste Schritt in Richtung Nähe vollzogen werden. Manche Kinder und Jugendlichen können sich nicht vorstellen, dass eine liebevolle oder anderweitig positive Beziehung anhält. Dann ist es für sie einfacher, jetzt ein Ende mit Schrecken – um deren Grund sie wissen – herbeizuführen als in der ständigen Angst zu leben, dass sie jederzeit verstoßen werden könnten. Die Vorstellung, »geliebtes Kind« zu sein, stellt für manche das Selbstkonzept so sehr infrage, dass dieser Bedrohung ein Ende gesetzt werden muss. In den beiden letztgenannten Fällen werden die Mädchen und Jungen Verhaltensweisen zeigen, welche die Beziehung so strapazieren, dass sie extrem infrage gestellt wird.

Für all diese Beziehungsdynamiken ist letztendlich überwältigende Angst der Motor. Traumatisierte Jungen und Mädchen sind daher nicht wirklich frei, sich für diese oder andere Beziehungsgestaltungen zu entscheiden. Sie sind als Traumasymptomatik und für das Wiedererlangen von Bindungsfähigkeit prozessnotwendige Schritte anzusehen. Entsprechende Krisen werden mit traumatisierten jungen Menschen – über Monate bis Jahre – auftreten, unabhängig davon, wie gut die Rahmenbedingungen sind, wie professionell die Mitarbeiter sich verhalten oder wie motiviert die Mädchen und Jungen sind. Es ist notwendig, dass Einrichtung und Mitarbeiter einen Rahmen zur Verfügung stellen, in dem diese Krisen immer und immer wieder aufgefangen und bearbeitet werden können. Für Mitarbeiter ist dafür das Konzept der professionellen Nähe (→ Kapitel 3) eine notwendige Hilfe. Wenn diese Dynamiken nicht aufgefangen werden können, erleben die Kinder und Jugendlichen erneut, dass sie sich auf niemanden verlassen können und immer wieder verstoßen werden, sodass ihre Symptomatik sich zunehmend verfestigt. Auch Prostitution oder häufig wechselnde Sexualpartner können Ausdruck der Ambivalenz zwischen »Nähe« und »Angst vor dieser« sein. Auf diese Art kann einerseits große Nähe erlebt und gleichzeitig ein hoher Abstand beibehalten werden.

1.5.2.3 Dauerhafte Veränderungen des Denkens

Manche Erlebnisse sind so schlimm, dass die Betroffenen währenddessen dissoziieren. Dissoziation bezeichnet die Fähigkeit, das eigene Erleben von äußeren Geschehnissen abzukoppeln. Wir nützen dies täglich beim Tagträumen, wenn wir bequem im Sessel sitzend bei einem Film mitfiebern oder beim Lesen Herzklopfen bekommen. Während eines Traumas flüchten viele Betroffene nach innen und koppeln das äußere Furchtbare somit vom unmittelbaren Erleben ab. Die beschriebenen physiologischen Vorgänge sowie Dissoziation während des Traumas führen zu einer Fragmentierung der Erinnerung. Das Trauma wird nicht als zusammenhängende Geschichte abgespeichert, sondern als einzelne Erinnerungsfetzen, die aber jeweils mit dem damals erlebten Grauen verbunden sind. Dies können wesentliche Bestandteile sein, wie das Messer, das einem an den Hals gehalten wurde, oder Nebensächlichkeiten wie die Käsepackung auf dem Tisch, die niemals bewusst wahrgenommen wurde. Jeder dieser Erinnerungsfetzen kann zum Auslöser *(Trigger)* des damals erlebten Grauen werden und ein Wiedererleben auslösen. Dadurch, dass das Erlebnis nicht als Geschichte abgespeichert wurde, gibt es dafür weder einen Anfang noch ein Ende und es ist teilweise keinem speziellen Ort zuordenbar. Das Grauen ist dadurch nicht vorbei und kann überall sowie jederzeit wieder geschehen. Dies ist ein Grund dafür, warum Biografiearbeit, die dem Trauma einen Platz in der Vergangenheit gibt, so wichtig ist. Die Fragmentierung führt auch dazu, dass einzelne Aspekte des Traumas weder erinnert noch sprachlich ausgedrückt werden können, was die Ver- und Bearbeitung deutlich erschwert.

Traumatisierte Mädchen und Jungen haben keine Kontrolle darüber, wann und wie Dissoziationen einsetzen. Trigger führen in Sekundenbruchteilen zum Wiedererleben der traumatischen Situation mit allen zugehörigen Gefühlen und Verhaltensweisen. Diese beinhalten in der Regel Kampf (schreien, Sachbeschädigungen, Angriffe etc.), Flucht (weglaufen, sich zurückziehen etc.) oder Erstarrung (Bewegungslosigkeit, leeres Starren, Weinkrämpfe etc.). Manche haben gelernt, sich bei Gefahr automatisch innerlich sofort wegzubeamen und in Traumwelten zu verharren. Intrusionen (sich aufdrängende Erinnerungen) treten besonders häufig auf, wenn wenige Ablenkungsmöglichkeiten gegeben sind, also in ruhigen und entspannten Phasen wie der Mittagsruhe oder nachts.

1.5.2.4 Dauerhafte Veränderungen des Fühlens

Traumatisierte Kinder und Jugendliche leiden häufig unter einer Vielzahl emotionaler Veränderungen. Negative Gefühle wie Angst, Depression, Scham, Schuld, Trauer, Entfremdung gegenüber Anderen, andauerndes Gefühl von Betäubtsein, emotionale Stumpfheit, Gleichgültigkeit gegenüber anderen Menschen, Teilnahmslosigkeit der Umgebung gegenüber sind besonders häufig. Über Intrusionen und Trigger entstehen immer wieder intensive Gefühle, die kaum vorhersehbar und nicht ohne tieferes Verstehen aus der aktuellen Situation ableitbar sind. Die beständige Wachsamkeit führt zu hoher Ablenkbarkeit. Manche fallen emotional ganz oder teilweise auf frühere Entwicklungsstufen zurück (Regression), dann lebt ein 14-Jähriger etwa in der Gefühls- und Bedürfniswelt eines 5-Jährigen und verhält sich entsprechend. Bei anderen setzt ein emotionaler Entwicklungsstopp ein und sie bleiben in der Gefühlswelt des Lebensalters der Traumatisierung stecken. Über Trigger, die physiologischen Überreaktionen sowie das psychische Erleben von beständiger Bedrohung können Gefühle überwältigend werden und zu heftigen Kontrollverlusten führen. Eventuell besteht unbändige Wut auf die Eltern oder andere Bezugspersonen, die sie nicht ausreichend geschützt haben. Wird die Wut als gefährlich erlebt – zum Beispiel wenn die Kinder noch abhängig von den Eltern sind oder sich Ambivalenzen zeigen und Wut sich nicht mit Liebe vereinbaren lässt –, wird sie oft unterdrückt, kann aber bei minimalen Anlässen dennoch gewaltig durchbrechen. Durch Verdrängung und Übertragung werden zukünftige Beziehungspersonen oft Zielscheiben dieser Wut oder anderer negativer Gefühle und Erfahrungen. Viele können Gefühle nicht sauber unterscheiden. Viele Gefühle haben eine ähnliche physiologische Grundlage (Wut und Begeisterung gehen z. B. beide mit hoher Aktivierung einher). Ambivalenzen – zum Beispiel gleichzeitig Freude und Angst, wenn die Mutter heimkommt – führen zu einer kaum entwirrbaren Mischung von Gefühlen. Je stärker Gefühle unterdrückt werden, desto schwieriger wird es, diese unterscheiden zu lernen. Können Gefühle nicht unterschieden werden, sind alle Gefühlsregungen potenziell gefährlich, da sie in unaushaltbare negative Gefühle umschlagen könnten und werden noch stärker unterdrückt. Bei traumatisierten Mädchen und Jungen entspricht die Gefühlsintensität häufig dem Ausmaß der damaligen Bedrohung, auch wenn die aktuellen Auslöser von außen betrachtet unbedeutend sein können. Ein Abwägen von Handlungsalternativen und die damit einhergehende Impulskontrolle sind dann vielfach nicht mehr möglich und falls doch, erscheinen mögliche Konsequenzen auf Grundlage der existenziellen Angst wenig relevant.

All diese emotionalen Veränderungen wirken entsprechend auf Beziehungsdynamiken, Alltagsgestaltung, Lern- und Leistungsfähigkeit und die gesamte psychosoziale Entwicklung.

1.5.2.5 Dauerhafte Veränderungen des Handelns

Unser Verhalten richtet sich immer an unseren Wirklichkeiten aus und ist innerhalb dieser Wirklichkeit sinnvoll. Die Grundwirklichkeit vieler Traumatisierter beinhaltet: »Die Welt ist gefährlich. Mir kann jederzeit Schlimmes wiederfahren. Anderen Menschen kann man nicht vertrauen. Ich bin ausgeliefert. Auch Anstrengung führt zu keiner Veränderung.« Es wurden bereits einige Verhaltensweisen angesprochen, die sich aus dieser Grundwirklichkeit ergeben. Je umfassender eine Wirklichkeitskonstruktion ist und je länger diese anhält, desto stärker passt sich das Verhalten dieser an. Wer gelernt hat, dass sexuelle Kontakte bedeuten, weniger geschlagen zu werden, wird sich immer wieder als Sexpartner anbieten. Wer oft hungern musste, wird sich automatisch und ohne nachzudenken Nahrungsdepots anlegen, sobald Essen verfügbar ist. Manches Verhalten wird dadurch zur Gewohnheit, die so selbstverständlich eingehalten wird, dass das Verhalten nicht mehr bewusst geschieht. Manche Umstände brennen sich als »so ist die Welt« ins Bewusstsein ein und werden nicht mehr hinterfragt. Wenn etwa eine Tochter erlebt, wie sie, die Mutter und Geschwister missbraucht werden, scheint dies einfach zum Leben zu gehören. Falls dennoch irgendwann Hilferufe geschehen, aber nicht gehört werden oder zu keiner Veränderung führen – wenn etwa die Nachbarin den Geschichten nicht glaubt oder das Jugendamt zwar erscheint, aber nicht genügend Ansatzpunkte für ein Eingreifen findet –, verfestigt sich der Glaube, dass sich an der Situation auch nichts verändern lässt. Dann wird dieses Mädchen sexuelle Kontakte jeder Art über sich ergehen lassen. Eventuell sendet sie keine Signale mehr, die es gleichaltrigen Freunden erlauben würden, zu erkennen, dass das Mädchen eigentlich keinen Sex haben möchte, und wird so unbeabsichtigt erneut missbraucht. Selbst Mutter geworden, wird sie vor diesem Hintergrund auch die eigenen Kinder nicht schützen können, weil »die Welt eben so ist und man da nichts machen kann«.

Über Regression oder Entwicklungsstopps können sich einzelne Verhaltens-, Erlebens- oder Denkweisen nicht altersgemäß weiterentwickeln. Die jungen Menschen verhalten sich dann, wie es viel jüngere tun würden. Ermahnungen wie »Du bist doch schon 15. In dem Alter kann man von dir schon erwarten, dass du …« erhöhen dann nur den Druck, weil der Jugendliche sich eben noch nicht auf dem Entwicklungsstand eines 15-Jährigen befindet. Viele pendeln je nach Situation zwischen Regression, tatsächlichem Entwicklungsstand und Übererwachsen-sein-Wollen. Dann können kleinkindliche Bedürfnisse zum Beispiel nach Schutz und Trost schnell in überzogenes Autonomiestreben umschlagen und umgekehrt, was alltägliches Miteinander wie Kriseninterventionen besonders komplex macht.

Einige verarbeiten das Erlebte, indem sie die traumatisierende Situation immer wieder nachspielen und dabei eventuell ganz unterschiedliche Rollen einnehmen, wodurch sie erneut Opfer werden können oder Täterverhaltensweisen zeigen. Viele verarbeiten im metaphorischen Tun. Sie spielen dann zum Beispiel bestimmte Themen mit Puppen nach, bevorzugen Musiktexte, die sich um ihre Themen ranken, schreiben entsprechende Texte, malen passende Bilder oder begeistern sich für die entsprechenden Filme. Es lohnt also, sich die Texte der Lieblingslieder genauer anzuschauen, sich für selbst geschriebene Texte zu interessieren oder darauf zu achten, welche Filme bevorzugt werden. Gerade wenn junge Menschen noch nicht fähig oder bereit sind, offen über sich zureden, finden sich darüber oft die zentralen Themen sowie Einstiegsmöglichkeiten in themenspezifische Gespräche. Es ist einfacher, über einen Musiktext oder »das Mädchen im Film« zu reden als über sich selbst.

1.5.3 Traumakompensatorische Muster

Im Folgenden werden einige typische Dynamiken beschrieben, die Kinder oder Jugendliche entwickeln, um mit den direkten Auswirkungen einer Traumatisierung besser umgehen zu können. Da diese Dynamiken häufig das Überleben sicherten, haben sie sich oft verfestigt und werden als automatische Stressreaktionen unwillkürlich und teils unbewusst abgespult. Andererseits haben viele traumatisierte Kinder gelernt, sehr präzise zu beobachten und daraus schnelle Schlüsse zu ziehen. So können sie ihr Verhalten rasch wechselnde Gegebenheiten anpassen und dadurch Situationen kontrollieren oder vermeiden. Diese Kinder lernen sehr schnell, welche Knöpfe sie drücken müssen, um Mitarbeiter, Eltern und andere Kinder für sich einzunehmen, gegen sich aufzubringen oder gegeneinander auszuspielen.

Daraus folgende manipulative Verhaltensweisen dienen dazu, Kontrolle zu erlangen, um Angst und Stress zu reduzieren. Lügen dient häufig dazu, die eigenen Minderwertigkeitsgefühle abzuwehren. Oder es entspringt der Angst, für Fehlverhalten hart bestraft oder verstoßen zu werden. Maskierungsgefühle dienen dazu, die ursprünglichen viel schlimmeren Gefühle nicht wahrnehmen zu müssen. Sie werden unbewusst und unwillkürlich als schützend hochgefahren. Wut auf eine Vertrauensperson ist zum Beispiel häufig einfacher auszuhalten als die Traurigkeit darüber, enttäuscht worden zu sein, und Ärger darüber, zum Schulbesuch gedrängt zu werden, ist eventuell weniger furchtbar als die Angst vor dem Schulbesuch. Alles, was an das ursprüngliche Trauma erinnert, kann die ursprünglichen Gefühle wie Angst, Schmerz oder Einsamkeit triggern und auch Kontrollverluste nach sich ziehen. Indem die Betroffenen Gedanken, Gefühle, Aktivitäten und Situationen vermeiden, die Erinnerungen an das Trauma wachrufen könnten, erhalten sie einen Teil der Kontrolle zurück und schützen sich vor überwältigenden Gefühlen.

Teilweise ist die Angst vor dem, was geschehen könnte, so groß, dass eine Annäherung an die entsprechenden Reize selbst dann nicht möglich ist, wenn die Kinder oder Jugendlichen dies eigentlich ernsthaft wünschen würden. Je nach Auslöser, der gemieden wird, kann dies weitreichende Konsequenzen haben. Zum Beispiel führt das Vermeiden körperlicher Nähe zu starken Einschränkungen der Beziehungsgestaltung und die Vermeidung von größeren Gruppen kann den Schulbesuch verunmöglichen. Ohne Bewusstsein über diese Dynamiken entstehen aus solchen Situationen schnell Machtkämpfe zwischen Erziehern und den jungen Menschen. Indem Erzieher auf die zugrunde liegenden Gefühle wie Trauer oder Angst eingehen statt auf die sie maskierenden Gefühle oder die scheinbar unangemessenen Verhaltensweisen, lassen sich viele Situationen auffangen, die sonst zur Eskalation streben.

Bonus (2006, 2008) beschreibt *Angstbeseitigung, Vermeidung, Anstrengungs-verweigerung* und *Kontrollstrategien* als häufig genutzte Angstbewältigungs-strategien traumatisierter Kinder und Jugendlicher. Im Kern lässt sich dies wie folgt zusammenfassen: *Angstbeseitigung* dient dazu, aufsteigende Todes-angst nicht mehr spüren zu müssen, und es wird alles getan, um das Über-leben zu sichern. Dies äußert sich in Kampf, Flucht oder Totstellen. *Kampf* lässt sich als »Angst machen statt Angst haben« zusammenfassen. Die Kinder oder Jugendlichen zeigen entsprechendes Imponiergehabe, das Gegenüber wird beschimpft, bedroht oder angegriffen, Gegenstände werden zerstört oder es wird mit deren Zerstörung gedroht. *Fliehen* äußert sich zum Beispiel durch Weg-rennen, durch Sich-Beschweren bei Autoritäten, wie schlecht und ungerecht man von anderen behandelt würde, oder im Provozieren von Konflikten, um sich Verpflichtungen (wie Zimmeraufräumen) zu entziehen. *Totstellen* zeigt sich unter anderem im Sich-dumm-Stellen (und so keine Anforderungen erfüllen zu müssen), sich möglichst unauffällig zu machen oder tatsächlich zu erstarren. Auch Maskierungsgefühle dienen dazu, weniger Angst zu haben. Wenn ein Mädchen zum Beispiel Angst davor hat, in der Schule gemobbt zu werden, kann es sein, dass es jeden Morgen zu heftigen Wutausbrüchen kommt, wenn es zur Schule gehen müsste. Wut ist leichter auszuhalten als Angst und maskiert diese.

Die *Vermeidungsmethode* dient dazu, Gefühle der Wertlosigkeit zu ver-meiden. Wenn Kritik als so demütigend oder kränkend erlebt wird, dass der daraus entstehende Schmerz nicht ausgehalten werden kann, eröffnen die Jungen oder Mädchen Nebenkriegsschauplätze. Sie wechseln zum Beispiel das Thema, wenden die Methoden der Angstbeseitigung an oder beginnen heftige Argumentationen. Teilweise geschieht dies schon präventiv, um erwarteter Kritik zuvorzukommen, sodass von außen völlig harmlos scheinende Situationen zu heftigen und unvorhergesehenen Verhaltensweisen führen können.

Anstrengungsverweigerung wehrt die Angst vor Überforderung und Ver-sagen – letztendlich also Hilflosigkeit – ab. Zudem kann Kritik dadurch ent-schärft werden, dass die Jungen und Mädchen sich immer sagen können: »Wenn ich wirklich gewollt hätte, hätte ich das locker geschafft.« Die traumatypischen Dynamiken kosten wie bereits beschrieben eine Menge Energie, sodass auch kleine Anstrengungen zu unüberwindbaren Hürden werden können. Hinzu kommt häufig die Überzeugung, nichts richtig machen zu können oder dass alle Anstrengung letztendlich nichts bringt.

Kontroll- und Machtstrategien dienen der Beseitigung erlebter Ohnmacht, die häufig auch ein zentrales Erleben während der Traumatisierung war. Letzt-endlich dienen auch die bereits beschriebenen drei Strategien diesem Ziel. Ein Gefühl der Kontrolle ergibt sich auch daraus, dass Eltern oder andere wichtige

Personen sich so verhalten, wie es den bisherigen Erfahrungen des jungen Menschen und dem daraus abgeleiteten Selbst-, Menschen- und Weltbild entspricht. Andere Menschen werden deswegen dazu gebracht, sich dem jungen Menschen gegenüber abwertend, verletzend aggressiv oder »wie auch immer gewohnt« zu verhalten. Die daraus entstehenden negativen Konsequenzen sind für die Kinder und Jugendlichen weniger bedeutsam als das dadurch gewonnene Gefühl der Sicherheit.

Alkohol und andere Drogen wirken unter anderem spannungsmindernd, angstlösend, stimmungsaufhellend, beruhigend, aktivierend, lassen vergessen oder fördern Aggressivität und somit die wahrgenommenen Möglichkeiten, sich zu schützen. Dass sie von vielen Betroffenen zur Eigenmedikation genommen werden, ist daher wenig verwunderlich. Diesbezüglich ergibt sich das Dilemma, dass Drogen klar verboten werden müssen und andererseits klar ist, dass sie erst dann wirklich aufgegeben werden können, wenn die zugrunde liegende Not gelindert wurde. Ausführliches zu Pädagogik und Drogen findet sich unter anderem in Baierl (2008). Rechtzeitige qualifizierte Medikation durch Fachärzte verringert das Risiko der Selbstmedikation durch Drogen.

All diese Verhaltensweisen werden ohne genaues Hinsehen schnell als Störungen des Sozialverhaltens, Aggressivität, Bosheit oder Faulheit gedeutet. Vor allem, wenn eine Traumatisierung aus der Vorgeschichte (noch) nicht ersichtlich ist und das Vermeidungsverhalten der Kinder und Jugendlichen so stark generalisiert, dass keine »klassischen« Angstreaktionen ersichtlich sind, benötigt es eine sehr sorgfältige Diagnostik um diese Dynamiken zu verstehen. Ohne dieses Verständnis entwickelt sich erfahrungsgemäß schnell das folgende Szenario: Traumatisierung führt zu einem negativen Welt-, Menschen- und Selbstbild. Das resultierende Verhalten führt dazu, dass andere überwiegend ablehnend, abwertend, aggressiv usw. reagieren und sie immer wieder die Erfahrung machen, dass ihr negatives Selbst-, Menschen- und Weltbild sich bestätigt, wodurch es sich immer mehr verfestigt.

Zudem werden alle Erfahrungen durch die Traumabrille gesehen. Stellen Sie sich ein dreijähriges Kind vor, das im Kindersitz eines Autos festgeschnallt sitzt. Die Eltern parken das Auto in der prallen Sonne, da sie nur kurz zur Post wollen, werden aber aufgehalten. Ein gesundes Kind mit sicheren Bindungen erlebt zwar Ungemach, aber irgendwann kommen die Eltern zurück, entschuldigen sich, trösten, geben etwas zu trinken und alles ist wieder gut. Ein traumatisiertes Kind erlebt die Situation ganz anders: Es ist hilflos, gefesselt, allein und von den Eltern zurückgelassen. Die Sonne brennt und Verdursten droht. In seiner Angst beginnt es zu weinen, zu schreien und sich heftig zu bewegen. Andere Menschen werden aufmerksam, schauen sogar zu, befreien das Kind aber nicht aus seiner Not. Dass die Eltern irgendwann wieder auftauchen, ist gegenüber dem zuvor Erlebten wenig bedeutsam. Was das Kind bestätigt bekommt, ist, dass die Welt gefährlich ist, die Eltern unzuverlässig sind und sie ihr Kind nicht lieben, sondern einfach zurücklassen, dass andere Menschen nicht helfen, das Kind allein auf sich gestellt und damit hoffnungslos überfordert ist. Sie können sich vorstellen, wie anstrengend es ist, in so einer Wirklichkeit leben zu müssen. Dass daraus auch Gefühle von tiefster Verzweiflung, Wertlosigkeit und Zweifel an der eigenen Existenzberechtigung entstehen können, ist ebenso nachvollziehbar wie dass der Glaube an eine Besserung der eigenen Situation verloren geht. Daraus erwachsen schnell selbstzerstörerische oder waghalsige Verhaltensweisen, Suizidgedanken und Selbsttötungshandlungen.

Gelingt es uns, all diese Dynamiken zu verstehen, den jungen Menschen, seine Not wie dessen Fähigkeiten zu würdigen und uns konsequent an der jeweiligen positiven Absicht hinter diesen Verhaltensweisen zu orientieren (z. B. Überleben, Sicherheit, Kontrolle), schaffen wir den Rahmen dafür, diese Teufelskreise in Engelskreise zu verwandeln (Baierl, 2014). Viele Krisen lassen sich vermeiden, wenn statt auf die offensichtlichen Verhaltensweisen auf die zugrunde liegenden Gefühle fokussiert wird (Angst, Ohnmacht, Wertlosigkeit, Ungeliebtsein usw.) und die jungen Menschen Hilfen bekommen, diese zu bewältigen bzw. zu verändern. Über das verstehende und sichernde Begleiten traumatisierter Jungen und Mädchen können diese immer und immer wieder korrigierende Beziehungs- und Selbsterfahrungen machen und nach und nach positive Selbst-, Welt- und Menschenbilder entwickeln. Je besser diese Dynamiken verstanden und aufgefangen werden, desto mehr erleben die Betroffenen, dass ihre Bedürfnisse befriedigt und sie selbst wertgeschätzt bzw. geliebt werden. Je mehr diese Erfahrung greift, desto besser werden die Kinder und Jugendlichen ihre Ressourcen dazu nutzen, das neue Selbst-, Welt- und Menschenbild zu bestätigen, ihre Welt aktiv zu gestalten, statt Opfer zu bleiben, und dazu in der Lage sein, Hilfe in Anspruch zu nehmen, wo die eigenen Bewältigungsmöglichkeiten erreicht sind (vgl. Borg-Laufs u. Dittrich, 2010). Wo immer eines oder mehrere der in diesem Beitrag beschriebenen Muster oder Dynamiken auftauchen, ist es sinnvoll, traumaspezifisch zu denken und zu handeln.

1.6 Resilienzfaktoren bezüglich Traumata

Resilienz bezeichnet die Fähigkeit, sich positiv und gesund zu entwickeln. Resilienzfaktoren tragen dazu bei, dass ein Junge oder Mädchen sich trotz potenziell traumatisierender Ereignisse weiterhin gesund entwickelt. Vergleicht man die aktuellen Studien zur Resilienz im Kinder- und Jugendalter erhält man weitgehend übereinstimmende Ergebnisse (u. a. Werner u. Smith, 2001; Brisch u. Hellbrügge, 2009; Masten u. Reed, 2002; Hüther, 2003; Wustmann, 2004; 2005; Kallschmidt, 2007; Fröhlich-Gildhoff u. Rönnau-Böse, 2009; Gahleitner u. Hahn, 2011). Am wichtigsten scheinen die folgenden Faktoren zu sein:

- sichere Bindungen und die Fähigkeit wichtigen Bezugspersonen zu vertrauen;
- gute Eltern-Kind-Beziehung/harmonisches Familienklima/autoritativer Erziehungsstil;
- Spiritualität, erlebter Schutz im Glauben/Einbindung in spirituelle Gemeinschaft;
- Erleben von Sinn allgemein sowie Einbindung des schlimmen Geschehens in größere Sinnzusammenhänge;
- Gefühl, sich und die Welt bzw. die im Leben geltenden Regeln und Ordnungen verstehen zu können;
- Selbstsicherheit/positives Selbstwertgefühl/positives Selbstkonzept;
- hohe Lebenszufriedenheit/optimistische Grundeinstellung;
- hohes Selbstwirksamkeitserleben/Vertrauen in das eigenen Wissen und Können/realistische Überzeugung, Situationen kontrollieren und bewältigen zu können;
- Bereitschaft zur Verantwortungsübernahme;
- Flexibilität;
- soziale Kompetenz/Fähigkeit, Hilfe zu mobilisieren/Kooperationsfähigkeit/ Problem- und Konfliktlösefähigkeiten;
- variable Bewältigungsstrategien bei überwiegend lösungsorientierten und aktiven Bewältigungsstilen;
- positive Bewältigung der bisherigen Entwicklungsaufgaben;
- Fähigkeit zur Selbstregulation, zum Beispiel über Entspannungsfähigkeiten;
- Intelligenz;
- robuste Gesundheit, körperlich wie psychisch;
- mittlerer oder hoher sozioökonomischer Status/materielle Sicherheit/gesellschaftliche Anerkennung;
- gute soziale Einbindung;
- positive Bewertungen durch Dritte, insbesondere Familie, Freunde und Autoritätspersonen;
- Erfolge in Schule/Ausbildung/Beruf.

Wenn furchtbare Ereignisse die folgenden Elemente aufweisen, führen sie seltener zu Traumatisierungen:
- schlimmes Geschehen ohne menschliche Ursache;

- einmaliges Geschehen;
- kurzes Geschehen;
- geringes Ausmaß an körperlichem Schmerz, Verletzung;
- (zumindest bedingt) absehbares Geschehen.

Während eines potenziell traumatisierenden Erlebnisses scheint realer bzw. erlebter Schutz besonders bedeutsam zu sein, dazu gehört unter anderem das Vertrauen auf Schutz durch anwesende oder erwartete Menschen, das Vertrauen in spirituelle Mächte sowie das Vertrauen auf die eigenen Bewältigungsfähigkeiten. Unmittelbar nach einem solchen Erlebnis ist eine gute Einbettung in die Familie bzw. familienersetzende Personen (wie etwa eine Wohngruppe) sowie eine umfassende soziale Unterstützung der größte einzelne Resilienzfaktor (Trickey, Siddaway, Meiser-Stedman, Serpell u. Field, 2012). Auch die Möglichkeit, bei Bedarf offen und viel über das furchtbare Erlebnis reden zu können, scheint in diesem Zeitraum zentral zu sein.

Laut Wustmann (2005) sind die folgenden Faktoren in Institutionen bzw. vonseiten professioneller Helfer zentrale Resilienzfaktoren:
- wertschätzendes Klima allgemein und insbesondere gegenüber dem jungen Menschen sowie eine Atmosphäre von Wärme, Akzeptanz und Respekt;
- konsistente und transparente Strukturen und Regeln – dies führt zu Sicherheit, Vorhersehbarkeit und Kontrollierbarkeit von Alltagsvollzügen;
- angemessener hoher Leistungsstandard in Verbindung mit Förderung und Anerkennung der Leistungen sowie der Anstrengungsbereitschaft des jungen Menschen;
- förderliche Kontakte mit Gleichaltrigen sowie komplexe Freundschaftsbeziehungen;
- gelingende Kooperation zwischen Eltern und Institutionen bzw. professionellen Helfern.

1.7 Risikofaktoren bezüglich Traumata

Als Risikofaktoren werden Umstände oder Eigenschaften beschrieben, welche die Wahrscheinlichkeit erhöhen, eine Traumafolgestörung zu entwickeln. In der Literatur (u. a. Wustmann, 2005; Bode, 2009; Brisch u. Hellbrügge, 2009; Fischer u. Riedesser, 2009; Fooken u. Zinnecker, 2009; Korritko u. Pleyer, 2010) werden diesbezüglich weitgehend übereinstimmend vor allem die folgenden Faktoren benannt:
- unsichere oder ambivalente Bindungsorganisation;

- wenig oder keine Sinngebung des Geschehens;
- disharmonisches Familienleben (z. B. konflikthaft/Rollenunklarheit/Trennung bzw. Scheidung der Eltern/neue Partnerschaft eines Elternteils oder häufig wechselnde neue Partner/Erziehungsdefizite (strikt, autoritär, körperlich strafend, inkonsequent usw.);
- psychische Störungen oder Erkrankungen eines bzw. beider Elternteile, darunter auch Alkohol- oder Drogenmissbrauch;
- Kriminalität oder Dissozialität von mindestens einem Elternteil;
- niedriges Bildungsniveau der Eltern;
- Traumata in der Familiengeschichte;
- körperliche Faktoren wie zum Beispiel
  - prä-, peri- und postnatale Faktoren (z. B. Belastungen während der Schwangerschaft, Frühgeburt, Geburtskomplikationen, niedriges Geburtsgewicht);
  - neurologische oder physiologische Defizite (z. B. nach Gehirnverletzungen oder niedriges prätraumatisches hippocampales Volumen);
  - Gendefekte oder genetische Anomalien;
  - chronische oder schwere Erkrankungen;
- niedrige Intelligenz;
- psychische Störung(en)/frühere Traumatisierungen;
- niedriges Selbstwirksamkeitserleben;
- geringe Fähigkeiten zur Selbstregulation/schwierige Temperamentsmerkmale/emotionale Instabilität;
- wenig flexible Bewältigungsstrategien/gefühlsorientierte Coping-Strategien;
- häufige Umzüge oder Schulwechsel;
- Verlust von Familienangehörigen;
- niedriger sozioökonomischer Status/Zugehörigkeit zu einer Minderheit oder sozialen Randgruppe/Migrationshintergrund;
- geringe soziale Einbindung/geringe soziale Unterstützung/anregungsarmes Wohnumfeld;
- Ablehnung durch Gleichaltrige/wenig oder keine Freunde/Mobbing.

Die folgenden Aspekte der traumatischen Situation an sich gelten ebenfalls als Risikofaktoren:
- wiederholte oder andauernde belastende Ereignisse;
- Nichtvorhersehbarkeit des belastenden Ereignisses;
- hohe (erlebte) Bedrohung;
- starke körperliche Verletzungen/Schmerzen;
- wenig Kontrolle über das Geschehen;

- Schuldgefühle bezüglich des Geschehens;
- (absichtlich) durch Menschen verursachtes Geschehen;
- Endgültigkeit erlittener Verluste;
- Elemente des Traumas, welche im Alltag häufig sind (beständige Triggerung);
- keine Hilfe bekommen/erleben – unmittelbar.

Resilienzfaktoren tragen auch dazu bei, eine bestehende Traumatisierung besser und schneller zu verarbeiten während Risikofaktoren dies erschweren. Indem Sie traumatisierte Jungen und Mädchen dabei unterstützen möglichst viele Resilienzfaktoren zu entwickeln und zu nutzen, geben Sie daher wertvolle und weitgreifende Unterstützung im Heilungsprozess. Ebenso wichtig ist es, die Mädchen und Jungen darin zu unterstützen, möglichst viele Risikofaktoren abzubauen – oder wo dies nicht möglich ist, einen positiveren Umgang mit den bestehenden Risikofaktoren zu finden. Dies ist auch für die Elternarbeit bedeutsam. Über die Förderung von Resilienzfaktoren und den Abbau von Risikofaktoren können somit auch Mitarbeiter mit wenig traumaspezifischem Wissen oder in wenig traumaspezifisch orientierten Kontexten sinnvolle und wertvolle Hilfen bieten.

Literatur

Ackerman, P. T., Newton, J. E. O., McPherson, W. B., Jones, J. G., Dykman, R. A. (1998). Prevalence of post traumatic stress disorder and other psychiatric diagnosis in three groups of abused children (sexual, physical, and both). Child Abuse & Neglect, 22 (8), 759–774.

American Psychiatric Association (APA) (2011). Diagnostic and statistical manual of mental disorders (4th ed.). Arlington, VA: American Psychiatric Publishing.

American Psychiatric Association (APA) (2013). Diagnostic and statistical manual of mental disorders (5th ed.). Arlington, VA: American Psychiatric Publishing.

Anders, S. L., Shallcross, S. L., Frazier, P. A. (2012). Beyond Criterion A1: The effects of relational and non-relational traumatic events. Journal of Trauma & Dissociation, 13, 134–151.

Baierl, M. (2008). Herausforderung Alltag. Praxishandbuch für die pädagogische Arbeit mit psychisch gestörten Jugendlichen. Göttingen: Vandenhoeck & Ruprecht.

Baierl, M. (2014). Traumaspezifische Bedarfe von Kindern und Jugendlichen. In S. Gahleitner, T. Hensel, M. Baierl, M. Kühn, M. Schmid (Hrsg.), Traumapädagogik in psychosozialen Handlungsfeldern. Ein Handbuch für Jugendhilfe, Schule und Klinik (S. 72–90). Göttingen: Vandenhoeck & Ruprecht.

Blower, A., Addo, A., Hodgson, J., Lamington, L., Towlson, K. (2004). Mental health of »looked after« children: A needs assessment. Clinical Child Psychology and Psychiatry, 9 (1), 117–129.

Bode, S. (2009). Kriegsenkel. Stuttgart: Klett-Cotta.

Bonus, B. (2006). Mit den Augen eines Kindes sehen lernen. Band 1. Norderstedt: Books on Demand.

Bonus, B. (2008). Mit den Augen eines Kindes sehen lernen. Band 2. Norderstedt: Books on Demand.

Borg-Laufs, M., Dittrich, K. (Hrsg.) (2010). Psychische Grundbedürfnisse in Kindheit und Jugend. Perspektiven für Soziale Arbeit und Psychotherapie. Tübingen: dgvt-Verlag.

Brisch, K. H., Hellbrügge, T. (Hrsg.) (2003). Bindung und Trauma: Risiken und Schutzfaktoren für die Entwicklung von Kindern. Stuttgart: Klett-Cotta.

Brisch, K. H., Hellbrügge, T. (Hrsg.) (2008). Die Anfänge der Eltern-Kind-Bindung: Schwangerschaft, Geburt und Psychotherapie. Stuttgart: Klett Cotta.

Brisch K. H., Hellbrügge T. (Hrsg.) (2009). Bindung und Trauma: Risiken und Schutzfaktoren für die Entwicklung von Kindern (3. Aufl.). Stuttgart: Klett-Cotta.

Bundespsychotherapeutenkammer (2013). Zahlen und Fakten. Zugriff am 17.12.2013 unter http://www.bptk.de/presse/zahlen-fakten.htm

Copeland, W. E., Keeler, G., Angold, A., Costello, E. J. (2010). Posttraumatic stress without trauma in children. American Journal of Psychiatry, 167, 1059–1065.

Dilling, H., Mombour, W., Schmidt, M. H. (Hrsg.) (2000). Internationale Klassifikation psychischer Störungen. ICD – 10 Kapitel V (F). Bern: Verlag Hans Huber.

Fischer, G., Riedesser, P. (Hrsg.) (1998). Lehrbuch der Psychotraumatologie. München: UTB, Ernst Reinhardt.

Fooken, I., Zinnecker, J. (Hrsg.) (2009). Trauma und Resilienz. Weinheim u. München: Juventa.

Ford, T., Vostanis, P., Meltzer, H., Goodman, R. (2007). Psychiatric disorders among British children looked after by the authorities: comparision with children living in private households. British Journal of Psychiatry, 190, 319–325.

Fröhlich-Gildhoff, K., Rönnau-Böse, M. (2009). Resilienz. Stuttgart: UTB.

Gahleitner, S., Hahn, G. (Hrsg.) (2011). Klinische Sozialarbeit. Gefährdete Kindheit – Risiko, Resilienz und Hilfen. Bonn: Psychiatrie Verlag.

Grawe, K. (2004). Neuropsychotherapie. Göttingen: Hogrefe.

Hensel, T. (2014). Die Psychotraumatologie des Kindes- und Jugendalters. In S. Gahleitner, T. Hensel, M. Baierl, M. Kühn, M. Schmid (Hrsg.), Traumapädagogik in psychosozialen Handlungsfeldern. Ein Handbuch für Jugendhilfe, Schule und Klinik (S. 27–37). Göttingen: Vandenhoeck & Ruprecht.

Hüther, G. (2003). Die Auswirkungen traumatischer Erfahrungen im Kindesalter auf die Hirnentwicklung. In Bundesarbeitsgemeinschaft der Kinderschutz-Zentren e. V. (Hrsg.), Trauma und Traumafolgen – ein Thema für die Jugendhilfe (S. 58–67). Köln: Kinderschutz-Zentren.

Hukkanen, R., Sourander, A., Bergroth, L., Piha, J. (1999). Psychosocial factors and adequacy of services for children in children's homes. European Child and Adolescent Psychiatry, 8 (4), 268–275.

Hull, A. (2002). Neuroimagining findings in post-traumatic stress disorder. British Journal of Psychiatry, 181, 102–110.

Jaritz, C., Wiesinger, D., Schmid, M. (2008). Traumatische Lebensereignisse bei Kindern und Jugendlichen in der stationären Jugendhilfe. Ergebnisse einer epidemiologischen Untersuchung. Trauma & Gewalt, 2 (4), 266–277.

Kallschmidt, J. (2007). TROST – Stärken entdecken und Kräfte nutzen. Traumalösende ressourcenorientierte Stabilisierungs-Therapie. Vortrag am 15.01.2007 in der evangelisch-lutherischen Christuskirche, Brögenbern, Sandbrinkheidestr. 32.

Korrittko, A., Pleyer, K. H. (2010). Traumatischer Stress in der Familie. Göttingen: Vandenhoeck & Ruprecht.

Krystall, H. (1988). Integration and self-healing: Affect, trauma and alexithymia. Hillsdale, NJ: Analytic Press.

Landolt, M. A., Hensel, T. (Hrsg.) (2012). Traumatherapie bei Kindern und Jugendlichen. Göttingen: Hogrefe.

Masten, A. S., Reed, M.-G. J. (2002). Resilience in development. In C. R. Snyder, S. J. Lopez (Eds.), The handbook of positive psychology (pp. 74–88). New York, NY: Oxford University Press.

McCann, J. B., James, A., Wilson, S. Dunn, G. (1996). Prevalence of psychiatric disorders in young people in the care system. British Medical Journal, 313 (7071), 1529–1530.

Mücke, K. (2003). Probleme sind Lösungen. Systemische Beratung und Psychotherapie – ein pragmatischer Ansatz. Lehr- und Lernbuch. Potsdam: ÖkoSysteme Verlag.

Perry, B. (2009). Examining child maltreatment through a neurodevelopmental lens: Clinical applications of the neurosequential model of therapeutics. Journal of Loss and Trauma, 14, 240–255.

Roehlkepartain, E., King, P., Wagener, L., Benson, P. (2005). The handbook of spiritual development in childhood and adolescence. Thousand Oaks: Sage Publications.

Rogers, C. (1959). A theory of therapy, personality and interpersonal relationships as developed in the client-centered framework. In S. Koch (Ed.), Psychology: A study of a science. Vol. 3: Formulations of the person and the social context (pp. 185–256). New York: McGraw Hill.

Rosner, R., Steil, R. (2012). Komplexe Traumafolgestörungen: Ist es sinnvoll, eine neue Diagnose »Entwicklungsbezogene Traumafolgestörung« einzuführen? In M. A. Landolt, T. Hensel (Hrsg.), Traumatherapie bei Kindern und Jugendlichen (S. 46–58). Hogrefe: Göttingen.

Sack, M. (2013). Behandlung von Bindungs- und Beziehungsstörungen im Erwachsenenalter. Lindauer Psychotherapiewochen 15.–19. April 2013. Vortragsreihe und zugehörige Handouts.

Sachsse, U. (2012). Neurobiologische Grundlagen und Veränderung nach traumatischen Lebenserfahrungen. In I. Özkan, U. Sachsse, A. Streeck-Fischer (Hrsg.), Zeit heilt nicht alle Wunden. Kompendium zur Psychotraumatologie. Göttingen: Vandenhoeck & Ruprecht.

Sack, M., Sachsse, U., Schellong, J. (Hrsg.) (2013). Komplexe Traumafolgestörungen: Diagnostik und Behandlung von Folgen schwerer Gewalt und Vernachlässigung. Stuttgart: Schattauer.

Schäffler, A., Schmidt, S. (1998). Biologie Anatomie Physiologie. Kompaktes Lehrbuch für die Pflegeberufe (3. Aufl.). München: Urban & Fischer.

Schmid, M. (2007). Psychische Gesundheit von Heimkindern. Eine Studie zur Prävalenz psychischer Störungen in der stationären Jugendhilfe. Weinheim: Juventa.

Schmid, M. (2013). Psychisch belastete Kinder in der Heimerziehung: eine kooperative Herausforderung. In Integras (Hrsg.), Leitfaden Fremdplatzierung (S. 142–160). Zürich: Integras.

Schmid, M., Fegert, J. M., Petermann, F. (2010).Traumaentwicklungsstörung: Pro und Contra. Kindheit und Entwicklung, 19, 47–63.

Schnyder, U. (2000). Ambulante Krisenintervention. In U. Schnyder, J.-D. Sauvant (Hrsg.), Krisenintervention in der Psychiatrie. Bern: Verlag Hans Huber.

Shore, A. N. (2001). The effects of early relational trauma on right brain development, affect regulation and infant mental health. Infant Mental Health Journal, 22, 201–269.

Sugaya, L., Hasin, D. S., Olfson, M., Lin, K.-H., Grant, B. F., Blanco, C. (2012). Child physical abuse and adult mental health: A national study. Journal of Traumatic Stress, 25, 384–392.

Trickey, D., Siddaway, A. P., Meiser-Stedman, R., Serpell, L., Field, A. P. A (2012). A meta-analysis of risk factors for post-traumatic stress disorder in children and adolescents. Clinical Psychology Review, 32 (2), 122–138.

van der Kolk, B. A., Pynoos, R. S., Cicchetti, D., Cloitre, M., D'Andrea, W., Ford, J. D., Lieberman, A. F., Putnam, F. W., Saxe, G., Spinazzola, J., Stolbach, B. C., Teicher, M. (2009). Proposal to include a developmental trauma disorder diagnosis for children and adolescents in DSM-V. Unpublished manuscript. Zugriff am 08.04.2014 unter http://www.traumacenter.org/announcements/DTD_papers_Oct_09.pdf

Werner E., Smith, R. (2001). Journeys from childhood to midlife: Risk, resilience, and recovery. Ithaca u. London: Cornell University Press.

Wustmann, C. (2004). Resilienz. Widerstandsfähigkeit von Kindern in Tageseinrichtungen fördern. Weinheim u. Basel: Beltz.

Wustmann, C. (2005). Auf den Anfang kommt es an: Perspektiven für eine Neuorientierung frühkindlicher Bildung – Teil B Resilienz. In Bundesministerium für Bildung und Forschung (Hrsg.), Bildungsreform Band 16 (S. 119–190). Bonn u. Berlin.

Martin Baierl

2 Liebe allein genügt nicht, doch ohne Liebe genügt nichts: Werte und Haltung in der Traumapädagogik

Pädagogik ist vor aller Methodik
eine Frage der Haltung.

2.1 Wertschätzung und Liebe

Die Grundlage jeder Begegnung zwischen Menschen und somit jeder Pädagogik ist, sein Gegenüber »als Person wertzuschätzen sowie dessen Leben, Lebensgeschichte, Lebenswelt und Lebensweise zu achten. Wertschätzung beginnt mit der Anerkennung dessen was ist. Zudem gilt es, sich an dem zu orientieren, was sein kann und nicht daran, was man meint, dass sein müsste. Gerade dann, wenn an Veränderungen gearbeitet werden soll, ist dies besonders bedeutsam« (Baierl, 2008, S. 59). Für die Traumapädagogik gilt dies auf vielen Ebenen: Viele traumatisierte Kinder und Jugendliche haben die Wertschätzung sich selbst gegenüber verloren – viele haben erlebt, dass an ihnen in keinster Weise wertschätzend gehandelt wurde –, manche haben den Schritt vom »Opfer« zum »Täter« vollzogen und erleben entsprechende Ablehnung und Abwertung – oftmals waren Eltern oder andere wichtige Bezugspersonen die »Täter« und ihnen wurde von professionellen Helfern die Wertschätzung entzogen –, Mitarbeiter stehen in Gefahr, sich zu verausgaben und wenig wertschätzend mit sich selbst umzugehen und sie erfahren oft wenig Wertschätzung durch Dritte.

Diesen Dynamiken kann nur durch die bewusste Aufmerksamkeitsrichtung auf Wertschätzung begegnet werden. Dabei hilft die Annahme, dass jeder Mensch zu jedem Zeitpunkt das für ihn zu diesem Zeitpunkt bestmögliche Verhalten zeigt. Werden Verhaltensänderungen gewünscht, geht es dann darum, innere wie äußere Gegebenheiten so zu verändern, das zukünftig sowohl mehr Wahlmöglichkeiten zur Verfügung stehen als auch hilfreichere Entscheidungskriterien. Gerade wenn Menschen besonders Furchtbares getan haben, ist es hilfreich, sich Artikel eins des Grundgesetzes ins Gedächtnis zu rufen (»Die

Würde des Menschen ist unantastbar«; Deutscher Bundestag, 2012) und sich zu fragen: Verhalte ich mich so, dass die Würde meines Gegenüber, von Kindern, Jugendlichen, Eltern, Kollegen, Kooperationspartner usw. jederzeit gewahrt ist? Auch im Konflikt-, Streit- oder Krisenfall? Achte ich darauf, auch meine Würde wertzuschätzen?

Zum würdevollen Umgang gehört auch anzuerkennen, dass jeder Mensch das Potenzial und das Recht hat, einen wertvollen Beitrag zur Gemeinschaft (Familie, Wohngruppe, Klasse, Freundeskreis, Gesellschaft usw.) zu leisten. Falls Sie Menschen aus jedwedem Grund ihre Würde absprechen oder ihnen (nicht ihrem Verhalten) die Wertschätzung entziehen, befinden Sie sich in einer Verstrickung mit eigenen Themen (→ Kapitel 3.2.1) und sollten diese dringend bearbeiten, um wieder arbeitsfähig zu werden. Dabei hilft die Sicht, dass es keine »Kinderschänder«, »Gewaltverbrecher« oder »Rabeneltern« gibt, sondern Menschen, die Kindesmissbrauch bzw. Gewalttaten begangen haben, oder Eltern, die ihre Rolle nicht positiv ausfüllen konnten. Wichtige Bezugspersonen der betreuten Mädchen und Jungen wertschätzen zu können, ist auch deshalb wichtig, um deren Ambivalenz – zum Beispiel dem geliebten *und* gefürchteten Vater gegenüber – aufrichtig und unterstützend begegnen zu können. Wertschätzung ist die Grundlage, auf der Sie allen Beteiligten mit professioneller Nähe (→ Kapitel 3.2.1) begegnen können.

Der Begriff »Wertschätzung« wird hier aus zwei Gründen verwendet. Zum einen handelt es sich um einen in der aktuellen Pädagogik anerkannten Wert und zum anderen ist es möglich, sich bewusst zu erarbeiten, einen anderen Menschen wertzuschätzen. Sich sowie sein Gegenüber lieben zu können und einen liebevollen Umgang zu pflegen, wäre das eigentliche Ziel, das sich aber weder verordnen noch bewusst herbeiführen lässt. Dennoch bin ich überzeugt, dass Pädagogik ohne Liebe bzw. lieblose Pädagogik nicht heilsam wirken kann. Mehr dazu findet sich unter anderem in den Büchern von Janusz Korczak (z. B. Korczak u. Goldszmith, 2005; Korczak, Goldszmith u. Beiner, 2002).

2.2 Autorität

Neben der Erfahrung, geliebt (bzw. wertgeschätzt) zu werden, ist ein zweiter Faktor fast ebenso wichtig, um als »personaler sicherer Ort« wahrgenommen zu werden. Dies ist die Bereitschaft und Fähigkeit, sich als Autorität zu etablieren. *Autorität* wird diesbezüglich als Position verstanden, die den Mitarbeitern von den Jungen und Mädchen zugesprochen wird und bewirkt, dass diese sich in Denken und Handeln (auch) am Mitarbeiter orientieren. Dies beinhaltet, sich der eigenen Macht und Stärke bewusst zu sein, diese anzunehmen und zum Wohle der Betreuten einzusetzen. Sicherheit kann nur geben, wer als »stark« bzw. »mächtig« *und* »gut« erlebt wird. Sie etablieren sich als Autorität, indem die Jungen und Mädchen erfahren, dass Sie kompetent, ernst zu nehmen und durchsetzungsfähig sind. Dazu gehört auch, dass Sie Grenzen setzen, die den Betreuten sichere Frei-, Spiel- und Handlungsräume eröffnen, Direktiven vorgeben, deren Einhaltung überprüfen, Konsequenzen aussprechen und diese einhalten.

Dies macht Sie neben dem »personalen sicheren Ort« zu einem unschätzbaren Vorbild in puncto Selbstbemächtigung. Vor allem fremdplatzierte Mädchen und Jungen haben Erwachsene oft entweder als »böse« oder »machtlos« erlebt, zum Beispiel in Form der Mutter (»machtlos«), die es nicht geschafft hat, sich und ihre Kinder vor wechselnden gewalttätigen Lebenspartnern (»böse«) zu schützen. Mit dieser Erfahrung glauben viele, sich beim Erwachsenwerden zwischen »böse« oder »machtlos« entscheiden zu müssen. Indem diese Kinder Pädagogen erleben, die »stark« *und* »gut« sind und die ihre Macht zum Wohle aller einsetzen, eröffnet sich Ihnen die Möglichkeit, ebenso in die eigene Kraft und Größe zu wachsen.

2.3 Positive Motivation

»Zudem entspringt jedes Verhalten eines jeden Menschen zu jedem Zeitpunkt einer positiven Absicht. Dies anzuerkennen, zu würdigen und sich mit der positiven Absicht zu verbünden, öffnet viele Wege, wo sich sonst hauptsächlich Grenzen zeigen« (Baierl, 2014, S. 152). Dies lässt sich schnell an einigen Beispielen aus meiner Arbeit mit Jungen erläutern, die sexuellen Missbrauch begangen hatten. Die häufigste Motivation, einen sexuellen Missbrauch zu begehen, war, sich selbst als kraftvoll zu erleben. In unserer Sprache steht diese Absicht als »Selbstbemächtigung« oder »Selbstwirksamkeitserleben« in vielen Hilfeplänen. Die zweithäufigste Absicht war, sich die eigene Männlichkeit zu beweisen. Die Entwicklung einer positiven Geschlechts- und Rollenidentität ist wiederum ein Ziel, das niemand hinterfragen würde. »Sexuelle Befriedigung« stand erst auf Rang drei. In allen mir bekannten sexualpädagogischen Konzepten wird dieses Ziel gutgeheißen.

Die Anerkennung der positiven Absicht heißt nicht, sich etwas schönzureden. Die begangenen Missbrauchshandlungen bleiben Straftaten, die in keinster Weise akzeptabel sind und bei entsprechender Sachlage auch juristisch geahndet gehören. Indem parallel dazu die positive Motivation anerkannt wird, geschieht

Mehreres gleichzeitig. Es gibt etwas klar Wertzuschätzendes bei dem betroffenen Jungen. Dies wirkt auf Mitarbeiter wie Betreute gleichermaßen. Es wurde ein Ziel gefunden, für das der Junge bereit ist, große Anstrengung und Risiken in Kauf zu nehmen. Indem er das Angebot bekommt, bezüglich dieses Ziels die volle Unterstützung zu bekommen, etablieren sich die Mitarbeiter als ernstzunehmende Kooperationspartner. Indem der Mitarbeiter dem Jungen auf einem dem Jungen wichtigen Gebiet Unterstützung bieten kann, etabliert er sich als Autorität. Wenn die Jungen lernen, sich auf angemessenen Wegen stark bzw. männlich zu fühlen oder sexuelle Befriedigung zu erleben, sinkt das Risiko für erneute Missbrauchshandlungen erheblich. Das Anerkennen und Würdigen der positiven Absicht erlaubt in diesen Fällen also, den Missbrauch klar zu verurteilen *und* wertvolles Gegenüber und Kooperationspartner des Jungen zu sein.

Ähnliches gilt für die Elternarbeit. Eine Mutter hatte ihr zwei Monate altes Kind die Nacht über immer wieder allein gelassen, um mit Freundinnen auszugehen. Die positive Motivation war, sich etwas Gutes zu tun und Lebensfreude zu spüren. Indem dies als positive Motivation ernst genommen wurde und die Mutter diesbezüglich Unterstützung bekam, konnten mit ihr Wege entwickelt werden, wie sie ihr Bedürfnis nach Lebensfreude mit der Verantwortung für ihr Kind vereinbaren kann. Indem Sie konsequent auf die positive Motivation fokussieren, eröffnen sich Ihnen auch komplett neue Wege der Deeskalation und Krisenintervention sowie der Beziehungsgestaltung. Und natürlich hat auch jedes Verhalten von Vorgesetzten, Kollegen, Vertretern anderer Berufsgruppen oder Institutionen etc. – und auch jedes Verhalten von Ihnen selbst – eine positive Motivation, mit der es sich zu verbünden lohnt.

2.4 Wahrheit und Wirklichkeit

Die positive Motivation ist umso leichter zu finden, je besser Sie die Wirklichkeit(en) der Kinder und Jugendlichen verstehen. Das Konzept »Wahrheit« beinhaltet, dass es eine einzige Wahrheit gibt. Ob diese jemals gefunden werden kann und wie sie aussieht, ist Streitpunkt zwischen Philosophien, Religionen und anderen Weltanschauungen. Das Konzept »Wirklichkeit« ist grundlegend anders. Meine Wirklichkeit ist, was auf mich wirkt und auf was ich wirke. Daher unterscheidet sich meine Wirklichkeit von den Wirklichkeiten aller anderen Menschen (vgl. Pörksen, 2011).

Dass Zusammenleben funktioniert, verdanken wir dem Umstand, dass auch Gruppen gemeinsam Wirklichkeiten erschaffen, an die sich deren Mitglieder dann halten. Im ersten Beitrag wurde ausführlich besprochen, wie sich die Wirklichkeit von Kindern und Jugendlichen noch zusätzlich durch Traumatisierung verändern kann. Es gilt, anzuerkennen, dass deren Wirklichkeit für sie genauso real und bindend ist wie Ihre Wirklichkeit für Sie. Unsere aktuelle Wirklichkeit setzt sich daraus zusammen, worauf wir unsere Aufmerksamkeit richten, und welche Bedeutung wir den so entstehenden Wahrnehmungen geben. Was wir »persönliche Geschichte« nennen – aus der wir unsere Bedeutungsgebungen beziehen –, ist ebenfalls die Kombination aus vielen Situationen der Aufmerksamkeitslenkung und der Bedeutungsgebung. Dies wird besonders in der Biografiearbeit genutzt. Daher wird auch jede pädagogische Intervention durch den Filter dieser Wirklichkeit wahrgenommen (oder gerade nicht wahrgenommen) und hat somit für den jungen Menschen eventuell eine komplett andere Bedeutung als beabsichtigt war. Und das Mädchen oder der Junge wird entsprechend dieser Bedeutung darauf reagieren. Es gilt, sich der eigenen Wirklichkeit(en) bewusst zu sein, etwa welche Werte einen antreiben, was als Fakten angesehen wird oder welche Grenzen auf jeden Fall einzuhalten sind.

Von diesem Standpunkt aus gilt es, die Wirklichkeiten der betreuten Mädchen und Jungen gut genug zu ergründen, damit die gewählten Interventionen in deren Wirklichkeit sinnhaft sind. Eine ausführliche und unmittelbar in der Praxis umsetzbare Einführung in den Umgang mit Wirklichkeiten findet sich bei Mücke (2009). Als Faustregel kann gelten, sich soweit in die Wirklichkeit der Jungen und Mädchen zu begeben, dass man deren Wirkkräfte spürt, aber fest genug in der eigenen Wirklichkeit verankert zu sein, um davon nicht mitgerissen zu werden. Hintergrundwissen hilft dabei, die für uns oft ungewöhnlichen Wirklichkeitskonstruktionen traumatisierter junger Menschen verstehen zu können. Nienstedt und Westermann (2007) nennen dies die traumatologische Brille aufzusetzen. Um ungewöhnlichen Wirklichkeiten sicher begegnen zu können, bedarf es der sicheren Verankerung im eigenen Weltbild sowie der persönlichen wie institutionellen Freiheit, ungewöhnlichen Wirklichkeiten mit anerkannten wie ungewöhnlichen Interventionen begegnen zu dürfen. Widerstand gegen pädagogische Interventionen ist bis zu einem gewissen Grad entwicklungsnotwendig. Kinder und Jugendliche haben die Entwicklungsaufgabe, Autoritäten infrage zu stellen, Grenzen zu überschreiten und sich eigene Handlungsfelder zu eröffnen. Große Widerstände und anhaltende Misserfolge können als wertvolle Hinweise angesehen werden, dass wir die Wirklichkeit eines uns anvertrauten jungen Menschen – oder in der Elternarbeit dessen Eltern – noch nicht tief genug verstanden haben, um in deren Welt sinnvoll zu handeln.

2.5 Ressourcenorientierung

Der Begriff »Ressourcenorientierung« hat sich mittlerweile fast überall etabliert, dessen Inhalt wird aber viel zu selten gelebt. Reddemann (2004, S. 13) schreibt, »dass jeder Mensch über Selbstheilungskräfte verfügt und dass unsere wichtigste Aufgabe darin besteht, diese zu unterstützen.« Entsprechend ressourcenorientiert ist ihre ganze Arbeit. Ressourcenorientierung bedeutet, sich bei jedem Verhalten zu fragen: »Welche Ressourcen muss dieser Mensch haben, um dieses Verhalten zeigen zu können?«, und bei jedem Umstand: »In welchem Kontext ist dieser Umstand eine Ressource?« Mit diesem Blick, der zugegebenermaßen Übung bedarf, werden Sie nicht umhinkommen, bei sich und anderen zahlreiche Ressourcen zu finden.

Ein paar Beispiele: Um ein guter Ladendieb zu sein, bedarf es Beobachtungsgabe, Fingerfertigkeit, Situationsüberblick, schauspielerisches Talent, Bereitschaft zur Erreichung der eigenen Ziele und Risiken einzugehen und vieles andere mehr. All dies sind Ressourcen, die in vielen Kontexten konstruktiv eingesetzt werden können. Alle Kinder und Jugendlichen, mit denen ich arbeite, bekommen zu Beginn die drei Fragen: »Was kannst du gut?«, »Was magst du an dir?« und »Worauf bist du stolz?«. Die immer ausführlichere Beantwortung dieser Fragen zieht sich oft über Wochen hin und erlaubt es mir und den jungen Menschen, immer mehr Ressourcen bei diesen zu entdecken. Wichtig dabei ist, die Kinder und Jugendlichen in deren Aussagen ernst zu nehmen. Wer stolz darauf ist, Lehrer ignorieren zu können, hat offensichtlich die Fähigkeit, seine Aufmerksamkeit stark zu fokussieren und Störungen auszublenden. Ein erfolgreicher Dealer besitzt wahrscheinlich Eigeninitiative, Menschenkenntnis und Geschäftssinn. Mit den Jungen und Mädchen kann dann erarbeitet werden, wie sie die Ressourcen – die sie ja haben und nicht erst mühsam erlernen müssen –, auf die sie zu Recht stolz sein dürfen, in anderen Kontexten konstruktiv nutzen können. Grawe (2004) betont, dass es in der Arbeit mit traumatisierten Menschen wichtiger ist, darauf zu achten, was wir fördern wollen, als darauf, was beseitigt werden soll. Je weniger stabil die Betroffenen sind, umso mehr sollte auf deren Ressourcen fokussiert werden (Reddemann, 2011).

> **Übung: Ressourcenorientierung und positive Motivation**
> - Denken Sie an einige besonders schwierige Kinder oder Jugendliche.
> - Suchen Sie sich eines/einen davon aus, das/der besonders anstrengend war.
> - Wählen Sie *eine einzelne ganz konkrete* Verhaltensweise dieses Kindes oder Jugendlichen, die besonders anstrengend war.

- Wenn Sie sich für *eine einzige* solche Verhaltensweise entschieden haben, stellen Sie sich nacheinander die folgenden Fragen und lassen sich jeweils Zeit, Antworten zu finden:
  • Welche Ressourcen muss das Kind/der Jugendliche haben, um genau dieses Verhalten zeigen zu können?
  • Welche positive Motivation steckt vermutlich hinter diesem Verhalten?

Über die Hälfte der Kollegen, die diese Übung zum ersten Mal machen, finden keine Ressourcen und/oder keine positive Motivation. Diese Art zu denken ist vielen ungewohnt, was sich aber durch Übung gut beheben lässt. Für den Anfang ist es meist hilfreich, die Verhaltensweise und die Fragen mit Kollegen zu besprechen, um gemeinsam Antworten zu finden.

2.6 Fachlichkeit

Im ersten Beitrag wurde aufgezeigt, wie vielschichtig und komplex die Dynamiken einer Traumatisierung sein können. Um Traumatisierten hilfreich zu begegnen, braucht es die Bereitschaft, die eigenen pädagogischen Ansichten, Kompetenzen und Verhaltensweisen zu erweitern, um sich auf die Wirklichkeiten und teilweise bizarren Verhaltensweisen der Betroffenen einlassen zu können. Das Wissen um die entsprechenden Dynamiken hilft, die positiven Absichten anzuerkennen, fachliche Einschätzungen vorzunehmen, sich nicht persönlich zu verstricken und professionell zu handeln. Bereitschaft zur Selbstreflexion in Verbindung mit kollegialer Beratung und Supervision sind hierfür unerlässlich. Da Traumatisierung einen Hauptrisikofaktor für alle psychischen Störungen darstellt, bedeutet Fachlichkeit auch, sich umfassend mit psychischen Störungen und störungsspezifischen pädagogischen Handlungsmöglichkeiten (dazu ausführlich Baierl, 2008) vertraut zu machen. Zur Fachlichkeit gehört ebenso die Bereitschaft und Fähigkeit zur Zusammenarbeit mit den Kindern/Jugendlichen, deren Familien, Teamkollegen sowie Vertretern anderer Fachrichtungen und Institutionen. Alle Mitarbeiter sollten für alle anderen Beteiligten eine grundlegende Offenheit und Wertschätzung mitbringen. Wichtig dafür sind unter anderem ein eigenes professionelles Selbstverständnis sowie Grundverständnis und Akzeptanz der Rahmenbedingungen, Grundvorgehensweisen, Möglichkeiten und Grenzen anderer Menschen, Institutionen und Berufsgruppen (→ mehr dazu in Kapitel 7).

2.7 Selbstfürsorge

Der Umgang mit Traumatisierten kann sehr belastend sein. Sie werden in dieser Arbeit an Ihre eigenen Grenzen stoßen. Die Mädchen und Jungen werden Ihre Grenzen überschreiten. Sie werden mit Leid, Sterblichkeit und aussichtslos scheinenden Situationen konfrontiert werden. Und Sie werden immer wieder auch mit den eigenen Themen konfrontiert werden. Insbesondere Macht/Ohnmacht, Angst, Aggression, Rückzug, Zurückweisung und Überforderung spielen dabei häufig eine Rolle. Daher bedarf es der Bereitschaft und Fähigkeit, gut für sich zu sorgen (→ Kapitel 8 u. 19). Alle Mitarbeiter sollten bereit und fähig sein, die eigenen Dynamiken und Reaktivität immer wieder selbstreflexiv zu betrachten. Kollegialer Austausch und gegenseitige Unterstützung sind dafür ebenso unverzichtbar wie regelmäßige Supervision. Mitarbeiter sollten fähig und bereit sein, die eigenen Grenzen zu erkennen und zu respektieren sowie – wo immer dies notwendig wird – Auszeiten und/oder Unterstützung in Anspruch zu nehmen. Das Wissen um die eigenen Fähigkeiten, eigene Kraftquellen und eine umfassende Selbstfürsorge sind dafür eine wertvolle Grundlage. Je besser es Ihnen geht und je mehr Sie in Ihrer Kraft sind, desto besser können Sie für die Mädchen und Jungen da sein. Übrigens gelten Risiko- und Resilienzfaktoren sowie der Umgang damit ebenso für Mitarbeiter wie für die Jungen und Mädchen.

2.8 Lebensfreude

Lebensfreude ist Grundhaltung, Transportmittel und pädagogisches Ziel in der Traumapädagogik. Daher sind diesem Thema zwei ganze Kapitel gewidmet (→ Kapitel 9 u. 10) und in anderen Kapiteln taucht es immer wieder auf. Daher werden hier nur kurz zwei Aspekte angesprochen. Traumapädagogik hat viele schwere und bedrückende Seiten. Lebensfreude sowie eine gesunde Portion Humor ist diesbezüglich ein wertvolles Gegengewicht für die Mitarbeiter wie Betreute. Und um Suizidideen – die bei Traumatisierten häufig vorkommen – entgegenzuwirken, ist eine eigene lebensbejahende Grundhaltung unerlässlich.

Haltung:
- sich als »personaler sicherer Ort« etablieren,
- sich selbst und allen Beteiligten wertschätzend bzw. liebevoll begegnen,
- sich als positive Autorität etablieren,
- hinter jedem Verhalten die positive Motivation sehen,

- die Wirklichkeiten der jungen Menschen als solche anerkennen und sich sicher darin bewegen lernen,
- Ressourcenorientierung,
- Fachlichkeit,
- Selbstfürsorge,
- Lebensfreude.

Literatur

Baierl, M. (2008). Herausforderung Alltag. Praxishandbuch für die pädagogische Arbeit mit psychisch gestörten Jugendlichen. Göttingen: Vandenhoeck & Ruprecht.

Baierl, M. (2014). Hilfen für Eltern traumatisierter Jungen und Mädchen. In S. Gahleitner, T. Hensel, M. Baierl, M. Kühn, M. Schmid (Hrsg.), Traumapädagogik in psychosozialen Handlungsfeldern. Ein Handbuch für Jugendhilfe, Schule und Klinik. Göttingen: Vandenhoeck & Ruprecht.

Deutscher Bundestag (2012). Grundgesetz für die Bundesrepublik Deutschland. Zugriff am 21.12.2013 unter https://www.btg-bestellservice.de/pdf/10060000.pdf

Grawe, K. (2004). Neuropsychotherapie. Göttingen: Hogrefe.

Korczak, J., Goldsmith, H. (2005). Wie man ein Kind lieben soll. Göttingen. Vandenhoeck & Ruprecht.

Korczak, J., Goldszmith, H., Beiner, F. (2002). Das Recht des Kindes auf Achtung/Fröhliche Pädagogik. Gütersloh: Gütersloher Verlagshaus.

Mücke, K. (2009). Probleme sind Lösungen. Systemische Beratung und Psychotherapie – ein pragmatischer Ansatz. Lehr- und Lernbuch. Potsdam: ÖkoSysteme Verlag.

Pörksen, B. (Hrsg.) (2011). Schlüsselwerke des Konstruktivismus. Wiesbaden: VS-Verlag.

Reddemann, L. (2004). Imagination als heilsame Kraft. Zur Behandlung von Traumafolgen mit ressourcenorientierten Verfahren. Stuttgart: Pfeiffer bei Klett-Cotta.

Reddemann, L. (2011). Die Nutzung von Resilienzfaktoren in der Therapie. In S. Nahlah (Hrsg.), Trauma, Resilienz und Täterschaft (S. 85–99). Bonn: Psychiatrie Verlag.

Martin Baierl

3 Mit Sicherheit ein gutes Leben: Die fünf sicheren Orte

3.1 Vorbemerkung

Dass Sicherheit eine notwendige Voraussetzung für traumapädagogisches Handeln ist, wird mittlerweile weithin anerkannt. Die betroffenen Kinder und Jugendlichen können sich dann sicher fühlen, wenn sie

- sich an einem äußeren sicheren Ort befinden, an dem keine Gefahren drohen;
- sich bei Menschen befinden, die sie beschützen und alle Gefahren abwehren;
- Sicherheit bei sich selbst finden, also auf sich selbst vertrauen und davon ausgehen, alle Herausforderungen und Gefahren sicher meistern zu können;
- sich von spirituellen Mächten behütet und geborgen fühlen;
- alle äußere Gefahr sowie sie bedrängende innere Bilder ausblenden und sich an einen inneren sicheren Ort begeben können.

Diese fünf sicheren Orte gilt es in der Traumapädagogik zu gewähren oder zu erarbeiten.

3.2 Äußerer sicherer Ort

Traumatisierte Kinder und Jugendliche erleben die Welt oft als gefährlich. Der *äußere sichere Ort* ist diesbezüglich ein Gegenmodell, an dem Sicherheit und Geborgenheit erlebt werden kann, an dem keine Gefahren drohen und/oder drohende Gefahren abgewehrt werden können. Dies erfordert Rahmensetzungen, innerhalb derer ihre Bedarfe (siehe Baierl, 2014) erfüllbar sind, also unter anderem:

- einen Rahmen, in welchem ihre körperlichen, psychischen, sozialen und spirituellen Grundbedürfnisse gut abgedeckt werden;
- Zurverfügungstellung möglichst vieler Resilienzfaktoren und Reduktion von Risikofaktoren;
- Menschen, bei denen sie sich wohl, geliebt und geborgen fühlen;

- Lebensbedingungen, die Behaglichkeit, Beheimatung und Lebensfreude vermitteln;
- Transparenz, Vorhersehbarkeit, Berechenbarkeit und Kontrollierbarkeit nach innen und außen, was unter anderem flexibel-stabile Halt gebende Strukturen und Möglichkeiten der Partizipation erfordert;
- ein pädagogisches Milieu, das schützend, versorgend, stärkend und fördernd ist, sodass das Vertrauen in die eigene Person sowie die eigenen Fähigkeiten und das Spüren des eigenen Werts neu erlernt werden kann. Dies beinhaltet auch individuelle Möglichkeiten der Partizipation.

Dazu gehören unter anderem »ausreichend geschulte Mitarbeiter und Mitarbeiterinnen, die fähig und bereit sind, einen sicheren Rahmen aufzubauen, anzubieten und zu halten [...]. Wirkliche Sicherheit zu gewähren, setzt sichere Arbeits- und/oder Lebensbedingungen für alle Beteiligten voraus. Auch Mitarbeiter, Kooperationspartner, Angehörige, Nachbarn und Besucher müssen sich berechtigt sicher fühlen dürfen« (Baierl, 2014, S. 73).

Ob ein Ort äußere Sicherheit bietet, hängt auch von den Räumlichkeiten und deren Ausstattung ab. Diese sollten die Intention des Settings ausdrücken und unterstützen, insbesondere, Schutz und Geborgenheit vermitteln. Dazu gehört unter anderem

- Intaktheit von Gebäuden, Mobiliar und Material sowie eine gemütliche und gepflegte Raumgestaltung;
- möglichst rasche Reparatur oder Austausch von kaputten Möbeln, beschädigten Fensterscheiben und anderem, das an Gewalt, Verwahrlosung, Zerstörung oder Verfall erinnert;
- Außentüren mit Schließ- und Klingelvorrichtungen, die verhindern, dass unerwünschte Personen eindringen können;
- Räumlichkeiten, die durch Größe, Anzahl und Gestaltung sowohl sichere Rückzugsmöglichkeiten als auch Gemeinschaftserfahrungen im eigenen Zimmer sowie den Gemeinschaftsräumen ermöglichen;
- eigene Zimmer der Kinder oder Jugendlichen, die von innen abgeschlossen (nur Erzieher mit Schlüssel haben dann von außen Zugang) und als sichere Lebens-Räume erlebt werden können, mit günstigen, leicht zu ersetzenden Türen;
- stabile individualisierbare Grundausstattung (Möbel, Fenster, Türen usw.), welche Alltagsnutzungsbedingungen und Kontrollverlusten standhält, in Verbindung mit günstigen, leicht und gefahrlos zerstörbaren Accessoires;
- Bewegungsmöglichkeiten im Haus sowie in dessen unmittelbarer Nähe (z. B. Garten);

- Kommunikationsmedien, die so gestaltet sind, dass sie vor unerwünschten Außenkontakten (etwa Anrufe durch ehemalige Täter oder anzügliche Anfragen in Chatrooms) schützen, erwünschte Kontakte ermöglichen und gewährleisten, in An- oder Abwesenheit von Mitarbeitern im Bedarfsfall Hilfe herbeirufen zu können. Diesbezüglich werden auch Regelungen der Zugänglichkeit und Nutzung von Internet, Handys und ähnlichen elektronischen Kommunikationsmedien benötigt.
- sorgfältige Abwägung, welche potenziell gefährlichen Gegenstände (Glasflaschen, Küchenmesser, Kakteen usw.) unter welchen Umständen zugänglich sind oder nicht.

Betroffene brauchen einen Lebensraum mit klar definierten Grenzen und Strukturen, die sichere Erlebnisräume öffnen, in denen die Jungen und Mädchen heilsame Erfahrungen mit sich selbst, anderen Menschen und der Welt an sich machen können. Dazu gehört, ernst zu nehmen »dass die Jugendlichen im Heim zunächst einmal verstehen möchten, warum sie sich eigentlich an diesem Ort, zu dieser Zeit befinden. Dieser Verstehensprozess geht anscheinend allen weiteren Bildungsprozessen, die sich im Rahmen von Heimerziehung ergeben können, voraus« (Stork, 2007, S. 24). Feste Strukturen in Abläufen, Regeln und Absprachen bieten Sicherheit durch Vorhersehbarkeit und Berechenbarkeit. Daher ist eine realistische und gelebte Gesamtkonzeption, und darin eingebettet die Konzeptionen spezifischer Angebote so wichtig. Hier werden unter anderem die Rahmenbedingungen und Vorgehensweisen für Aufnahme und Entlassung, Schulbesuch, Erziehungsverständnis, Krisenintervention und therapeutische Hilfen festgelegt. Eine Inobhutnahmemöglichkeit innerhalb der Einrichtung erlaubt auch in großen Krisen örtliche und Beziehungskontinuität.

Auch unter welchen Bedingungen eine Entlassung möglich oder notwendig wird bzw. was ein Kind oder Jugendlicher tun kann, um bleiben oder gehen zu dürfen, wird hier transparent. Es benötigt Regeln und Strukturen, die vor erneuten furchtbaren Erfahrungen schützen. Da dies nie hundertprozentig möglich ist, benötigt es auch einen Rahmen, in dem Mitarbeiter mögliche sowie drohende Gefahren so gut wie möglich vorhersehen, abwenden und/oder unterbrechen können, und Strukturen, welche die gute Aufarbeitung erneuter Grenzverletzungen gewährleisten. Dazu gehört auch der Schutz vor Kontakten mit traumatisiert habenden oder wahrscheinlich retraumatisierend handelnden Menschen. Diese sollen zum Beispiel keine Möglichkeit haben, persönlich oder über Telefon, SMS, E-Mail, Briefe, Grüße Dritter ungeplanten Kontakt aufzunehmen oder sich im Wohnumfeld der Jungen und Mädchen aufzuhalten.

Notwendige Gespräche, zum Beispiel mit dem Jugendamt, polizeiliche Vernehmungen oder bei Bedarf für die Elternarbeit, haben gegebenenfalls außerhalb der Wohngruppe oder auch außerhalb des Heimgeländes stattzufinden. Bezüglich ehemals oder noch wichtiger Bezugspersonen, die an der Traumatisierung beteiligt waren oder von denen mögliche Grenzüberschreitungen erwartet werden, gilt es sehr sorgfältig zu überprüfen, welche Kontakte notwendig, heilsam oder schädigend sind und welche Rahmenbedingungen benötigt werden, um eventuelle Kontakte sicher zu gestalten. Dabei gilt es die Ambivalenzen der Mädchen und Jungen in allen Aspekten ernst zu nehmen und ein Vorgehen zu finden, das möglichst vielen von diesen gerecht wird. Dabei hat immer das Kindeswohl an erster Stelle zu stehen und innerhalb dieser Rahmensetzung sind die Bedürfnisse anderer Beteiligter möglichst gut zu berücksichtigen.

Wenn ehemalige Pflegeeltern oder ein missbraucht habender Bruder zum Beispiel das Bedürfnis haben, sich zu entschuldigen, gilt es zuerst zu prüfen, ob und falls ja unter welchen Umständen dies vom betroffenen Kind oder Jugendlichen her heilsam oder schädlich wäre. Es werden Regelungen darüber benötigt, wer über welche Wege mit wem Kontakt hält und über welche Informationswege Absprachen (z. B. über Besuchswochenenden) getroffen werden. Und es gilt zu klären, welche Rahmenbedingungen für Familienarbeit (in Anwesenheit und/oder Abwesenheit der Kinder oder Jugendlichen) erforderlich sind. Dasselbe gilt auch für alle Kontakte mit anderen Institutionen. Und es muss Klarheit darüber herrschen, welche außenstehenden Personen (z. B. auch Handwerker oder Freunde anderer Kinder) unter welchen Umständen das Wohnumfeld betreten dürfen bzw. unter welchen Umständen und wie diese des Wohnumfelds verwiesen werden können. Zudem müssen die Jungen und Mädchen wissen, wie sie in Abwesenheit – zum Beispiel bei Heimfahrten, in der Schule oder bei Krankenhausaufenthalten – mit den Mitarbeitern Kontakt halten können und wie sie auch dort vor unerwünschten Kontakten sicher sind. Soziale Kontakte sowie ein intakter Freundeskreis sind starke Resilienzfaktoren. Die Jungen und Mädchen benötigen Unterstützung darin, wie sie soziale Kontakte knüpfen, steuern, halten, ausbauen und beenden können, wie sie in Schule, Nachbarschaft, Vereinen und Wohngemeinschaften Fuß fassen und sich integrieren können.

Routinen und *Rituale* geben Sicherheit darüber, wie Tages- und Wochenverläufe sowie Alltags- und besondere Situationen gehandhabt, wie spezielle Ereignisse gewürdigt und welche Feste wie gefeiert werden. Für eine möglichst große Teilhabe gilt es zu klären und zu erklären, welche Strukturen fest vorgegeben sind, was aushandelbar ist, wo die Jungen und Mädchen mit- bzw. selbst entscheiden (bzw. wo dies für sie eine Überforderung darstellen würde) und ob es sich bei Regeln um *Muss-*, *Soll-* oder *Kann-*Regeln handelt. Rituale für die Vorstellung neuer Kinder und Jugendlicher, für Lebensübergänge und Übergangssituationen sowie für Entlassplanung und Abschiedsgestaltung helfen, diesen Herausforderungen sicher begegnen zu können. Wo mehrere Kinder und Jugendliche zusammenleben, sind zudem traumapädagogisch fundierte Konzepte der Gruppenarbeit vonnöten.

Für die Auswahl des richtigen äußeren Ortes ist eine sorgfältige Diagnostik unerlässlich (→ Kapitel 7). Je nach Kind, dessen Lebensbedingungen und der Art der Traumatisierung können Gruppen- oder Individualpädagogik, ambulante oder stationäre Hilfen, eine Tages-, Regel- oder Intensivgruppe, eine intensive sozialpädagogische Einzelbetreuung im In- oder Ausland bzw. eine Pflegefamilie indiziert oder kontraindiziert sein.

3.3 Personaler sicherer Ort

Traumatisierte erleben sich häufig als ungeliebt und andere Menschen als gefährlich bzw. nicht fähig oder nicht bereit, ihnen zu helfen. Der *personale sichere Ort* ist eine Person, bei der sich ein Junge oder Mädchen sicher und geborgen fühlt, auch dann, wenn äußere Gefahren drohen oder die jungen Menschen sich selbst als gefährlich oder böse erleben. Der sichernden Person wird zugeschrieben, dass sie zuverlässig zur Seite steht, alle Herausforderungen meistert und vor allen Gefahren schützt. Der Archetyp eines personalen sicheren Ortes sind Eltern, in deren Armen ein Kind sich trotz eventueller realer äußerer Gefahren sicher fühlen darf. Wenn Sie die folgenden Grundfragen, die traumatisierte Kinder und Jugendliche an ihre Betreuer stellen, getrost mit »Ja« beantworten können, sind Sie mit ziemlicher Sicherheit ein personaler sicherer Ort: Hast du mich lieb? Bin ich bei dir sicher? Kannst du mich schützen? Kann ich mich auf dich verlassen? Kann ich bei dir bleiben bzw. bleibst du bei mir? Gilt dies alles auch, wenn ich böse, schwierig, komisch usw. bin?

Der personale sichere Ort ist auch der sichere Hafen, von dem aus die Jungen und Mädchen sich in die (potenziell gefährliche) Welt begeben, sich dort bewähren und sicher zurückkehren können. Dies kann eine einzelne Person sein oder eine Gruppe wie die Familie oder der Freundeskreis. Vor allem Jugendliche ohne anderen sicheren personalen Ort finden sich schnell in Gangs zusammen, um diese Lücke zu füllen. Traumatisierte Kinder und Jugendliche, welche keine sicherheitsgebenden Erwachsenen erleben, müssen eigenständig für sich und womöglich andere Sicherheit schaffen, was eine beständige Überforderung bedeutet. Das Fundament dafür, sicherer personaler Ort zu sein, wird im Kapitel 2 beschrieben. Um dies leben zu können, benötigen die Mitarbeiter die entsprechenden Rahmenbedingungen durch Leitung und Konzeption sowie die Bereitschaft und Fähigkeit, für sich zu sorgen (→ Kapitel 8 u. 19).

Für eine sichere Rahmensetzung und auch in komplexen Situationen fachliches Handeln benötigen Mitarbeiter ausreichend Wissen und Können bezüglich Traumatologie, Bindungstheorie und störungsspezifischer Pädagogik. Eine ausführliche Darstellung zum pädagogischen Umgang mit den wichtigsten psychischen Störungen und Auffälligkeiten findet sich bei Baierl (2008). Mit Traumatisierungen gehen häufig Störungen der Bindung einher. Die resultierenden komplexen Beziehungserfahrungen und Beziehungsdynamiken (→ Kapitel 1) können Mitarbeiter dazu verleiten, sich abwertend, ablehnend, grenzüberschreitend oder anderweitig so zu verhalten, wie es die Mädchen und Jungen von »gefährlichen« Erwachsenen gewohnt sind. Sichere Mitarbeiter verstehen diese Dynamiken und können einen zieldienlichen Umgang damit finden. Dies bedeutet auch, sich bei aller Hilfestellung an das Veränderungstempo der Betroffenen anzupassen, das oft langsamer ist, als sie selbst, die Eltern, Vorgesetzte, auftraggebende Institutionen oder andere es wünschen.

Durch das beständige Erleben sicherer, beständiger, verlässlicher und liebevoller Beziehungen kann Zugehörigkeit entwickelt und positiv erlebt werden sowie alte Beziehungserfahrungen überschrieben und durch neue ersetzt werden. Für die Beziehungsgestaltung bedeutet dies unter anderem (vgl. Baierl, 2014):

- Die Beziehungen sind sicher, langfristig, verlässlich, wertschätzend und wohlwollend. Wechselndes Personal und Wechsel des Betreuungsorts sind weitmöglichst zu vermeiden.
- Es herrscht innere und äußerliche Präsenz der Bezugspersonen vor.
- Nähe wird angeboten, aber nicht eingefordert. Beziehungsangebote sind transparent, unterstützend und wahren die persönlichen Grenzen der Mädchen und Jungen.
- Die Beziehungsangebote orientieren sich konsequent an Bedürfnissen der Kinder und Jugendlichen und berücksichtigen diejenigen der Mitarbeiter.
- Dabei ist zu beachten, dass sich Erwachsene/Erziehende gegenüber Jungen und Mädchen immer in einer Machtposition befinden. Damit die Macht der Mitarbeiter heilsam wirken kann, ist es notwendig, dass diese sich der eigenen Macht in Person und Rolle bewusst sind, diese transparent machen und zum Wohle aller Beteiligten einsetzen.
- Nähe und Beziehung gehen nicht mit unangemessenen Ansprüchen oder Verpflichtungen einher, sondern geschehen ihrer selbst wegen.
- Die Mitarbeiter haben einen sicheren Umgang mit Dynamiken wie Übertragung und Gegenübertragung, persönlichen Verstrickungen, Ambivalenzen

der Betreuten, Beziehungsfallen und Manipulationen und erhalten Hilfe für deren Bewältigung.
- Jedwede Gewalt in Form von Übergriffen, Drohungen, anzüglichen Bemerkungen, Entwertungen, Entwürdigungen oder Ausgrenzungen wird nicht geduldet.
- Mitarbeiter und Mitarbeiterinnen kennen und erkennen die destruktiven und potenziell zu Gewalt führenden Möglichkeiten direkter Traumasymptomatiken oder traumakompensatorischer Verhaltensweisen, handeln präventiv und deeskalierend und greifen bei Grenzüberschreitungen sichernd ein.

Kinder – oder Jugendliche in starker Regression – erleben teilweise ihr Kuscheltier als personalen sicheren Ort und teilweise nehmen auch lebendige Tiere diesen Platz ein. Entsprechend sollten diese Beziehungen gewürdigt werden.

3.4 Professionelle Nähe

Professionelle Nähe ist sowohl Grundhaltung als auch Werkzeug um sich als personaler sicherer Ort zu etablieren. Erzieher sind in der Arbeit immer in ihrer ganzen Person gefragt. Sie sind männlich oder weiblich, haben bestimmte Vorlieben, vertreten eigene Werte, haben ganz unterschiedliche Erfahrungen, kauen an bestimmten Themen, sind älter oder jünger usw. All dies legen sie bei Dienstbeginn nicht ab. Es ist Teil ihrer Wirklichkeit und wirkt sich auf jedwede Beziehungsgestaltung aus. Die professionelle Begegnung findet jedoch mit denjenigen unserer Anteile statt, die »Profi« sind (also Erzieher, Lehrer, Vormund usw.). Wir begegnen den Kindern und Jugendlichen nicht als Privatpersonen, sondern als Professionelle mit daraus resultierenden professionellen Rollen, professionellem Selbstverständnis, konkreten Arbeitsaufträgen, konkreten Arbeitsplatzbeschreibungen etc., welche den Rahmen unseres Miteinanders bestimmen.

Auch die betreuten Jungen und Mädchen bringen vielfältige Eigenschaften, Erfahrungen und Persönlichkeitszüge mit, begegnen uns aber ebenfalls in einer bestimmten Rolle, die je nach Setting (z. B. ambulante Beratung, Regelgruppe oder intensive sozialpädagogische Einzelbetreuung) sehr unterschiedlich sein kann. Innerhalb dieses Rollengefüges haben Erzieher dann den Auftrag, den jungen Menschen in seiner Gesamtheit im Blick zu haben. Die Frage ist immer, welche Beziehungsgestaltung und welches Verhalten in dieser professionellen Rolle für diesen Betreuten hilfreich bzw. heilsam sind (Abbildung 1, Pfeil A).

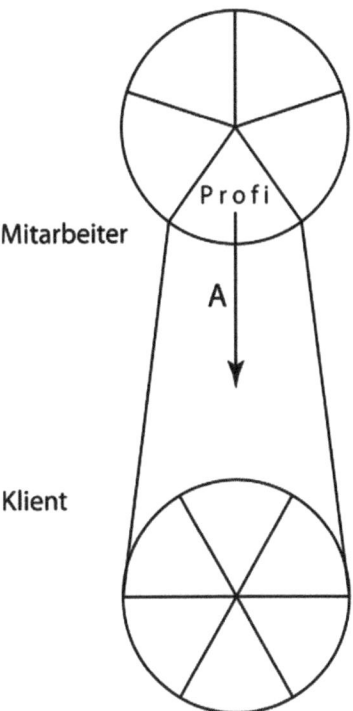

Abbildung 1: Grundstruktur der professionellen Nähe[1]

Eine Beziehungsarbeit, bei der keinerlei persönliche Anteile oder Themen mitschwingen bzw. angesprochen werden, ist nicht möglich. Es gibt zum Beispiel Kinder oder Verhaltensweisen, bei denen uns das Herz aufgeht, die uns unsympathisch sind, die Beschützer- oder Abwehrreaktionen hervorrufen, denen gegenüber wir uns hilflos fühlen und vieles andere mehr (Abbildung 2, Pfeile B und C). Für viele traumatisierte Mädchen und Jungen war es überlebensnotwendig, ihre Gegenüber sehr schnell und sehr sorgfältig zu lesen, deren Themen zu erkennen und dieses Wissen sehr präzise zur Beziehungsgestaltung einzusetzen.

---

1   Gestaltung der Abbildungen 1–4: Udo Baierl.

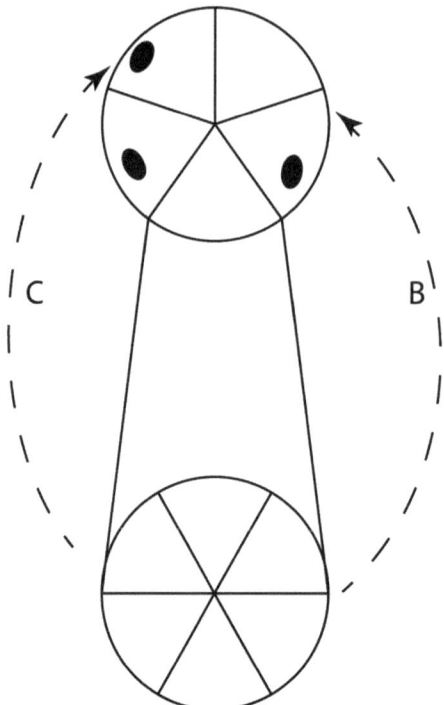

Abbildung 2: Anklingen persönlicher Anteile und Themen

Professionelle Nähe bedeutet zunächst, sich all dieser persönlichen Anteile und Themen bewusst zu sein bzw. diese bewusst werden zu lassen. Dann ist die Frage, welche Beziehungsgestaltung und welches Verhalten innerhalb meiner professionellen Rolle mit diesem Kind, das diese persönlichen Anteile bei mir anspricht, hilfreich bzw. heilsam sind (Abbildung 3, Pfeil E). Ohne diese Bewusstheit werden wir uns schnell in persönlichen Themen verstricken und nicht mehr professionell handeln können (Abbildung 3, Pfeil D). Die im ersten Beitrag beschriebenen Beziehungsdynamiken führen unreflektiert zum Beispiel schnell dazu, persönlich beleidigt zu sein oder zu meinen, ein »so schwieriges Kind« abgeben zu müssen. Das Bewusstsein, dass die Beziehungsgestaltung Traumafolge ist, aus der Rollenverteilung zwischen mir und dem Kind geschieht und nicht mich persönlich meint, hilft, weniger betroffen zu sein bzw. trotz aller Betroffenheit professionell zu bleiben (Abbildung 3).

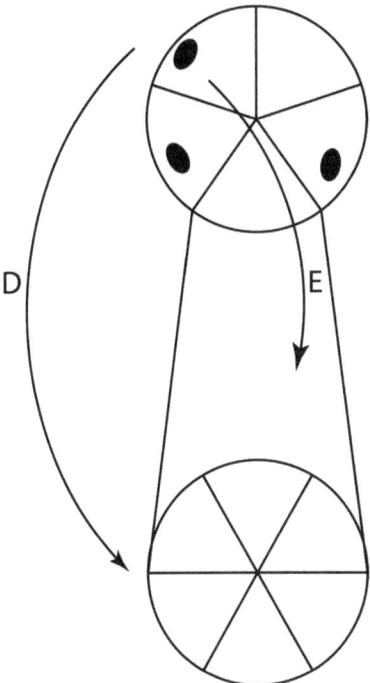

Abbildung 3: Persönliche und professionelle Reaktion auf persönliche Betroffenheit

Professionelle Nähe (Abbildung 4) ermöglicht also eine Beziehungsgestaltung, welche persönliche Betroffenheiten verringert und sie dort, wo sie gegeben ist, in einem professionellen Kontext zu nutzen. Wenn mir ein Jugendlicher ins Gesicht spuckt, hilft es eventuell, zu wissen, dass dies eine traumakompensatorische Handlung (z. B. Angst machen statt Angst haben) war, dennoch läuft die Spucke an meinem Gesicht herunter und es ekelt und ärgert mich (nicht nur den Pädagogen). Professionelle Nähe erlaubt, mich zu fragen, welches Verhalten und welche Beziehungsgestaltung bei dieser persönlichen Betroffenheit in dieser Situation hilfreich sind. Dies kann ebenso das klare Aussprechen meines Ärgers und entsprechende Grenzsetzung sein wie das vorläufige Herunterschlucken des Ärgers, um möglichst wenig beängstigend auf den Jugendlichen einzuwirken. Habe ich überwiegend aus persönlicher Betroffenheit reagiert, etwa zurück- gespuckt oder dem Jugendlichen vor das Schienbein getreten (Abbildung 4, Pfeil D), ist dies natürlich ein Fehler, aber keine Katastrophe. Die Frage ist dann, welches Verhalten und welche Beziehungsgestaltung jetzt, wo ich einen Fehler gemacht habe, hilfreich bzw. heilsam sind (Abbildung 4, Pfeil E). Es gibt Wege, um Entschuldigung zu bitten, Fehler anzusprechen, etwas wiedergutzu-

machen und mit belasteten Beziehungen umzugehen. So kann ich dem Jugendlichen trotz – bzw. gerade wegen – des Fehlers die Erfahrung ermöglichen, dass
Beziehungen auch belastbar sind, Krisen durchgestanden und wieder geheilt
werden können und Fehlverhalten eines Beziehungspartners weder zur Ver-
dammung noch zur Ausstoßung führen muss. Und ich kann dem Jugendlichen
darin Vorbild sein, zu den eigenen Fehlern und Schwächen zu stehen.

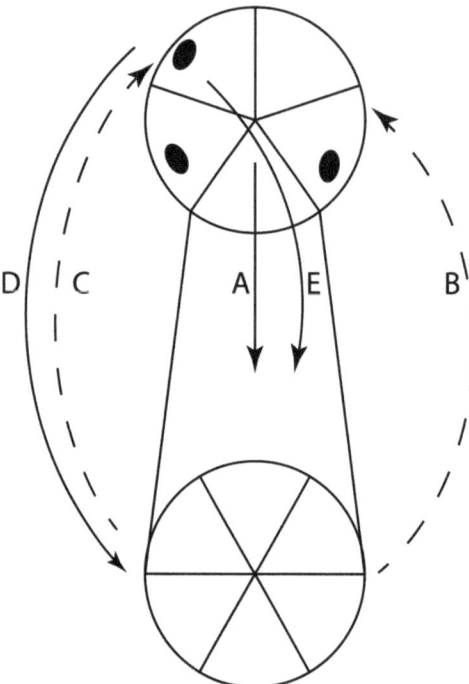

Abbildung 4: Professionelle Nähe

Professionelle Nähe gibt somit die Freiheit, so nahe oder distanziert mit einem
Kind (Elternteil, Kollegen usw.), einer Situation oder einem Verhalten umzugehen, wie es aus professioneller Sicht hilfreich und heilsam ist. Falls Kinder
oder Jugendliche Sie darauf ansprechen, dass Sie das alles ja nur tun, weil Sie
Geld dafür bekommen, ist die ehrliche Antwort »Ja«. Kaum jemand würde
diese Arbeit machen, ohne Geld dafür zu bekommen. Dennoch weise ich in
solchen Fällen darauf hin, dass es kein Zufall ist, dass ich mir ausgerechnet
diesen Beruf und diese Arbeitsstelle ausgesucht habe. Und nur weil ich Geld
dafür bekomme, bedeutet dies nicht, dass wir uns nicht mögen oder gut miteinander umgehen könnten. Dies beinhaltet noch einen weiteren Punkt. Jede
Begegnung mit und jedes Verhalten gegenüber den Kindern und Jugendlichen

findet im professionellen Rahmen statt (oder sollte dies zumindest tun). Dies bedeutet, die Mädchen und Jungen (sowie deren Familien) sind den Erziehern nichts schuldig. Sie müssen diese auch weder mögen noch ihnen dankbar sein und dürfen Beziehungsangebote ablehnen.

Natürlich sind gute Beziehungen Grundlage unserer Arbeit, und es ist sowohl schön wie auch hilfreich, wenn die jungen Menschen uns mögen – aber es ist nicht deren Aufgabe. Wir machen unsere Arbeit und bekommen dafür ein Gehalt wie jeder andere Arbeitende auch. Unser Ansprechpartner für jedwede Gratifikation sind unsere Vorgesetzten und Arbeitgeber. Dies gilt auch dann, wenn Sie sich besonders für ein Kind engagieren. Falls das Engagement professionellen Erwägungen entspringt, bleiben Sie innerhalb des professionellen Rahmens und werden dafür bezahlt. Entspringt das Engagement überwiegend persönlicher Betroffenheit (etwa, wenn Sie nicht aushalten können, wie sehr das Kind leidet), haben Sie sich in eigenen Themen verstrickt und die Professionalität verlassen. Streng genommen missbrauchen Sie das Kind in solchen Fällen zur Befriedigung der eigenen Bedürfnisse und es hat erst recht keinen Grund, Ihnen dafür auch noch dankbar zu sein.

Autobahnarbeiter haben das Berufsrisiko, angefahren zu werden, und treffen entsprechende Vorsichtsmaßnahmen. Ein Berufsrisiko der Erziehungsarbeit ist, dass persönliche Themen aktiviert werden und wir uns entsprechend verstricken. Autobahnarbeiten ohne Absicherung würden als fahrlässig gedeutet werden. Ebenso fahrlässig ist es in Kontexten, die hohe persönliche Betroffenheit und entsprechende Verstrickungen mit sich bringen können, ohne Supervision oder ähnliche Schutzmaßnahmen zu arbeiten. Weder den Erziehern noch den Kindern und Jugendlichen darf zugemutet werden, dass sich Verstrickungen unbemerkt ergeben, verstärken und ein professionelles Miteinander verunmöglichen.

Erzieher, die feststellen, dass immer wieder dasselbe Thema bei ihnen Betroffenheit auslöst, haben die Aufgabe, sich zumindest soweit mit dem Thema auseinanderzusetzen, dass ein professioneller Umgang damit gefunden werden kann. Niemand würde infrage stellen, dass ein gebrochener Arm die Arbeitsfähigkeit eines Erziehers deutlich einschränkt. Es ist ganz selbstverständlich dessen Aufgabe, zum Arzt zu gehen, sich einen Gips legen zu lassen und eventuell Rehamaßnahmen anzunehmen, um wieder voll arbeitsfähig zu werden. Genauso selbstverständlich sollte mit Arbeitseinschränkungen umgegangen werden, die aus der Aktivierung persönlicher Themen und persönlicher Betroffenheit heraus entstehen. Supervision, kollegialer Austausch, Besprechen mit Freunden und Familie, Selbsthilfeliteratur, Beratung und Psychotherapie sind dafür je nach Fall geeignete Wege.

3.5 Das Selbst als sicherer Ort

Nach einer Traumatisierung erleben sich viele Betroffene als Opfer, also hilflos, ausgeliefert, gefährdet, eingeschränkt und teilweise minderwertig. Sie haben das Vertrauen darin verloren, ausreichend gut für sich sorgen und sich schützen zu können. Kontrollverluste beängstigen und stellen das Selbst infrage. Um bei sich selbst sicher zu sein, müssen die Mädchen und Jungen die Erfahrung machen, ihr Leben selbst in der Hand zu haben, Herausforderungen eigenständig begegnen zu können, in der Lage zu sein, sich selbst zu schützen bzw. zu wehren, zu erleben, keine Gefahr für sich oder andere zu sein, und zu erleben, selbst wertvoll zu sein. Im Prinzip dreht sich dieser gesamte Band um dieses Ziel. Einige zentrale Aspekte davon sind alle Vorgehensweisen und Rahmensetzungen zur Steigerung von Lebensfreude, Selbstwerterleben und Selbstwirksamkeitserleben, Wiederherstellung bzw. Ausbau von Selbstkontrolle und Selbststeuerung, Training von sozialen Kompetenzen, insbesondere Problemlösekompetenzen, sowie Hilfen dabei, sich schützen und wehren zu können bzw. zu wissen, wen Sie um Hilfe bitten können, wenn die Grenzen der eigenen Möglichkeiten nicht ausreichen.

Dabei hilft eine klare Ressourcenorientierung, die Fokussierung auf normale und gesunde Anteile und alle Aspekte, auf die die Mädchen und Jungen stolz sein können. Je besser ein Mensch über sein aktuelles Lebensumfeld und die dort wirkenden Dynamiken Bescheid weiß, desto besser kann er gestaltend daran mitwirken (Transparenz und Partizipation). Andererseits benötigt es einen wachen Blick dafür, mit welchen Entscheidungen und Aufgaben ein Kind oder Jugendlicher aktuell noch überfordert wäre, wofür also noch keine Verantwortung übernommen werden kann und welche Hilfestellungen diesbezüglich hilfreich sind. Dies beugt Erfahrungen von erneutem Scheitern sowie unangemessenen Schuldgefühlen bezüglich noch nicht bewältigbarer Situationen vor. Ebenso wichtig ist alles, was der Stabilisierung dient und dazu beiträgt, dass Kontrollverluste seltener oder weniger heftig ausfallen bzw. verschwinden.

Bis es soweit ist, gilt es einen Rahmen zu setzen, in dem Kontrollverluste möglichst sicher und ohne Schaden für den Betroffenen oder andere aufgefangen werden können. Ein erster guter Einstieg ist oft die Erarbeitung eines gemeinsamen Verstehensmodells von Traumatisierung und der individuellen Traumadynamiken zwischen Mitarbeitern, den jungen Menschen und deren Familien. Mitarbeiter benötigen dafür zumindest Grundkenntnisse in den zugehörigen psychischen, biologischen und sozialen Dynamiken (Baierl, 2014), insbesondere zur Bindungstheorie und den daraus ableitbaren Erkenntniswegen, aber auch Grundkenntnisse in störungsspezifischer Pädagogik (Baierl, 2008), da die meisten Traumatisierten neben einer definierten Traumafolgestörung noch ein oder mehrere andere Störungsbilder zeigen.

3.6 Spiritualität als sicherer Ort

Spiritualität in Form des Glaubens an eine wie auch immer geartete höhere Macht, die mir wohlgesonnen ist und in mein Leben eingreifen kann, lässt sich aus Roehlkepartain, King, Wagener und Benson (2005) sowie Bucher (2007) als einer der stärksten Resilienzfaktoren überhaupt identifizieren. Wer sich von solchen Mächten geborgen und beschützt weiß, braucht keine äußeren Gefahren zu fürchten und fühlt sich sicher. Eine Rentnerin, die als Vierjährige Bombennächte im Luftschutzbunker erlebt hat, brachte dies ungefähr so auf den Punkt: »Es waren besondere Nächte, alle waren wir zusammen, Familie, Freunde. Wir haben den Rosenkranz gebetet und ich habe gesehen, wie Maria ihren Mantel über uns alle breitet. Uns konnte nichts geschehen.« Aus dem Beispiel wird auch deutlich, dass die Einbindung an eine Gruppe ähnlich Denkender den Effekt noch verstärken kann. Die WHO bezeichnet »spirituelles Wohlbefinden« als eigenständigen Bestandteil umfassender Gesundheit (Utsch, Bonelli u. Pfeifer, 2014) und mittlerweile gibt es Forderungen, Spiritualität als vierten Faktor in das biopsychosoziale Modell zu integrieren (z. B. Hefti, 2009). Richards und Bergin (1997) berichten, dass vielen ihrer Patienten nur dann erfolgreich geholfen werden kann, wenn deren spirituellen Erfahrungen kompetent und sensibel berücksichtigt werden. Dies ist insbesondere deswegen bedeutsam, da nach von Gontard (2013) fast alle Kinder und Jugendlichen spirituelle Erfahrungen machen.

Diese werden in klassischen Erziehungskontexten jedoch oft nicht beachtet oder aus persönlichen Überzeugungen der Mitarbeiter heraus gering geachtet. Nachdem es sich dabei aber um einen der wirksamsten Resilienzfaktoren handelt, kann von professionellen Helfern erwartet werden, dass Jungen und Mädchen, welche ein entsprechendes Weltbild mitbringen oder auf der Suche danach sind, selbstverständlich darin unterstützt werden. Dazu gehört, dieses mit ihnen zu reflektieren, die Ausübung spiritueller Praktiken im Alltag zu ermöglichen, den Kontakt mit Menschen und Gruppierungen ähnlicher Ausrichtung zu fördern und die Teilnahme an Treffen oder Glaubensfeiern entsprechender Gemeinschaften zu ermöglichen.

Auch die Auseinandersetzung mit Leid, Tod, Sterblichkeit und der Sinnfrage hat viele spirituelle Komponenten, die entsprechend gewürdigt gehören. Alle spirituellen Gruppen und religiösen Gemeinschaften bedienen sich vielfältiger Rituale. Aus diesem reichen Schatz lassen sich ohne Weiteres viele Rituale finden oder ableiten, welche von Kindern, Jugendlichen und Mitarbeitern jeweils mit dem eigenen spirituellen Hintergrund gefüllt oder auch ohne einen solchen (etwa als symbolisches Tun) begangen werden können. So können Mitarbeiter mit oder ohne eigenen spirituellen Hintergrund auch Mädchen und Jungen mit sehr unterschiedlichen spirituellen Ausrichtungen unterstützen und gemeinsame Erlebnisse geschaffen werden. Voraussetzung dafür ist das Anerkennen einer wie bereits beschriebenen Spiritualität als Resilienzfaktor sowie die Bereitschaft, auch eine den eigenen Überzeugungen fremde Spiritualität als solchen zu behandeln. Spiritualität, die in Druck oder Angst wurzelt (wie z. B. das Konzept von überwiegend strafenden Mächten, die befriedigt werden müssen), ist nach Bucher (2007) dagegen ein klarer Risikofaktor. Solche Überzeugungen gilt es dann zu hinterfragen und eventuell aufzulösen. Idealerweise geschieht dies in Zusammenarbeit mit Menschen, die vom Kind oder Jugendlichen als Autoritäten für ihre Spiritualität angesehen werden.

3.7 Innerer sicherer Ort

Viele Traumatisierte erleben Flashbacks und Intrusionen. Diese sich aufdrängenden dissoziativen Zustände haben geringfügige bis starke äußere und innere Auslöser. Um sich wirkungsvoll vor diesen zu schützen, ist es hilfreich, sich einen inneren sicheren Ort zu erschaffen, an den man sich jederzeit begeben kann und an dem einen weder äußere noch innere Reize quälen können. Dabei macht es von der Dynamik her wenig Unterschied, ob dieser Ort als spirituelle oder innerpsychische Wirklichkeit gedeutet wird. Aus psychologischer Sicht lernen die Kinder und Jugendlichen dabei, sich kontrolliert in eine selbstgewählte Dissoziation zu begeben sowie diese auch eigenständig wieder zu beenden. Dies wirkt auch der Dynamik entgegen, in ängstigenden Situationen unkontrollierten Dissoziationen ausgesetzt zu sein. Reddemann (2004) beschreibt ausführlich, wie ein solcher innerer sicherer Ort erschaffen und genutzt werden kann.

Unabhängig davon, wie gut es uns gelingt, die dargestellten fünf sicheren Orte für die Kinder und Jugendlichen bereit zu halten bzw. sie mit diesen zu erarbeiten, ist letztendlich deren Gefühl von Sicherheit oder Unsicherheit das ausschlaggebende Kriterium. Idealerweise wird bereits vor Aufnahme und im Verlauf immer wieder mit den Mädchen und Jungen besprochen, was diese benötigen, um sich wirklich sicher *fühlen* zu können.

Die fünf sicheren Orte:

- äußerer sicherer Ort,
- personaler sicherer Ort,
- das Selbst als sicherer Ort,
- Spiritualität als sicherer Ort,
- innerer sicherer Ort.

Literatur

Baierl, M. (2008). Herausforderung Alltag: Praxishandbuch für die pädagogische Arbeit mit psychisch gestörten Jugendlichen. Göttingen: Vandenhoeck & Ruprecht.

Baierl, M. (2014). Traumaspezifische Bedarfe von Kindern und Jugendlichen. In S. Gahleitner, T. Hensel, M. Baierl, M. Kühn, M. Schmid (Hrsg.), Traumapädagogik in psychosozialen Handlungsfeldern. Ein Handbuch für Jugendhilfe, Schule und Klinik (S. 72–90). Göttingen: Vandenhoeck & Ruprecht.

Bucher, A. (2007). Psychologie der Spiritualität. Weinheim: Beltz.

Gontard, A. von (2013). Spiritualität von Kindern und Jugendlichen. Allgemeine und psychotherapeutische Aspekte. Stuttgart: Kohlhammer.

Hefti, R. (2009). Integrating spiritual issues into therapy. In P. Huguelet, H. G. Koenig (Eds.), Religion and spirituality in psychiatry (pp. 244–267). New York: Cambridge University Press.

Reddemann, L. (2004). Imagination als heilsame Kraft. Zur Behandlung von Traumafolgen mit ressourcenorientierten Verfahren. Stuttgart: Pfeiffer bei Klett-Cotta.

Richards, P. S., Bergin, A. E. (1997). A spiritual strategy for counseling and psychotherapy. Washington DC: American Psychological Association.

Roehlkepartain, E., King, P., Wagener, L., Benson, P. (2005). The handbook of spiritual development in childhood and adolescence. Thousand Oaks: Sage Publications.

Stork, R. (2007). Kann Heimerziehung demokratisch sein? Eine qualitative Studie zum Partizipationskonzept im Spannungsfeld von Theorie und Praxis. Weinheim u. München: Juventa.

Martin Baierl

4 Den jungen Menschen in seinem Wesen erkennen: Traumapädagogische Diagnostik

4.1 Vorbemerkungen

»Diagnosis« kann aus dem Griechischen mit »durch Erkenntnis« übersetzt werden. Demgemäß dient Diagnostik dazu, Erkenntnis zu gewinnen. Gute Diagnostik sollte das Ziel haben, das Kind/den Jugendlichen in seinem Wesen besser zu erkennen und dadurch besser unterstützen zu können. Dafür kann es ebenso hilfreich sein, einzelne bedeutsame Aspekte sehr genau unter die Lupe zu nehmen wie sich einen großen Überblick zu verschaffen. Neben der »großen Erkenntnis« unterliegt Diagnostik immer einem bestimmten Ziel. Je nachdem, ob der Diagnostiker zum Beispiel das Ziel hat, eine Schuldfähigkeit zu klären, das Vorhandensein einer psychischen Störung zu überprüfen oder Ressourcen zu finden, wird er seine Aufmerksamkeit auf bestimmte Aspekte richten und auf andere nicht. Das Ergebnis einer Diagnostik ist daher immer auch davon abhängig, wonach gesucht wird, bzw. was erkannt werden soll. Was dem Diagnostiker dabei auffällt und welche Bedeutungen er diesem beimisst, hängt zudem stark vom Weltbild des Diagnostikers ab. Ein Psychoanalytiker wird zum Beispiel verstärkt nach frühkindlichen Erfahrungen suchen und somit solche finden und daraus Schlüsse ziehen. Ein systemischer Therapeut wird dagegen verstärkt nach Wechselwirkungen innerhalb der aktuellen Bezugsgruppe eines Menschen suchen, solche finden und ebenfalls seine Schlüsse daraus ziehen. Diagnostik wird somit – wie jeder andere Erkenntnisprozess – auch von den Zielen und Wirklichkeitsvorstellungen des Diagnostikers beeinflusst. Dies ist einer der Gründe, weshalb es sinnvoll ist, die Sichtweisen von mehreren »Diagnostikern« wie zum Beispiel Therapeut(en), Pädagoge(n), Eltern sowie dem Jungen oder Mädchen selbst zu beachten und ein gemeinsames Bild zu erschaffen.

Zudem ist gute bzw. umfassende Diagnostik immer auch eine Schnittstelle unterschiedlicher sich ergänzender oder auch widerstreitender Aspekte, etwa von Seele, Geist und Körper, psychischen, sozialen und körperlichen

Dimensionen oder auch Alltagspädagogik, Sonderpädagogik und Psychotherapie. Um einen traumatisierten jungen Menschen in seiner Gesamtheit besser zu erkennen, braucht es zum Beispiel Informationen über Grundpersönlichkeit, Lebensgeschichte, Vorlieben und Abneigungen, Ressourcen und Einschränkungen, Spiritualität, körperliche Begebenheiten oder familiäre Einbindung, aber auch traumaspezifische Inhalte wie verändertes Selbstkonzept, Weltsicht und Bindungserleben, spezifische Dynamiken, gestörte und gesunde Anteile und vieles andere mehr. Einiges davon gehört zu pädagogischen Fachbereichen, anderes zu anderen Professionen und über vieles wissen die Betroffenen oder deren Familien am besten Bescheid. Gute Diagnostik ist daher nur durch interdisziplinäre Zusammenarbeit möglich, da die unterschiedlichen Fachgruppen in der Regel nicht ausreichend Wissen und Erfahrung über die zugehörigen fachfremden Gebiete haben. Diagnostik setzt somit Kooperation voraus, um gemeinsam auf der Seite der Kinder oder Jugendlichen stehen zu können. Indem Informationen ausgetauscht, ergänzt und gewürdigt werden, kann ein gemeinsames Verständnis entstehen, statt dass vorrangig versucht wird, das Eigene zu verteidigen.

Diagnostik ist immer als eine Momentaufnahme zu verstehen. Gerade bei Kindern und Jugendlichen geschieht es zum Beispiel immer wieder, dass sich Symptombilder von psychischen Störungen innerhalb weniger Monate so stark wandeln, dass sie einer neuen ICD-10-Diagnose zugeordnet werden müssen. Auch Lebensumstände, soziale Bezüge, das Selbstbild und viele andere Aspekte unterliegen einem beständigen Wandel. Da jede Diagnose als Momentaufnahme zu sehen ist, beinhaltet ein vollständiger Diagnoseprozess *Anamnese* (Was lässt sich aus der Vergangenheit Wertvolles erfahren?), *Aufnahmediagnostik* (Was zeigt sich heute?), regelmäßige *Verlaufsdiagnostik* (Was hat sich seit dem letzten Mal verändert und was zeigt sich heute?) und *Abschlussdiagnostik* (Was hat sich seit der Aufnahme verändert und was zeigt sich zum Entlasszeitpunkt?).

Jede Diagnostik lenkt die Aufmerksamkeit der Betroffenen auf bestimmte Aspekte, stellt manches infrage, betont anderes etc. Somit setzt Diagnostik an sich bereits neue Wahrnehmungs- sowie Verarbeitungsprozesse in Gang und ist daher immer auch bereits Intervention.

4.2 Diagnostisches Fallverstehen

In der Traumapädagogik scheint sich gerade das *Diagnostische Fallverstehen* (Heiner, 2013) als Diagnosestruktur durchzusetzen. Dieses setzt sich aus *klassifikatorischer Diagnostik* (in Deutschland meist Diagnose nach ICD-10), *Biografie-*

diagnostik (Erkennen von Lebensmustern und Dynamiken) und *Lebenswelt-diagnostik* (aktuelle Lebenssituation und Einbindung des Kindes/Jugendlichen in diese) zusammen. Die Ergebnisse dieser drei Diagnostiken werden dann in der Zusammenschau ausgewertet.

Die *klassifikatorische Diagnostik* dient dem Erkennen eventuell vorliegender psychischer Störungen und körperlicher Erkrankungen. In Deutschland ist dies vor allem die Klassifizierung nach ICD-10. Für psychische Störungen bei Kindern und Jugendlichen wurde zudem das Multiaxiale Diagnosesystem (MAS) entwickelt (Remschmidt, Schmidt u. Poustka, 2012). Dieses berücksichtigt auch biografische und soziale Aspekte und ist somit eine Verbindungsstelle zu pädagogischer Diagnostik. Die Fachleute für klassifikatorische Diagnostik sind für psychische Störungen die Kinder- und Jugendlichenpsychotherapeuten oder Fachärzte für Kinder- und Jugendpsychiatrie und -psychotherapie, für Erwachsene Psychologische Psychotherapeuten und Fachärzte für Psychiatrie und Psychotherapie und für körperliche Erkrankungen die entsprechenden Kinder-, Haus- oder Fachärzte.

Die *Biografiediagnostik* dient dem Erkennen von Dynamiken, Entwicklungsverläufen, Zusammenhängen und Kontexten sowie den individuellen Zuschreibungen der Jungen und Mädchen bezüglich der vorgenannten Komponenten. Die Ermittlung der Vorgeschichte eines Kindes oder Jugendlichen gehört ebenso zu dieser Diagnostikgruppe wie alle Gespräch mit den jungen Menschen über deren Lebens- und Familiengeschichte. Das verbreitetste ausgearbeitete Modell ist diesbezüglich die *Narrativ-Biografische Diagnostik* (Fischer u. Goblirsch, 2004). Dafür wird zum einen ein offenes Interview mit den zu diagnostizierenden Klienten geführt, in dem dieser möglichst frei und ohne Lenkung durch den Interviewer seine Familien- und Lebensgeschichte erzählen soll. Zudem werden alle verfügbaren biografischen Daten in tabellarischer Form in der Reihenfolge ihres Auftretens gesammelt. Interview und biografische Daten werden jeweils in Kleingruppen ausgewertet. Dabei werden bezüglich des Interviews Hypothesen darüber gebildet, wie sich der Klient präsentiert (erzähltes Leben), und bezüglich der biografischen Daten Hypothesen darüber, welche »Fakten« das Leben des Klienten prägen (gelebtes Leben). Aus dem Vergleich von *erzähltem Leben* und *gelebtem Leben* werden wiederum Hypothesen darüber gebildet, wie der Klient sein Leben wohl erlebt (hat) (erlebtes Leben). Aus der Zusammenschau dieser drei Aspekte wird ein Gesamtbild erstellt, von dem dann Indikationen für die weitere Hilfeplanung abgeleitet werden.

Eine weitere Form der biografischen Diagnostik ist das *Lebenspanorama* (Petzold u. Orth, 1993). Im Lebenspanorama wird der Klient nach bestimmten Kriterien angeleitet, sein Leben (von Empfängnis/Geburt bis Gegenwart/Tod) entlang einer Linie als Bild darzustellen. Wichtig ist dabei die subjektive Sicht des Klienten, wie zum Beispiel dessen Gefühle, Erinnerungen, Sinngebungen, Interpretationen und Assoziationen. So erhält man die individuelle Sicht des Klienten auf sich, sein Leben und seine aktuelle Situation. Aus dieser werden wiederum passende Interventionen abgeleitet. *Lebensbuch* und *Zeitlinienarbeit* (→ Kapitel 5) sind zwei zugehörige diagnostische wie pädagogisch-therapeutische Interventionen.

Die *Lebensweltdiagnostik* hat zum Ziel, die aktuelle Lebenssituation des Kindes oder Jugendlichen sowie dessen Einbindung in diese zu erkennen. Sie geht auf Hans Thiersch und seine Ausrichtung auf die »Grunddimensionen der Lebenswelt, der Zeit, dem Raum und den sozialen Bezügen« zurück (Thiersch, 1997, S. 30). Die verschiedenen Techniken und Gesprächsmodelle zu diesem Aspekt bemühen sich jeweils um eine möglichst offene, wenig oder nicht-direktive Interviewführung bzw. Methodik. Die Kinder oder Jugendlichen sollen die Möglichkeit bekommen, ihre Lebenswelt gemäß ihren eigenen subjektiven situativen Wahrnehmungen bildlich oder sprachlich darzustellen. Diesbezüglich gibt es eine Vielzahl von Modellen wie zum Beispiel *Genogrammarbeit, Soziales Atom* oder das Lebensweltpanorama nach Petzold.

4.3 Diagnostische Zusammenschau

Aus der Zusammenschau von klassifikatorischer, biografischer und Lebensweltdiagnostik werden dann zum Beispiel Ressourcen, Fähigkeiten, Stärken, Resilienzfaktoren sowie Risikofaktoren, Einschränkungen, Belastungen und Defizite sowohl des jungen Menschen als auch dessen (sozialer und physikalischer) Umwelt erschlossen. Aus diesen wiederum werden dann Bedarfe, Hilfeplanung sowie pädagogische wie therapeutische Interventionen abgeleitet.

Für eine schnelle Übersicht zentraler diagnostischer Faktoren (auch unterschiedlicher Diagnostiker) kann ein einfaches Koordinatensystem hilfreich sein, das dann beispielsweise so aussehen kann:

Ressourcen

- liebevolle Eltern	- Durchsetzungsfähig
- gute Einbindung in Sportverein	- leistungsbereit
- finanzielle Sicherheit	- humorvoll
- Freundin, die zu ihm hält	- Erfahrung, schon Großes bewältigt
- Herkunft aus wenig problembelade-	zu haben
ner Familie mit guten sozialen Kon-	- motivierende Zukunftsvision
takten	- …
- …	

Umwelt ◄─────────────────────────► **Klient**

- seit wenigen Tagen in stationärer	- Traumafolgestörung mit Kontrollver-
Jugendhilfe, die weit entfernt von	lusten, Hypervigilanz, und Vertrau-
Zuhause, Verein und Freundin ist	ensverlust gegenüber Erwachsenen
- bester Freund wurde bei gemeinsa-	- geringe Kritikfähigkeit
mem Autounfall schwer verletzt und	- Überzeugung, alles alleine regeln zu
die Prognose ist unklar	müssen
- bisher ablehnende Haltung seiner	- Überbetonung der eigenen Gren-
Gruppenmitbewohner, da er als ein-	zen bei wenig Wahrnehmung für die
ziger eine gesunde familiäre Anbin-	Grenzen anderer
dung hat	- …
- …	

Einschränkungen

Abbildung 1: Diagnoseergebnisse als Koordinatensystem

Diese Darstellung eignet sich gut für Fallbesprechungen oder Hilfeplangespräche, die jeweils eine Form der Verlaufsdiagnostik darstellen. Indem man zwei solcher Schaubilder nebeneinanderlegt, die zu unterschiedlichen Zeitpunkten erstellt wurden, lassen sich auch Veränderungen übersichtlich und schnell nachvollziehbar darstellen. Das Nebeneinanderlegen solcher Grafiken von unterschiedlichen Diagnostikern erleichtert die Zusammenschau sowie das Erkennen der jeweiligen Blickwinkel und Schwerpunkte.

- Gute Diagnostik dient dazu, den jungen Menschen in seinem Wesen besser zu erkennen.
- Diagnostik unterliegt einem Ziel. → Man findet, was man sucht.
- Diagnostik unterliegt dem eigenen Weltbild. → Man findet, was man für real bzw. wichtig hält.

- Gute Diagnostik ist eine Gemeinschaftsleistung und schließt mehrere Sichtweisen ein.
- Jede Diagnose ist eine Momentaufnahme.
- Traumapädagogische Diagnostik sollte nach aktuellen Standards klassifikatorische, Biografie- und Lebensweltdiagnostik umfassen.

Diagnostik ist also keine ausschließliche Fachdomäne der Ärzte und Psychologen, sondern auch ureigenes pädagogisches Handlungsfeld, das nicht nur in der Traumapädagogik entsprechend ausführlich und fachkompetent ausgefüllt werden sollte. Eine solche Diagnostik ist in allen Arbeitsbereichen, in denen mit (potenziell) traumatisierten oder anderweitig psychisch auffälligen jungen Menschen gearbeitet wird, eine notwendige und eigentlich selbstverständliche Voraussetzung für verantwortliches Arbeiten. Im realen Alltag schneidet sich dies leider viel zu häufig mit eingeschränkten Möglichkeiten. Zum einen haben vor allem Horte, Kindergärten, Schulen und berufsbildende Einrichtungen in der Regel keine eigenen diagnostischen Fachkräfte, sie können keine Diagnostik veranlassen und sie verfügen seltenst über Schweigepflichtentbindungen, die ihnen den Zugang zu vorhandenen Diagnostiken erlauben würde. Zum anderen mangelt es oft genug an der Zeit, sich um diese Themen zu kümmern, und es steht zur Diskussion, inwiefern dies zu deren Aufgabengebiet zählt.

Auch die meisten Träger ambulanter wie stationärer Jugendhilfe verfügen über keine eigenen diagnostischen Fachkräfte und sind diesbezüglich auf die Kooperation mit anderen Institutionen – insbesondere niedergelassene Ärzte und Psychotherapeuten, Beratungsstellen, Ambulanzen, Tageskliniken sowie Kinder- und Jugendlichenpsychiatrien – angewiesen. In fast allen Regionen Deutschlands gibt es zu wenige solcher Stellen, sodass lange Wartezeiten entstehen. 9 bis 16 Monate Wartezeit sind nicht nur in ländlichen und strukturschwachen Regionen allzu häufig traurige Normalität. Hinzu kommt, dass viele junge Menschen (oder deren Eltern und teilweise auch amtliche Vormünder) sich sträuben, eine psychologische oder psychiatrische Diagnose überhaupt in Erwägung zu ziehen. Oft benötigt es wochen- oder monatelange Aufklärungs- und Motivationsarbeit, welche die diagnoselose Zeit noch verlängert – oder es findet nie eine Diagnostik statt. So finden sich viele engagierte und kompetente Kollegen immer wieder damit konfrontiert, wider besseres Wissen ohne saubere Diagnostik arbeiten zu müssen. Zum einen lohnt es sich also, politische Arbeit zu leisten und auf eine bessere Grundversorgung zu drängen. Wer (möglicherweise) eine nach ICD-10 klassifizierbare psychische Störung aufweist, hat ethisch und juristisch ein ebenso großes Recht auf Diagnostik und gegebenenfalls Behandlung wie alle Menschen mit körperlichen Erkrankungen. Und wer krankenversichert ist, hat das Recht, dass dies zeitnah und selbstverständlich finanziert wird. Bis es aber soweit ist, dass diese Rechte »barrierefrei« in Anspruch genommen werden können, bedarf es eines möglichst guten Umgang mit dem bis dahin herrschenden Mangel.

Dieser Mangel trifft unmittelbar und zuvorderst die betroffenen Mädchen und Jungen. Und das sind je nach Zielgruppe 10 % bis über 60 % der jungen Menschen. Aktuell gelten circa 22 % aller Kinder und Jugendlichen in Deutschland als psychisch auffällig und fast 10 % zeigen eine behandlungsbedürftige psychische Störung (Bundespsychotherapeutenkammer, 2013); pro Regelschulklasse also zwei bis drei Kinder oder Jugendliche. In spezifischen Kontexten (z. B. Förderschule zur Verhaltensförderung oder Angebote der Berufsbildung auf dem zweiten oder dritten Arbeitsmarkt) sind dies entsprechend mehr und unter fremdplatzierten Kindern und Jugendlichen zeigen mindestens 60 % eine oder mehrere ICD-10-relevante psychische Störungen (z. B. Jaritz, Wiesinger u. Schmid, 2008).

Für Fachkräfte, die ohne saubere Diagnosen mit diesen 10 % bis über 60 % ihrer Schützlinge arbeiten müssen, bedeutet diese eine deutlich höhere Belastung, krisenhaftere Verläufe und deutlich geringere Erfolgsraten. Es ist zentral, diese Effekte den mangelhaften Umständen zuzuordnen, statt sie sich selbst bzw. den betroffenen Kollegen vorzuwerfen. Alle Beteiligten müssen anerkennen, dass unter diesen Umständen keine optimale Versorgung geleistet werden kann. Dies gilt es auch den betroffenen jungen Menschen zu vermitteln, damit diese nicht jedes Scheitern, jede Krise und jeden Maßnahmeabbruch immer nur dem eigenen Versagen zuschreiben. Fachkräften, die unter diesen Mangelbedingungen arbeiten müssen, ist zu empfehlen, sich so gut als möglich über psychische Störungen, deren Dynamiken, Bedarfe betroffener junger Menschen und in ihrem Arbeitsfeld mögliche Interventionen zu informieren. Es gibt diesbezüglich einen kleinen, aber wachsenden Markt an Veröffentlichungen und Weiterbildungsangeboten (z. B. Baierl, 2008).

Des Weiteren gilt es abzuklären, was in den jeweiligen Verantwortlichkeitsbereich der betroffenen Kollegen gehört und was nicht. Mehr zur Verantwortlichkeitsklärung findet sich im Kapitel 7. Und es gilt sich klar zu machen, dass, wo ein Ideal (noch) unerreichbar ist, es wertvoll ist, das Schlimmere zu verhüten. Im konkreten Fall heißt dies zum Beispiel im vollen Bewusstsein dessen, kein kompetenter Diagnostiker zu sein, dennoch genau zu beobachten und Hypothesen darüber aufzustellen, ob und welche psychischen Auffälligkeiten bei einem anvertrauten Kind oder Jugendlichen vorliegen könnten und dies im Kollegenkreis zu besprechen. Im Folgenden kann dann überprüft werden, was sich verändert, wenn mit dem jungen Menschen so umgegangen wird, als ob er die entsprechende Diagnose hätte. Zeigt sich dadurch eine Verbesserung, sollte mehr in diese Richtung gearbeitet werden, falls nicht, gilt es weitere Möglichkeiten zu prüfen. Dies ersetzt keine kompetente Diagnose und birgt eigene Gefahren, ist aber unter den gegebenen Umständen eines der wenigen Mittel, (noch) Schlimmeres zu verhüten oder gar Verbesserungen zu erzielen. Eine weitere Möglichkeit, ohne Diagnose fachspezifisch zu handeln, ist die Auseinandersetzung mit Risiko- und Resilienzfaktoren (→ Kapitel 1). Wer ihm anvertrauten Kindern oder Jugendlichen dabei hilft, Risikofaktoren in deren Leben zu vermindern oder einen besseren Umgang mit diesen zu finden und deren Resilienzfaktoren fördert, trägt bereits viel zu einer positiven Entwicklung bei. Biografische Aspekte sowie Informationen über die Lebenswelt der Kinder und Jugendlichen zu ergründen und zu beachten, gehört zudem zum ureigenen Handlungsgebiet pädagogischer Berufe.

Literatur

Baierl, M. (2008). Herausforderung Alltag: Praxishandbuch für die pädagogische Arbeit mit psychisch gestörten Jugendlichen. Göttingen: Vandenhoeck & Ruprecht.

Bundespsychotherapeutenkammer (2013). Zahlen und Fakten. Zugriff vom 17.12.2013 unter http://www.bptk.de/presse/zahlen-fakten.htm

Fischer, W., Goblirsch, M. (2004). Fallrekonstruktion und Intervention in der Sozialen Arbeit – narrativbiographische Diagnostik im professionellen Handeln. Psychosozial, 27 (2) (= Nr. 96), 71–90.

Heiner, M. (2013). Wege zu einer integrativen Grundlagendiagnostik in der Sozialen Arbeit. In S. B. Gahleitner, G. Hahn, R. Glemser (Hrsg.), Psychosoziale Diagnostik. Reihe: Klinische Sozialarbeit – Beiträge zur psychosozialen Praxis und Forschung, Bd. 5 (S. 18–34). Bonn: Psychiatrie Verlag.

Jaritz, C, Wiesinger, D., Schmid, M. (2008). Traumatische Lebensereignisse bei Kindern und Jugendlichen in der stationären Jugendhilfe. Ergebnisse einer epidemologischen Untersuchung. Trauma & Gewalt, 2 (4), 266–277.

Petzold, H., Orth, I. (1993). Therapietagebücher, Lebenspanorama, Gesundheits-/Krankheitspanorama als Instrumente der Symbolisierung und karrierebezogenen Arbeit in der Integrativen Therapie. In H. Petzold, J. Sieper (Hrsg.), Integration und Kreation (S. 125–160). Paderborn: Junfermannsche Verlagsbuchhandlung.

Remschmidt, H., Schmidt, M. H., Poustka, F. (2012). Multiaxiales Klassifikationsschema für psychiatrische Störungen des Kindes- und Jugendalters nach ICD-10 der WHO. Bern: Huber.

Thiersch, H. (1997). Lebensweltorientierte Soziale Arbeit. Aufgaben der Praxis im sozialen Wandel. Weinheim: Juventa.

Martin Baierl

5 Dir werde ich helfen: Konkrete Techniken und Methoden der Traumapädagogik

5.1 Vorbemerkungen

Viele der Traumafolgestörungen dienten und dienen dem Überleben in gefährlichen Situationen. Erhöhte Wachsamkeit zum Beispiel lässt Gefahren schneller erkennen, erhöhte Adrenalinausschüttung erlaubt schnelleres Reagieren und erhöhtes Misstrauen führt zu weniger gefährlichen Situationen durch Mitmenschen. All diese Verhaltensweisen werden unbewusst und unwillkürlich aufrechterhalten, solange man sich als »bedroht« wahrnimmt. Traumatisierte Mädchen und Jungen können diese Verhaltensweisen daher erst ablegen, wenn sie sich als »dauerhaft sicher« erleben. Bis dahin muss ein Umgang damit gefunden werden. Dabei hilft es, deren individuelles Erleben ernst zu nehmen, dessen Sinnhaftigkeit innerhalb der durch Traumata geprägten Wirklichkeiten zu würdigen sowie Erleben und Verhalten als Ausdruck lebensrettender Kompetenzen zu sehen. Je nachdem, wie stark der Alltag durch Traumatisierung geprägt ist, gilt es eher traumapädagogisch zu handeln oder andere Fokusse in den Mittelpunkt zu stellen. Auch gilt es immer wieder genau darauf zu achten, ob bei einem Betreuten gerade eine Phase der Stabilisierung ansteht, ob Traumabearbeitung bzw. -konfrontation aktuell hilfreich oder schädlich wäre und was wann integriert werden kann. Dies erfordert einen beständigen diagnostischen Prozess.

Die folgenden Kernthemen traumapädagogischen Handelns prägen viele der gängigen Konzepte sowie die aktuelle traumapädagogische Diskussion. Daher werden sie hier als Überschriften verwendet. Die Themen sind dabei ineinander verwoben sowie die zugeordneten Vorgehensweisen vielschichtig und immer mehrere Themen ansprechend:

- Etablierung objektiver und gefühlter Sicherheit,
- Akzeptanz der Notwendigkeit zur eigenen Veränderung,
- Beziehung aufbauen und Beziehungsfähigkeit stärken,
- gemeinsames Verstehen entwickeln,

- Stabilisierung und Rückkehr der Eigenmacht:
  - körperliche Stabilisierung,
  - Stabilisierung und Kontrolle von Gefühlen,
  - Förderung eigenmächtigen Verhaltens.
- Entwicklung neuer Wahrnehmungs- und Denkmuster inklusive eines neuen Selbst- und Weltbildes,
- Integration traumatischer Erfahrungen,
- Spiritualität,
- Lebensfreude.

Spezifika im Umgang mit frisch traumatisierten Kindern und Jugendlichen, die über diesen Rahmen hinausgehen, finden sich unter anderem bei Baierl (2008) und Krüger (2010).

5.2 Etablierung objektiver und gefühlter Sicherheit

Dieser Themenbereich wird in den Beiträgen 2 und 3 ausgiebig besprochen, in anderen Kapiteln immer wieder gestreift und daher hier nicht ausführlich besprochen. Mehr dazu finden Sie unter anderem bei Gahleitner (2011) sowie bei Omer und von Schlippe (2004). Für die tägliche Arbeit sind zudem folgende Fragen hilfreich:

- Was macht einen Ort/eine Person zu einem sicheren Ort?
- Wann hatte ich (als Kind, Jugendlicher und Erwachsener) Angst und was hätte ich gebraucht, um mich sicher zu fühlen?
- Was haben die Jungen und Mädchen erlebt? Was kann vor diesem Hintergrund ängstigen bzw. Sicherheit geben?
- Wie kann ich die Mädchen und Jungen darin unterstützen, auf mir verständliche Art darzustellen, was sie ängstigt bzw. ihnen Sicherheit gibt?
- Wie kann ich diese Erkenntnisse in meinem Arbeitsumfeld umsetzen?

5.3 Akzeptanz der Notwendigkeit zur eigenen Veränderung

Wahrhaftige Beziehungsarbeit berührt immer auch persönlich und es bestehen vielfältige Wechselwirkungen zwischen Betreuern und Betreuten. Kapitel 3 und 19 zeigen mögliche Verflechtungen und wie diesen begegnet werden kann. Teambesprechungen, in denen immer auch eigene Betroffenheiten Inhalte sind, Supervision (regelmäßig und in/nach Krisen) sowie kontinuierliche Weiterbildung sollten entsprechend Selbstverständlichkeiten sein. Mehr findet sich unter anderem bei Baierl, Götz-Kühne, Hensel, Lang und Strauss (2014) sowie in der Selbsthilfeliteratur zu allen Themen, welche bei Ihnen durch die Arbeit eventuell angetriggert werden. Ein zentraler Punkt ist die Verringerung der eigenen Reaktivität (Kagan, 2012). Je klarer Sie sind, je weniger Sie auf eigene Themen anspringen und je gelassener Sie Situationen beurteilen können, desto professioneller können Sie Nähe und Interventionen gestalten. Dies setzt voraus, dass Sie bereit sind, sich und die eigenen Verhaltensweisen zu hinterfragen, um herauszufinden, was sie beibehalten, ausbauen, neu lernen oder ablegen wollen. Achten Sie auf sich, was Sie belastet, wie Sie auf Belastungen reagieren und was gute Umgangsweisen damit sind. Hilfreiche Beobachtungsaufgaben und Fragen dafür sind: Wie verändert sich mein Denken, Fühlen und Handeln unter Belastung? Auf was achte ich dann? Was verändert sich in meinem Körper? Wie verändert sich mein Umgang mit anderen Menschen? Gibt es wiederkehrende Themen? Was lässt sich vorhersehen? Wie kann ich mich darauf vorbereiten? Was lässt sich vermeiden? Wie kann ich mich selbst beruhigen/entlasten? Ist es zum Beispiel ratsam, mir laut Luft zu machen, den Raum zu verlassen, etwas klar auszusprechen, mir Zeit zu verschaffen, unmittelbar zu konfrontieren, Musik an- bzw. auszumachen, um Entschuldigung zu bitten oder eine gelernte Entspannungstechnik anzuwenden? Alle weiter unten beschriebenen Selbstkontroll- und Distanzierungstechniken können für Mitarbeiter gleichermaßen hilfreich sein. Meist empfiehlt sich, bei persönlicher Betroffenheit kurz innezuhalten, tief durchzuatmen, sich Zeit zu nehmen, um sich zu beruhigen, der eigenen Ziele bewusst zu werden, sich auf die positive Motivation (die eigene wie die des Gegenübers) zu konzentrieren und zu überprüfen, welche sofortigen oder späteren Verhaltensweisen hilfreicher bzw. schädigender wären und ob sich diese besser allein oder mit Unterstützung realisieren lassen (siehe dazu auch Omer u. von Schlippe, 2004).

5.4 Beziehung aufbauen und Beziehungsfähigkeit stärken

Die in Kapitel 2 und 3 besprochenen Inhalte schaffen Beziehung und tragen wesentlich zur Förderung der Bindungs- und Beziehungsfähigkeit bei. In diesem Rahmen stattfindende gemeinsame erlebnisorientierte Aktivitäten (siehe z. B. Kapitel 9, 10, 13 und 17), Interventionen, bei denen Sie Sicherheit bieten und sich als sicheren personalen Ort erfahrbar machen (siehe z. B. Kapitel 5 und 14), das Erleben der Kinder, dass Sie die Grundversorgung sicherstellen (z. B. Kapitel 3 und 12), und alles, was Ihnen ermöglicht, gesundes Vorbild zu sein

(z. B. Kapitel 2, 9, 10 und 19) fördert unmittelbar die Beziehungs- und Bindungsfähigkeit der Kinder und Jugendlichen. In Kapitel 18 wird beschrieben, wie junge Mütter diesbezüglich unterstützt werden können, und Kapitel 11 greift viele diesbezügliche Aspekte der Gruppenarbeit auf (siehe dazu auch Bausum, 2009, 2013). Zentral sind langfristige, verlässliche Beziehungen, in denen Nähe positiv erlebt wird und die auch Krisen standhalten. Alle Inhalte von Trainings für soziale Kompetenzen und zur Erhöhung des Selbstwerterlebens erleichtern, sich auf Beziehungen einzulassen und diese positiv zu erleben. Da alle Kinder Bindungen an ihre Eltern und Familie haben, sind die Würdigung dieser Bindungen sowie Hilfestellungen, diese positiv zu gestalten, unerlässlich (→ Kapitel 6). Prüfen Sie, welche Bindungen zu welchen (früheren) Bezugspersonen bestehen und wie diese so gestaltet oder beendet werden können, dass es die Beziehungsfähigkeit der Kinder und Jugendlichen stärkt. Dazu gehören auch Abschiedsrituale und Trauermöglichkeiten für Beziehungen, die wichtig waren oder sind, aber nicht mehr aufrechterhalten werden können.

Die Komplexität und Krisenhaftigkeit der Beziehungsdynamiken vieler traumatisierter Kinder und Jugendlicher (→ Kapitel 1) erfordert, dass Mitarbeiter um diese Dynamiken wissen, die positiven Absichten sowie die zugrunde liegende Not der Betroffenen anerkennen, gut für sich selbst sorgen und einen Rahmen zur Verfügung gestellt bekommen, innerhalb dessen ein förderlicher Umgang damit möglich ist. Bisher werden traumatisierte Kinder und Jugendliche häufig dann als untragbar erlebt und entlassen, wenn ihre Beziehungsdynamiken die Kapazitäten der Mitarbeiter und Institutionen überfordern. Dies ist oft der Punkt, an dem die Einschätzung der Mädchen und Jungen von »hilfsbedürftig« zu »böse«, »unmotiviert« oder »gefährlich« kippt. Der obenstehende Rahmen trägt wesentlich dazu bei, dass Beziehungen professionell und heilsam gestaltet werden, wechselseitig keine Übergriffigkeiten geschehen und auch große Krisen bewältigt werden können. Mehr dazu findet sich unter anderem bei Brisch und Hellbrügge (2009).

5.5 Gemeinsames Verstehen entwickeln

Die Auslöser von Traumatisierungen sind bereits schlimm genug und die Auswirkungen können zusätzlich beängstigen und verwirren. Je besser die betroffenen Jungen und Mädchen Bescheid wissen, desto leichter fällt es ihnen, zu verstehen, zu nutzen oder zu verändern und so das eigene Leben wieder in die eigenen Hände zu nehmen. Weiß (2013) bezeichnet als wertvolle Heilungsschritte, sich selbst wieder verstehen zu lernen, von anderen verstanden zu werden und dies auch zu erleben. Der Vorgang der Psychoedukation beinhaltet Aufklärung über Symptomatiken, typische Dynamiken, Verläufe möglicher Hilfen und eigene Wege der Bewältigung oder Veränderung, im Prinzip also alle Informationen dieses Buchs, die so aufgearbeitet werden, dass die jungen Menschen sie gut erfassen und mit der eigenen Wirklichkeit in Verbindung bringen können. Um wirklich gut erklären zu können, ist es hilfreich, wenn Sie sich ausführlich und tiefgehend mit diesen Inhalten auseinandersetzen. Je besser Sie etwas wirklich verstanden haben, desto eher können Sie es so einfach erklären, dass auch jüngere, psychisch beeinträchtigte, wenig motivierte oder geistig eingeschränkte Kinder und Jugendliche es verstehen. Fragen Sie sich zum Beispiel, wie Sie »Dissoziation« einer Dreijährigen erklären würden, wie Sie die drei biologischen Hauptstressreaktionen einem Jugendlichen mit leichter geistiger Behinderung vermitteln können oder wie es Ihnen gelingt, Eltern ohne pädagogische Vorbildung die traumatypischen Beziehungsmuster für den Familienalltag zu erklären. Üben Sie gegebenenfalls mit Ihrem Team. Dort können Sie stottern, sich in verschachtelte Sätze verstricken oder feststellen, dass Ihnen gewisse Inhalte noch nicht klar sind. Und Sie können sich Verständnis- und Formulierungshilfen erbitten oder stolz die Rückmeldung entgegennehmen, wie flüssig und eingängig Ihre Erklärungen sind. Oft ist es hilfreich, sich Bilder und Beispiele zu überlegen, welche die Inhalte verdeutlichen. Lindemann (2014) bietet dafür eine wahre Schatzkiste. Sofern Sie noch nicht genügend Grundwissen haben, laden Sie Experten ein, die Sie, Ihr Team sowie die Mädchen und Jungen gut aufklären können.

Ein zweiter Aspekt ist, durch Beobachtung, Aktenwissen, Gespräch usw. immer besser herauszufinden, wie ein von Ihnen betreuter junger Mensch sich und seine Welt erlebt. Je besser Sie sich in dessen Wirklichkeit auskennen, desto besser werden Sie verstehen und desto besser wird es Ihnen gelingen, mit den Jungen und Mädchen ein wirklich gemeinsames Verstehensmodell zu entwickeln. Zu diesem Prozess gehört auch, grundlegend und immer wieder herauszuarbeiten, ob und welchen Auftrag ein Kind oder Jugendlicher an Sie hat. Bei von Schlippe und Schweitzer (2013) finden Sie dafür wertvolle Anleitungen. Die »Das tust du, weil …«- und die »Eigentlich …, aber …«-Interventionen von Weiß (2004) verbinden das Verstehen des jungen Menschen, diesem zu helfen zu verstehen und ihm zu zeigen, dass er verstanden wird.

Zudem ist es ratsam, auch Eltern, Lehrern, Kinderärzten und Jugendgruppenleitern, die mit den Kindern und Jugendlichen arbeiten, rechtzeitig ausreichende traumaspezifische Kenntnisse zu vermitteln, damit diese verstehen, kompetent handeln sowie unnötige Eskalationen und Krisen vermeiden können.

5.6 Stabilisierung und Rückkehr der Eigenmacht

Traumatisierte Mädchen und Jungen haben Zustände tiefer Ohnmacht erlebt, in denen sie ausgeliefert und hilflos waren sowie alle Kontrolle darüber, was mit ihnen geschieht, verloren hatten. Entsprechend tief sind ihre psychischen und körperlichen Prozesse erschüttert und viele sind weiterhin Opfer, zum Beispiel von sich aufdrängenden Erinnerungen, Schlaflosigkeit, Panikattacken oder anderweitigen Kontrollverlusten. Um aus der Opfererfahrung wieder zum erfolgreich eigenständig Handelnden zu wachsen, ist es notwendig, wieder Boden unter die Füße zu bekommen sowie die eigenen Körperreaktionen, Gefühle und Verhaltensweisen neu steuern zu lernen. Es geht um all die Inhalte, welche auch Trainings für Selbstwerterleben, Selbstwirksamkeit, soziale Kompetenz, Problemlösekompetenzen, Konfliktmanagement, Gewaltlosigkeit, Selbstfürsorge und Kreativität beinhalten. Diese gilt es im Alltag sowie durch spezifische pädagogische Interventionen zu fördern, was auch dabei hilft, einen möglichst guten Umgang damit zu finden, dass die Betreuten noch Kontrollverluste haben und diese trotz aller Maßnahmen eine Zeit lang weiter bestehen werden. »Zudem braucht es Angebote, welche spezifischen Opfererfahrungen und fortdauerndem Opfererleben je nach Traumatisierung entgegenwirken, etwa zu den Themen Wehrhaftigkeit, Kennen von Hilfsangeboten und den Wegen, solche zu nutzen, Unterstützung gegen Mobbing, Utilisation von Symptomen wie zum Beispiel der Dissoziationsfähigkeit für kreative Prozesse« (Baierl, 2014). Psychotherapie und Medikation (→ Kapitel 15) können notwendige Bestandteile dieser Prozesse sein. Grundlage der diesbezüglichen Selbstbemächtigung ist die klare Ausrichtung an den Ressourcen und der positiven Absichten der jungen Menschen (→ Kapitel 2). Die Fragen: »Was kannst du gut?«, »Worauf bist du stolz?« und »Was magst du an dir?« richten die Aufmerksamkeit von Betreuern und Betreuten unmittelbar auf Ressourcen, Handlungs- und somit Kontrollmöglichkeiten. Sie haben sich als Einstieg in sämtliche Veränderungsprozesse vielfach bewährt. Achten Sie darauf, mit den Kindern und Jugendlichen Ziele zu erarbeiten, die diesen wirklich wichtig sind. Ausführliches dazu finden Sie unter anderem bei Baierl (2008). Wiederum ist die positive Motivation ein guter Ausgangspunkt dafür. Sie zeigt deutlich, was einem Mädchen oder Jungen wertvoll ist, wofür er oder sie bereit ist, sich anzustrengen, und in welchem Bereich Sie sich als ernstzunehmende Unterstützung etablieren können.

5.6.1 Körperliche Stabilisierung

Bei Traumatisierten sind die physiologischen Prozesse dauerhaft auf Gefahren-
erkennung und Überlebenssicherung gestellt. Die Etablierung objektiver und
gefühlter Sicherheit legt das Fundament dafür, dass der Körper sich stabilisieren
kann. In Kapitel 12 werden die Grundlagen der körperlichen Stabilisation ausführlich beschrieben, Kapitel 14 greift das Schlafverhalten auf, die Kapitel 9, 10
und 13 ergänzen um einige Methoden, die freudige Körpererfahrungen fördern.
Konkrete Übungen zur körperlichen Stabilisation finden sich auch bei Berceli
(2007) und Levine und Jahn (2011). Wechselnde körperliche Beschwerden – für
die teilweise keine unmittelbare körperliche Ursache gefunden werden kann –
sind häufige Folgen der psychischen und körperlichen Prozesse Traumatisierter
und entsprechend ernst zu nehmen. Sie sind reale Beschwerden, also weder als
Einbildung noch als »bloße Aufmerksamkeitssuche« abzuwerten. Wird festgestellt, dass einzelne junge Menschen hauptsächlich Aufmerksamkeit über
körperliche Beschwerden erhalten, gilt es zu überprüfen, ob diese, solange sie
»gesund« sind, von Ihnen zu wenig Aufmerksamkeit bekommen. Wichtig ist
eine sorgfältige medizinische Abklärung und Behandlung sowie die Bearbeitung
eventuell zugrunde liegender psychischer Dynamiken. Auch bei psychisch
bedingten alltäglichen Beschwerden wie Übelkeit, Kopf- oder Bauchweh helfen
die bekannten Hausmittel sowie die damit verbundene Fürsorge.

Gerade mit traumatisierten Kindern und Jugendlichen, die Grenzverletzungen und körperliche Übergriffe erlebt haben, ist die Auseinandersetzung
mit Körperlichkeit und Berührung ein zentrales Thema. Viele erleben ihren
Körper mittlerweile hauptsächlich als Quelle von Leid, andere fürchten jede
Form körperlicher Nähe oder kennen kaum mehr diesbezügliche Grenzen.
Manche vernachlässigen oder verunstalten ihren Körper bewusst, um ja nicht
sexuell attraktiv zu wirken. Vielerorts fallen sportliche Aktivitäten und Bade-
veranstaltungen aus, da Mitarbeiter die Betreuten nicht nackt sehen dürfen,
aber auch in der Umkleidesituation die Aufsichtspflicht haben. In einigen
Einrichtungen werden aus Angst vor Retraumatisierung der Kinder und
Jugendlichen oder aus Angst davor, des Missbrauchs beschuldigt zu werden,
Berührungen zwischen Mitarbeitern und Betreuten weitgehend vermieden.

Vor allem in Kontexten der Arbeit mit missbraucht habenden oder gewalttätig gewesenen jungen Menschen (von denen viele selbst traumatisiert sind)
gelten häufig generelle Berührungsverbote. Die Betroffenen erleben sich vielfach als »Unberührbare« und haben Übergriffigkeit als einzig zugängliche
Quelle körperlicher Nähe. Und leider gibt es genügend Beispiele dafür, dass
Mitarbeiter sich übergriffig zeigen oder nicht genügend vor Übergriffen der

jungen Menschen untereinander schützen (können). Reddemann (2006) zeigt dagegen auf, wie heilsam Körperlichkeit und Berührung sind, und fordert dazu auf, Möglichkeiten der heilsamen Berührung zu kennen und anzuwenden. Für einen heilsamen Umgang mit körperlicher Nähe und Körperlichkeit sowie zur Entwicklung gesunder Grenzen benötigen die Jungen und Mädchen ein Übungs-feld für korrigierende Erfahrungen. Sie brauchen Erfahrungen angenehmer und gewollter Körperlichkeit allein und mit anderen sowie Berührung und Nähe, die um ihrer selbst willen, freiwillig und gern geschieht sowie nicht an weitergreifendere Forderungen geknüpft ist. Mitarbeiter sind diesbezüglich als personaler sicherer Ort (bei denen Nähe in Sicherheit ausprobiert werden kann) ebenso gefragt wie als Rollenvorbilder (z. B. in der Körperlichkeit zwischen Mitarbeitern oder zwischen Mitarbeitern und Betreuten) und als Garanten für Sicherheit innerhalb der Kinder- bzw. Jugendlichengruppe. »Nicht erst seit-dem wir von den krankmachenden Manifestationen traumatischer Lebens-umstände im Körper wissen, hat Pädagogik auch mit Körperlichkeit zu tun« (Weiß, 2013, S. 132).

Da Körperlichkeit so viele persönliche, pädagogische, therapeutische und juristische Aspekte betrifft, ist es notwendig, sich in Team und Institution auf eine gemeinsame Linie zu einigen, innerhalb derer dann viel an Individualität mög-lich sein sollte. Es gilt die Mitarbeiter für dieses Thema zu sensibilisieren und sich mit Ethik und Werten bezüglich Körperlichkeit im professionellen Kontext aus-einanderzusetzen. Kenntnisse des juristischen und ethischen Rahmens, vor allem aber professionelle Nähe helfen dabei, die Sicherheit der »guten Berührung« gewähren zu können, die eben nicht übergriffig ist, professionell begründet werden kann und von der auch alle wissen dürfen. Spätestens dann, wenn sich bei der Vorstellung, dass Dritte von einer spezifischen körperlichen Handlung erfahren, Unbehagen einstellt, sollten die Alarmglocken läuten. Sprechen Sie sich dann mit Ihrem Team ab, überprüfen eventuelle persönliche Verstrickungen, fordern Supervision oder auch rechtliche Beratung ein.

Wenn Mitarbeiter sich bei Berührungen oder anderen Formen der Körperlich-keit unsicher sind, entsteht schnell eine seltsame Atmosphäre, in der die Betreuten nur mitbekommen, dass irgendetwas »schräg« ist und so eventuell auch gerecht-fertigte und sinnvolle Handlungen als »irgendwie komisch« und daher übergriffig wahrgenommen werden. Zudem hilft die Überprüfung, unbeabsichtigt über-griffiges Verhalten zu vermeiden, und dient auch der eigenen Absicherung. Da durch traumatische Erfahrungen die Wahrnehmung körperlicher Grenzen oft verschoben ist, gilt es immer wieder im Einzelfall zu überprüfen, was angemessen ist. Bei der Begrüßung die Hand zu geben, Klatsch- oder Fangspiele, Barfußpfad, Tanzchoreografien, Artistik, Kochen und Backen, Huckepack tragen, Matschen im

Sandkasten, Bewegungsparcours sind einige wenige Beispiele dafür, wie Körperlichkeit im Betreuungsalltag eingeführt werden kann. Es gilt immer im Einzelfall zu prüfen, was in einem gegebenen Kontext für einen Jungen oder Mädchen angemessene oder unangemessene Körperlichkeit darstellt bzw. was ein Zuviel oder Zuwenig an Körperlichkeit darstellen würde. Es gilt unter anderem:

- die Wahrnehmung der Betreuten wie Mitarbeiter für »gute« und »schlechte« Körperlichkeit zu schulen;
- die Wahrnehmung der eigenen und fremden Grenzen bei Mitarbeitern wie Betreuten zu schulen und einzuüben, dies zu benennen und einzuhalten;
- Schwächere oder Gefährdete zu schützen (dies können in manchen Kontexten auch Mitarbeiter sein!);
- auf die Impulse des jungen Menschen zu achten;
- Nähe und Berührungen anzubieten, ohne sie einzufordern;
- innerhalb dieses Rahmens freudvolle Körpererfahrungen zu ermöglichen.

Freundschaft, Zuneigung, Liebe, Sexualität und alle zugehörigen Themen beschäftigen spätestens ab der Pubertät. Sexuelle Erregung und Befriedigung gehört zu den körperlichen Dynamiken, die deutlich zur Belastung oder Entspannung beitragen können. Entsprechend gilt es, diese Themen anzuerkennen und besprechbar zu machen. Für Kinder, die sexuellen Missbrauch erlebt haben, gibt es dafür auch keine Altersgrenze, da sie diese Thematik sowieso beständig beschäftigt. Bausum (2013) weist daraufhin, dass Sexualität (oder bestimmte Formen davon) bei Betreuten wie Mitarbeitern oft schambesetzt ist, verdrängt wird, unvorstellbar oder unaussprechlich bleibt. Derlei Dynamiken führen zu blinden Flecken und schränken Wahrnehmungs- wie Handlungsfähigkeit ein. Mitarbeiter sollten sich bezüglich der Themen Sexualität, abnorme Spielarten derselben, Missbrauch, Prostitution etc. sicher fühlen und gegebenenfalls Unterstützung dafür bekommen. Ausführliches zur Sexualpädagogik findet sich bei Tuider, Müller, Timmermanns, Bruns-Bachmann und Koppermann (2012). Zudem können zu diesem Themenbereich bei der Bundeszentrale für gesundheitliche Aufklärung (http://www.bzga.de/infomaterialien) eine Vielzahl guter Broschüren für Mitarbeiter, Eltern, Kinder und Jugendliche kostenlos heruntergeladen werden.

5.6.2 Stabilisierung und Kontrolle von Gefühlen

Für emotionale Stabilität benötigen die Kinder und Jugendlichen zunächst Unterstützung darin, Gefühle wahrnehmen, erkennen, benennen, zulassen und aushalten zu können. Dabei hilft eine Alltagsgestaltung, innerhalb derer alle

Gefühle ihren Platz haben und einen Ausdruck finden können. Dies setzt unter anderem Räumlichkeiten voraus, die sowohl Rückzug als auch Gemeinschafts-erleben als auch das körperliche Ausagieren von Gefühlen erlauben. Wut, Angst, Trauer etc. gehören zum Leben und zum Verarbeitungsprozess. Sie sollten nicht beständig zur Wahrung des Gruppenfriedens weggedrückt werden müssen. Daher benötigt es Unterstützung dabei, angemessene Ausdrucksformen für alle Gefühle zu finden. Sich ausweinen zu dürfen gehört ebenso dazu wie ins Kissen zu schreien, die Matratze an die Wand zu stellen und darauf einzuboxen, wild rennen zu können, sich über laute Musik abzureagieren, einen Freuden-tanz aufzuführen oder Gefühle künstlerisch zu kanalisieren.

Die heftigen und teils unkontrollierbaren Gefühle traumatisierter Menschen entstammen letztendlich übermächtiger Angst, dem Gefühl, bedroht zu sein, jederzeit wieder Opfer werden zu können, und der zugehörigen Dauererregung der körperlichen und psychischen Überlebensprogramme. Äußere und gefühlte Sicherheit, Selbstwirksamkeitserleben, soziale Kompetenzen, Problemlösefähig-keiten, Abgrenzungsfähigkeit und Wehrhaftigkeit können daher zu neuer Selbst-sicherheit und emotionaler Stabilisierung führen. Entspannung ist mit Angst nicht vereinbar, daher sind auch alle Entspannungstechniken wie zum Beispiel die Progressive Muskelentspannung nach Jacobson oder das Autogene Training wertvolle Hilfen. Gut gelernt und regelmäßig angewendet können diese bewirken, sogar in Hochbelastungssituationen gelassen zu bleiben. Unter Punkt 5.7 werden kognitive Prozesse beschrieben, die zur Veränderung von Gefühlen beitragen. Trigger führen in Sekundenbruchteilen zu heftigen Gefühlen. Daher gilt es herauszufinden, welche Trigger welche Reaktionen verursachen, diese zunächst zu meiden und deren Wirkkraft (meist über Psychotherapie) zu löschen. Weil es weder möglich noch sinnvoll ist (Generalisierung), alle Trigger zu meiden, benötigen die Mädchen und Jungen Unterstützung darin, mit getriggerten Reaktionen umgehen zu lernen und während dieser geschützt zu sein. Mehr dazu finden Sie unter 5.6.3. Dort werden auch Distanzierungs- und Selbst-beruhigungstechniken beschrieben.

Maskierungsgefühle werden unwillkürlich hochgefahren, um die zugrunde liegende Angst oder Verletzung nicht spüren zu müssen, da diese durch zum Beispiel Wut überdeckt werden. Wenn Jan zum Beispiel gerade erfährt, dass der geplante Ausflug mit seinem Bezugsbetreuer um einen Tag verschoben wird, ist Jan eigentlich traurig, fühlt sich ungeliebt und hat Angst, dass der Aus-flug niemals stattfindet. Diese Gefühle wären aber noch zu überwältigend und werden unbewusst und unkontrolliert durch Wut ersetzt. Wird nur auf die Wut eingegangen, verstärkt dies Jans Gefühl, ungeliebt zu sein, und es steigt die Angst, dass der Ausflug ganz ausfällt. Womöglich wird dies sogar als pädagogische

Konsequenz des Wutanfalls ausgesprochen und die Krise ist perfekt. Wird stattdessen auf Jans zugrunde liegende Gefühle eingegangen, führt das häufig zu Entlastung und Deeskalation. Durch das »gemeinsame Verstehen« (Punkt 5.5) haben Mitarbeiter ein gutes Fundament für Hypothesen bezüglich zugrunde liegender Gefühle. Jan könnte zum Beispiel darauf angesprochen werden, wie enttäuscht er ist und dass er Angst hat, der Ausflug könne ganz ausfallen. Er könnte gesagt bekommen, dass beides verständlich ist, dass der Bezugserzieher Jan aber mag und dieser ihm wichtig ist, er deswegen sicher morgen den Ausflug mit ihm machen will. Oder Jan könnte gesagt bekommen, dass er früher oft erlebt hat, dass Versprechen nicht eingehalten werden, und er deswegen Angst hat, dass auch der Ausflug nicht eingehalten wird, dass der Bezugserzieher aber verlässlich ist und seine Versprechen hält. Wenn Jan zusätzlich einen Rahmen erhält, in dem er seine Wut abreagieren kann, ist die Chance gut, dass es nicht zur Krise kommt, Jan sich verstanden fühlt und um eine heilsame Beziehungserfahrung reicher ist.

Ein guter Ausgangspunkt, um Gefühle wahrnehmen und unterscheiden zu lernen, ist, in entspannten Übungssituationen die Aufmerksamkeit auf Körperwahrnehmung bei Gefühlen zu richten. Dies geht einzeln wie in Gruppen. Zuvor sollte eingeübt werden, sich so sicher im Hier und Jetzt zu verankern, dass die jungen Menschen bei Bedarf sofort dorthin zurückkehren können. Die zentralen Schritte einer entsprechenden Anleitung könnten wie folgt aussehen:
- Erinnere dich an eine Situation, in der du ärgerlich warst.
- Gehe in diese Erinnerung.
- Wo in deinem Körper spürst du den Ärger am deutlichsten?
- Wie fühlt dieser sich an (eher warm oder eher kühl – hart/weich – schwer/leicht – eng/weit – beweglich/gleichbleibend – klar begrenzt/mit diffusen Grenzen – im Körper wandernd/an einer Stelle bleibend usw.)?
- Jetzt löse dich von der Erinnerung und komme mit der Aufmerksamkeit zurück (Ort und Datum benennen sowie Aufmerksamkeit wirklich ins »Hier und Jetzt« führen).

Jetzt folgt das ausführliche Besprechen, welche Körperempfindungen wahrgenommen werden konnten. In Gruppen kann auch verglichen werden, wie sich Gefühle unterschiedlich äußern. Danach wird dasselbe mit einem als positiv erlebten Gefühl durchgeführt und wiederum verglichen. Der letzte Durchgang ist immer ein positives Gefühl, falls keine vollständige Lösung aus der Vergangenheit geschieht. Zudem steckt in dieser Reihenfolge die Botschaft und Erfahrung, dass die Mädchen und Jungen sich von unangenehmen Gefühlen lösen und angenehme Gefühle bei sich bewirken können. Mit der Zeit können so immer mehr Gefühle wahrgenommen, erkannt und benannt werden. Eine ausführliche Anleitung zum Umgang mit Gefühlen auch im Rahmen unterschiedlicher Störungsbilder bietet Baierl (2008).

5.6.3 Förderung eigenmächtigen Verhaltens

Traumatisierte Kinder und Jugendliche erleben die Welt und andere Menschen als zumindest potenziell gefährlich. Sie leben quasi beständig im Kriegsgebiet. Sich selbst erleben sie oft als wertlos, Opfer und mit wenig Eigenmacht. Zudem erleben sie alle Situationen durch die Brille der Traumatisierung, bewerten diese entsprechend und das Selbst- und Weltbild verfestigt sich zunehmend. Sie zeigen dieser Wirklichkeit entsprechende Zustände von vegetativer Übererregtheit mit erhöhter Wachsamkeit und einer übermäßigen Schreckhaftigkeit (Hypervigilanz). Ihre bisherigen Verhaltensweisen haben ihnen das Überleben gesichert und sie sind nicht frei, diese einfach aufzugeben, da die zugrunde liegenden Ängste weiterhin ihr Leben kontrollieren. Hinzu kommen Flashbacks, Intrusionen und andere getriggerte Verhaltensweisen. Trigger führen zu intensiven negativen Gefühlen, die bereits für Gesunde überfordernd sein können. Hinzu kommen Schwierigkeiten der Steuerung von Gefühlen. Die Folge sind einerseits explizite Kontrollverluste (Erstarren, Wegträumen, Angriffe, Weinkrämpfe, Einkoten, Selbstverletzungen etc.; → Kapitel 15) und andererseits fixierte Verhaltensweisen der Traumakompensation in Form von impulsiven Reaktionen (weglaufen, sich verstecken, Lügen, Aggressionen, Schulverweigerung usw.) und scheinbar willkürlich zielgerichteten Verhaltensweisen (wie z. B. Essensvorräte anzulegen), die jedoch so tief verwurzelt und automatisiert sind, dass nicht frei für oder gegen sie entschieden werden kann. Kontrollverluste und Verhaltensautomatismen entziehen sich der bewussten Steuerung. Betroffene sind daher in erster Linie Opfer – auch des eigenen Verhaltens.

Um die Mädchen und Jungen wieder in ihre Eigenmacht zu führen, ist es wichtig, die Dynamiken dahinter zu verstehen und zu bearbeiten, das Handlungsrepertoire der jungen Menschen zu erweitern, Risikofaktoren und Auslöser für drohende Kontrollverluste zu finden, vorherzusehen und zu vermeiden und einen Rahmen vorzuhalten, in dem Kontrollverluste, solange sie geschehen, sicher aufgefangen werden können. Alle in diesem Kapitel beschriebenen Interventionen sowie alle Inhalte von Trainings zu Selbstwertsteigerung, Selbstfürsorge, sozialen Kompetenzen, Problemlösefähigkeiten, Konfliktmanagement und Gewaltlosigkeit tragen dazu bei. Transparenz und möglichst breite Möglichkeiten der Partizipation bzw. Mitbestimmung unterstützen diese Prozesse. Zentral sind Mitarbeiter, die Sicherheit bieten, auf die Verlass ist, die Hilfe anbieten und die um Hilfe gebeten werden können. Dieses Thema ist so zentral, dass die Kernpunkte in Kapitel 15 vertieft dargestellt werden.

5.6.3.1 Prävention von Kontrollverlusten

Grundlegend präventive Maßnahmen sind die fünf sicheren Orte, eine Alltagsstruktur, die über Vorhersehbarkeit und Planbarkeit Sicherheit bietet, Meidung von Genussmitteln, die unruhig machen, Möglichkeiten gesunden Bewegungsdrang und Übererregung ausleben zu können, Erlernen von Entspannungs-, Selbstkontroll- und Selbsttröstungstechniken sowie Etablierung entspannender Verhaltensweisen im Alltag, das Lösen aktueller Probleme sowie das Erledigen belastender anstehender Aufgaben und das Vermeiden von Kontakten mit Menschen, die eher zu Streit oder Übererregung führen. Achten Sie auf mögliche Trigger und helfen Sie, diese weitgehend zu vermeiden. Dasselbe gilt für Situationen, die mit hoher Wahrscheinlichkeit zu Krisen führen. Zudem gilt es zu prüfen, welche Belastungen notwendig sind und welche Schonräume es benötigt. Dies gilt auch für Schule, Wünsche der Eltern, Anforderungen im Betreuungsalltag und für Wünsche der Mädchen und Jungen.

Mitarbeiter sollten Anzeichen für beginnenden Stress möglichst frühzeitig erkennen, um deeskalierend gegensteuern zu können. Wie bei Maskierungsgefühlen beschrieben, wirkt die Fokussierung auf zugrunde liegende Dynamiken statt auf das offene Verhalten oft deeskalierend.

Mitarbeiter, die eigene Selbstberuhigungstechniken kennen und anwenden, können gezielt professionell und sichernd handeln anstatt selbst in Automatismen oder Eskalationsschleifen zu fallen. Oft ist es hilfreich, Konflikte nicht sofort lösen zu wollen, sondern dann zu besprechen, wenn Mitarbeiter und Betreuter sich ausreichend beruhigt haben. Mehr dazu findet sich bei Weinberg (2010) und Omer und von Schlippe (2004) sowie der breit gefächerten Literatur zu Deeskalation.

Lang (2013) stellt bewährte traumaspezifische Methoden der Gewaltprävention vor. Er empfiehlt die Impulse für Kampf (u. a. alles was auf Erregung hinweist, Anspannung, schnelle bzw. laute Sprache, nach vorn fokussierter Blick, Fixierung des »Gegners«), Flucht (u. a. direkt an der Tür oder auf der Stuhlkante sitzen, körperliche Unruhe und unsteter Blick) sowie Erstarrung (u. a. Steifheit und Starrheit in Haltung, Bewegung und Blick, ausdruckslose Mimik, flache Atmung, unfokussierter Blick) gut wahrnehmen zu lernen. Der nächste Schritt ist nach Lang, dass der Erzieher anspricht, was er wahrnimmt, und nachfragt, was gerade Angst macht und wie dies geändert werden kann. Zudem sollen spezifische Angebote der Impulsabfuhr gemacht werden: für Kampf unter anderem alles, was Erregung Luft macht und/oder Kampf simuliert (schreien, aus dem

Haus rennen, auf Kopfkissen einprügeln usw.), und Möglichkeiten, Gefühle körperlich oder musisch auszudrücken (Trommel, Gitarre, Malen usw.), für Flucht Rückzugsmöglichkeiten schaffen, für Erstarrung zum Beispiel sich ausschütteln, zuvor gelernte (!) Entspannungstechnik anwenden und sich im Hier und Jetzt orientieren.

Wenn man in Gruppen arbeitet, ist zu beachten, dass die jungen Menschen untereinander oft sehr gut wissen, was wen triggert. Dies kann man nutzen und nachfragen. Vor allem aber ist es wichtig darauf hinzuarbeiten, dass die Mädchen und Jungen verstehen, dass es kein Spaß, sondern ernst zu nehmende Gewalt ist, Macht über Trigger auszuüben.

5.6.3.2 Drohende Kontrollverluste abwenden

Wenige Kontrollverluste geschehen innerhalb von Sekunden(-bruchteilen). Diesbezüglich geht es vor allem um Rahmengestaltung, Prävention, Sichern während der Kontrollverluste, Nachbereitung und Bearbeitung der zugrunde liegenden Dynamiken. Manchmal ist Medikation nötig, damit die mit solchen Kontrollverlusten verbundene Angst oder Aggression besser gehandhabt werden kann.

Die meisten Kontrollverluste kündigen sich jedoch an. Selbst dann, wenn die Vorlaufzeit nur wenige Minuten beträgt, sollte diese wertvolle Zeit gut genutzt werden, um aus dem drohenden Kontrollverlust auszusteigen. Die Kinder und Jugendlichen benötigen Unterstützung darin, ihre Aufmerksamkeit im Hier und Jetzt zu verankern sowie Dissoziationen gezielt zu starten und zu beenden (Bausum, Besser, Kühn u. Weiß, 2009). Entsprechende Unterbrecher sollten bereits im Vorfeld gesucht und so intensiv eingeübt werden, dass sie auch unter hohem Stress abgerufen werden können. Zentrale Schritte dieses Prozesses sind:
- Finden von Auslösern, Vermeidung und langfristig Löschung derselben;
- Training der Wahrnehmung für beginnende Kontrollverluste stärken: alles, was Aufmerksamkeit auf den Körper sowie Körperbewusstsein fördert (Wellness, Genusstraining, Sport, Yoga, Wahrnehmungsspiele und -parcours, Tanz usw.), und alles, was emotionale Kompetenzen stärkt;
- Erarbeiten von Anzeichen für einen drohenden Kontrollverlust;
- Erarbeiten der positiven Absicht, der Dynamik, die zum Kontrollverlust führt (z. B. Selbstschutz, Gerechtigkeitswahrung oder dass die Eltern stolz auf mich sind), und Erarbeitung von Wegen, wie diese erreicht werden kann;
- Anwendung der Unterbrecher.

Als Unterbrecher eignet sich letztendlich alles, was den Weg zwischen Auslöser und Kontrollverlust unterbricht und ethisch vertretbar ist. Trauen Sie sich, diesbezüglich kreativ zu sein und gegebenenfalls auch verrückt Scheinendes auszuprobieren. Kontrollverluste sind so belastend für die Mädchen und Jungen, Profis aller Institutionen, andere Kinder und Jugendliche sowie Eltern, dass es dies wert ist. Ermutigen Sie die Kinder und Jugendlichen, im Zweifelsfall Ungewöhnliches auszuprobieren, und honorieren Sie auch bizarre Unterbrecher. Wichtig ist, dass diese funktionieren. Es folgt eine Liste von Beispielen, die das Finden eigener Unterbrecher erleichtern soll (vgl. Baierl, 2008; Scherwath, 2013; Schwabe, 2010; → Kapitel 15):

- *Reize, die Aufmerksamkeit fordern:* laute Geräusche, Musik laut aufdrehen, große Gesten, starke Gerüche, lautes Aussprechen des Namens, sich auf die Bassbox legen, mit falschem Namen ansprechen, laut »Stopp« rufen, in scharfe Peperoni beißen, Selbstbefriedigung (nur wenn entsprechend intimer Rückzug möglich ist), Mitarbeiter, der etwas »Verrücktes« macht.

- *Reize, die Aufmerksamkeit binden:* von 254 in 17er-Schritten abwärts zählen (oder auf 10 zählen), ein Gedicht oder Liedtext rezitieren, ein kompliziertes Klatschritual durchführen, sich bewusst auf den Atem konzentrieren, Hauptstädte Europas aufzählen.

- *Aktivitäten, welche im Hier und Jetzt halten:* alle grünen Gegenstände im Raum zählen; jeweils drei Dinge aufzählen, die man gerade hört, sieht, fühlt, riecht, schmeckt; Gummiband ums Handgelenk tragen und schnalzen lassen; Fäuste in der Tasche ballen; Mitarbeiter, der Beziehung und gemeinsame Aktivität anbietet (ruhig einer der ungewöhnlicheren Unterbrecher); jemanden anrufen; jemand um Hilfe bitten; Fingernägel in den Handballen drücken.

- *Aktivitäten, die beruhigen oder Erregung Raum geben:* zuvor gelernte Entspannungstechnik anwenden; Atemtechnik anwenden; sich am ganzen Körper schütteln; Hände klatschen; Kopf schütteln und Luft durch die weichen Lippen stoßen wie ein Pferd; Körperpacing und in ruhige Bewegungen überführen; einmal ums Haus rennen; etwas bewusst und gezielt kaputt machen; alles, was Kampf oder Flucht simuliert; richtig Theaterdonner machen (laut werden, mit den Füßen stampfen, Türen knallen usw.); an Türrahmen hochziehen; mit der flachen Hand gegen die Wand schlagen; lautes Singen; auf und ab hüpfen; Liegestützen machen; Luftballon mit Federballschläger durch den Raum schlagen; sich was Gutes tun (Schokolade essen; sich massieren lassen; heißes Bad nehmen; Tasse Kaffee trinken; Fotos der Eltern betrachten usw.); einen zuvor etablierten Beruhigungsanker aktivieren; Gefühl künstlerisch ausdrücken (Musik, Kneten, Raptext, Ausdruckstanz usw.).

- *Aktivitäten, die spirituelle Anbindung stärken:* Schutzengel oder Krafttier um Hilfe bitten, Beten, Kreuz oder anderes spirituelles Symbol berühren, Talisman oder Glücksbringer reiben, Ritual durchführen.

Die Technik »Der Notfallkoffer« dürfte den meisten bekannt sein, *Schatzkisten* (→ Kapitel 15) und Glücksboxen (→ Kapitel 9) sind dazu eine gute Ergänzung. Vielen Mädchen und Jungen hilft es, sich Erinnerungshilfen für die Unterbrecher zu machen (Knoten ins Taschentuch; Poster, das als Erinnerungshilfe aufgehangen wird; Kärtchen im Geldbeutel; spezielles Armband tragen; eigens dafür gekauftes Kuscheltier, das nachts im Bett ist; Klebepunkt auf dem Handy usw.).

In Kinder- und Jugendpsychiatrie und Jugendhilfe habe ich sehr gute Erfahrungen damit gemacht, Bachblütenpräparate, die unter der Bezeichnung »Notfall« oder »Rescue« zu finden sind, vorrätig zu haben, sodass die Mädchen und Jungen diese bei Bedarf anwenden können. Diese gibt es unter anderem als Tropfen, Bonbons, Tee oder auch Raumspray und wirken beruhigend, bei einigen psychiatrischen Klienten haben sie bessere Wirkungen erzielt als hochpotente Psychopharmaka.

Spezielle Distanzierungstechniken helfen, innere Impulse und sich aufdrängende Dissoziationen abzuwehren oder zu kontrollieren. Einige vielbewährte Beispiele dafür sind: alles, was an Gefühlen, Bildern, Impulsen, und Ähnlichem aufsteigt, in einen Stein zu blasen und somit zu externalisieren; in Metaphern sprechen; darüber sprechen, dass »ein Teil von mir …« zum Beispiel wütend ist, sich am liebsten umbringen möchte oder den Erzieher hasst, oder die inneren Bilder imaginativ auf eine Kinoleinwand oder Fernsehbildschirm zu beamen und mit der Darstellung zu spielen (z. B. näher/entfernter, größer/kleiner, heller/dunkler, Ton abdrehen/laut stellen, Film/Standbild, 3D/flach, farbig/schwarz-weiß, mit unterschiedlicher Musik hinterlegen, ausblenden oder ausschalten). Bei Reddemann (2004) finden sich weitere Distanzierungstechniken.

5.6.3.3 Sichern

Da davon ausgegangen werden muss, dass nicht alle Kontrollverluste im Vorfeld abgewendet werden können, haben Institution und Mitarbeiter die Verantwortung, einen Rahmen vorzuhalten, innerhalb dessen Kontrollverluste sicher aufgefangen werden können. Es gilt, die Sicherheit der Mitarbeiter, des Kindes oder Jugendlichen mit Kontrollverlust, weiterer anwesender Betreuter und eventuell Dritter zu gewährleisten. Dies fängt lange vor dem Kontrollverlust an und beinhaltet unter anderem Raumgestaltung, Mitarbeiterschulung und Krisenpläne (siehe die jeweiligen Beiträge in diesem Band). Manchmal ist die sicherste Alternative, dem Kontrollverlust seinen Lauf zu lassen, andere in Sicherheit zu bringen und sich ansonsten zurückzuhalten. Manchmal greifen Deeskalationstechniken (z. B. Schwabe, 2010). Manchmal ist es gut, das Kind oder den Jugendlichen an einen Ort zu bringen oder zu locken, an dem das Ausagieren des Kontrollverlustes sicher(er) geschehen kann. Auch das Rufen von Kollegen, Fachdiensten, Notarzt oder der Polizei kann die richtige pädagogische Intervention sein. Wo unmittelbare Gefahr droht *und* der Mitarbeiter die körperlichen Voraussetzungen dafür mitbringt, kann das Festhalten des Jungen oder Mädchens die beste Alternative sein (→ Kapitel 11). Omer und von Schlippe (2012) beschreiben dieses Vorgehen als das »Umarmen des Bären«. Flosdorf (2009) betont, dass es dabei nicht um Bestrafung, sondern um Kontrolle durch Berührung geht. Baierl (2008) benennt ausführlich Vorgehen und Rahmenbedingungen, die festhaltendes Sichern als pädagogische Intervention von körperlichen Übergriffen unterscheidet. Die Angst, den jungen Menschen durch Festhalten womöglich zu retraumatisieren, ist zwar ernst zu nehmen, genauso hoch ist jedoch auch das Risiko der Retraumatisierung, wenn ein Kind oder Jugendlicher erlebt, dass ein Erzieher anwesend ist, ihn aber mit seiner Not und seinem Kontrollverlust allein lässt und nicht verhindert, dass während des Kontrollverlustes andere zu Schaden kommen, dem jungen Menschen wertvolle Gegenstände zerstört werden oder dieser sich selbst Verletzungen zufügt (Baierl, 2008).

Während eines Kontrollverlustes sind die Aufnahme-, Verarbeitungs- und Lernfähigkeiten des Betroffenen deutlich reduziert. Daher kann in diesem Zustand nur deeskalativ gearbeitet werden. Alle Klärungen, Aussprachen, Konsequenzen etc. müssen warten, bis der junge Mensch (und der Mitarbeiter) sich wieder ausreichend beruhigt hat (haben). Durch die erhöhte physiologische Stressreaktion Traumatisierter, die zudem langsamer abgebaut wird, benötigen Traumatisierte deutlich länger, um sich soweit zu beruhigen, dass eine sinnvolle Auseinandersetzung möglich ist.

Es ist ideal, wenn die Mitarbeiter genügend Fachkompetenz, Handlungsalternativen und Selbstkontrolltechniken haben, um auch in solchen Krisensituationen professionell hilfreich zur Seite stehen zu können, statt überwiegend aus Wut, Angst oder anderweitig persönlicher Betroffenheit zu reagieren. Nach entsprechender Auseinandersetzung benötigen auch die Mitarbeiter die Möglichkeit, sich zu beruhigen, und eventuell weitere Unterstützung.

5.6.3.4 Nachbearbeitung

Manche Kinder und Jugendliche benötigen nach einem Kontrollverlust die Möglichkeit, sich zurückzuziehen, um sich allein abreagieren zu können, andere benötigen auch in dieser Phase Begleitung oder Anleitung. Auch ob Aktivitäten mit Bewegungsmöglichkeiten oder eher Stilles benötigt wird, ist eine Einzelfallentscheidung. Signalisieren Sie dem Mädchen oder Jungen, dass Sie da, ansprechbar und interessiert sind, auch dann, wenn er oder sie gerade allein sein wollen. Wie gesagt, kann eine Klärung erst nach angemessener Stabilisierung geschehen. Dies muss nicht immer möglichst rasch und sofort sein, sondern dann, wenn dafür Zeit, Raum und Aufmerksamkeit da ist. Wichtig ist anzukündigen, dass es zu einer Klärung kommen wird, und dies auch in angemessener Zeit zu tun. Indem Sie dies tun, signalisieren Sie dem Kind oder Jugendlichen, dass Sie ihn im Blick haben, er Ihnen wichtig ist, Sie ihn ernst nehmen und auch, dass Sie die Autorität und der personale sichere Ort sind, der den Rahmen für alle Beteiligten sicher hält. Dies entlastet den jungen Menschen von der Verantwortung, selbst für diese Sicherheit sorgen zu müssen. Für die Betroffenen sind Kontrollverluste beängstigend und es besteht die Gefahr, dass diese ein negatives Selbstbild zunehmend verfestigen. Die Kinder und Jugendlichen benötigen Hilfen zu verstehen, was da mit ihnen geschieht, wie sie dem begegnen können und welche Wege es gibt, sich selbst auch in Belastungen und Krisen wieder kontrollieren zu lernen. Solange Trigger unbekannt sind, kann der nächste Kontrollverlust jederzeit und überall wieder geschehen, sodass es keinen sicheren Ort für die Betroffenen gibt. Psychoedukation und alle weiteren in diesem Kapitel besprochenen Inhalte helfen, Sicherheit herzustellen und (wieder) in die Eigenmacht zu gehen.

Für die Gespräche hat sich bewährt, zunächst auf die vermuteten Gefühle, Auslöser und Dynamiken einzugehen und diese sowie die positive Motivation dahinter zu würdigen. Das daraus resultierende Verhalten ist vor diesem Hintergrund und mit diesem Verständnis zu betrachten. Dann geht es darum, was der junge Mensch an Unterstützung benötigt, um zukünftig seltener oder keine Kontrollverluste mehr erleben zu müssen. Machen Sie deutlich, dass das Kind oder der Jugendliche für den Kontrollverlust keine Verantwortung haben kann und somit auch nicht schuldig geworden ist. Nur für etwas, das ich kontrollieren kann, kann ich die Verantwortung haben. Allerdings hat der Betroffene sehr wohl die Verantwortung dafür, was er im Vorfeld tut, um Kontrollverluste möglichst gut abzuwenden, und wie er im Nachgang damit umgeht. Die Suche nach Möglichkeiten, erneute Kontrollverluste zu vermeiden, gehört zu dieser Verantwortung ebenso wie Wege der Wiedergutmachung, falls andere geschädigt wurden. Kontrollverluste verringern sich zudem nicht durch Bestrafungen. Diese erhöhen nur den Druck und führen zu vermehrten Kontrollverlusten. Verhaltensweisen vor und nach dem Kontrollverlust sind dagegen wie fast alle anderen Verhaltensweisen auch durch positive und negative Verstärkung beeinflussbar. Eventuell werden sichernde Maßnahmen als Konsequenz geschehener und zur Bewältigung zu erwartender Kontrollverluste nötig. Ideal ist, wenn die Betroffenen den Unterschied zwischen Strafe und Konsequenz wirklich ver-

stehen und akzeptieren können, dass ein für sie und andere sicherer Rahmen
nötig ist, solange Kontrollverluste nicht ausgeschlossen werden können. Oft ist
es ein langer Prozess, bis tatsächlich keine Kontrollverluste mehr auftreten. Gute
Anregungen für angemessene Konsequenzen bieten Omer und von Schlippe
(2004, 2010, 2012).

Natürlich kann es auch sein, dass Traumatisierte kontrolliert, willkürlich
und bewusst Grenzen überschreiten. Dies ist zum Teil ganz normales gesundes
altersentsprechendes Verhalten. Diesem kann und soll genauso pädagogisch
begegnet werden wie anderen Fehlverhaltensweisen auch (z. B. Petermann u.
Petermann, 2012; Omer u. von Schlippe, 2010).

Bei Kontrollverlusten mit Fremdaggressivität brauchen der aktuelle »Täter«
und das aktuelle »Opfer« Unterstützung dabei, mit dem Geschehen umzugehen.
Dafür benötigt es unter anderem

– Konzepte für die Deeskalationsphase, die eine Rückkehr zum sicheren All-
tag ermöglichen;
– Aufarbeitung mit allen Beteiligten, die allen ihre Würde belässt;
– Rechte des aktuellen »Opfers« und des aktuellen »Täters« achten, hierbei gilt
»Opferrecht vor Täterrecht«, was es transparent zu machen gilt;
– Stärke, Normalität, Gesundheit und Not von »Opfer« wie »Täter« anerkennen;
– Regeln und Strukturen, die eine Rehabilitation des aktuellen »Täters«
erlauben;
– Einbeziehung und Unterstützung weiterer Jungen und Mädchen, die als
Zeugen oder anderweitig Beteiligte von dem Kontrollverlust betroffen sind.

Zudem sind Rahmensetzungen und Interventionen notwendig, die es Mitarbeitern wie Betreuten ermöglichen, in einer Gruppe zu sein, innerhalb derer
einzelne oder alle (Betreuten) durch Kontrollverluste beeinträchtigt sind.

5.7 Entwicklung neuer Wahrnehmungs- und Denkmuster inklusive eines neuen Selbst- und Weltbildes

Traumatisierung entsteht, wenn Ereignisse so belastend sind, dass sie nicht
verarbeitet werden können. Sie führt zu verändertem Selbst- und Welterleben
(→ Kapitel 1) und beeinträchtigt auch in der Folge die Verarbeitungsmöglich-
keiten der Betroffenen. Biografiearbeit und Psychoedukation sind Eckpfeiler
des diesbezüglichen Veränderungsprozesses. Unter anderem gilt es, das furchtbare Geschehen anzuerkennen, ihm aber seinen Platz in der Vergangenheit zu
geben und den Blick auch auf das Heile in der Gegenwart sowie das zukünftig

zu erwartende Gute zu lenken. Stabilisierung, Anwendung von Entspannungstechniken, das Lösen aktueller Probleme und das allgemeine Reduzieren von
Belastungen löst Anspannungen und hilft, ein mittleres Erregungsniveau zu halten,
bei dem am besten verarbeitet werden kann (Huber, 2006). Ein Milieu, in dem
Sicherheit ebenso erlebt werden kann wie positive Beziehungen, Wertschätzung,
Stabilität und Eigenmacht, trägt wesentlich dazu bei, heilsame Erfahrungen zu
machen, welche das Selbst- und Fremdbild korrigieren. Konzentrationstrainings
helfen dabei, lange genug wahrnehmen, zuhören, nachdenken und verarbeiten
zu können, um diese Prozesse jeweils gut nutzen zu können.

Viele Traumatisierte fokussieren ihre Aufmerksamkeit beständig auf mögliche Gefahren, um diesen entsprechend begegnen zu können. Bewusste Aufmerksamkeitslenkung hilft dabei, andere Aspekte der Welt zu wahrzunehmen
und somit in eine andere Wirklichkeit zu treten. Diesbezüglich haben sich
Beobachtungsaufgaben für Mitarbeiter wie Betreute bewährt, welche die Aufmerksamkeit auf Erwünschtes richten. So kann zum Beispiel jeweils einen Tag,
eine Woche oder bis zum nächsten Gespräch speziell darauf geachtet werden,
wo etwas gut gelaufen ist, wo der Jugendliche etwas richtig gemacht hat, wo
jemand Hilfe angeboten hat, wo Sicherheit erlebt werden konnte, wo ein Ziel
erreicht wurde, wo sich eine Problematik verringert hat und vieles andere mehr.
Idealerweise werden diese Beobachtungen aufgeschrieben (da sonst vieles vergessen wird) und regelmäßig besprochen. Ist der junge Mensch noch nicht in
der Lage, entsprechende Beobachtungen selbst zu machen, kann der Mitarbeiter
dies anfänglich für ihn tun und ihm entsprechende Rückmeldungen geben. Je
mehr diese Aspekte wahrgenommen werden, desto mehr prägen sie das Selbst-
und Welterleben der Mädchen und Jungen.

Ein nächster Schritt ist die Bewertung dessen, was wahrgenommen wird.
Es gilt immer wieder zu hinterfragen, ob die Bewertungen der Jungen und
Mädchen stimmig und hilfreich sind. Dabei hilft es, auf Allgemeinerungen zu
achten. Sätze wie »Nie kann ich etwas richtig machen«, »Immer müssen Sie
mich korrigieren«, »Niemand kann mich verstehen« und ähnliche Sätze sind
aus Frustrationen verständliche Reaktionen, aber in den seltensten Fällen wahr.
Sie können im Gespräch hinterfragt werden oder auch durch Realitätstests, bei
denen der junge Mensch entweder eine Beobachtungsaufgabe bekommt, welche
die Verallgemeinerungen hinterfragt (z. B. »Beobachte morgen in der Schule, was
du richtig machst und wo dir Fehler unterlaufen.«) oder eine spezifische Aufgabe erhält, die ihm die Unwahrheit der Verallgemeinerung verdeutlicht (z. B.
eine Aufgabe, die er gut (oder mit angemessener Anstrengung) bewältigen kann
und ihm aufzeigt, dass er sehr wohl etwas richtig machen kann). Ähnliches gilt
für Schwarz-Weiß-Denken. Der Fokus auf die jeweiligen positiven Absichten

der Mädchen oder Jungen sowie auf die Dritter, zeigt viele Handlungen und Ereignisse aus einem Blickwinkel, der heilsam wirken kann. Für Aufmerksamkeitslenkung und Neubewertungen eignen sich auch Abendreflexionen mit dem Kind oder Jugendlichen allein, Gruppenreflexionsabende oder Selbst- und Fremdbeobachtungsbögen. Verstärkerpläne eignen sich unter anderem gut dafür, Erfolge wahrnehmbar zu machen, Anerkennung zu erleben, Verhalten als (teil-)kontrollierbar zu erleben und die Aufmerksamkeit auf die Inhalte des Verstärkerplans zu richten. Stavemann (2010) bietet eine im pädagogischen Rahmen gut umsetzbare Einführung darin, wie Denk- und Erlebensmuster hinterfragt und über neue Denkmuster verändert werden können. Wer die Ressourcen für intensivere Einzelarbeit mitbringt, findet zudem bei Hantke und Görges (2012) weitere Methoden, um Denk- und Wahrnehmungsprozesse zu verändern. Metaphernarbeit kann ebenfalls dabei helfen, Denk- und Erlebensmuster zu verändern.

Typische Beispiele für Inhalte der Fremd- und Weltwahrnehmung traumatisierter Kinder, die es zu verändern gilt, sind: »Die Welt ist ein gefährlicher Ort und anderen Menschen darf man nicht trauen.« »Ich bin in Gefahr und muss ums Überleben kämpfen.« »Ich muss alles unter Kontrolle haben, um sicher zu sein.« »Egal was ich auch tue, es bringt keine wirkliche Veränderung.« »Ich bin wertlos, ungeliebt, böse … bzw. habe keine Existenzberechtigung.« »Es kann niemals wieder gut werden« sowie Schuld- und Schamgefühle. Auch macht es einen Unterschied, wie die Jungen und Mädchen sich selbst bezeichnen bzw. wie sie von wichtigen Bezugspersonen bezeichnet werden: *Traumaopfer – Traumaüberlebende – Kinder, die Schlimmes erlebt haben* sind Beispiele dafür, was bei Bezeichnungen alles mitschwingen kann. Entsprechend sorgfältig sollte mit diesen Begrifflichkeiten umgegangen werden.

Für viele der hier genannten Prozesse ist Sprache ein Haupttransportmittel. Für Erlebnisse, Einstellungen, Prozesse, die (noch) nicht sprachlich ausgedrückt werden können, sollten auch spracharme bzw. sprachfreie Zugänge angeboten werden. Erlebnispädagogik, tiergestützte Pädagogik, kreativ-künstlerische Ausdrucksformen, Aufstellungsarbeit mit Personen oder Gegenständen und körperliche Techniken (z. B. Levine u. Petersen, 2011) sind dafür einige Beispiele.

5.8 Integration traumatischer Erfahrungen

Traumatische Erlebnisse zeichnen sich dadurch aus, dass sie weder bewältigt noch verarbeitet werden konnten. Teilweise können diese nicht erinnert oder nicht versprachlicht werden, sind nicht als zusammenhängende Geschichte gespeichert, haben somit weder Anfang noch Ende und sind noch nicht vorbei, werden weiterhin als existenziell bedrohlich erlebt etc. Um die unter traumatischen Bedingungen geprägten Erfahrungen verlernen zu können, benötigt es nach Sack (2013):

- Realisierung – es ist mir passiert,
- Rekonstruktion – Erarbeiten eines kohärenten Narrativs,
- Ermächtigung – Erleben von Handlungskompetenz,
- Bewältigung – Gewinnen einer Überlebensperspektive: Es ist vorbei und es kann wieder gut werden.

Alle Inhalte dieses Buchs tragen dazu bei, hierfür das Fundament zu schaffen, und sind schon Teil des Verarbeitungs- und Bewältigungsprozesses. Es geht unter anderem darum, sich das Trauma zu Eigen zu machen, um ihm nicht mehr ausgeliefert zu sein. Dafür benötigt es genügend Stabilität, um sich den Erinnerungen stellen zu können. Die Jungen und Mädchen benötigen Unterstützung darin, das bisher Unaussprechliche aussprechbar zu machen. Dabei helfen Gesprächsangebote, Metaphernarbeit (z. B. Lindemann, 2014), aber auch Filme oder Bücher (es ist leichter, über das Mädchen im Film zu reden als über sich), künstlerische Ausdrucksmöglichkeiten oder auch das therapeutische Puppenspiel (→ Kapitel 16). Körpertherapeutische Ansätze (z. B. Levine u. Petersen, 2011) helfen nicht nur, wo die Versprachlichung noch schwierig oder unmöglich ist. Alle unter Punkt 5.6 beschriebenen Elemente führen zu Selbstbemächtigung und dem Erleben der eigenen Handlungskompetenzen.

Biografiearbeit hilft, das eigene Leben besser zu verstehen, die darin liegenden Ressourcen zu nutzen, dem Furchtbaren seinen Platz in der Vergangenheit zuzuordnen und sich auf eine heile(re) Zukunft auszurichten. Biografiearbeit beginnt damit, den Jungen und Mädchen zuzuhören, wenn sie von der Vergangenheit sprechen, Fragen dazu zu stellen und ihnen in alltäglichen wie spezifischen Gesprächen zu helfen, sich, ihre Lebensgeschichte sowie zugehörige Muster und Dynamiken besser zu verstehen. Dabei helfen narrativ-biografische Gesprächstechniken (z. B. Rosenthal, Köttig, Witte u. Blezinger, 2006). Theoretische Hintergründe und ausgewählte Methoden der Biografiearbeit finden sich bei Hölzle und Jansen (2011). Krautkrämer-Oberhoff (2013) beschreibt Lebensbucharbeit in der Traumapädagogik, James und Woodsmall (2006) zeigen die effektivsten mir bekannten Schritte der Zeitlinienarbeit als imaginatives Verfahren. Manchen Kindern und Jugendlichen fällt es leichter, diese Schritte körperlich statt rein imaginativ zu gehen. Indem man ein Seil auf den Boden legt, welches die Lebenslinie des jungen Menschen darstellt, kann man alle Schritte der imaginativen Timeline im körperlichen Tun umsetzen.

Dies erleichtert vor allem, sich bewusst in die Dissoziation und wieder aus dieser heraus zu begeben. Auch Genogrammarbeit oder das Lebenspanorama nach Petzold können gut für Biografiearbeit genutzt werden.

Alle, was Normalität fördert, unterstützt die Integration, dazu gehört auch Partizipation, dass Traumatisierte weiterhin Aufgaben im Betreuungsalltag übertragen bekommen, ihrer Schulpflicht nachkommen, in anstrengende wie freudvolle Freizeitaktivitäten eingebunden werden und sich altersentsprechend allein oder mit Freunden auch außerhalb von direkten Einflusssphären Erwachsener bewegen. Was davon angemessen ist, zeigt die Diagnostik im Einzelfall.

5.9 Spiritualität

So gut wie alle Kinder und Jugendlichen haben spirituelle Erlebnisse (von Gontard, 2013) und spätestens in der Auseinandersetzung mit Leid, Sterblichkeit und Tod werden spirituelle Fragen und Bedürfnisse auftauchen, denen es professionell hilfreich zu begegnen gilt. Obwohl Spiritualität einen der stärksten Resilienzfaktoren darstellen kann (→ Kapitel 3), fehlen hierzu vielerorts pädagogische Konzepte. Die einfachste Art, Spiritualität wieder in die Pädagogik zurückzuholen, ist bei Anamnese und Aufnahmediagnostik sowie im Verlauf die spirituellen Erlebnisse und Wirklichkeiten der Jungen und Mädchen zu erfragen (siehe dazu u. a. Utsch, Bonelli u. Pfeifer, 2014 und die Literatur zur *spirituellen Anamnese*), zu würdigen und ihr wie allen anderen Ressourcen auch einen Platz im Alltag zu geben. Dabei gilt es, resilienzfördernde von belastender Spiritualität zu unterscheiden. Kriterien hierfür werden im Kapitel 3 benannt und in Bucher (2007) sowie Utsch et al. (2014) ausführlich diskutiert. Schädigenden Aspekten von Spiritualität gilt es wie allen anderen Risikofaktoren gegenüberzutreten (entfernen, minimieren oder einen hilfreicheren bzw. weniger belastenden Umgang damit finden). Falls spirituelle Überzeugungen hinterfragt werden sollen, die den jungen Menschen wichtig sind, empfiehlt es sich – wo immer dies möglich ist – Personen oder Schriften hinzuzuziehen, die von dem Mädchen oder Jungen als Autorität oder zumindest ernst zu nehmendes Gegenüber bezüglich der eigenen Spiritualität angesehen werden. Um innere spirituelle Konflikte (z. B. beim Hinterfragen schädigender Aspekte) möglichst gut handhaben zu können, ist ein offizieller Vertreter der spirituellen Ausrichtung des Kindes (der eine resilienzfördernde Spiritualität vertritt) von unschätzbarem Wert.

Alle spirituellen Gruppierungen nutzen Rituale, die sich teilweise deutlich ähneln. Zudem können Rituale mit dem jeweils eigenen spirituellen Hintergrund gefüllt oder ohne einen solchen zum Beispiel als symbolisches Tun, Metapher oder Impacttechnik (Beaulieu, 2011) durchgeführt werden. So können Mitarbeiter mit oder ohne spirituellen Hintergrund mit Kindern und Jugendlichen sehr gemischter spiritueller Hintergründe dennoch gemeinsam Rituale durchführen. Daher werden Rituale hier, stellvertretend für all die vielen Möglichkeiten Spiritualität zu nutzen, kurz vorgestellt.

Rituale sind spezielle Handlungen, die bewusst und absichtlich durchgeführt werden. Sie werden als sinnhaft, symbolhaft oder wirkkräftig verstanden, haben oft spirituelle oder religiöse Hintergründe und verweisen auf andere Dimensionen. Meist verlaufen Rituale immer wieder gleich nach vorgegebenen oder selbst entwickelten Regeln. Häufig werden Rituale durch »Besonderes« verstärkt, zum Beispiel: spezielle Orte (Quellen, die Aula, Kirchen etc.), Symbole (Kerzen, Bilder, Statuen etc.), Kleidung (Anzug, Lederjacke, Kopfbedeckung etc.), Zeitpunkte (immer samstags, zur Dämmerung, Sommersonnwende) und anderes mehr. *Routinen* werden umgangssprachlich häufig ebenfalls als *Rituale* bezeichnet, sind aber eigentlich wiederkehrende, oft unbewusste immer wieder gleiche Abläufe ohne spezielle Sinnzusprechung (z. B. die Morgenhygiene).

Fast alle Kulturen kennen irgendeine Form dessen, was in Deutschland häufig als »Erntedank« bezeichnet wird, also eine Feier dafür, dass das Überlebensnotwendige in diesem Jahr gegeben wurde. Ein Basisritual dafür wäre zum Beispiel ein gemeinsames Festessen, das entsprechend bewusst und sinngefüllt gestaltet wird: zum Beispiel gemeinsam planen, einkaufen, kochen, Raum und Tisch schmücken, das Essen an sich, Fotos vom letzten Jahr anschauen. Diese Grundform benötigt kaum Aufwand und nur wenig finanzielle Mittel, kann aber schon wirkkräftig sein. Je nach Bedarf kann um weitere Komponenten erweitert werden. Zum Beispiel kann gesammelt werden, was es im letzten Jahr an »Ernte« gab (Schulabschluss, Versetzung, Sporturkunde, tolle Ferienfreizeit, Radfahren gelernt etc.). Dies wird versinnbildlicht (Fotowand, Präsentationstisch, kurzes Theaterstück etc.) und jeder darf von seiner »Ernte« erzählen, eventuell auch eine Collage, Skulptur oder Ähnliches erstellen, welches das Jahr über sichtbar präsent bleibt.

Für expliziteren Dank helfen die Fragen: Bei wem möchte ich mich bedanken, wer oder was hat mir im letzten Jahr geholfen, wie kann ich Dank ausdrücken? Es kann ein Rahmen geschaffen werden, in dem der Dank ausgedrückt werden kann (Bild malen/Brief schreiben und auf den »Dankestisch« legen, es Personen unmittelbar oder mittelbar selbst sagen, innerlich dorthin reisen, wo man sich bedanken will und dies tun, es der Gruppe erzählen etc.). Zusätzlich kann ein gemeinsames Dankritual durchgeführt werden: entweder an eine »Macht« auf die sich alle (!) einigen können (das Universum, den Großen Geist, das Leben, ich selbst oder auch spezifischere spirituelle Mächte wie Schutzengel,

Gott, Mutter Erde), oder jeder mit oder ohne seinen individuellen Hintergrund. Zum Beispiel können Dankesgaben (z. B. Blumenblüten oder Zettel mit kurzen Dankessätzen) niedergelegt, verbrannt oder mit einer Rakete in den Himmel geschossen werden. Es kann ein Danklied gesungen, getanzt oder ein Freudenfeuer entzündet werden, es kann ausgesprochen werden, wofür und wem gedankt wird, oder dies kann unausgesprochen geschehen.

Da die meisten Kulturen, Religionen und spirituellen Gruppierungen Erntedankrituale haben, kann auch geschaut werden, was es bereits an möglichen Ritualen gibt und wie diese (abgeändert oder direkt) übernommen werden können. Dies kann auch gemäß der kulturellen, religiösen oder spirituellen Hintergründe der Betreuten oder Betreuer recherchiert werden. Sofern dies von allen getragen werden kann, ist es auch möglich, gegebene Rituale zu nutzen. In christlichen Gegenden kann dann zum Beispiel der Erntedankgottesdienst besucht werden, es kann beim Aufbau des Erntedankaltars geholfen oder für diesen Gaben gebracht werden, es kann ein eigener Erntedankaltar in der Gruppe aufgebaut werden, man kann Weihbuschen binden und segnen lassen oder Ähnliches. Wie aufwändig ein Erntedankritual gestaltet wird, wie explizit spirituelle Dimensionen ausgedrückt werden sollen und ob bestehende Feiern oder Rituale genutzt werden, orientiert sich an den Möglichkeiten vor Ort und den Bedarfen der Kinder und Jugendlichen.

Auch in Trauersituationen sind Rituale oft wertvolle Hilfen. Einige Beispiele dafür sind:

-   Teilnahme an der Beerdigung, Grabbesuch, Besuche von Unglücksstätten;
-   Besuch von Erinnerungsorten;
-   Kerze aufstellen (in der Kirche, im eigenen Zimmer, am Jahrestag auf dem Mittagstisch);
-   Fotobuch anlegen, Ahnenaltar, Foto aufhängen;
-   Erinnerungsbaum pflanzen;
-   Brief an den Verstorbenen (Mitarbeiter nimmt ihn mit, verbrennen, einwerfen, aufs Grab legen etc.);
-   speziellen Erzählrahmen schaffen, zum Beispiel ein Erinnerungsfest, bei dem alle ihre Erlebnisse mit dem Verstorbenen erzählen.

Das folgende Erzählritual hat sich in Gruppen gut bewährt: Alle sitzen im Kreis am Boden. Im Hintergrund läuft Musik. In der Mitte steht ein feuersicherer Altar. Es stehen ausreichend Teelichter und Streichhölzer bereit. Jeder, der will, steht auf, entzündet eine Kerze für einen Menschen, den er verloren hat (durch Tod, Umzug, Schulwechsel, Streit, Scheidung der Eltern etc.), und stellt diese auf den Altar. Es kann ausgesprochen werden, für wen die Kerze ist, und über den Menschen erzählt werden, es muss aber nicht sein. Dies geht solange, bis alle die verlorenen Personen gewürdigt haben, die ihnen wichtig waren.

Ich empfehle sehr, zumindest für die folgenden Gelegenheiten Rituale zu entwickeln: Geburtstage, Aufnahme in der Jugendhilfe (und deren Jahrestage), Jahreskreisfeste, Schulabschlüsse, Versöhnung, besondere Erfolge, Trauer, Entlassung und alle wichtigen Übergangssituationen wie Abschlüsse oder Beginne. Erfahrungsgemäß nutzen Mädchen und Jungen Rituale sehr gern, solange diese ihnen entsprechen und die Mitarbeiter die Rituale ernst nehmen.

5.10 Lebensfreude

Dieser Aspekt ist so zentral, dass ihm zwei eigene Kapitel gewidmet sind (→ Kapitel 9 und 10). In anderen Kapiteln wird Lebensfreude immer wieder gestreift. Daher wird hier auf eine ausführliche Darstellung verzichtet. Ich empfehle Ihnen jedoch, sich die folgenden Fragen zu stellen:
–   Schätzen wir Lebensfreude als Grundhaltung, Weg und Ziel unserer Pädagogik wert?
–   Hat sie ihren festen Platz in Konzeption, Hilfeplan, Alltagsgestaltung und zu besonderen Anlässen?
–   Gibt es bei uns auf der Arbeit genügend Gelegenheit, Lebensfreude zu erleben? Geben wir immer wieder Anlass dafür und greifen die sich bietende Möglichkeiten auf?
–   Leben wir Mitarbeiter lebensfreudig oder vermitteln wir durch unser Auftreten zum Beispiel, dass das Leben, hart, Kampf, anstrengend usw. ist bzw. sein muss, Veränderung immer mit Anstrengung verbunden ist und Erfolge nur etwas wert sind, wenn dafür schwer gearbeitet wurde?

Literatur

Baierl, M. (2008). Herausforderung Alltag: Praxishandbuch für die pädagogische Arbeit mit psychisch gestörten Jugendlichen. Göttingen: Vandenhoeck & Ruprecht.
Baierl, M. (2014). Traumaspezifische Bedarfe von Kindern und Jugendlichen. In S. Gahleitner, T. Hensel, M. Baierl, M. Kühn, M. Schmid (Hrsg.), Traumapädagogik in psychosozialen Handlungsfeldern. Ein Handbuch für Jugendhilfe, Schule und Klinik (S. 72–90). Göttingen: Vandenhoeck & Ruprecht.
Baierl, M., Götz-Kühne, C., Hensel, T., Lang, B., Strauss, J. (2014). Traumaspezifische Fähigkeiten und Fertigkeiten der Mitarbeiter. In S. Gahleitner, T. Hensel, M. Baierl, M. Kühn, M. Schmid (Hrsg.), Traumapädagogik in psychosozialen Handlungsfeldern. Ein Handbuch für Jugendhilfe, Schule und Klinik (S. 59–71). Göttingen: Vandenhoeck & Ruprecht.
Bausum, J. (2009). Ressourcen der Gruppen zur Selbstbemächtigung. In J. Bausum, L. Besser, M.

Kühn, W. Weiß (Hrsg.), Traumapädagogik. Grundlagen, Arbeitsfelder und Methoden für die pädagogische Praxis (S. 189–198). Weinheim u. München: Juventa.

Bausum, J. (2013). Über die Bedeutung von Gruppe in der traumapädagogischen Arbeit in der stationären Jugendhilfe. In B. Lang, C. Schirmer, T. Lang, I. Andreae de Hair, T. Wahle, J. Bausum, W. Weiß, M. Schmid (Hrsg.), Traumapädagogische Standards in der stationären Kinder- und Jugendhilfe. Eine Praxis- und Orientierungshilfe der BAG Traumapädagogik (S. 175–186). Weinheim u. Basel: Beltz Juventa.

Bausum, J., Besser, L., Kühn, M., Weiß, W. (Hrsg.) (2009). Traumapädagogik. Grundlagen, Arbeitsfelder und Methoden für die pädagogische Praxis. Weinheim u. Basel: Beltz Juventa.

Beaulieu, D. (2011). Impact-Techniken für die Psychotherapie. Heidelberg: Carl Auer.

Berceli, D. (2007). Körperübungen für die Traumaheilung. Elsfleth: Norddeutsches Institut für Bioenergetische Analyse.

Brisch, K., Hellbrügge, T. (Hrsg.) (2009). Bindung und Trauma: Risiken und Schutzfaktoren für die Entwicklung von Kindern. Stuttgart: Klett-Cotta.

Bucher, A. (2007). Psychologie der Spiritualität. Weinheim: Beltz.

Flosdorf, P. (2009). Heilpädagogische Beziehungsgestaltung (2. überarb. u. erg. Aufl.). Freiburg im Breisgau: Lambertus-Verlag.

Gahleitner, S. (2011). Das Therapeutische Milieu in der Arbeit mit Kindern und Jugendlichen: Trauma- und Beziehungsarbeit in stationären Einrichtungen Bonn: Psychiatrie Verlag.

Gahleitner, S., Hensel, T., Baierl, M., Kühn, M., Schmid, M. (Hrsg.) (2014). Traumapädagogik in psychosozialen Handlungsfeldern. Ein Handbuch für Jugendhilfe, Schule und Klinik. Göttingen: Vandenhoeck & Ruprecht.

Gontard, A. von (2013). Spiritualität von Kindern und Jugendlichen. Allgemeine und psychotherapeutische Aspekte. Stuttgart: Kohlhammer.

Hantke, L., Görges, H. (2012). Handbuch Traumakompetenz. Basiswissen für Therapie, Beratung und Pädagogik. Paderborn: Junfermann.

Hölzle, R., Jansen, I. (2011). Ressourcenorientierte Biografiearbeit: Grundlagen – Zielgruppen – Kreative Methoden. Heidelberg: VS Verlag für Sozialwissenschaften.

Huber, M. (2006). Trauma und Traumabehandlung 2. Wege der Traumabehandlung. Paderborn: Junfermann.

James, T., Woodsmall, W. (2006).Time Line: NLP-Konzepte zur Grundstruktur der Persönlichkeit. Paderborn: Junfermann.

Kagan, R. (2012). Rebuilding attachments with traumatized children: Healing from losses, violence, abuse, and neglect. London: Routledge.

Krautkrämer-Oberhoff, M. (2013).Traumapädagogik in der Heimerziehung. Biografiearbeit mit dem Lebensbuch »Meine Geschichte«. In J. Bausum, L. Besser, M. Kühn, W. Weiß (Hrsg.), Traumapädagogik. Grundlagen, Arbeitsfelder und Methoden für die pädagogische Praxis (S. 126–137). Weinheim u. Basel: Beltz Juventa.

Krüger, A. (2010). Erste Hilfe für traumatisierte Kinder. Mannheim: Walter Verlag.

Lang, B., Schirmer, C., Lang, T., Andreae de Hair, I., Wahle, T., Bausum, J., Weiß, W., Schmid, M. (Hrsg.) (2013). Traumapädagogische Standards in der stationären Kinder- und Jugendhilfe: Eine Praxis- und Orientierungshilfe der BAG Traumapädagogik. Weinheim u. Basel: Beltz Juventa.

Lang, T. (2013). Körperliche Gewalt in Wohngruppen der stationären Jugendhilfe. In B. Lang, C. Schirmer, T. Lang, I. Andreae de Hair, T. Wahle, J. Bausum, W. Weiß, M. Schmid (Hrsg.), Traumapädagogische Standards in der stationären Kinder- und Jugendhilfe. Eine Praxis- und Orientierungshilfe der BAG Traumapädagogik (S. 309–333). Weinheim u. Basel: Beltz Juventa.

Levine, P., Jahn, J. (2011). Vom Trauma befreien: Wie Sie seelische und körperliche Blockaden lösen. Mit 12 Übungen auf CD. München: Kösel.

Levine, P., Petersen, K. (2011). Sprache ohne Worte: Wie unser Körper Trauma verarbeitet und uns in die innere Balance zurückführt. München: Kösel.

Lindemann, H. (2014). Die große Metaphern-Schatzkiste: Systemisch arbeiten mit Sprachbildern. Göttingen: Vandenhoeck & Ruprecht.

Omer, H., Schlippe, A. von (2004). Autorität durch Beziehung. Die Praxis des gewaltlosen Widerstands in der Erziehung. Göttingen: Vandenhoeck & Ruprecht.

Omer, H., Schlippe, A. von (2010). Stärke statt Macht: Neue Autorität in Familie, Schule und Gemeinde. Göttingen: Vandenhoeck & Ruprecht.

Omer, H., Schlippe, A. von (2012). Autorität ohne Gewalt. Coaching für Eltern von Kindern mit Verhaltensproblemen. »Elterliche Präsenz« als systemisches Konzept. Göttingen: Vandenhoeck & Ruprecht.

Petermann, F., Petermann, U. (2012). Training mit aggressiven Kindern. Weinheim: Beltz.

Reddemann, L. (2004). Imagination als heilsame Kraft. Zur Behandlung von Traumafolgen mitressourcenorientierten Verfahren. Stuttgart: Pfeiffer bei Klett-Cotta.

Reddemann, L. (2006). Heilsame Berührungen. Vortrag anlässlich der 56. Lindauer Psychotherapiewochen 17.–28. April 2006.

Rosenthal, G., Köttig, M., Witte, N., Blezinger, A. (2006). Biographisch-narrative Gespräche mit Jugendlichen: Chancen für das Selbst- und Fremdverstehen. Leverkusen: Budrich.

Sack, M. (2013). Behandlung von Bindungs- und Beziehungsstörungen im Erwachsenenalter. Lindauer Psychotherapiewochen 15.–19. April 2013. Vortragsreihe und zugehörige Handouts.

Scherwath, C., Friedrich, S. (2013). Soziale und pädagogische Arbeit bei Traumatisierung. München: Reinhardt.

Schlippe, A. von, Schweitzer, J. (2013). Lehrbuch der systemischen Therapie und Beratung I: Das Grundlagenwissen. Göttingen Vandenhoeck & Ruprecht.

Schwabe, M. (2010). Eskalation und De-Eskalation in Einrichtungen der Jugendhilfe. Frankfurt a. M.: Internationale Gesellschaft für erzieherische Hilfen (IGfH).

Stavemann, H. (2010). Im Gefühlsdschungel: Emotionale Krisen verstehen und bewältigen. Mit Online-Materialien. Weinheim: Beltz.

Tuider, E., Müller, M., Timmermanns, S., Bruns-Bachmann, P., Koppermann, C. (2012). Sexualpädagogik der Vielfalt – Praxismethoden zu Identitäten, Beziehungen, Körper und Prävention für Schule und Jugendarbeit. Weinheim: Juventa.

Utsch, M., Bonelli, R., Pfeifer, S. (2014). Psychotherapie und Spiritualität: Mit existenziellen Konflikten und Transzendenzfragen professionell umgehen. Berlin u. Heidelberg: Springer.

Weinberg, D. (2010). Psychotherapie mit komplex traumatisierten Kindern. Behandlung von Bindungs- und Gewalttraumata der frühen Kindheit. München: Klett-Cotta.

Weiß, W. (2013). Phillip sucht sein Ich – zum pädagogischen Umgang mit Traumata in den Erziehungshilfen. Weinheim u. München: Juventa.

Martin Baierl

6 Zusammen auf der Seite des Kindes stehen: Eltern- und Familienarbeit

6.1 Rahmen

Elternarbeit ist unverzichtbarer Teil effektiver und effizienter Kinder- und Jugendarbeit (z. B. Macsenaere u. Knab, 2004; Baierl, 2008). Da es weder »Ex-Eltern« noch »Ex-Kinder« gibt, gilt es diese Beziehung auch dann zu würdigen, wenn Eltern und Kinder sich zerstritten haben, keinen Kontakt pflegen, sich nicht kennen oder die Eltern bereits verstorben sind. Dadurch werden sowohl die Eltern wie auch die Kinder und Jugendlichen gestärkt (Baierl, 2008). Ohne Elternarbeit ist der Verbleib eines traumatisierten Jungen oder Mädchens bei den Eltern oder die Rückkehr zu diesen fast ausnahmslos kontraindiziert. Speziell der Umgang zwischen Eltern und deren eigenen traumatisierten Kindern stellt eine so hohe Herausforderung dar, dass es weder den Eltern noch den Kindern zuzumuten ist, diese Hürden allein zu meistern. In welcher Form und wie intensiv Elternarbeit geschieht, sollte dabei ebenso sorgfältig diagnostisch ermittelt werden wie der Hilfebedarf der Kinder und Jugendlichen (→ Kapitel 4). Kerninhalte sind dabei die Feststellung von Ressourcen und Fähigkeiten der Eltern, der Großfamilie und derer sozialer Netze, aber auch die Feststellung von Umständen, welche es den Eltern erschweren, optimal für ihre Kinder sorgen zu können, und gegebenenfalls die Abklärung einer möglichen Kindeswohlgefährdung. Ebenso gilt es abzuklären, welche Faktoren es den Eltern eventuell erschweren, Hilfen anzunehmen, sodass diese ausgeräumt oder verringert werden können. Ein entscheidender Punkt ist, die Eltern zu entlasten, sodass sie mehr Kapazitäten für die Versorgung ihrer Kinder frei haben. Conen (2011) beschreibt, dass oftmals diejenigen Eltern mit dem größten Unterstützungsbedarf sehr gute Gründe haben, Hilfen nicht annehmen zu können, zum Beispiel eigene Traumatisierung oder anderweitige psychische Einschränkungen, chronische Erkrankungen, finanzielle Schwierigkeiten, Schwierigkeiten, den eigenen Alltag zu meistern, Scham- und Schuldgefühle, der Glaube oder das Wissen, Erziehungsfehler begangen zu haben, Angst, ihre Kinder weggenommen zu bekommen, fehlende Babysitter für die Zeit von Terminen außer Haus oder fehlende Transportmöglichkeiten bzw. Schwierigkeiten, Fahrten zu finanzieren oder zu organisieren.

Für erfolgreiche Elternarbeit gilt es, um diese guten Gründe zu wissen, diese ernst zu nehmen und Formen der Elternarbeit anzubieten, die trotz dieser Schwierigkeiten angenommen werden können. Die Möglichkeiten dafür sind genauso vielfältig wie die Bandbreite pädagogischer Interventionen und Settings für Kinder und Jugendliche. Je nach Zielsetzung und Rahmenbedingungen kann dies einzeln oder in Gruppen geschehen, mit oder ohne Kinder, bei den Eltern, in einer Institution oder an einem neutralen Ort wie zum Beispiel im Bahnhofscafé oder auf einem Spielplatz. Möglich sind auch klassische Gespräche, gemeinsame Unternehmungen (wie z. B. Spaziergang im Park, Mütterwellnesswochenende, Wohnungsrenovierung oder beim Billard), Kontakte über Telefon, E-Mail, Briefe oder Skype. »[…] wichtig ist, sich zu erlauben, auch die Elternarbeit den individuellen Bedarfen der Eltern sowie deren Lebenswelten, Bedürfnissen, Fähigkeiten, Wünschen und Grenzen anzupassen, um punktgenaue (oder überhaupt) Hilfe leisten zu können. So wie jedes Kind und jede Traumatisierung anders ist, bietet auch jedes Elternteil individuelle und einzigartige Möglichkeiten der Zusammenarbeit« (Baierl, 2014, S. 159). Es empfiehlt sich, abzuklären, wann und an welchen Orten, was mit wem zusammen geschehen soll, welchen Zielen dies dient und welche organisatorischen Fragen es dafür zu klären gilt – zum Beispiel, was unter die Schweigepflicht fällt oder welche öffentlichen Verkehrsmittel zur Verfügung stehen.

Zur Abklärung dessen, welchen Auftrag die Eltern an Sie haben und wie dieser mit den Aufträgen von zum Beispiel Jugendamt, Schule oder den Kindern selbst zusammenspielt bzw. sich mit diesen beißt, sind die Ausführungen von von Schlippe und Schweitzer (2013) sehr zu empfehlen. Kontrollaufträge sollten – sofern sie bestehen – offengelegt werden. Dann können Sie gemeinsam mit den Eltern erarbeiten, wie die Zusammenarbeit trotz oder gerade wegen des Kontrollauftrags gelingen kann, welche gewünschten oder unerwünschten Auswirkungen welche Form der (Nicht-)Zusammenarbeit mit Ihnen wahrscheinlich bewirkt und was dies für den Prozess der Zusammenarbeit bedeutet. Sofern ein Zwangskontext vorliegt, ist es ideal, wenn die Mitarbeiter, welche die Elternarbeit leisten, nicht der Institution angehören, die den Zwangskontext verhängt hat, und dies auch den Eltern glaubhaft vermitteln können (Conen u. Cecchin, 2007). Dann ist es einfacher, von den Eltern nicht abgelehnt zu werden. Auch kann so gemeinsam besprochen werden, wie mit dem Zwangskontext umgegangen werden soll und wie die Eltern darin unterstützt werden können, diesem zukünftig nicht mehr unterworfen zu sein.

6.2 Haltung

Eine grundlegend wertschätzende Haltung den Eltern gegenüber ist dabei wertvoller als alle Technik. Sie ist das Fundament, auf dem alle weiteren Interventionen greifen, bestimmt wesentlich die Beziehungsgestaltung und auch, wie Interventionen von den Eltern interpretiert und angenommen werden. Im Wesentlichen wirken den Eltern gegenüber dieselben Haltungsvariablen wie gegenüber den Mädchen und Jungen (→ Kapitel 2). Insbesondere gilt es, die Wirklichkeiten der Eltern ernst zu nehmen und sich in diesen bewegen zu lernen, die positive Motivation hinter jeder ihrer Verhaltensweisen zu würdigen, auf die Ressourcen der Eltern zu fokussieren, fachlich zu handeln und sich selbst als ein sowohl ernst zu nehmendes als auch wohlmeinendes Gegenüber zu etablieren. Zudem unterstelle ich allen Eltern, dass sie das Beste für ihre Kinder wünschen und das ihnen aktuell Bestmögliche für ihre Kinder tun. Gerade dann, wenn Wertschätzung schwer fällt, Eltern ihre Kinder zum Beispiel vernachlässigt, misshandelt oder missbraucht haben, hilft es, diese Verhaltensweisen innerhalb der persönlichen Geschichte, Lebenssituation und Lebenswelt der Eltern zu betrachten und zu akzeptieren, dass sie vor diesem Hintergrund mit gutem Grund und aus positiven Absichten heraus so gehandelt haben. Mitarbeiter, welche anerkennen und würdigen, welchen Belastungen die Eltern ausgesetzt sind und was sie trotz oftmals widriger Umstände leisten, ermöglichen es den Eltern, dies auch selbst bei sich zu erkennen und stolz darauf zu sein. Omer und von Schlippe (2004) betonen, dass es nicht darum geht, den Eltern »richtige Erziehung« beizubringen, sondern sie dabei zu unterstützen, Situationen eigenständig zutreffend einzuschätzen, angemessene Handlungsmöglichkeiten zu kennen bzw. neu zu entwickeln und sich Hilfe zu holen, wenn die eigenen Möglichkeiten ausgeschöpft sind. Für Eltern traumatisierter Kinder spielen dabei nach Baierl (2014) die folgenden Themen eine entscheidende Rolle:

- Selbstfürsorge, um als stabile Eltern zur Verfügung zu stehen;
- Erkennen dessen, was die Eltern selbst regeln können und wobei sie Hilfe benötigen, sowie Unterstützung zur und bei der Annahme von Hilfemöglichkeiten;
- Aktivierung von Ressourcen der Gesamtfamilie sowie sozialer Netze;
- Stärkung von Resilienzfaktoren und Verringerung von Risikofaktoren (→ Kapitel 1);
- Akzeptanz von Schicksal versus eigene Einflussmöglichkeiten;
- Schützen versus Überbehütung versus Förderung von Eigenständigkeit;
- Reduktion von symptomstützendem Verhalten;
- Entwicklung zum positiven Modell dafür, wie Probleme bewältigt werden können.

Eltern, die ihre Ressourcen (besser) erkennen sowie nutzen lernen und die (wieder) stolz auf sich und ihre Kinder sein können, setzen viele Kapazitäten frei, die sie gut gebrauchen können, um (noch) besser für das Wohl ihrer Kinder zu sorgen. Dafür ist es notwendig, sich das Vertrauen der Eltern zu erarbeiten und eine positive Beziehung zu ihnen aufzubauen. Und es lohnt, alle Verhaltensweisen der Eltern daraufhin anzuschauen, welche Form der Kooperationsbereitschaft sich darin ausdrückt. Eine Mutter, die regelmäßig nachts die Erzieher anruft, um sich über deren Methoden zu beschweren, bietet dadurch vielleicht an, zu kooperieren, solange sie weiterhin auch Einfluss nehmen darf und ihre Sicht gewürdigt wird. Oder sie hat die positive Motivation, jetzt, wo sie kaum mehr etwas unmittelbar für ihr Kind tun kann, wenigstens noch ein Wächteramt auszuüben, um sicherzustellen, dass andere weniger Fehler machen. Für manche Eltern sind bereits die Einhaltung von Terminen, Briefe zu öffnen oder fremden Menschen die Alltagsgestaltung ihrer Kinder zu überlassen (ohne sich beständig darin einzumischen), herausfordernde Wege der Kooperation. Es geht immer wieder darum, gut einzuschätzen, wozu Eltern realistischerweise fähig sind, dies zu würdigen, ihnen erlebbar zu machen und gegebenenfalls einzufordern. Und es geht darum, die Grenzen der Eltern zu erkennen und zu respektieren, um diese nicht durch unerfüllbare Forderungen noch mehr zu belasten. Es ist immer wieder beachtlich, zu welchen Veränderungen Eltern fähig und bereit sind, denen professionelle Helfer mit ehrlicher Wertschätzung begegnen. Und wenn Eltern beginnen, die hier beschriebene Haltung zumindest teilweise sich und ihren Kindern gegenüber einzunehmen, wirkt sich dies ganz selbstverständlich positiv auf Eltern-Kind-Beziehungen sowie den gegenseitigen Umgang aus.

6.3 Traumaspezifische Themen

Viele Eltern sind selbst traumatisiert und zeigen die entsprechenden traumaspezifischen Erlebens- und Verhaltensweisen oder Symptome daraus resultierender psychischer Störungen wie zum Beispiel Sucht oder Depressivität. Zum einen führt dies dazu, weniger gut für ihr Kind sorgen zu können, zum Beispiel, wenn die Bewältigung des eigenen Alltags so fordernd ist, dass die Bedarfe des Kindes wenig berücksichtigt werden können. Zum anderen kann dies zu ängstigenden und traumatisierenden Verhaltensweisen gegenüber dem Kind führen, zum Beispiel wenn dessen Nähebedürfnis eigene Ängste und Aggressionen triggert oder die Eltern immer wieder in dissoziativen Zuständen verharren. Diese Dynamiken gilt es mit den Eltern zu besprechen und gegebenenfalls geeignete Hilfen für die Eltern in die Wege zu leiten. Eltern, die diesbezüglich Hilfe annehmen, sind ein unschätzbares Vorbild für ihre Kinder, es ihnen gleichzutun. Dabei spielt Psychoedukation eine große Rolle. Darunter versteht man die Aufklärung der Eltern (und Kinder) über Symptomatiken, typische Dynamiken, Verläufe, mögliche Hilfen und eigene Wege der Bewältigung oder Veränderung, im Prinzip also die Informationen dieses Buchs, die so aufgearbeitet werden, dass die Eltern sie gut erfassen und mit der eigenen Wirklichkeit in Verbindung bringen können. Je besser die Eltern verstehen und je mehr sie wissen, desto leichter kann es ihnen fallen, gut für sich und ihre Kinder zu sorgen.

Es entlastet die Eltern, vermittelt zu bekommen, welche besonderen Anforderungen traumatisierte Kinder an ihre Eltern stellen, welche Leistungen die Eltern somit bisher erbracht haben und dass manche Bedarfe traumatisierter Jungen und Mädchen Expertenwissen verlangen, das selbst die beste Familie nicht bieten kann. Die Annahme von Hilfe ist daher nie ein Zeichen des eigenen Versagens, sondern Ausdruck hochverantwortlichen Handelns. Mit Kindern und Eltern Traumatisierung, traumatypische Symptome und trauma-kompensatorische Muster im Familiensystem zu besprechen, hilft den Beteiligten auch, eine Sprache für das bislang Unaussprechliche zu finden (van der Kolk, Burbridge u. Suzuki, 1999). Die Geschwister traumatisierter Kinder und Jugendlicher sind zum einen oft selbst traumatisiert und erleben zum anderen die entsprechenden Muster in ihren Familien. Sie benötigen unter anderem Hilfe darin, zu verstehen, was das Geschwisterkind hat, warum es sich so komisch verhält, warum es mehr Aufmerksamkeit bekommt als alle anderen, warum es aus der Familie musste oder ob sie selbst auch wegmüssen, wenn sie krank werden oder ihnen jemand anderes etwas Böses tut. Sie benötigen auch Hilfe darin, mit den schwierigen Verhaltensweisen ihres Geschwisters umgehen zu lernen. Und es sollte ein wacher Blick dafür bestehen, ob ein Geschwisterkind ebenfalls traumatisiert ist bzw. bei innerfamiliären Traumatisierungen etwa als Opfer oder Täter beteiligt war, einem Schweigegelöbnis unterliegt oder jetzt Gefahr läuft, in die Rolle des traumatisierten Jungens oder Mädchens nachzurücken.

Viele Eltern fühlen sich schuldig, ihr Kind nicht ausreichend geschützt zu haben. Zum einen gilt es zu überprüfen, ob wirklich schuldhaftes Handeln vorlag – was oft genug nicht der Fall ist. Falls doch, kann dies durch Elternarbeit, Psychotherapie oder Seelsorge bearbeitet werden. Zudem gilt es, mit den Eltern herauszufinden, was sie (oder ihr Kind) zukünftig zur Verringerung erneuter Gefahren beitragen können, aber auch wo die Grenzen dessen erreicht sind. Dabei helfen die Fragen, auf was die Eltern bzw. ihr Kind Einfluss haben und was sich deren Einfluss entzieht, was verändert werden kann, was es hinzunehmen gilt und was unvermeidbar war oder ist. So kann auch eine Balance zwischen Ermutigung zur Autonomie, Überforderung und Überbehütung gefunden werden.

6.4 Für Traumatisierung (mit-)verantwortliche Eltern

Waren die Eltern aktiv für die Traumatisierung (mit-)verantwortlich, müssen Kindeswohl, Unterstützungsbedarf der Eltern und deren Schuldhaftigkeit getrennt voneinander betrachtet werden. Dennoch benötigt es ein Vorgehen, das alle drei Aspekte berücksichtigt. Es hat sich bewährt, den Eltern und Kindern dann jeweils getrennte und unabhängige Vertreter zur Seite zu stellen. Die Bindung der Kinder an die Eltern sowie deren Ambivalenz gegenüber den geliebten wie gefürchteten Eltern anzuerkennen und zu würdigen, stellt ebenso eine Herausforderung dar, wie den Eltern die zugehörigen Dynamiken verständlich zu machen und ihnen zu helfen, einen guten Umgang damit zu finden. Dabei gilt es das Elternwohl gut zu würdigen, aber das Wohl des Kindes sowie dessen Sicherheit an die erste Stelle zu setzen. Es empfiehlt sich, anzuerkennen, dass Eltern nicht einfach so gewalttätig werden oder missbrauchen. Meist hat extreme oder lang anhaltende Not die Eltern so sehr belastet, dass sie keine anderen Handlungsalternativen mehr sehen konnten. Entsprechend benötigen sie Unterstützung und die Schaffung neuer Handlungskompetenzen. »Nicht schützen« oder »geschehen lassen« entspringt vor allem bei innerfamiliärer Gewalt in der Regel der eigenen (Opfer-)Erfahrung, dass »so etwas zum Leben gehört«, »man da nichts machen kann« oder »Familie eben so funktioniert«.

Davon betroffene Eltern benötigen Unterstützung darin, die eigenen Opfererfahrungen zu bewältigen, wieder in die Eigenmacht zu kommen, eventuell bestehende Schuld zu bearbeiten und zukünftig wieder verantwortlicher handeln zu können. Kontakte zwischen traumatisiert habenden Eltern und deren Kindern müssen daraufhin überprüft werden, ob sie auf das Kind hilfreich bzw. schädlich wirken würden und falls sie stattfinden, welche Rahmenbedingungen gewährleistet werden müssen, damit sie möglichst wahrscheinlich heilsam wirken und möglichst wenig Gefahren für die Kinder bergen. Dies erfordert sorgfältige Abklärungen zwischen den Pädagogen, den Mädchen und Jungen, den Eltern sowie gegebenenfalls Therapeuten, Jugendamt oder Familiengericht. Dass das Kindswohl diesbezüglich immer an erster Stelle zu stehen hat, wurde bereits erwähnt.

Es gilt verbindlich zu regeln, wer mit wem über welche Wege Kontakt hält, wer über welche Kontakte (mit-)entscheidet und welche Rahmenbedingungen für Elternarbeit (mit oder ohne Kinder) erforderlich sind. Auch gut nachvollziehbare und womöglich für die Entwicklung der Eltern heilsame Kontaktwünsche müssen daraufhin überprüft werden, ob sie für das Kind ebenfalls heilsam, bedeutsam, gut oder schädlich wären. Wenn zum Beispiel ein Elternteil im Rahmen der Elternarbeit oder Therapie an dem Punkt steht, das Kind ernsthaft um Verzeihung bitten zu wollen, darf dem nur stattgegeben werden, wenn dies zu diesem Zeitpunkt auch für das Kind gut ist. Sofern sich ein Elternteil zum Schutz des Kindes vom traumatisiert habenden Elternteil getrennt hat, benötigt dieser in der Regel auch Unterstützung zur Trennungsverarbeitung, Neuorganisation des Alltags, Klärung der finanziellen Situation sowie Hilfen bei Behördengängen und bürokratischen wie juristischen Vorgängen.

6.5 Erweiterung des elterlichen Handlungsrepertoires

Viele der in diesem Band besprochenen Rahmensetzungen und Interventionen lassen sich auch im familiären Rahmen umsetzen oder können von Eltern genutzt werden, deren Kinder sich in stationärer Betreuung befinden. Darüber hinaus haben sich unter anderem die folgenden Ansätze bewährt: Bei Gordon (1971) oder Schulz von Thun (2008) finden sich viele Anregungen zur Umsetzung klarer, konstruktiver und wertschätzender Kommunikationsmuster in Familien, die gemeinsame Lösungsfindungen erleichtern und helfen, das Zusammenleben harmonischer zu gestalten. Omer und von Schlippe (2012) zeigen auf, wie Eltern sich als positive Autorität etablieren und somit zu Sicherheitsgebern werden können. Omer und von Schlippe (2004) beschreiben Wiedergutmachungsmöglichkeiten, die helfen, sich nicht immer tiefer in Eskalationsdynamiken zu verstricken, sondern gemeinsam aus Eskalationsfallen zu entkommen. Weinberg (2010) beschreibt, wie Eltern gewaltfrei führen und in Krisen sichernd statt eskalativ handeln können. Wege, wie Wertschätzung, Liebe und Gemeinsamkeit vermittelt werden können, finden sich bei von Schlippe und Grabbe (2012). Bei Weiß (2006) sind die »Das tust du, weil …«-Interventionen und weitere konstruktive, speziell traumapädagogische Verhaltensweisen nachzulesen.

Literatur

Baierl, M. (2008). Herausforderung Alltag. Praxishandbuch für die pädagogische Arbeit mit psychisch gestörten Jugendlichen. Göttingen: Vandenhoeck & Ruprecht.

Baierl, M. (2014). Hilfen für Eltern traumatisierter Jungen und Mädchen. In S. Gahleitner, T. Hensel, M. Baierl, M. Kühn, M. Schmid (Hrsg.), Traumapädagogik in psychosozialen Handlungsfeldern. Ein Handbuch für Jugendhilfe, Schule und Klinik (S. 72–90). Göttingen: Vandenhoeck & Ruprecht.

Conen, M.-L. (2011). Wo keine Hoffnung ist, muss man sie erfinden: Aufsuchende Familientherapie. Heidelberg: Carl Auer.

Conen, M.-L., Cecchin, G. (2007). Wie kann ich Ihnen helfen, mich wieder loszuwerden? Therapie und Beratung in Zwangskontexten. Heidelberg: Carl Auer.

Gordon, T. (1971). Familienkonferenz. Hamburg: Hofmann & Campe.

Macsenaere, M., Knab, E. (2004). Evaluationsstudie erzieherischer Hilfen (EVAS). Eine Einführung. Freiburg im Breisgau: Lambertus-Verlag.

Omer, H., Schlippe, A. von (2004). Autorität durch Beziehung. Die Praxis des gewaltlosen Widerstands in der Erziehung. Göttingen: Vandenhoeck & Ruprecht.

Omer, H., Schlippe, A. von (2012). Autorität ohne Gewalt. Coaching für Eltern von Kindern mit Verhaltensproblemen. »Elterliche Präsenz« als systemisches Konzept. Göttingen: Vandenhoeck & Ruprecht.

Schlippe, A. von, Grabbe, M. (Hrsg.) (2012). Werkstattbuch Elterncoaching. Elterliche Präsenz und gewaltloser Widerstand in der Praxis. Göttingen: Vandenhoeck & Ruprecht.

Schlippe, A. von, Schweitzer, J. (2013). Lehrbuch der systemischen Therapie und Beratung I: Das Grundlagenwissen (2. Aufl.). Göttingen: Vandenhoeck & Ruprecht.

Schulz von Thun, F. (2008). Miteinander Reden 1–3. Reinbek: Rowohlt.

van der Kolk, B. A., Burbridge, J. A., Suzuki, J. (1999). Die Psychobiologie traumatischer Erinnerungen. In A. Streek-Fischer (Hrsg.), Adoleszenz und Trauma (S. 57–78). Göttingen: Vandenhoeck & Ruprecht.

Weinberg, D. (2010). Psychotherapie mit komplex traumatisierten Kindern. Stuttgart: Klett-Cotta.

Weiß, W. (2006). Philipp sucht sein Ich. Zum pädagogischen Umgang mit Traumata in den Erziehungshilfen (3. Aufl.). Weinheim: Juventa.

Martin Baierl

7 Gemeinsam können wir dich halten: Vernetzung

7.1 Vorbemerkung

Die Bedarfe traumatisierter Mädchen und Jungen können nur durch die Zusammenarbeit unterschiedlicher Professionen und Institutionen erfüllt werden (Baierl, 2008; du Bois u. Ide-Schwarz, 2005). Die zentralen Kooperationspartner sind die jungen Menschen selbst sowie deren Familien. Hinzu kommen alle professionellen wie privaten Personen (Jugendamt, Lehrer, Jugendgruppenleiter, Nachbarn etc.), die Einfluss auf das Kind/den Jugendlichen haben. Es gilt zu klären, mit welchen von diesen eine Kooperation möglich und sinnvoll ist. Neben den in Kapitel 2 beschriebenen Variablen hilft dabei die Sicht, dass jedes Verhalten als Kooperationsangebot gedeutet werden kann. Bei einem 14-Jährigen, der alle Mitarbeiter körperlich angriff, konnte das Kooperationsangebot »Ich arbeite (nur) mit dir, wenn du mich sichern kannst« ermittelt werden. Das Kooperationsangebot einer Mutter, die sich beständig über unsere Arbeit beschwerte, war: »Ich arbeite mit, solange ihr anerkennt, dass ich meine Tochter am besten kenne.« Werden diese Kooperationsangebote anerkannt, eignen sie sich hervorragend als Einstieg und Grundlage weiterreichender Zusammenarbeit.

7.2 Professionelles Selbstverständnis

Voraussetzung für Zusammenarbeit ist die Bereitschaft, gemeinsam zum Wohle der Jungen und Mädchen zu arbeiten, sowie ein sicheres eigenes professionelles Selbstverständnis und Rollensicherheit innerhalb desselben. Dies beinhaltet unter anderem Klarheit über die eigenen Aufgaben, Aufträge, Ziele, Werte, Ressourcen, den eigenen Methodenschatz sowie die Grenzen der eigenen Leistungsfähigkeit und Leistungswilligkeit. Wegen der unterschiedlichen Selbstverständnisse, Aufträge, Ziele, Erkenntniswege, Rahmenbedingungen unterschiedlicher

Personen und Institutionen, benötigt es die Einigung über ein übergeordnetes Ziel, Klärung der gegenseitigen Erwartungen und eine Übereinkunft, wer wofür verantwortlich ist. Dies wird zentral, wo sich Verantwortlichkeitsbereiche überschneiden, zum Beispiel bei dem Stellen von Therapieaufgaben und deren Umsetzung im Alltag, und wo sich Ziele (scheinbar) widersprechen, zum Beispiel Konfrontation zur Traumaverarbeitung versus Stabilisierung des Schulverhaltens. Es gilt, die eigenen Kompetenzen und Belange zu vertreten, die der Partner anzuerkennen und zu erarbeiten, wie die Unterschiedlichkeiten zum Wohle des Kindes/Jugendlichen genutzt werden können. Dabei helfen verbindlich festgelegte Verhaltensweisen, Abläufe und Kommunikationswege für Alltag und Krisen. Für schnelle Absprachen benötigt es feste Ansprechpartner sowie die Klärung, wie und wann diese gut zu erreichen sind. Grundlage dafür sind Schweigepflichtsentbindungen der Erziehungsberechtigten. Transparenz darüber, was wie mit wem besprochen wird, vermittelt den Mädchen und Jungen Sicherheit. Wo Kooperationspartnern störungs- bzw. traumaspezifische Kenntnisse fehlen (etwa dem Kinderarzt, Lehrer oder Fußballtrainer), sollten diese rechtzeitig aufgeklärt werden, um sicherer und kompetenter handeln zu können bzw. unnötige Krisen und Eskalationen zu vermeiden. Und denken Sie daran: Alle Beteiligten handeln gemäß ihrer positiven Absicht, und allen werden Fehler unterlaufen.

7.3 Vernetzung mit der Schule

Lehrer werden in ihrer Bedeutung für die Schüler als Vertrauens-, Bindungs- und Autoritätspersonen sowie als Beobachter und Informationsträger oft unterschätzt. Kaum ein Erwachsener verbringt so viel Zeit mit den Jungen und Mädchen wie der Klassenlehrer. Die Einflussmöglichkeiten von Lehrern sind oft gleichzeitig deutlich höher, aber durch deren Rahmensetzung auch eingeschränkter als angenommen. Eine entsprechend gute Vernetzung mit der Schule und einzelnen Lehrern ist daher nur zu empfehlen, sodass abgesprochen werden kann, wer welchen Beitrag zu welcher Aufgabe (nicht) leisten kann und will. Dabei gilt es zu klären, was die Schule/ein einzelner Lehrer wissen muss, um dem jungen Menschen gerecht zu werden und die Sicherheit aller Beteiligten zu gewähren bzw. wo es Intimität zu wahren gilt. Wichtig ist zudem, Verantwortlichkeiten zu klären, etwa für die Situation, dass ein Schüler die Schule krisenbedingt verlassen soll bzw. die Schule nicht der richtige Ort für Lösungen ist, die Wohngruppe aber nicht besetzt oder der Diensthabende gerade wegen Jugendamtsgesprächen, Arztbesuchen oder Ähnlichem nicht verfügbar ist.

7.4 Vernetzung mit ambulanter und stationärer Therapie

Vielen (komplex) traumatisierten Jungen und Mädchen kann nur durch die Verknüpfung von traumaspezifischer Pädagogik und entsprechender Psychotherapie (plus gegebenenfalls Medikation) ausreichend geholfen werden (Schmid, 2007; Fegert u. Schrapper, 2004). Milieunahe Therapie in enger Kooperation mit den Jugendhilfeeinrichtungen scheint diesbezüglich am effizientesten zu sein. (Schmid, 2012; Schmid, Schröder u. Jenkel, 2012; Gahleitner, Schwarz u. du Bois, 2011). Die Krankenkassen stellen extra dafür ein Fünftel der gewährten Behandlungsstunden zur Verfügung. In der Zusammenarbeit gilt es dabei vielfältige Themen zu beachten, etwa, dass eine Traumatherapie nur bei ausreichender Stabilisation und sicher haltender Alltagswelt der Jungen und Mädchen greifen kann (Krüger u. Reddemann, 2007) oder dass durch die Therapie häufig Themen aufgewühlt werden, welche die Symptomatik zunächst verstärken und die Alltagsgestaltung erschweren. Es benötigt eine Übereinkunft darüber, welche Inhalte zwischen Therapeuten und Pädagogen besprochen werden dürfen und welche (absolut oder vorerst) beidseitig vertraulich behandelt werden. In meiner Praxis haben sich Regelungen bewährt, die beinhalten, dass alle Themen, welche sich unmittelbar auf Therapie bzw. die Dynamik am Betreuungsplatz auswirken, besprochen werden, sodass Therapeut und Erzieher gemeinsam auf der Seite des Jungen oder Mädchens stehen können. Dies wird mit den Kindern und Jugendlichen offen besprochen und sie werden dazu aufgefordert, unsere jeweilige Vertrauenswürdigkeit aktiv zu testen. So kann schnell Vertrauen aufgebaut werden, das nicht auf gesetzlichen Regelungen beruht, sondern auf lebendiger Erfahrung. Es sollte besprochen werden, wie damit umgegangen wird, wenn Krisen auftauchen, die die Wahrnehmung einzelner Therapiestunden verhindern, und wie damit umgegangen wird, dass bei Traumatisierten Therapieabbrüche vergleichsweise häufig vorkommen. Ideal sind Rahmenbedingungen, unter denen junge Menschen zu Zeiten hoher Therapiemotivation relativ rasch mit der Therapie beginnen können, diese bei Bedarf aber ruhen und zu einem späteren Zeitpunkt wieder aufgenommen werden kann. Ähnliches gilt für die Zusammenarbeit mit stationärer Kinder- und Jugendpsychiatrie (mehr dazu bei Adam u. Hofmann, 2012) oder die Zusammenarbeit bezüglich medikamentöser Einstellungen bzw. Dauer- und Bedarfsmedikation.

7.5 Therapieformen

Alle anerkannten Therapierichtungen beinhalten traumaspezifische Methoden. Landolt und Hensel (2012) benennen EMDR, Traumafokussierte kognitive Verhaltenstherapie, Narrative Expositionstherapie für Kinder (KIDNET), Traumazentrierte Spieltherapie und Psychodynamisch imaginative Trauma-therapie (PITT) als evidenzbasierte traumaspezifische Therapieverfahren. Gute Erfahrungen habe ich zudem mit EDxTM gemacht. Diese hoch effektive Kurzzeittherapieform ist ebenfalls wissenschaftlich gut untersucht (Gallo u. Robbins, 2007) und für viele Klienten weniger fordernd als zum Beispiel EMDR. Wissenschaftlich noch wenig untersucht und in Deutschland nicht anerkannt sind schamanische Verfahren. Nach Erfahrungen aus meiner eigenen Praxis sind diese Methoden EMDR und EDxTM mindestens ebenbürtig. Reddemann (2004) bezeichnet imaginative Verfahren (insbesondere *Der innere sichere Ort* oder *Die inneren Helfer*) als eng verwandt mit schamanischer Behandlung. Ausführliches zur schamanischen Behandlung finden Sie unter anderem bei Baierl (2013) und Baierl (2014). Große Erfolge lassen sich auch über körperorientierte Therapie-formen erreichen. Diesbezügliche Ansätze sind zum Beispiel Petzold (1996), Levine und Petersen (2011) und Ogden, Minton, Pain und van der Kolk (2010).

Eine ausführliche Übersicht zu unterschiedlichen Institutionen und Settings, deren Möglichkeiten und Grenzen sowie deren Vernetzung findet sich bei Gahleitner, Hensel, Baierl, Kühn und Schmid (2014).

Literatur

Adam, H., Hoffmann, M. (Hrsg.) (2012). You'll never walk alone: Ein Kooperationsprojekt von stationärer Kinder- und Jugendhilfe und Kinder- und Jugendpsychiatrie und Psychotherapie. Berlin: Verlag Ruhiges Bewegen.

Baierl, D. (2013). Die Macht der Seelenverträge. Seelenheilung mit schamanischer Energiemedizin. Darmstadt: Schirner.

Baierl, M. (2008). Herausforderung Alltag. Praxishandbuch für die pädagogische Arbeit mit psychisch gestörten Jugendlichen. Göttingen: Vandenhoeck & Ruprecht.

Baierl, M., (2014, in Vorbereitung). Psychische Störungen aus schamanischer Sicht – Von Seelen-wegen und Psychotherapie (Arbeitstitel). In E. Herrera Krebber (Hrsg.), Die Weisheit des Heilens – Von der Ethnomedizin zur Ganzheitsmedizin/The Wisdom of Healing – From Ethnotherapies to Holistic Medicine. Norderstedt: BoD.

du Bois, R., Ide-Schwarz, H. (2005). Psychiatrie und Erziehungshilfen. In H. U. Otto, H. Thiersch (Hrsg.), Handbuch für Sozialpädagogik (2. Aufl., S. 1424–1433). München: Reinhardt.

Fegert, J. M., Schrapper, C. (2004). Kinder- und Jugendpsychiatrie und Kinder- und Jugendhilfe. In J. M. Fegert, C. Schrapper (Hrsg.), Handbuch Jugendhilfe und Jugendpsychiatrie (S. 5–25). Weinheim: Juventa.

Gahleitner, S., Hensel, T., Baierl, M., Kühn, M., Schmid, M. (Hrsg.) (2014). Traumapädagogik in psychosozialen Handlungsfeldern. Ein Handbuch für Jugendhilfe, Schule und Klinik. Göttingen: Vandenhoeck & Ruprecht.

Gahleitner, S. B., Schwarz, M., du Bois, R. (2011). Interdisziplinäre Zusammenarbeit und neue Versorgungsformen: Chance und Herausforderung in komplexen Jugendhilfefällen. In S. B. Gahleitner, K. Fröhlich-Gildhoff, F. Wetzorke, M. Schwarz (Hrsg.), Ich sehe was, was du nicht siehst ... Gemeinsamkeiten und Unterschiede der verschiedenen Perspektiven in der Kinder- und Jugendlichenpsychotherapie (S. 171–187). Stuttgart: Kohlhammer.

Gallo, F., Robbins, A. (2007). Energy tapping for trauma: Rapid relief from post-traumatic stress using energy psychology. Oakland: New Harbinger Publications.

Krüger, A., Reddemann, L. (2007). Psychodynamisch Imaginative Traumatherapie für Kinder und Jugendliche; PITT-KID – Das Manual. Stuttgart: Klett-Cotta Leben.

Landolt, M. A., Hensel, T. (Hrsg.) (2012). Traumatherapie bei Kindern und Jugendlichen. Göttingen: Hogrefe.

Levine, P., Petersen, K. (2011). Sprache ohne Worte: Wie unser Körper Trauma verarbeitet und uns in die innere Balance zurückführt. München: Kösel.

Ogden, P., Minton, K., Pain, C., van der Kolk, B. (2010). Trauma und Körper: Ein sensumotorisch orientierter psychotherapeutischer Ansatz. Paderborn: Junfermann.

Petzold, H. (1996). Integrative Bewegungs- und Leibtherapie. Ein ganzheitlicher Weg leibbezogener Psychotherapie. Bd. 1 und 2. Paderborn: Junfermann.

Reddemann, L. (2004). Imagination als heilsame Kraft. Zur Behandlung von Traumafolgen mit ressourcenorientierten Verfahren. Stuttgart: Pfeiffer bei Klett-Cotta.

Schmid, M. (2007). Psychische Gesundheit von Heimkindern. Eine Studie zur Prävalenz psychischer Störungen in der stationären Jugendhilfe. Weinheim: Juventa.

Schmid, M. (2012). Psychotherapie von Traumafolgestörungen im Kontext der stationären Jugendhilfe. In M. A. Landolt, T. Hensel (Hrsg.), Traumatherapie bei Kindern und Jugendlichen (2. Aufl., S. 404–440). Göttingen: Hogrefe.

Schmid, M., Schröder, M., Jenkel, N. (2012). Traumatisierte Kinder zwischen Psychotherapie und stationärer Jugendhilfe – gemeinsame Falldefinition und Hilfeplanung anhand von EQUALS. In S. B. Gahleitner, H. G. Homfeldt (Hrsg.), Kinder und Jugendliche mit speziellem Versorgungsbedarf. Beispiele und Lösungswege für Kooperation der sozialen Dienste (S. 133–158). Weinheim: Beltz Juventa.

Martin Baierl

8 Ist der Mitarbeiter gesund, freut sich das Kind: Mitarbeiterfürsorge und Selbstfürsorge für Mitarbeiter

8.1 Ausgangssituation

Leitungsverantwortliche, Vorgesetzte und Mitarbeiter halten es in der Regel für selbstverständlich, dass den Bedarfen der betreuten Kinder und Jugendlichen so gut wie möglich nachgekommen werden muss. Leider werden die Bedarfe der Mitarbeiter selbst von allen Beteiligten häufig genug weniger ernst genommen. Sich selbst, Kollegen, Vorgesetzten wie Untergebenen gegenüber wirken prinzipiell dieselben Haltungsvariablen (→ Kapitel 2) wie gegenüber den betreuten jungen Menschen. Entsprechend selbstverständlich sollten diese dann auch von allen Beteiligten allen Beteiligten gegenüber (und somit auch gegenüber sich selbst!) gelebt werden. Zudem werden nur Mitarbeiter (aller hierarchischen Ebenen), denen es gut geht, langfristig dazu in der Lage sein, den Betreuten professionell hilfreich zur Seite zu stehen. Die Zentrierung von jungen Menschen mit Gefahren- und Gefährdungspotenzial in stationären Maßnahmen, Mitarbeitermangel, Kontrollverluste und aggressive Verhaltensweisen der Betreuten, komplexe Bindungs- und Beziehungsdynamiken und die daraus resultierende Gefahr persönlicher Verstrickung, Konfrontation mit Leid, Sterblichkeit und furchtbaren Geschehnissen sowie eine hohe Verantwortung sind nur einige der Belastungsmerkmale in der Arbeit mit traumatisierten Mädchen und Jungen, die ohne sorgfältige Rahmensetzung zu Überlastung und Überforderung führen können (mehr dazu bei Baierl, 2008, und Lang, 2013).

Nach Wendt (2011) sahen 91 % der untersuchten Mitarbeiter sich als beruflich belastet an, 86 % litten unter Zeitmangel, wobei weniger als die Hälfte der Arbeitszeit pädagogischen Aufgaben zukomme, fast 40 % entfalle auf Verwaltung und Öffentlichkeitsarbeit. Überlastung und Überforderung erhöhen das Risiko persönlicher Verstrickungen sowie stressbedingte Fehlverhaltensweisen bis hin zur Misshandlung oder Verstoßung eines Mädchens oder Jungens. Kapitel 19 beleuchtet dieses Thema überwiegend aus Sicht der Mitarbeiter und benennt auch zentrale zugrunde liegende Belastungen. Daher wird hier überwiegend auf die Mitarbeiterfürsorge eingegangen. Dabei ist zu beachten, dass wahrscheinlich rund 55 % der Mitarbeiter eigene traumatische Erlebnisse hatten (Schnyder, 2000) und bis zu einem Siebtel eine Traumafolgestörung hat oder hatte (APA, 2011). Ist diese genügend verarbeitet und integriert, stellt dies eine besondere Qualifikation der Mitarbeiter dar, die es zu würdigen gilt, da sie neben äußerer Fachlichkeit auch innerliches Verstehen als Ressource haben und Vorbilder dafür sein können, Traumata zu bewältigen. Andere benötigen gute Unterstützung, damit das in dieser Arbeit unvermeidliche Antriggern persönlicher Themen den Betreuten gegenüber weder zu primären Traumatisierungsdynamiken noch zu traumakompensatorischen Verhaltensweisen führt.

8.2 Aufgaben der Institution

Eine Institution kann nur dann sicherer Ort für Kinder und Jugendliche sein, wenn sie dies auch für die Mitarbeiter ist. Die einzelnen Aspekte sollen im Folgenden vorgestellt werden.

8.2.1 Die Institution als äußerer sicherer Ort für Mitarbeiter

Dazu gehört unter anderem die Zur-Verfügung-Stellung geeigneter Räumlichkeiten (→ Kapitel 3) und Arbeitsmaterialien (z. B. Computer, Telefon, Fahrzeuge etc.), ausreichend und genügend geschultes Personal auf allen Ebenen, unbefristete Arbeitsverträge sowie eine fachlich fundierte Konzeption und realistische Arbeitsplatzbeschreibungen, die von allen Seiten als verbindlich gehandelt werden, also auch klare Regelungen bezüglich Aufgaben und Verantwortlichkeiten. Die Konzeption beinhaltet zudem verbindliche Aufnahme-, Ausschluss- und Entlasskriterien sowie Kriterien für eine sinnvolle Zusammensetzung der Kinder- bzw. Jugendlichengruppe. Hinzu kommen »Strategien und Methoden des interaktiven Selbstschutzes, wie zum Beispiel die Beachtung von Triggern und Kontrollgrenzen der Klientel in Anforderungssituationen, die vorausschauende Gestaltung von Rückzugsräumen« (Wiesinger, Huck, Schmid u. Reddemann, 2014) und Rahmensetzungen für Deeskalation, Selbstsicherungstechniken sowie Raum für das Ausagieren von traumabedingter Übererregung. Insgesamt also einen Gesamtrahmen, der es erlaubt, den Bedarfen aller möglichst gut gerecht zu werden und der den Mitarbeitern einerseits Sicherheit und Struktur bietet, innerhalb derer sie einen pädagogisch-therapeutischen Rahmen setzen können, und der ihnen zum anderen ermöglicht, flexibel und individuell auf Betreute und Situationen einzugehen. Zur Sicherheit der Mit-

arbeiter gehören zudem langfristige Arbeitsverträge und individuelle Berufs-
perspektiven. Regelmäßige Supervision schützt vor persönlicher Verstrickung
bzw. führt aus einer solchen wieder heraus.

Benötigt werden verlässliche und bekannte Regelungen für Krisen und Not-
fälle (Kommunikationswege, Ansprechpartner, Abläufe, Handlungsmöglichkeiten, Rechtssicherheit etc.), funktionierende Notrufsysteme und erreichbare
Hintergrunddienste, die telefonisch beraten und/oder vor Ort unterstützen.
Ebenso braucht es bekannte Abläufe, Ansprechpartner, Freiräume und Nachsorge für Mitarbeiter nach außergewöhnlichen Belastungen, insbesondere für
Mitarbeiter, die körperliche Übergriffe und ähnlich schwerwiegende Grenzverletzungen erlebt haben (mehr dazu bei Huck, 2010). Aus Supervision und
Fortbildung kenne ich diesbezüglich zudem die folgenden Mitarbeiterwünsche:

- Gelegenheit einer Auszeit direkt nach einem Vorkommnis (zur nachfolgenden Weiterführung des Dienstes oder als Freistellung oder um zusätzliche Kollegen zur Unterstützung holen zu können);
- »Notfallmanager«, der für alle Beteiligten die notwendige Unterstützung
  organisiert;
- Transparenz: eindeutige Kommunikation über Gründe von Entscheidungen
  und auch dessen, was getragen und ausgehalten gehört bzw. was nicht hin-
  genommen werden darf, sowie gemeinsame Absprachen über das weitere
  Vorgehen;
- Klärung, welchen Rahmen es für die nächste Begegnung zwischen Mitarbeiter und Betreutem bedarf;
- Möglichkeit der speziellen Betreuung des Kindes/Jugendlichen unmittelbar
  danach durch Dritte, die diesem und dem Mitarbeiter Sicherheit bietet und
  beiden sowohl Beruhigung als auch Aufarbeitung ermöglicht;
- fester, bekannter, erreichbarer Ansprechpartner außerhalb der Hierarchie;
- zeitnahe interne und/oder externe Supervision ohne große bürokratische
  Hürden.

8.2.2 Vorgesetzte und Kollegen als personaler sicherer Ort für Mitarbeiter

Mitarbeiter aller Hierarchieebenen sollten dazu angeleitet werden und den
Rahmen dafür bekommen, sich selbst und allen Beteiligten wertschätzend zu
begegnen, hinter jedem Verhalten die positive Motivation zu sehen, die Wirklichkeiten der jeweils anderen als solche anzuerkennen und zu würdigen, ressourcenorientiert zu denken, fachlich zu handeln und Lebensfreude im Arbeitsalltag fest
zu verankern. Vorgesetzte sollten sich bewusst als »personaler sicherer Ort« für

Mitarbeiter und Kollegen sowie als positive Autorität etablieren, diese fachlich und emotional unterstützen sowie eigene Selbstfürsorge betreiben und Mitarbeiter darin anleiten, dies ebenfalls zu tun. Mitarbeiter sollten dafür Anerkennung finden und darin unterstützt werden, die eigenen Grenzen zu wahren, anstatt sich permanent und über die eigenen Belastungsgrenzen hinaus beruflich zu engagieren. Eine solche wertschätzende Unternehmenskultur und Mitarbeiter-förderung beinhaltet Sorgfalt bei der Mitarbeiterauswahl und Zusammenstellung von »passenden« Teams sowie Unterstützung bei Teamfindung und Teament-wicklungsprozessen. Die notwendige positive persönliche wie institutionelle Feedback- und Fehlerkultur kann auf dieser Grundlage gut gepflegt werden. Gegenseitige fachliche Sicherheit ergibt sich durch die Einstellung von Fach-kräften (idealerweise multiprofessionell gemischt, um unterschiedliche Sicht-weisen und Expertisen nutzen zu können) und der zusätzlichen Möglichkeit wie Verpflichtung zur Weiterbildung. Traumapädagogisches Grundwissen, Fertig-keiten störungsspezifischer Pädagogik (siehe dazu Baierl, 2008) und Grundlagen der Bindungsgestaltung gehören zu den fachlichen Basics. Bewährt haben sich auch spezielle Kenntnisse bezüglich (De-)Eskalation, Erlebnispädagogik sowie kreativen und nonverbalen Techniken. Psychotherapeuten sowie Kinder- und Jugendpsychiater innerhalb der Einrichtung bieten die Möglichkeit schneller Einschätzungen bei Aufnahmen wie Krisen und ermöglichen niederschwellige flexible Therapieangebote. Abgerundet wird dies durch Fachdienstmitarbeiter, die sicher erreichbar sind, die fachlich wie zeitlich die Möglichkeit haben, unmittel-bar unterstützend einzugreifen, die auch in Krisen Gelassenheit und womöglich Humor vermitteln können und die den Kollegen spürbar den Rücken stärken.

8.2.3 Die Mitarbeiter selbst als eigene sichere Orte

Die beschriebene Einbindung von Mitarbeitern führt dazu, dass sich diese persönlich wie fachlich sicher fühlen, entsprechend sicher handeln und den Kindern bzw. Jugendlichen sicheres Gegenüber sein können. Führungskräfte wie Teamkollegen können dies noch durch Transparenz, Möglichkeiten der Mit-entscheidung und Mitgestaltung, Ermunterung zur Selbstbemächtigung und Förderung des Selbstwirksamkeitserlebens verstärken. Dies geschieht ebenso durch festgelegte Strukturen und organisierte Abläufe wie bei Gesprächen zwischendurch. Zentral ist die Anerkennung und Förderung der persönlichen wie professionellen Ideen, Kompetenzen und individuellen Ausformungen von Fachlichkeit unterschiedlicher Mitarbeiter sowie die Erlaubnis und Förderung ungewöhnlicher Vorgehensweisen bei ungewöhnlichen Situationen. Super-vision, Fachberatung und kollegialer Austausch stärken die Selbstreflexion, wirken Unsicherheiten entgegen und verhindern Verstrickungen bzw. helfen, sich aus diesen zu lösen. Beständige Weiterbildung verstärkt Wissen, Kompetenz und erschafft Handlungssicherheit auch in ungewohnten Situationen und bei komplexen Dynamiken.

8.2.4 Spiritualität als sicherer Ort für Mitarbeiter

Unter welchen Voraussetzungen Spiritualität Resilienzfaktor ist, wird in Kapitel 3 ausführlicher beschrieben. Dies gilt für Mitarbeiter genauso wie für Kinder oder Jugendliche und verdient entsprechende Förderung. Spiritualität umfasst dabei auch alle Fragen nach einem größeren Ganzen, Sinn und Transzendenz. Es gilt Mitarbeiter zu unterstützen, wenn spirituelle Themen oder Erfahrungen aus der Alltagsarbeit, besonderen Arbeitssituationen oder dem persönlichen Entwicklungsweg auftauchen bzw. diesen im Alltagsvollzug wichtig sind. Dies erfordert Offenheit gegenüber unterschiedlichen spirituellen Anbindungen und religiösen Zugehörigkeiten der Mitarbeiter sowie einer Dienstplan- und Arbeitsplatzgestaltung, die entsprechende Einbindungen und Handlungsweisen erlaubt (z. B. das Begehen von Feiertagen, Teilnahme an Glaubensfeiern oder die Einhaltung einer Ernährungs- oder Kleidungskultur). Wenn Mitarbeiter unterschiedlicher spiritueller Ausrichtungen zusammenarbeiten, geht es um gegenseitige Akzeptanz, Rücksichtnahme und gemeinsame Abstimmungsprozesse, die möglichst vielen Aspekten von möglichst vielen Mitarbeitern möglichst umfassend gerecht werden. In religiös nicht gebundenen Einrichtungen ist es wichtig, Spiritualität als Resilienzfaktor anzuerkennen und Wege zu finden, wie diese im Arbeitsalltag gelebt werden kann, anstatt sich oder den Mitarbeitern Abstinenz aufzuerlegen. In Institutionen religiöser Trägerschaft bedarf es besonders ausgeprägter Feinfühligkeit aller Beteiligten und wertschätzende Aushandlungsprozesse bezüglich gelebter Spiritualität außerhalb des spirituellen Weltbildes des Trägers.

8.2.5 Der innere sichere Ort für Mitarbeiter

Der innere sichere Ort für den Erzieher ist eine komplexe Angelegenheit. Zum einen muss der Diensthabende immer mit genügend Aufmerksamkeit im Außen sein, um verantwortlich für die Kinder und Jugendlichen zur Verfügung zu stehen. Andererseits können viele Krisen dadurch vermieden oder entschärft werden, dass Mitarbeiter sich kurz an ihren inneren sicheren Ort begeben, dort Kraft schöpfen und dadurch gestärkt in die Begegnung mit den Betreuten gehen. Dabei helfen Rückzugsmöglichkeiten, Vermittlung von schnellen und zuverlässigen Techniken, den eigenen sicheren Ort zu betreten und zu nutzen, sowie Training in geteilter Aufmerksamkeit. Auch Wege der Selbstreflexion, Selbstberuhigungs- und Entspannungstechniken und Wege, die eigene Reaktivität zu reduzieren, sind dabei hilfreich. Institutionell gilt es, die Fähigkeit, den eigenen inneren sicheren Ort zu nutzen, als fachliche Kompetenz anzuerkennen und zu fördern.

8.3 Selbstfürsorge

Selbstfürsorge ist von so elementarer Wichtigkeit, dass sie in einem eigenen Kapitel ausführlich besprochen und hier daher nur kurz angerissen wird. Wer wie erwähnt mit sich und Kollegen so umgeht, tut bereits viel für die Selbstfürsorge. Ein weiterer Punkt ist die Etablierung von möglichst vielen Resilienzfaktoren und die Reduzierung von möglichst vielen Risikofaktoren (→ Kapitel 1) bzw. das Finden eines guten Umgangs mit unvermeidlichen Risikofaktoren. Die folgenden Punkte (siehe auch Baierl, 2008) sind wesentliche Faktoren der Selbstfürsorge und sollten entsprechend Beachtung finden:

-   gefestigtes professionelles Selbstverständnis und Rollenklarheit;
-   eindeutige Auftragsklärung(en);
-   Einhaltung professioneller Nähe;
-   gute Kooperation im Team;
-   Klärung von Verantwortlichkeiten;
-   differenzierter Blick auf Möglichkeiten und Grenzen sowie Nutzung und Erweiterung der Möglichkeiten und Erkennen, Anerkennen und nur teilweises Erweitern der eigenen Grenzen;
-   Erschaffung und Nutzung von Kraftquellen im Arbeitsalltag und privat;
-   Schaffung und Nutzung von Freiräumen im Arbeitsalltag;
-   Reflexionsfähigkeit und Reflexionsbereitschaft;
-   Fähigkeit, sich abzugrenzen;
-   Fachwissen, Fortbildungen;
-   regelmäßige qualifizierte Supervision/Intervision/Fachberatung;
-   alternative (traumaferne) Betätigungsfelder (beruflich, ehrenamtlich, privat);
-   Schaffung von Erlebnissen der Lebensfreude beruflich und privat.

Die wiederholte Beantwortung der folgenden Fragen schafft zudem zuverlässige Entlastung:

-   Wie kann ich den Alltag vorausschauend so strukturieren, dass möglichst wenige Krisen entstehen?

- Welche Krisen sind zu erwarten und welchen Rahmen, welche eigenen Fähigkeiten und welche Hilfsmöglichkeiten benötige ich, um diese zu bewältigen?
- Unter welchen Umständen ist es fachlich oder persönlich notwendig, mir Hilfe zu holen, und wer sind dann meine Ansprechpartner?
- Was gilt es hinzunehmen und wann sind die Grenzen des Hinnehmbaren erreicht?
  - Was benötige ich, um das Hinzunehmende zu bewältigen?
  - Kann ich das Nicht-Hinnehmbare verändern und was wären die Kosten dafür?
  - Bin ich bereit und fähig, die Kosten zu investieren?

Ich schließe mit einem Rat des Bernhard von Clairvaux im 12. Jahrhundert an Papst Eugen III. (Schellenberger, 1982), der bis heute nichts von seiner Aktualität eingebüßt hat: »Wie lange noch schenkst du allen anderen deine Aufmerksamkeit, nur nicht dir selber. Ja, wer mit sich selbst schlecht umgeht, wem kann der gut sein? Denk also daran: Gönne dich dir selbst.«

Literatur

American Psychiatric Association (APA) (2011). Diagnostic and statistical manual of mental disorders (4th ed.). Arlington, VA: American Psychiatric Publishing.

Baierl, M. (2008). Herausforderung Alltag. – Praxishandbuch für die pädagogische Arbeit mit psychisch gestörten Jugendlichen. Göttingen: Vandenhoeck & Ruprecht.

Huck, W. (2010). Leitfaden »Nachsorge für Mitarbeiterinnen und Mitarbeiter nach außergewöhnlichen Belastungssituationen in der kinder- und jugendpsychiatrischen Arbeit in der LWL-Universitätsklinik Hamm«. Arbeitspapier: Universitätsklinik Hamm.

Lang, B. (2013). Die PädagogInnen als Teil der Pädagogik. In B. Lang, C. Schirmer, T. Lang, I. Andreae de Hair, T. Wahle, J. Bausum, W. Weiß, M. Schmid (Hrsg.), Traumapädagogische Standards in der stationären Kinder- und Jugendhilfe. Eine Praxis- und Orientierungshilfe der BAG Traumapädagogik (S. 127–144). Weinheim u. Basel: Beltz Juventa.

Schellenberger, B. (1982). Bernhard von Clairvaux, Gotteserfahrung und Weg in die Welt. Olten: Otto Walter Verlag.

Schnyder, U. (2000). Ambulante Krisenintervention. In U. Schnyder, J.-D. Sauvant (Hrsg.), Krisenintervention in der Psychiatrie (S. 55–74). Bern: Verlag Hans Huber.

Wendt, P.-U. (2011). Ausgebrannt? Arbeitssituation und -belastung bei Fachkräften der Kinder- und Jugendarbeit im Land Sachsen-Anhalt, Studie: Hochschule Magdeburg-Stendal. Zugriff am 15.02.2014 unter http://www.puwendt.de/files/2011–09–28%20ausgebrannt%20KJR%20LSA.pdf

Wiesinger, D., Huck, W., Schmid, M., Reddemann, U. (2014). Struktur- und Prozessmerkmale traumapädagogischer Arbeit in der stationären Jugendhilfe. In S. Gahleitner, T. Hensel, M. Baierl, M. Kühn, M. Schmid (Hrsg.), Traumapädagogik in psychosozialen Handlungsfeldern. Ein Handbuch für Jugendhilfe, Schule und Klinik (S. 41–58). Göttingen: Vandenhoeck & Ruprecht.

Teil B:
Aus der Praxis für die Praxis:
Bewährte Methoden und Rahmensetzungen

Kathrin Lohmann

9 Das Leben lieben lernen: Lebensfreude als Grundhaltung traumapädagogischen Handelns

»Dieses Lächeln machte mich frei. Es war ein ebenso endgültiges,
in seinen Folgen selbstverständliches und nicht mehr
umkehrbares Ereignis wie die Erscheinung der Sonne.
Es öffnete den Zutritt zu etwas Neuem.
Nichts hatte sich geändert, alles war verwandelt.«
(Antoine de Saint-Exupéry, Brief an einen Ausgelieferten, 1955)

9.1 Vorbemerkung

Kinder und Jugendliche, die schwerste traumatische Erfahrungen erleiden mussten, oder aus traumatisierenden Lebensumfeldern kommen, haben bisher oft wenige oder gar keine positiven Lebenserfahrungen machen können. Meist werden sie beherrscht von destruktiven Emotionen wie Angst, Ekel, Scham und Gefühlen der Ohnmacht und Hilflosigkeit. Freude am Leben und Spaß konnten sie bisher nur selten oder gar nicht erleben. Ihnen fehlen stabile und gesunde Bindungen sowie Bindungspersonen, zu denen sie Vertrauen aufbauen können und mit denen sie die Freude am Leben entwickeln können. Menschen denen sie vertrauen können und die ihnen eine positive Sicht zum Leben geben, gibt es in ihrem Leben selten.

In meiner Arbeit mit traumatisierten jugendlichen Mädchen in einer Intensivwohngruppe der stationären Jugendhilfe ist Lebensfreude ein wesentlicher Bestandteil. Ich möchte erörtern, dass Spaß und Lebensfreude nicht nur tolle Begleiterscheinungen des Lebens sein können, sondern wesentlich zur Genesung und zu einer positiven Entwicklung und Lebenseinstellung der Jugendlichen führen können. Dazu gehört im ersten Schritt ein kurzer Überblick, welche organischen Prozesse für Lebensfreude verantwortlich sind, und als Zweites, wie diese Prozesse in Gang gebracht werden können und wie wir uns als Pädagogen daran beteiligen können.

»Lachen ist eine körperliche Übung
von großem Wert für die Gesundheit.«
Aristoteles (384–322 v. Chr.)

9.2 Lebensfreude: Was geschieht im Gehirn?

In diversen Lexika wird der Begriff Lebensfreude oftmals kombiniert mit
weiteren erstrebenswerten positiven Attributen wie Selbstbewusstsein, Vitali-
tät, Optimismus, Kreativität und Glücklichsein. Doch wodurch wird die Lebensfreude aktiviert und welche Prozesse im Gehirn werden dabei in Gang gesetzt?
Was hat das für einen Nutzen für die Arbeit mit traumatisierten Kindern und
Jugendlichen?

Unser Gehirn ist ein komplexes Organ, welches aus über hundert Milliarden
Nervenzellen (Neuronen) und einem Vielfachen an Stützzellen zusammengesetzt
ist. Neuronale Netze organisieren sich selbst durch die Nervenzellen, wodurch
Signale aus der Umwelt registriert und erkannt werden können. Diese Neuronen
sind über Synapsen mit anderen Neuronen verbunden und kommunizieren
miteinander. Für die chemische Signalübertragung stellen die Neuronen eigene
Botenstoffe her, die auch als Neurotransmitter bezeichnet werden. Neurotransmitter sind vor allem Acetylcholin und die Amine Dopamin, Noradrenalin und
Serotonin. Bei der Beeinflussung neuronaler Strukturen unseres emotionsver-
arbeitenden Systems spielen die Endorphine eine besondere Rolle (vgl. Hülshoff,
2001).

Für die Steuerung von Gefühlen, Bindungsverhalten, soziale Interaktion und
Affektgenerierung sind vor allem das Stammhirn, Teile des Zwischenhirns und
das limbische System von Bedeutung (vgl. Grawe, 2004). Das limbische System
ist eine Ansammlung neuronaler Strukturen unterhalb der Großhirnrinde. Die
im Gehirn befindlichen Septumkerne, das mediale Vorderhirnbündel und der
Hypothalamus sind für lustvolle und freudige Emotionen zuständig.

Freude ist ein Zusammenwirken unterschiedlicher neuronaler Zentren mit
ihren jeweiligen Neurotransmittern und den Hormonen, durch die sie stimuliert
werden (vgl. Hülshoff, 2001). Hierbei spielen die Hormone Oxytocin (auch als
»Bindungshormon« bekannt), Phenyläthylamin (ruft besondere Formen der Lust
hervor) und Endorphine eine große Rolle. Dies sind körpereigene, opiatähnliche
Substanzen, die vor allem bei der Schmerzverarbeitung und den Belohnungs-
systemen unseres Zwischenhirns ansetzen (vgl. Grawe, 2004).

Endorphine haben zwei besondere Wirkungen, zum einen vermindern
sie den Schmerz und zum anderen wirken sie stimmungsaufhellend und
euphorisierend. Dopamin und Noradrenalin haben eine erregende Wirkung

und tragen zum Wohlgefühl bei, sie sind auch an den Prozessen Aufmerksamkeit und Interesse beteiligt.

Diese bereits genannten Botenstoffe erregen die Neuronen und führen zu Reaktionen, manche innerhalb weniger Sekunden oder Minuten, andere über Stunden oder sogar Tage und Wochen. Diese evolutionäre Entwicklung des Gehirns dient dazu, dass der Mensch in der Lage ist, große Strapazen zu ertragen und das damit verbundene Wohlgefühl zu suchen (vgl. Grawe, 2004).

Psychische Traumata aktivieren ständig das Panik- und Furchtsystem im Gehirn und führen zu dauerhaft anhaltenden Gefühlen wie Angst, Ohnmacht, Wut, Trauer, Scham und Ekel. Hierfür ist die im Gehirn befindliche Amygdala zuständig, sie ist die Angstzentrale unseres Gehirns. Sie ist das zentrale Alarm- und Abwehrsystem des Organismus, welches bei Bedrohungen jeder Art aktiviert wird. Blitzschnelle und reflexartige Alarmreaktionen werden vom zentralen Teil der Amygdala in Gang gebracht. Das Nervensystem reagiert und schüttet Adrenalin aus, erhöht den Blutdruck und mobilisiert das gesamte System für Schutz- und Angriffsreaktionen. Ist die Bedrohung weg oder wird als harmlos wahrgenommen, werden hemmende Signale an die Amygdala versendet und sie wird deaktiviert. Die Funktionen der Amygdala sind überlebenswichtig, weil sie bereits einsetzen und Fluchtreaktionen auslösen, bevor die Gefahr direkt als Gefahr wahrgenommen wird. So lebensnotwendig die Funktionen der Amygdala sind, so schädlich ist allerdings eine dauerhafte Aktivierung durch als bedrohlich empfundene Reize (vgl. Grawe, 2004). Wiederholte und anhaltende bedrohliche Lebenserfahrungen wie beispielsweise körperliche und emotionale Misshandlungen, Vernachlässigung und psychische oder physische Gewalt führen zu einer zu häufigen Nutzung der beschriebenen Überlebensreaktionen (vgl. Bausum, Besser, Kühn u. Weiß, 2013).

Auch neutrale Reize, die immer wieder zusammen mit bedrohlichen Reizen auftreten, werden von der Amygdala als bedrohlich wahrgenommen und führen zu denselben Reaktionen wie Übererregung, Kampf, Flucht und Erstarrung. Das Gehirn lernt, dass es ständig in Alarmbereitschaft sein muss. Dadurch entstehen massive psychische und kognitive Auffälligkeiten, Störungen und Defizite (vgl. Grawe, 2004).

In den neuen Lebenskontexten der Kinder und Jugendlichen, wie beispielsweise einer Wohngruppe oder Pflegefamilie, leben die alten Erfahrungen weiter und es gibt ein andauerndes Ungleichgewicht der Emotionen. Die Anpassung der Verhaltensweisen in ihre bisherige Lebenswelt ist eine unglaubliche Leistung der betroffenen Mädchen und Jungen, die ihr Überleben gesichert hat. Die traumatisierten Kinder und Jugendlichen befinden sich dauerhaft, durch die erhöhte Adrenalinausschüttung, in einem Stresszustand. Dies muss wieder ins

Gleichgewicht gebracht und die Freude am Leben aktiviert werden. Positives Erleben unterstützt beim Lernen, fördert die körperliche und geistige Entwicklung und Widerstandskraft (vgl. Hülshoff, 2000). Durch Lebensfreude, Spaß und Lachen wird die Serotoninausschüttung erhöht was sich ausgleichend auf die hohe Adrenalinausschüttung auswirkt (vgl. Lang et al., 2013).

Für unsere Arbeit mit traumatisierten Kindern und Jugendlichen ist wichtig zu wissen, dass es bei intensiver und langanhaltender Stimulierung bestimmter biochemischer Prozesse zu einer Vermehrung weiterer Synapsen (Nervenverbindungen) kommt, die dazu dienen, die Erregbarkeit des Neurons zu erhöhen und die Signalübertragung verstärken. Wenn also neue neuronale Erregungsmuster auf der Grundlage positiver Erfahrungen herausgebildet werden, führt es langfristig zu positiven Veränderungen der Verhaltensweisen, der Gedanken und Emotionen. Veränderungen können dann eintreten, wenn die Synapsen über möglichst lange Zeit oft und intensiv aktiviert werden (vgl. Grawe, 2004).

Das heißt für uns, dass wir als Pädagogen aktiv darin unterstützen können, neue positive Erlebnis- und Verhaltensweisen der Kinder und Jugendlichen zu aktivieren und zu manifestieren. Das Gehirn ist in der Lage, neue Systeme anzulegen und alte wieder abzubauen. Wenn die beschriebenen Bereiche des Gehirns und die dazugehörigen hormonellen Prozesse oft genug aktiviert werden, kann es zu dauerhaften Veränderungen kommen. Wenig erlebte Emotionen wie Freude und Begeisterung sind erlernbar. Sie können lebenslang entwickelt werden und führen zu einer optimistischen Lebenseinstellung und Mut. Durch die Aktivierung möglichst vieler positiver Emotionen gepaart mit einer sicheren Bindungsbeziehung und einer ressourcenorientierten Betrachtungsweise, können angstauslösende Situationen verringert werden. Wir müssen uns in unserer Arbeit mit traumatisierten Menschen mehr damit befassen, was wir fördern wollen, als damit, was wir beseitigen wollen (vgl. Grawe, 2004).

> »Wenn wir einen Menschen glücklicher und heiterer
> machen können, so sollten wir es in jedem Fall tun,
> mag er uns darum bitten oder nicht.«
> (Hermann Hesse, »Das Glasperlenspiel«, 1943)

9.3 Die Emotion Freude

Das Gefühl der Freude ist eine Mischung aus körperlichen und psychischen positiven Empfindungen. Sie wird auf der Ebene der Großhirnrinde erlebt und in Zusammenhang mit anderen Ereignissen gebracht. Bei der bewussten Empfindung von Freude herrschen Gefühle wie Selbstvertrauen, Bedeutsamkeit und Attraktivität vor. Freude wird geprägt durch ein erhöhtes Selbstwert-gefühl sowie das Gefühl, liebenswert zu sein und geliebt zu werden. Sie fördert die Bereitschaft, sich auf soziale Bindungen einzulassen, und erhöht die Aktivi-tätsbereitschaft. Alltagsaufgaben erledigen sich einfacher, wir fühlen uns leichter, solidarischer mit anderen und sind bereiter, uns zu öffnen. Ängste können überwunden und korrigierende Erfahrungen gemacht werden. Tiefe Freude kann die Wahrnehmung verändern, wir sind vertrauensvoller und können positiv gestimmt auf andere zugehen, Aufgaben in Angriff nehmen und mög-liche Risiken sogar manchmal außer Acht lassen. Die Emotion der Freude wirkt sich auch positiv auf das Immunsystem aus, man ist weniger infektanfällig (vgl. Hülshoff, 2001).

Freude kann durch viele Erfahrungen und Aktivitäten ausgelöst werden. Sie entsteht zum Beispiel nach dem Gelingen glückhafter Beziehungen, beim Erleben sozialer Beziehungen, bei Kreativität, beim Hören guter Musik, in der Arbeit, beim selbstvergessenen Tun, beim Erleben eigener Kompetenz, in Sexualität und Liebe und bei vielen Formen sinnlicher Reize, wie zum Bei-spiel beim Essen und Trinken, aber auch bei ästhetischer Wahrnehmung (vgl. Hülshoff, 2001).

Traumatisierte Kinder und Jugendliche können oft Gefühle nicht von-einander unterscheiden. Einige Gefühle können Angst hervorrufen oder werden erst gar nicht wahrgenommen. Auch Freude kann ihnen Angst machen und sie versuchen mitunter keine Freude aufkommen zu lassen, um nicht immer ent-täuscht zu werden. Hier ist es wichtig, die Jugendlichen aufzufordern und dabei zu begleiten, sich mit Gefühlen zu befassen und ihnen dabei helfen, Gefühle zu erkennen, zu unterscheiden und zu benennen (vgl. Baierl, 2011). Dies kann dabei helfen, einen besseren Umgang mit negativen und positiven Emotionen zu bekommen und diese zuzulassen. Zum Leben gehören beide Seiten. Wichtig ist zu lernen, wie man damit umgehen kann. In unserer Arbeit mit traumatisierten Kindern und Jugendlichen fällt immer wieder auf, dass besonders die positiven Gefühle nicht zugelassen werden können. Sich auf etwas zu freuen oder mit jemandem Spaß zu haben, wird als belastend erlebt, weil es ungewohnt ist und dadurch unsicher macht. Die negativen Seiten herrschen vor und stellen eine Art »Zuhause« dar, weil sie Gewohnheit geworden sind. Besonders hier müssen die Jugendlichen bestätigt werden, dass auch sie das Recht auf schöne Erlebnisse und positive Gefühle haben. Oftmals ist es so, dass besonders die Jugendlichen Aufmerksamkeit und Zuwendung bekommen, denen es besonders schlecht geht. Wer sich freut, läuft vermeintlich Gefahr, außen vor zu sein. Einige der Kinder und Jugendlichen empfinden es als unsolidarisch ihrer Familie gegenüber, wenn es ihnen selbst besser geht als den anderen Familienmitgliedern.

Die Jungen und Mädchen müssen neue Erfahrungen des Erlebens von Spaß und Freude machen. Sie brauchen Erfahrungen von Selbstwirksamkeit und Optimismus sowie den Mut, sich etwas zuzutrauen. Freude kann auch die Wahrnehmung verändern und dazu führen, dass die Kinder und Jugendlichen gelassener auf andere zugehen, sich selbst mehr zutrauen und Aufgaben besser bewältigen können. Wie bereits erwähnt führt Freude zu mehr Selbstvertrauen und mehr Wertschätzung sich selbst gegenüber. Durch mehr Freude einen zufriedenen Umgang mit sich und anderen zu entwickeln, sollte nicht nur für die Jugendlichen, sondern auch für die Mitarbeiter gleichermaßen ein wichtiges Ziel sein. Das bedeutet nicht, durch hohe Leistungsanforderungen alles zu geben und sich aufzugeben, sondern gelassener mit Dingen umzugehen, Fehler anzuerkennen und auch mal über sich selbst lachen können.

>>Mein liebstes Hobby? Lachen.<<
(Dalai Lama)

9.4 Lachen

Freude und Lachen sind ansteckend, man ist gewillt, sich mitzuteilen, die Freude auszudrücken und in Kontakt mit anderen zu treten. Gemeinsam Tanzen, Singen und Lachen als Ausdruck von gemeinschaftlich erlebter Freude stärkt das Zusammengehörigkeitsgefühl und zeigt auf, wie wichtig die Emotion Freude in unserem Sozialleben ist. Hierbei sind nicht nur die großen Freuden, sondern vor allem die kleinen Dinge von großer Bedeutung für das seelische Wohlbefinden (vgl. Hülshoff, 2001).

Die Gelotologie bezeichnet die Wissenschaft der Auswirkungen des Lachens (vgl. Fry u. Salameh, 1987; Wikipedia, >>Gelotologie<<). Ihr Begründer ist der Psychiater William F. Fry. Es wurde herausgefunden, dass bereits vor sieben Millionen Jahren das Lachen der zwischenmenschlichen Kommunikation diente und damit älter als die Sprache ist. Im menschlichen Miteinander wird das Lachen als Ausdruck für Sympathie und gegenseitiges Einverständnis verstanden. Lachen entfaltet dadurch eine besänftigende, konfliktbegrenzende Wirkung, die dem Zusammenleben in Gruppen förderlich ist.

Lachen fördert die Serotoninausschüttung. Dieser Neurotransmitter, auch bekannt als >>Glückshormon<<, wirkt stimmungsaufhellend, unterstützt die Entspannung und lockert die Muskeln. Wenn ein Mensch lacht, werden circa 100 verschiedene Muskeln im ganzen Körper aktiviert und gelockert. Diese Lockerung und Entspannungsprozesse fördern und unterstützen eine positive

Gefühls- und Gedankenwelt. Überlegungen werden kreativer und die Gedanken offener. Dies wiederum unterstützt die Entwicklung einer positiven Selbstwirksamkeitserwartung (vgl. Lang et al., 2013).

Gelassenheit, Mut und Optimismus werden durch das Lachen gefördert. Angststörungen, Depressionen und Erschöpfungszustände gibt es seltener bei Menschen, die viel lachen (vgl. Lang et al., 2013). Seit vielen Jahren wird Lachen als Therapie auch in der Medizin eingesetzt. Forscher haben erkannt, dass Lachen das Immunsystem stärkt. Es wird mittlerweile sowohl bei Kindern als auch bei alten Menschen bei der Therapie von schweren körperlichen Erkrankungen wie beispielsweise Krebs und Demenz eingesetzt.

> »Nichts in der Welt ist so ansteckend wie
> Gelächter und gute Laune.«
> (Charles Dickens)

9.5 Freude im Alltag

In der Jugendhilfe gibt es sowohl für die Kinder und Jugendlichen als auch die Mitarbeiter hohe Leistungsanforderungen. Schulabschlüsse, Hausaufgaben, Entwicklung in die Verselbstständigung, der Umgang mit den eigenen Problemen und die Bearbeitung der Vergangenheit sind für traumatisierte junge Menschen oft schwer überwindbare Hürden. Sie können sich kaum konzentrieren, driften in ihre Gedankenbilder und erleben immer wieder Geschehnisse der Vergangenheit. Wenn ihnen in dieser sehr belastenden Situation auch noch gestresste Pädagogen begegnen, die immerzu Anforderungen stellen, kann es kaum zu positiven Erfolgen kommen. Das eigene Stresserleben wird dadurch noch erhöht und die Jungen und Mädchen fühlen sich entweder fehl am Platze und verweigern sich oder wollen mit allen Mitteln nicht zur Last fallen und ziehen sich zurück (vgl. Baierl, 2011).

Den Kindern und Jugendlichen sollte die Möglichkeit gegeben werden, Erfolgserlebnisse zu erfahren. Dies heißt nicht, dass sie zu einer bestimmten Zeit viele verschiedene Dinge erledigen müssen, sondern eher eine Aufgabe, die sie selbst zu ihrer eigenen Zufriedenheit bewältigen können. Wenn dies klappt, wird das Selbstwerterleben gestärkt und andere Aufgaben oder Ziele können in Angriff genommen werden. Durch Anerkennung und Lob durch Dritte kann das noch vielfach verstärkt werden. Ziele und Aufgaben sollten immer an dem jungen Menschen und seinen Möglichkeiten orientiert sein und müssen für ihn zu bewältigen sein (vgl. Baierl, 2011).

Der Schulbesuch ist in manchen schwierigen Phasen für die traumatisch belasteten Kinder und Jugendlichen eine unüberwindbare Hürde. Sie haben Angst, die Kontrolle zu verlieren, mitten im Unterricht weinen zu müssen, von den Mitschülern und Lehrern gefragt zu werden, was los ist, durch bestimmte Reize getriggert zu werden oder plötzlich die Sprache zu verlieren. Diese Ängste führen unter Umständen dazu, gar nicht mehr die Schule zu besuchen. Hier hat sich gezeigt, dass es hilfreich ist, mit den Kindern und Jugendlichen Absprachen zu treffen und sie aufzufordern, an solchen Tagen in irgendeiner Form Bescheid zu geben, so schwer es manchmal auch fallen mag. In unserer Wohngruppe geben wir ihnen an diesen Tagen die Möglichkeit, einen Tag Pause einzulegen. Dies muss selbstverständlich mit den Schulen abgesprochen werden. Für die Kinder und Jugendlichen besteht dann ihre Aufgabe für den Tag, sich etwas Gutes zu tun. Sich etwas Gutes zu tun kann in verschiedensten Möglichkeiten geschehen: ein Buch lesen, in die Badewanne gehen, einen Spaziergang machen, kreativ sein und vieles mehr. Wenn die jungen Menschen eine liebevolle und fürsorgliche Beziehung zu sich selbst entwickeln können, werden die gleichen neuronalen Strukturen im Gehirn aktiv wie bei einer beglückenden Beziehung. Die Achtsamkeit gegenüber Erfahrungen und Erlebnissen muss entwickelt und unterstützt werden (vgl. Hülshoff, 2001).

In unserer Praxis hat sich auch das Basteln von Glücksboxen etabliert. Jede Bewohnerin unserer Wohngruppe bastelt sich im Laufe der Zeit eine eigene Box, die mit Dingen, die ausschließlich dem Wohlbefinden dienen, gefüllt wird. Dies können Fotos, Musik, ein besonderer Duft, eine Badekugel, ein Ausschnitt aus einer Zeitschrift, Nagellack und vieles mehr sein. Außerdem ist in der Box eine »Bad-Day-Liste« worauf lauter Aktivitäten aufgezählt sind, die die Jugendlichen persönlich selbst gern machen und die sie selbst entwickelt haben. Der Inhalt dieser Glücksboxen wird regelmäßig erneuert und überdacht, sodass die Jugendlichen sich oft mit ihrem Wohlbefinden beschäftigen müssen. So besteht die Möglichkeit, dass die Jugendlichen den Blick auf ihre Ressourcen lenken und eine fürsorgliche und liebevolle Beziehung zu sich selbst aufbauen können.

> »Kein Genuss ist vorübergehend,
> denn der Eindruck, den er zurücklässt, ist bleibend.«
> (Johann Wolfgang von Goethe, »Wilhelm Meisters Lehrjahre«, 1795–1796)

9.6 Genießen

Ein weiterer auffallender Faktor mit traumatisierten Kindern und Jugendlichen ist, dass viele von ihnen mit Mangelernährung und Unterversorgung zu uns kommen (siehe auch Kapitel 12). Besonders in der Arbeit mit Mädchen bedarf das Thema Essen besonderer Aufmerksamkeit. Viele dieser Mädchen essen nicht oder nur wenig. Einige tun dies aufgrund des bestehenden überschlanken Schönheitsideals, andere, um sich unattraktiv zu hungern, sich unsichtbar zu machen und aus vielen weiteren Gründen. Bei anderen wiederum dient Essen der Lust- und Bedürfnisbefriedigung und als Ersatz für Liebe und Zuneigung. Essen sollte hauptsächlich der Befriedigung von Hunger und Appetit dienen, sollte aber auch Genuss sein und lustvoll erlebt werden (vgl. Baierl, 2011).

Viele Nahrungsmittel, die für uns selbstverständlich sind und die einer gesunden und ausgewogenen Ernährung dienen, kennen einige dieser Kinder nicht. Daher sollten wir es uns zur Aufgabe machen, ihnen diese Nahrungsmittel näher zu bringen: das heißt, ein voller Kühlschrank mit vielen verschiedenen Nahrungsmitteln, verschiedene Obstsorten, an denen sich die Kinder immer bedienen dürfen, und eine ausgewogene, frische und abwechslungsreiche Ernährung. Und hier kann das Essen die Lebensfreude fördern. Mit Genusstraining können Gefühle und eigene Bedürfnisse erkannt und unterschieden werden und führen zu mehr Selbstsicherheit und Freude (vgl. Handler, 2012). Vor allem das gemeinsame Essen kann mit Spaß und Freude angegangen werden. Nach einem anstrengenden Vormittag in der Schule kann das gemeinsame »Klönen« am Mittagstisch die Laune wesentlich verbessern. Auch hier sind die Pädagogen gefragt und sollten mit gutem Beispiel vorangehen, selbst mit Genuss essen und sich genügend Zeit nehmen. Besonders beim Essen wird man von den Jugendlichen beobachtet und gerade Mädchen mit gestörtem Essverhältnis nehmen Kleinigkeiten wahr (vgl. Baierl, 2011).

Wenn Humor und Fröhlichkeit zu den gemeinsamen Mahlzeiten dazugehören, können sich auch die Einstellung und die belastenden Gedanken zum Thema Essen verändern. Wenn Lebensfreude zum alltäglichen »Geschäft« gehört und sich auch die Jugendlichen mehr Gelegenheiten zur Lebensfreude schaffen, wird das Essen kaum noch zur Ersatzbefriedigung (vgl. Baierl, 2011). Das gemeinsame Zubereiten der Mahlzeiten an den Wochenenden ist oft ein freudiges Erlebnis und Essen bekommt einen anderen Stellenwert.

9.7 Sport und Bewegung

Auch körperliche Aktivitäten, Sport und Bewegung aktivieren die Lebensfreude. Die Jugendlichen lernen ihren Körper besser kennen, lernen, wo ihre Grenzen sind, und fühlen sich besser, weil sie etwas geleistet haben und sich selbst spüren. Ähnlich wie beim Thema Lachen werden viele Muskeln aktiviert und danach entspannt. Welche Auswirkungen das auf das Empfinden hat, wurde bereits beschrieben. Die Erfahrungen, die die Jugendlichen bei Sport und Bewegung machen, können ihnen helfen, sich in ihrem Körper wohler zu fühlen. Sie können Reaktionen in ihrem Körper besser wahrnehmen und regulieren. Besonders in der Arbeit mit traumatisierten Jugendlichen, wo es immer wieder zu heftigsten Verhaltensweisen, Kontrollverlusten und Übererregung kommt, ist es wichtig diese »Gewalten« durch Bewegung zu entschärfen (→ Kapitel 5). Wenn die Jugendlichen ihren Körper besser wahrnehmen und ihre Grenzen kennen, sind sie in der Lage, anders damit umzugehen. Sie fühlen sich wohler und selbstbewusster und die Selbstwirksamkeit wird gefördert, weil sie merken, dass sie sich besser unter Kontrolle bekommen (vgl. Baierl, 2011).

Man sagt dem Jogging zum Beispiel eine euphorisierende Wirkung nach, weil es Endorphine freisetzt. Und wie bereits beschrieben, sind dies die Hormone, die einen mit Freude belohnen (vgl. Hülshoff, 2001). In Stresssituationen bereitet sich der Körper darauf vor, zu kämpfen oder zu fliehen. Der Herzschlag beschleunigt, die Energieversorgung der Muskeln wird verstärkt, Adrenalin wird ausgeschüttet. Hier ist es hilfreich, Sportarten zu wählen, die dem Kämpfen oder Fliehen ähneln, um aktiv den Stress abzubauen und wieder ins Gleichgewicht zu kommen. Boxen, Schreien, aufs Kopfkissen einschlagen, Joggen, Radfahren etc. simulieren Kampf und Flucht und führen dazu, dass das ausgeschüttete Adrenalin produktiv genutzt und abgebaut werden kann. Außerdem wird durch Sport das Selbstwerterleben positiv gestärkt. Die Kinder und Jugendlichen können stolz auf die eigene Leistung in einer Wettkampfsituation oder bei erlebter Konditionssteigerung sein (vgl. Baierl, 2011).

> »Humor ist der Knopf, der verhindert, dass uns der Kragen platzt.«
> (Joachim Ringelnatz)

9.8 Arbeitszufriedenheit

Ohne Spaß an der Arbeit fallen Aufgaben schwerer, Probleme werden stärker wahrgenommen, Stress weniger abgebaut und der Umgang mit den Jugendlichen wird für die Pädagogen unter Umständen problematischer. Die eigene Sichtweise verengt sich und die Gefahr von Erschöpfung und Krankheiten erhöht sich. Die Pädagogen sollten sich selbst ihren Spaß an der Arbeit gönnen und diesen auch erleben dürfen. Freude sollte immer wieder in den Mittelpunkt der pädagogischen Arbeit gerückt werden (→ Kapitel 2, 8, 19). Hierzu gehören auch strukturelle Gegebenheiten, die seitens der Leitung eingeplant und beachtet werden sollten. In Teamsitzungen zum Beispiel geht es herkömmlicherweise hauptsächlich um Absprachen, Probleme und Krisen. Hier sollte es Zeit und Raum geben, lachen zu dürfen, sich über kleine und große Fortschritte der Jugendlichen oder Mitarbeiter zu freuen. Der Fokus auf die Ressourcen der Kinder und Jugendlichen kann neue Prozesse in Gang bringen. Auch die Orientierung an den Ressourcen der Mitarbeiter erleichtert und fördert Arbeitsabläufe und stärkt das Team und jeden Einzelnen.

Die eigene Selbstfürsorge sollte eine der wichtigsten Kompetenzen der Pädagogen sein (→ Kapitel 19). Das bedeutet, eine erhöhte Selbstaufmerksamkeit für körperliche Signale zu entwickeln und einen liebevollen, wertschätzenden und mitfühlenden Umgang mit sich selbst zu pflegen. Auch das Team ist eine wichtige Kraftquelle. Ein vertrauensvolles Miteinander, eine direkte und offene Kommunikation, in der Schwierigkeiten und Belastungen angesprochen werden können, fördern die Handlungsfähigkeit der Mitarbeiter und somit auch das Wohlbefinden jedes Einzelnen. Das Team muss ein Ort sein, an dem Konflikte angesprochen und ausgetragen werden dürfen und an dem die Mitarbeiter sich angenommen fühlen. Erfolge dürfen gefeiert und positives Feedback gegeben werden (vgl. Weiß, 2008). Eine gute Feedbackkultur muss fester Bestandteil des Teams sein. Hierzu ein weiteres Beispiel aus unserer Praxis: Die Pädagogen haben jeder eine »Komplimente-Spardose«, in diese können positives Feedback, Komplimente und Aufmunterungen durch die Kollegen auf kleine Zettel geschrieben und eingeworfen werden. Zur Aufheiterung, zum Mut machen oder einfach nur zum Spaß können diese Zettel zwischendurch gelesen werden.

Neben zahlreichen Rahmenbedingungen ist ein wichtiger Punkt für die Mitarbeiter im Schichtdienst die Dienstplangestaltung. Oftmals ist es so, dass die Mitarbeiter nicht wissen, wie sie in zwei Wochen arbeiten müssen. Sie können dadurch keine privaten Aktivitäten planen, auf die sie sich freuen können, und es erhöht den Stressfaktor, alles unter einen Hut kriegen zu müssen. Durch einen frühzeitigen Dienstplan können Mitarbeiter ihr Privatleben viel besser organisieren und sich auf viele Dinge mehr freuen. Es sollte nicht nur die Freude sein, wenn es doch mal klappt, dass man zum Beispiel auf die Hochzeit seiner besten Freundin gehen kann. Es bedeutet durchaus etwas mehr Arbeit und scheint auch manchmal unmöglich, wichtige Ereignisse der Mitarbeiter in der Dienstplanung zu beachten und miteinzubeziehen. Aber es lohnt sich, mit zufriedenen und gelassenen Kollegen zu arbeiten, was sich in der Arbeit wiederum positiv auf die Jugendlichen und den Umgang miteinander auswirkt.

Für die Pädagogen ist der Umgang mit den Auswirkungen der traumatischen Belastungen der Jugendlichen eine hohe Anforderung, die immer wieder durch schwierige Beziehungsgestaltung und Krisen geprägt ist. Spaß und Freude sollte nicht künstlich herbeigeführt werden sondern eher eine Grundhaltung darstellen, die in schwierigen Zeiten hilft und die Arbeit angenehmer macht. Wir streben danach, dass die Jugendlichen Lust und Freude am Leben entwickeln oder wiedererlangen, so sollte dies auch ein wichtiger Punkt in unserem Leben und bei der Arbeit sein. Denn dies führt zu Spontaneität, fördert einen offeneren Blick, neue Wege zu gehen, gelassener mit Problemen umzugehen und dem Mut, neue und vielleicht auch unkonventionelle Lösungswege zu entwickeln.

9.9 Schlussbemerkung

Es gibt zahl- und umfangreiche Methoden, die wir uns in unserer Arbeit zunutze machen können, um die Resilienz der Kinder und Jugendlichen zu fördern, ihnen die Freude am Leben nahe zu bringen, positive Erlebnisse und Emotionen zu erfahren und zu lernen. Ich möchte verdeutlichen, dass das Thema Lebensfreude und Spaß einen sehr wichtigen Stellenwert in der Arbeit mit traumatisierten Kindern und Jugendlichen hat. Echte ehrliche Freude kann nicht künstlich hergestellt werden. Es geht nicht darum, dass über alles gelacht werden muss und man während der Arbeit besonders fröhlich aussieht, sondern um eine wichtige Grundhaltung, die das Zusammenleben stärkt und fördert, die Arbeit entspannter macht und den Jugendlichen hilft, sich zu einem Menschen zu entwickeln, der Freude an seinem eigenen Leben hat. Dies sollten wir ihnen vermitteln und vor allem vorleben. Die traumatischen Erlebnisse werden dadurch nicht verschwinden, aber sie können angenommen und akzeptiert werden. Wichtig ist, dass Angst, Erschöpfung und weitere negative Emotionen weniger werden und neue korrigierende Erfahrungen mit positiven Erlebnissen und Gefühlen gemacht werden. Neue Ideen und Wege entwickeln sich durch Motivation, und die entwickelt sich aus der Freude an der Arbeit.

> »Wenn man Spaß an einer Sache hat, dann nimmt man sie auch ernst.«
> (Gerhard Uhlenbruck)

Literatur

Baierl, M. (2011). Herausforderung Alltag. Praxishandbuch für die pädagogische Arbeit mit psychisch gestörten Jugendlichen (3. Aufl.). Göttingen: Vandenhoeck & Ruprecht.

Bausum, J., Besser, L., Kühn, M., Weiß, W. (Hrsg.) (2013). Traumapädagogik. Grundlagen, Arbeitsfelder und Methoden für die pädagogische Praxis (3. Aufl.). Weinheim u. Basel: Beltz Juventa.

Fry, W. F., Salameeh, W. A. (Hrsg.) (1987). Handbook of humor and psychotherapy. Advances in the clinical use of humor. Sarasota, Florida: Professional Ressource Press.

Handler, B. (2012). Mit allen Sinnen leben – Tägliches Genusstraining (3. Aufl.). Wien: Goldegg Verlag.

Hülshoff, T. (2000). Das Gehirn. Funktionen und Funktionseinbußen. Eine Einführung für pflegende, soziale und pädagogische Berufe (2. Aufl.). Bern: Verlag Hans Huber.

Hülshoff, T. (2001). Emotionen: eine Einführung für beratende, therapeutische, pädagogische und soziale Berufe (2. Aufl.). München: E. Reinhardt.

Grawe, K. (2004). Neuropsychotherapie. Göttingen: Hogrefe.

Lang, B., Schirmer, C., Lang, T., Andreae de Hair, I., Wahle, T., Bausum, J., Weiß, W., Schmid, M. (Hrsg.) (2013). Traumapädagogische Standards in der stationären Kinder- und Jugendhilfe. Eine Praxis- und Orientierungshilfe der BAG Traumapädagogik. Weinheim u. Basel: Beltz Juventa.

Weiß, W. (2008). Philipp sucht sein Ich. Zum pädagogischen Umgang mit Traumata in den Erziehungshilfen (4. Aufl.). Weinheim: Juventa.

Internetquellen

Aristoteles. Aphorismen.de. Aphorismen, Zitate, Sprüche und Gedichte. Zugriff am 01.11.2013 unter http://www.aphorismen.de/zitat/12037

Dalai Lama. Chun-Qi Gong. Zugriff am 01.11.2013 unter http://chun-qigong.de/zitate/

Dickens, C. Zitate.net. Zugriff am 01.11.2013 unter http://zitate.net/charles%20dickens.html

Goethe, J. W. von (1795–1796). Aphorismen.de. Aphorismen, Zitate, Sprüche und Gedichte. Wilhelm Meisters Lehrjahre. Zugriff am 01.11.2013 unter http://www.aphorismen.de/zitat/422

Hesse, H. (1943). Worte Projekt. Eine Zitatensammlung. Das Glasperlenspiel. Zugriff am 01.11.2013 unter http://www.worte-projekt.de/hesse.html

Ringelnatz, J. Zitate-Online.de. Zitate, Sprüche, Künstler und Literaten. Zugriff am 01.11.2013 unter http://www.zitate-online.de/sprueche/kuenstler-literaten/16983/humor-ist-der-knopf-der-verhindert-dass.html

Saint-Exupéry, A. (1955). Worte Projekt. Eine Zitatensammlung. Brief an einen Ausgelieferten. Zugriff am 01.11.2013 unter http://www.worte-projekt.de/exupery.html

Uhlenbruck, G. Zitate.de. Zugriff am 01.11.2013 unter http://www.zitate.de/autor/Uhlenbruck,+Gerhard

Wikipedia. Gelotologie. Zugriff am 14.07.2013 unter http://de.wikipedia.org/wiki/Gelotologie

Alexandra Bruchholz und Susanne Tscherny

10 Lebensfreude als heilende Kraft – Lebensfreude empfinden und konservieren: Ein Erlebnisbericht

10.1 Einführung

Dies ist ein Erlebnisbericht über ein Projekt zum Thema »Lebensfreude«, welches in einem Kinderheim mit dezentralen Wohngruppen, ambulanter Jugendhilfe und verschiedenen Individualmaßnahmen durchgeführt wurde, konkret in zwei Wohngruppen der Einrichtung, einer Wohngruppe mit intensivem Förderbedarf und einer Regelwohngruppe mit integrierten intensiven Förderangeboten. Beide Wohngruppen bieten Plätze für jeweils neun Kinder und Jugendliche. Die Altersspanne der am Projekt teilnehmenden Kinder lag bei neun bis 15 Jahren. An den verschiedenen Angeboten des Projektes haben insgesamt 17 Kinder und Jugendliche teilgenommen. Fünf der Kinder haben diagnostizierte psychische Störungen aufgrund traumatischer Erlebnisse.

10.2 Lebensfreude und Traumapädagogik

Die Angebote wurden speziell für diese Wohngruppenkinder ausgesucht, sind aber übertragbar in andere Wohngruppensettings oder ambulante Gruppen. Speziell für die Angebote für Kinder mit Traumata wurde bei allen Angeboten auf einen hohen Betreuungsschlüssel und auf qualifizierte Begleitung geachtet, um in der Lage zu sein, individuell zu begleiten, ohne das Gruppenerlebnis zu beeinträchtigen.

Die teilnehmenden Kinder und Jugendlichen haben vor ihrer Aufnahme in die Wohngruppen eine problembehaftete Sozialisation durchlaufen, dazu zählen Traumatisierungen in früher Kindheit, Beziehungsabbrüche und Wohnortwechsel. Erwachsene boten oft keine Struktur und Verlässlichkeit an, sondern nahmen ihren Platz in einer feindseligen, als gefährlich wahrgenommen Lebenswelt ein. Diese Erfahrungen in frühen Lebensabschnitten führten zu verschiedensten Schwierigkeiten im Sozialverhalten und diagnostizierten psychische Störungen. In den Wohngruppensettings versuchen wir den Kindern über Kontinuität und Rituale sowie mit viel Geduld und Empathie Sicherheit zu geben, die sie in ihrer speziellen Situation benötigen. Es ist uns ein besonderes Anliegen, den Kindern wieder Freude am und im Leben zu vermitteln. Humor ist eine weitere große Ressource! Mit Humor betrachtet, ist eine schwierige Situation vielleicht gar nicht mehr ganz so schlimm. In schweren Momenten kann Humor dem Menschen Mut machen und die Situation nicht ganz ausweglos erscheinen lassen. Unser Ziel war es, in von uns geplanten Aktivitäten die Kinder Lebensfreude empfinden zu lassen und jene abschließend internal zu verfestigen. »Wir lernen und erinnern uns am besten, wenn wir stark emotional beteiligt sind. Das trifft für die positiven Gefühle von Freude, Spaß, Glück und Stolz […] zu« (Bausum, Besser, Kühn u. Weiß, 2013, S. 47). Bei dem Projekt sollten die Kinder in ihrer Persönlichkeitsentwicklung gestärkt und ganz bewusst schöne, lustige und elementare Aktivitäten erlebt werden. Die Kinder erfahren so unmittelbar Lebensfreude und haben die Möglichkeit, sich in schwierigen Phasen daran zu erinnern, wobei ihnen die Dokumentationsfotos Unterstützung bieten.

Wir wollten den Kindern in einem sicheren Rahmen mit positivem Beziehungsangebot Freude vermitteln und diese den traumatischen Erfahrungen entgegensetzen. »Für Kinder und Jugendliche mit emotional belastenden Erfahrungen ist es notwendig, neue korrigierende Erfahrungen im Bereich ihres emotionalen Erlebens zu machen: ihnen neben alten, destruktiven Erfahrungen viele neue Erfahrungen des Erlebens von Spaß und Freude in ihr Gepäck zu packen. Erfahrungen wie ›Das kann ich‹, ›Das will ich‹, ›Das ist witzig‹, ›Das macht voll Spaß‹, ›Ich will nochmal‹, bringen Leichtigkeit und Hochgefühl, was Zuversicht, Optimismus und Kreativität im Denken und Handeln unterstützt« (Lang et al., 2013, S. 122). Lebensfreude ist einer der größten Resilienzfaktoren und kann erlernt werden. »Aus der Resilienz- und Hirnforschung wissen wir, dass Menschen in der Lage sind, auch bislang wenig erlebte Emotionen, wie Freude und Begeisterung, und Eigenschaften wie Mut und Optimismus, lebenslang entwickeln und erlernen zu können. Das macht Mut, dies den Kindern mitzugeben und sich über die kleinen Fortschritte in der Entwicklung zu freuen« (Lang et al., 2013, S. 123). »Es gilt daher die Freudenseite zu beleben und ihr einen besonderen Schwerpunkt zu geben, um die Belastung und Widerstandsfähigkeit (Resilienz) ins Gleichgewicht zu bringen« (Bundesarbeitsgemeinschaft Traumapädagogik, 2011).

Eine tragende Rolle in unserem Tun spielen die Beziehung zu den Kindern und der Spaß an der Arbeit, auch wenn der Arbeitsalltag oft von Wut, Verzweiflung und Trauer der Kinder geprägt ist. Die Kinder müssen fühlen, erleben und lernen, dass es jemanden gibt, der ihnen Halt gibt, und sie gehalten werden können (→ Kapitel 2).

Ein weiterer wichtiger Punkt in unserem Projekt war die Vernetzung der beiden Wohngruppen. Die Kinder konnten sich gegenseitig kennenlernen und über die Aktivität direkt in den Kontakt gehen. Besonders diese Kinder haben es sonst aufgrund ihres gezeigten Verhaltens oft schwer, in positiven Kontakt mit Gleichaltrigen zu kommen. Hier haben sie die Möglichkeit, mit intensiver Begleitung positive Kontaktaufnahmen zu üben. Des Weiteren lernen die Kinder die Mitarbeiter der anderen Wohngruppe kennen. Bei personellen Engpässen, die zum Beispiel durch Krankheit entstehen können, kann hier auf bekannte Mitarbeiter zurückgegriffen werden, um weiterhin das Gefühl von Sicherheit aufrechtzuerhalten.

In der Entwicklungslehre nach der amerikanischen Transaktionsanalytikerin Pamela Levin wird die Entwicklung des Menschen in den »Cycles of Power«, einer Spirale, beschrieben, in der die Phasen nacheinander durchlaufen werden (1988). In den einzelnen Phasen gibt es zentrale Botschaften, die zu den entsprechenden Kräften dazugehören, welche in diesen Phasen vom Menschen entwickelt werden sollten (Lumma, Michels u. Lumma, 2009, Tabelle 1).

Tabelle 1: Cycles of Power (Quelle: Lumma, Michels u. Lumma, 2009, S. 44)

Lebensalter	Cycles of Power	Botschaft und Entwicklungsschritte
0–6 Monate	Die Kraft zu sein	*Ich habe das Recht, da zu sein.* Mund-Sensitivität, emotionales Aufnehmen versorgt, ernährt, berührt werden – von anderen abhängig sein wollen
6–18 Monate	Die Kraft des Tuns	*Ich habe das Recht zu handeln.* sehen, hören, riechen, schmecken, fühlen Stimulation benötigen Umfeld erkunden und sensitives Bewusstsein entwickeln
18 Monate – 3. Lebensjahr	Die Kraft des Denkens	*Ich kann denken.* sich von anderen unterscheiden, eigene Positionen entwickeln, »Nein« sagen Realität erproben, sich durchsetzen, Unabhängigkeit entwickeln, Negatives ausdrücken, Denken (in Verbindung mit Fühlen) lernen

3.–6. Lebensjahr	Die Kraft der Identität	*Ich kann wissen, wer ich bin.* lernen, wer wir sind experimentieren mit Freundschaften, Konsequenzen ziehen, Beschäftigung mit Kraft und Geschlechtsunterschieden Unterscheidung von Phantasie und Realität, Realität erproben
6.–12. Lebensjahr	Die Kraft, geschickt zu sein	*Ich kann die Fähigkeiten entwickeln, die ich brauche.* Auseinandersetzung mit Moral, Werten und den Methoden anderer, Dinge auf eigene Art und Weise tun experimentieren, Fehler machen, Machbares ausproben, sich mit anderen darüber auseinandersetzen
13.–19. Lebensjahr	Die Kraft der Erneuerung	*Ich kann in Liebe gehen.* Beschäftigung mit dem anderen Menschen als sexuelles Wesen körperliche Veränderungen sexuelle und persönliche Identität erproben seinen Platz finden unter den anderen Erwachsenen
Ab 19. Lebensjahr	Die Kraft des Recycling Wiederaufbereitung	*Jetzt ist meine Zeit.* die Merkmale der vorangegangenen Phasen erleben den Platz im Leben finden durchdachten Lebensplan entwickeln Probleme als Herausforderung verstehen

Beim »Projekt Lebensfreude« wollten wir die Kinder in ihrer Persönlichkeitsentwicklung stärken und ganz bewusst noch einmal mit den ersten beiden Phasen in Kontakt bringen. Die Botschaft »Ich habe das Recht, da zu sein« und »Ich habe die Kraft zu handeln« sind elementar wichtig für traumatisierte Kinder. »Über den Körper und die Sinneskanäle werden verbale und nonverbale Botschaften vermittelt, die heute und später dem Kind, dem Heranwachsenden und dem Erwachsenen Stärke und Selbstbewusstsein geben. Direkt nach der Geburt erfährt der Mensch gewissermaßen am eigenen Leib, ob er auf dieser Welt willkommen ist. Er ist also sehr früh schon in der Lage, die von außen kommenden Stimulationen zu unterscheiden und auf sie zu reagieren (Stern)« (Lumma et al., 2009, S. 25). Die Kinder sollen die in der ersten Phase wirkenden Botschaften bei unseren Aktivitäten erleben dürfen.

– »Es ist gut, dass es dich gibt!«
– »Ich halte dich gerne in meinen Armen!«

- »Du hast ein Recht, hier zu sein!«
- »Du bist richtig, so wie du bist!«
- »Du darfst Bedürfnisse haben und zeigen!«
- »Du darfst dir Zeit lassen!« (Botschaften zur Kraft des *Seins*; nach Levin, 1988)

In den ersten sechs Lebensmonaten, der tatsächlichen Phase des Seins, konnten einige der an den Aktionen teilnehmenden Kinder diese Botschaften nicht hören und/oder spüren. Es sind oft materiell und vor allem auch emotional unterversorgte Kinder. »Wenn die Bedürfnisse des Säuglings nicht befriedigt werden (können), so erlebt er natürlich auch diese Situation mit seinem ganzen Körper und allen Sinnen als Ablehnung und damit als Bedrohung seiner eigenen Existenz. Da er jedoch existentiell auf Versorgung angewiesen ist, weil er sich noch nicht selbst um Bedürfnisbefriedigung kümmern kann, aktiviert er (instinktiv) die basalen Überlebensmuster von Kampf, Flucht oder Erstarrung (English)« (Lumma et al., 2009, S. 26). Die Kinder bekommen die Gelegenheit, in den Aktivitäten mit großer Behutsamkeit und Sicherheit durch die begleitenden Erwachsenen genau diese wichtigen Botschaften zu hören und zu spüren. Sie erhalten dadurch die Chance, Verhaltensmuster zu verändern und diese neu erlernten Muster vielleicht in Zukunft dann auch zu aktivieren. Über die Aktionen soll ein erlebnisorientierter Zugang geschaffen und den Kindern die Möglichkeit zur Entfaltung gegeben werden. An dieser Stelle kommen die Botschaften der Kraft des *Tuns* nach Pamela Levin zum Tragen.

- »Du darfst ausprobieren und experimentieren!«
- »Du darfst neugierig und intuitiv sein!«
- »Du darfst forschen und deinen Sinn nähren!«
- »Du darfst die Initiative ergreifen!«
- »Du darfst dir Unterstützung holen!«

Das Entdecken der Welt »geschieht aus einer inneren Neugier, aus einem tiefen Interesse an seiner Umgebung heraus und ist nicht auf ein anderes Ziel als ›Befriedigung der Neugier‹ gerichtet. Es geht um das Ausprobieren, um das Sich-Erproben und nicht um richtiges oder falsches Tun.« »Wenn wir den Menschen ermutigen, sich (im geschützten Rahmen) auszuprobieren, so kann er die Kraft des Tuns auch erproben und für seine Lebensnotwendigkeiten entwickeln. Dazu gehören Neugier und Motivation, zu lernen und zu wachsen« (Lumma et al., 2009, S. 28). Durch das deutliche Erleben der unterstützenden Botschaften sollen die Kinder in ihrer Entwicklung gefördert und unterstützt werden.

10.3 Projekte zur Aktivierung der Lebensfreude

Im Folgenden werden unsere Aktivitäten beschrieben. Alle Aktionen wurden fotografisch für die Kinder dokumentiert.

10.3.1 Der Barfußpfad

Die erste Station bei unserem »Projekt Lebensfreude« war der gemeinsame Besuch eines Barfußpfades. Dieser ist mit vier Rundwegen angelegt, die mit verschiedenen Materialien ausgelegt sind. Man kann über weiche Untergründe wie Gras, Torf und Sand laufen, über harte Böden wie Holzpaneele, Pflastersteine oder einbetonierte abgeschnittene Äste, aber auch über Kies, Holzschnitzel, Blähton und sogar über Glasscherben. Die Untergründe wechselten jeweils in ihrer Beschaffenheit von hart zu weich, sodass es nacheinander zu einem Reiz und dann zu Beruhigung kommen kann. Beim Überschreiten der verschiedenen Untergründe konnten die Kinder viele Sinneserfahrungen machen. In der Elementarpädagogik hat die Sinnesförderung oftmals einen festen Platz. Hugo Kükelhaus (1900–1984), Ernst J. Kiphard (1923–2010) und Marianne Frostig (1906–1985) entwickelten verschiedene Konzepte zur Sinnesförderung. Bei dieser Aktion war es uns wichtig, dass auch die älteren Kinder diese Sinneserfahrung noch einmal machen können und frühe Empfindungen nachspüren oder auch nachholen können. Die meisten Kinder lieben das Barfußlaufen und ziehen gern ihre Schuhe aus, um über die nasse Wiese zu laufen oder ihre Füße im Sand einzugraben. Unser Ausflug zum Barfußpfad fand mit sieben Kindern statt. Alle konnten sich, unterstützt durch gute Anleitung, mit uns Erwachsenen auf den Weg machen. Wir durchschritten die verschiedenen Felder erst gemeinsam und berichteten uns gegenseitig, was wir spüren konnten und wie das Gefühl für uns ist. Besonders traumatisierte Kinder haben oftmals Schwierigkeiten, Gefühle zu verbalisieren. Die Aktivität machte es ihnen leicht, erst einmal Sinneseindrücke wie »Das piekst!«, »Oh, das fühlt sich aber schön warm an!« zu beschreiben. Später kamen dann auch noch schwieriger zu verbalisierende Gefühle dazu. »Ich habe Angst, über die Scherben zu laufen!«, »Jetzt habe ich es geschafft, da kann ich aber stolz auf mich sein!« Besonders beim Überschreiten des Scherbenfeldes mussten viele Kinder ihren ganzen Mut zusammennehmen, um dann später festzustellen, dass das, wovor sie die größte Angst hatten, gar nicht so schlimm war. Sie haben es geschafft, ihre Ängste zu überwinden und ihren Mut in den Vordergrund zu stellen. Die Kinder konnten bei dieser Aktivität auch Stärke beweisen. So kam es zu der Situation, dass sie die Erwachsenen an die Hand nehmen mussten, weil diese sich nicht trauten, über spitze Kiesel zu gehen. Die Kinder genossen diese Position sehr. Sie standen helfend zur Seite und verbalisierten Sätze, die sonst die Erwachsenen zu ihnen sagen: »Du schaffst das schon!«, »Ich hab das auch schon gemacht! Komm, ich mach es mit dir zusammen!« Was die Kinder nebenher noch sehr genossen, war das Fotografieren. Sie setzen sich mit den anderen Kindern in Position und holten die Fotografin nach und nach zu den unterschiedlichen Orten, um Bilder von ihnen zu machen.

10.3.2 Das Kindercamp

Eine gute Methode zum Beziehungsaufbau, zur Stärkung des Gruppen- und des Gemeinschaftsgefühls ist die Durchführung von gemeinsamen Ferienfreizeiten. Bereits seit mehreren Jahren nehmen unsere Gruppen an einem Kinderpfingstcamp teil. Dieses ist eine eigene Veranstaltung einer bekannten Jugendorganisation, mit der unsere Einrichtung schon viele Jahre kooperiert. In diesem Jahr nahmen wir mit 15 Kindern sowie acht Mitarbeitern und Mitarbeiterinnen aus beiden Wohngruppen teil. Schon in die Vorbereitung wurden die Kinder mit einbezogen. Sie konnten eigene Ideen entwickeln und Inhalte und Ablauf aktiv mitgestalten. Die Partizipation der Kinder hat bei dieser Veranstaltung einen hohen Stellenwert. Beim diesjährigen Thema konnten die Kinder an Arbeitsgruppen mit den unterschiedlichsten Inhalten zum Thema der »vier Elemente« teilnehmen. Für die Teilnahme an diesem Camp ist es, besonders für Kinder mit Traumatas und anderen schwierigen Hintergründen, sehr wichtig, dass es auch im Camp eine feste Struktur gibt und die Kinder zu jeder Zeit die Unterstützung und den Rückhalt eines bekannten Erwachsenen haben. Wichtig ist es im Vorfeld zu klären, mit welcher Einstellung Jugendorganisationen Kindern mit Jugendhilfehintergrund gegenüberstehen. Bei einigen externen Ferienfreizeitmaßnahmen wäre die Verhaltenskreativität der Kinder oft schon im Vorfeld ein Ausschlusskriterium. Impulsdurchbrüche konnten durch den hohen Betreuungsschlüssel gut aufgefangen und von den anderen abgeschirmt werden. Durch das jährliche Wiedererleben der meist gleich strukturierten Campabläufe konnten sich neue Muster bei den Kindern etablieren. So war zum Beispiel vor ein paar Jahren ein Junge unserer Wohngruppe durch die Zeltdisco getriggert, was einen heftigen Impulsdurchbruch zur Folge hatte, der letztendlich nur durch das sichernde Halten des Jungen von zwei Mitarbeiterinnen über eine längere Zeit begleitet werden konnte. Im letzten Jahr konnte er, in Begleitung einer Mitarbeiterin, die laute Musik zumindest schon aus der Entfernung von der Wiese aus ertragen. In diesem Jahr tanzte er in der Disco und sang laut ihm bekannte Lieder mit.

10.3.3 Das Jugendcamp

Das Jugendpfingstcamp fand mit circa vierzig Jugendlichen auf einem Campingplatz am See statt. An dem Camp nahmen drei Jugendliche und zwei Betreuerinnen der Wohngruppen teil. Das Camp wurde von der anbietenden Organisation unter dem Motto »Multi Media Trash« angeboten. Die Angebote waren für die Jugendlichen offen, sie konnten teilnehmen, mussten aber nicht. Durch diese Offenheit trat das Ergebnis ein, dass die Jugendlichen meist an allen Angeboten teilnahmen. Besonders für die Jugendlichen mit Traumatisierungen war die Sicherheit, die entstehenden Situationen jederzeit verlassen zu dürfen, ohne sich direkt erklären zu müssen, ein wichtiger Sicherheitsgeber. Die Unterbringung war in Zelten organisiert, je zu fünf Jugendlichen. Die Teilnehmer waren drei Jugendliche, zwei Mädchen und ein Junge. Da sie sich in dieser Konstellation sicher fühlten, wählten sie auch die Übernachtung zusammen in einem Zelt. Die Möglichkeit zur geschlechtsgemischten Übernachtung im Zelt war vorher mit den Vormündern bzw. Erziehungsberechtigen besprochen und mit schriftlichem Einverständnis fixiert worden. Das genaue Kennen der Geschichten der Jugendlichen ist hier umso wichtiger, falls Traumatisierungen im sexuell übergriffigem Bereich stattgefunden haben. In dem Fall der drei Jugendlichen war das, nach Kenntnisstand, nicht der Fall. Nach einer Nacht orientierte sich der Jugendliche an anderen Gleichaltrigen und löste sich von den Mädchen, blieb aber im gemeinsamen Zelt.

Neben der empfundenen Lebensfreude, die beim Schwimmen, bei der Disco, bei den Ralleys und beim Lagerfeuer deutlich in den Gesichtern zu sehen war, konnten weitere Resilienzfaktoren in diesem Setting gefördert werden. So trugen die Jugendlichen selbst die Verantwortung für ihr gewähltes Freizeitprogramm und konnten so ihre Selbstwirksamkeit und Selbstmanagement deutlich empfinden. Sie machten die Erfahrung, dass sie wertgeschätzt werden für ihre Entscheidungen und konnten dementsprechend ihr Selbstwertgefühl steigern und selbst spüren. Es wurden realistische und altersangemessene Erwartungen an die Jugendlichen gestellt (z. B. zur rechten Zeit zu den Mahlzeiten da sein, an den gemeinsamen Runden teilnehmen); so erlebten sie Selbstwirksamkeitsüberzeugung und Kontrollüberzeugung. Für diese Jugendlichen waren die Ziele erreichbar gesteckt und wurden nur vereinzelt übertreten. Hier galt es, die Grenzen wieder zu ziehen und verbindliche Absprachen zu treffen. Diese Absprachen geben unter dem Aspekt der Problemlösefähigkeit wieder neue Wege, Sicherheit zu empfinden und Selbstmanagement zu erlernen. Auch im Jugendbereich ist es von großem Vorteil, wenn die Jugendlichen durch einen ihnen bekannten Erwachsenen begleitet werden. Dadurch haben sie die Möglichkeit, immer wieder Sicherheit zu empfinden, wenn sie diese benötigen.

10.3.4 Die Farb-Rutschbahn

Ein weiteres Element des Projektes Lebensfreude war eine Rutschbahn mit Schmierseife und Farbe im Garten. Zu der Schmierseife nahmen wir Farben, die hautverträglich und gut vom Körper abzuwaschen waren. Diese Farben wurden auf der Seifenrutschbahn, die aus zwei Lagen Malerfolie bestand, verteilt, sodass die Kinder im Folgenden einen Körperabdruck auf ein ausgelegtes, großes Papier machen können. Neun Kinder der beiden Wohngruppen nahmen an dem Angebot teil. Durchgeführt wurde das Angebot im Außenbereich der Regelwohngruppe. Dies wurde deshalb gewählt, da bei solchen Angeboten immer darauf geachtet werden sollte, dass einige Kinder aufgrund ihrer traumatischen Erfahrungen nicht teilnehmen können. Gründe hierfür könnten zum Beispiel die Angebotsgröße, das Nicht-zeigen-Wollen in Badebekleidung, Schwierigkeiten mit Schmierigem auf der Haut oder Schwierigkeiten des Zurechtfindens auf unbekanntem Gelände mit zum Teil unbekannten Personen sein. Aus diesem Grund schien uns die Regelgruppe am geeignetsten, da die Kinder mit bereits genanntem Hintergrund in der Intensivgruppe bleiben konnten, ohne direkt konfrontiert zu werden. Auf die Folien wurde Schmierseife verteilt und einige Kinder durften die Farben aus der Flasche großzügig auf der Folie verteilen. Die Kinder wurden an der Vorbereitung beteiligt, um ihnen schon im Vorfeld die eventuelle Angst vor dem Material zu nehmen und auch Gelegenheit zu geben, die Planung zu erkennen und zu verstehen. Grundsätzlich planten wir die Aktion in Badebekleidung, damit gut über die Folie gerutscht werden konnte und Körperabdrücke möglich waren. Zwei der Kinder entschieden für sich, sich nicht in Badebekleidung vor den anderen zeigen zu wollen, und ließen zusätzlich ein T-Shirt und eine Hose an.

Es ist gut, bei solchen Aktionen immer wieder sensibel auf Befindlichkeiten zu reagieren und das einzelne Kind im Blick zu haben. Ist es unter anderen Umständen für Kinder gar kein Problem in Badebekleidung zu sein, kann es bei traumatisierten Kindern situationsabhängig wichtig sein, komplett bekleidet zu sein. Die Kinder stellten sich vor der Folie in einer Reihe auf und rutschten nacheinander unter großem Applaus über die Rutschbahn. Einige sehr vertrauensvoll mit großem Elan, einige erst zögerlich und dann stolz, es geschafft zu haben. Ein Kind traute sich nicht allein über die Bahn, schaffte es aber mit Begleitung an der Hand, zusammen mit einer Erwachsenen zu rutschen. Nach dem Rutschen gingen die Kinder zu ihrem vorbereiteten Blatt Papier und legten

sich der Länge nach für einen Körperabdruck darauf. Nach einigen Rutschver-
suchen hatten die Kinder deutlich Spaß und trauten sich immer neue Rutsch-
varianten zu. Alle Kinder bekamen die Gelegenheit über ihre Empfindungen zu
sprechen. Einige hatten ein hohes Bedürfnis zu beschreiben, wie sich ihr Körper
dabei angefühlt hat, einige wollten ihr Körperbild gemeinsam betrachten und
einige einfach nur wieder rutschen. Das Angebot wurde gemeinsam mit den
Kindern beendet und die Kinder gingen nacheinander duschen.

Auch hier wurde darauf geachtet, welche Kinder warten können und welche
die Farbe auf ihrem Körper länger gut finden. Gerade bei traumatisierten Kindern
ist es nötig, viel Empathie zu zeigen und sogenannte Alltagssituationen gut im
Blick zu haben. Bei einem Jungen beispielsweise gab es vor dem Duschen einen
starken Impulsdurchbruch, der erst einmal nicht zugeordnet werden konnte.
Nach einer engen Begleitung des Kindes konnte er äußern, dass er Angst habe,
kalt geduscht zu werden, er kannte das Haus nicht. Nach Erklärungen, dass es
auch in diesem Haus warmes Wasser und ein vollausgestattetes Badezimmer gibt,
konnte er in Ruhe duschen gehen. Das Sich-Fallenlassen der Kinder benötigt
durchgängig Aufmerksamkeit und Kontakt zum Einzelnen, um die Sicherheit
für jedes Kind zu gewährleisten. Vonseiten des Kindes bedarf es ein hohes Maß
an Vertrauen zu der begleitenden erwachsenen Person.

10.3.5 Das Fotoalbum/Scrapbooking

In einem Workshop gemeinsam mit den Kindern der beiden Wohngruppen
haben wir die Fotos der gemeinsamen Aktionen mithilfe von Scrapbooking
besonders in Szene gesetzt.

Das Wort Scrapbooking kommt von dem englischen Wort »Scrap« und
bedeutet Schnipsel oder auch Stückchen. Beim Scrappen werden einzelne Fotos
in Szene gesetzt mit allerlei Beiwerk wie Aufklebern, Stempeln, Stanzern und
Schriften (Wikipedia, »Scrapbooking«). Das einzelne Foto mit Untertiteln oder
passenden Klebern hält den Moment fest und stellt die zum Aufnahmezeitpunkt
empfundene Lebensfreude dar. Beim Scrappen werden dann viele Schnipsel
und Stückchen sozusagen als ein Teil der Lebensgeschichte gesammelt. Ziel
unserer Scrapbookingaktion war es, Fotoalben auf die besonderen Bilder der
Aktionen zum Thema Lebensfreude zu reduzieren und dadurch die Tage und
die empfundene Lebensfreude darzustellen.

Beim Scrapbooking hatten die Kinder die Gelegenheit, schon bei den Aus-
flügen und beim Erleben an die spätere Verarbeitung zu denken: Eintritts-
karten oder Flyer zu sammeln, besondere Blumen zu pressen oder persönliche
Erinnerungen aufzubewahren. Diese Sachen konnten alle verarbeitet werden

und verblieben beim Kind als Album, das stetig erweitert werden kann, da die einzelnen Seiten, sogenannte Layouts, mit Schlüsselringen zusammengehalten werden, die man öffnen und wieder verschließen kann.

Zu diesem Angebot wählten wir einen Raum, der abseits von den Wohngruppen liegt und in dem die Jungen und Mädchen nicht von den Räumlichkeiten der Wohngruppe abgelenkt wurden. Einen Raum, der außer ein paar Bildern ungeschmückt war und nur Tische und Stühle beinhaltete, damit gerade die Kinder, die sich leicht ablenken lassen, sich auf das Wesentliche konzentrieren konnten. Für die Kinder hatte es auch einen hohen Stellenwert, dass dieser Raum der Konferenzraum der Erwachsenen und extra für die Kinder reserviert war, mit einem Schild »Scrapbookingworkshop« an der Tür. Die Kinder fühlten sich ernst genommen und im Hinblick auf die »Cycles of Power« wurden hier die *Kraft des Seins* und die *Kraft des Tuns* besonders angesprochen. Die Kinder hatten das Recht, in diesem Konferenzraum zu sein. Das Schild bewies dies. Die Kinder hatten das Recht zu handeln und den Raum zu erforschen.

Zuerst wurden die Seiten des Fotoalbums mit Scrapbookingpapier beklebt. Hier ist es gut, tatsächliches Scrapbookingpapier zu verwenden, da dieses beidseitig mit Farben und Motiven bedruckt ist und die Kinder eine Wahl haben, welche Dekors besser zu ihrem persönlichen Fotoalbum passen. Des Weiteren ist dieses Papier strukturiert und fühlt sich anders an als die Papiere, mit denen die Kinder gewöhnlicherweise in Schule und Freizeit arbeiten.

Die Kinder wählten dann die Anordnung der Fotos und schnitten sich Passepartouts für die Fotos. Weitere Materialien wie Stanzer, Aufkleber, Prägestempel wurden zur Verfügung gestellt. So entstanden für die Kinder schnell schöne Ergebnisse, Erfolgserlebnisse stellten sich bald ein und motivierten zur weiteren Arbeit. Wichtig war hier, viel zu loben, positiv zu unterstützen und Verunsicherungen wahrzunehmen. Innerhalb der von uns vorgegebenen zweieinhalb Stunden entstanden kreative Ergebnisse.

10.4 Abschließende Bemerkungen

Nachdem wir mit dem Scrapbooking das »Projekt Lebensfreude« beendet haben, möchten wir nun noch einmal ein paar abschließende Gedanken zu den »Cycles of Power« formulieren. Das Wiederholen der basalen Stimulation ist elementar wichtig für traumatisierte Kinder. Gerade dann, wenn sich Störungen im Kleinkindalter etabliert haben, können hier gesundende Erfahrungen gemacht werden. Die Kinder, die an unserem Projekt teilgenommen haben, sind aktiv mit *der Kraft zu sein* und *der Kraft des Tuns* in Kontakt gekommen. Erst durch die entsprechenden Erlaubnisse der einzelnen Phasen, in Bezug auf die »Cycles of Power«, war es ihnen möglich, ja sie wurden dazu sogar ermutigt, bei den Aktivitäten Lebensfreude zu empfinden.

10.5 Ausblick

Zusammenfassend würden wir sagen: »Es hat Freude gemacht!« Und das ist nicht nur für die Kinder und Jugendlichen unserer Wohngruppen eines der höchsten Güter, sondern auch für die Betreuerinnen. Freude an der Arbeit und Spaß mit den Betreuten, tragen wesentlich dazu bei, ein authentisches Vorbild zu sein. Wie in allen anderen Bereichen des Lebens kann man das am besten vermitteln, was man selbst für sich fühlt und verinnerlicht hat. Gerade die Kinder und Jugendlichen unserer Wohngruppen brauchen Vorbilder, an denen sie sich orientieren können. Hier soll nichts »weggelacht«, sondern manchmal nur herzlich angelacht werden. Viele Dinge können, mit Liebe betrachtet, anders wirken. Lachen kann den Schrecken nehmen und stellt unersetzliche Verbindungen her. Lebensfreude vermitteln wir in unserer Arbeit aber nicht nur über geplante Aktivitäten, wie hier beim Projekt, sondern auch über Erlebnisse im Alltag. Die Witzerunde beim Mittagstisch, das Blödeln auf der Couch, das Grimassen machen vor dem Spiegel, der Tanz im warmen Sommerregen, das laut mitgesungene Lied bei der gemeinsamen Autofahrt, das Juchzen auf einem Berg und der gemeinsam geklopfte und getrommelte Rhythmus beim Badezimmerkonzert sind nur einige Beispiele, wo Freude gelebt werden kann und wir dies mit den Kindern und Jugendlichen in unseren Wohngruppen auch tun.

Literatur

Bausum, J., Besser, L. U., Kühn, M., Weiß, W. (Hrsg.) (2013). Traumapädagogik. Grundlagen, Arbeitsfelder und Methoden für die pädagogische Praxis. (3. Aufl.). Weinheim u. Basel: Beltz Juventa.

Bundesgemeinschaft Traumapädagogik (2011). Standards für traumapädagogische Konzepte in der stationären Kinder- und Jugendhilfe. Ein Positionspapier der BAG Traumapädagogik. Nov. 2011. Zugriff am 28.10.2013 unter http://www.bag-traumapaedagogik.de

Frostig, M. (1999). Bewegungserziehung: neue Wege der Heilpädagogik (6. Aufl.). München: Ernst Reinhardt.

Kiphard, E. J. (2001). Motopädagogik (9. Aufl.). Dortmund: Modernes Lernen.

Kükelhaus, H., Zur Lippe, R. (2008). Entfaltung der Sinne: Ein Erfahrungsfeld zur Bewegung und Besinnung (Neuaufl.). Wiesbaden: Schloss Freudenberg.

Lang, B., Schirmer, C., Lang, T., Andreae de Hair, I., Wahle, T., Bausum, J., Weiß, W., Schmid, M. (Hrsg.) (2013). Traumapädagogische Standards in der stationären Kinder- und Jugendhilfe.

Eine Praxis- und Orientierungshilfe der BAG Traumapädagogik. Weinheim u. Basel: Beltz Juventa.

Levin, P. (1988). Cycles of power: A user's guide to the seven seasons of life. Deerfield Beach, Florida: Health Communications Inc.

Lumma, K., Michels, B., Lumma, D. (2009). Quellen der Gestaltungskraft. Ein Lehrbuch zum Lebendigen Lernen mit Tafeln, Minilektionen, Übungen und bebilderten Praxisbeispielen. Hamburg: Windmühle.

Wikipedia (2013). Scrapbooking. Zugriff am 27.07.2013 unter http://de.wikipedia.org/wiki/Scrapbooking

Nadine König

11 Der Tanz auf dem Tisch: Intensivpädagogische Wohngruppenarbeit mit traumatisierten Kindern

11.1 Gruppenprozesse begleiten in der Arbeit mit traumatisierten Kindern

Der Artikel beschreibt beispielhaft die Umsetzung bindungs- und trauma-pädagogischer Inhalte in die konkrete Gruppenarbeit eines stationären Jugend-hilfesystems. Eingegangen wird auf die gruppenpädagogischen Prozesse und die damit in Verbindung stehenden pädagogischen Inhalte und Zielvorstellungen dieser Arbeit mit Kindern im Grundschulalter. Eingegangen wird weiterhin auf die notwendigen Ausprägungen von Kompetenzen der Pädagogen, welche für die Umsetzung dieser Arbeit und der partizipativen Haltung den traumatisierten Kindern im Alltag gegenüber von Bedeutung sind.

»Ich glaube, dass der Kern jeder Traumatisierung in extremer Einsamkeit besteht. Im äußersten Verlassensein. Damit ist sie häufig, bei Gewalttrauma immer, auch eine Traumatisierung der Beziehungen und der Beziehungsfähig-keit. Eine liebevolle Beziehung, die in mancher Hinsicht einfach ›sicher‹ ist, wird unerlässlich sein, um überhaupt von einem Trauma genesen zu können« (Huber, 2007). Onno van der Hart fasst in seinem Zitat das Erleben eines Traumas und seine sozialen Auswirkungen meiner Ansicht nach sehr gut zusammen.

11.2 Begegnung verschiedener Traumata in der stationären Jugendhilfe

In der stationären Jugendhilfe treffen häufig Kinder aufeinander, die in ihrem relativ kurzen Leben bereits ein hohes Maß an Komplexität innerhalb ihrer Erfahrungen und Erlebnisse zu integrieren haben. Viele dieser Kinder haben in ihrer Vergangenheit traumatische Erfahrungen gemacht. Die Symptome einer Traumatisierung können vielfältig und bei jedem Kind unterschiedlich sein (→ Kapitel 1). Die Kinder ziehen sich in sich zurück, misstrauen ihrer Umwelt, zeigen selbst- oder fremdverletzendes Verhalten, erleben Anteile des Traumas im Alltag wieder (ausgelöst durch Trigger), dissoziieren oder geben ihrer Hilflosigkeit, Angst und Verzweiflung auf andere Weise Ausdruck. Häufig treten die Symptome in unvorhersehbaren Situationen auf und überraschen das direkte Umfeld.

Bindungs- und beziehungsrelevante Fakten spielen in der stationären Jugendhilfe eine große Rolle, da gerade traumatisierte Kinder sich häufig als schutzlos in Bezug auf ihnen nahestehende Personen erlebt haben. »Bei der Bindung handelt es sich um eine lang andauernde, gefühlsbetonte Beziehung zu einem bestimmten Menschen, der sogenannten Bindungsperson, von der wir Schutz und Unterstützung erwarten« (Schleiffer, 2009, S. 27). Das Zusammenleben mit traumatisierten Kindern erfordert einen klar strukturierten Rahmen und ein hohes Maß an Beziehungskompetenz vonseiten der Mitarbeiter, da gerade Kinder mit traumatischen Erlebnissen das Vertrauen darin, dass ihnen Schutz gewährt wird, oft verloren haben.

Für die einzelnen Kinder stellt das gemeinsame Leben in einer Wohngruppe eine große Herausforderung dar. Sie müssen lernen, ihre eigenen Grenzen und die anderer zu erkennen, zu akzeptieren und zu wahren. Aus meiner Sicht stehen drei Fragen im Vordergrund:
- Wie wirken sich traumatische Erlebnisse auf das Zusammenleben in einer Wohngruppe aus?
- Wie kann es gelingen, unterschiedlich traumatisierte Kinder innerhalb einer Wohngruppe individuell so zu stützen und zu fördern, dass sie ihr Trauma überwinden können?
- Welche Befähigung müssen die Mitarbeiter einer Wohngruppe in der Arbeit mit traumatisierten Kindern mit sich bringen?

11.3 Formen von Traumatisierungen in einer Gruppe und damit verbundene Dynamiken

Kinder, die traumatisiert sind, fühlen sich häufig einsam, orientierungslos und verzweifelt. Sie verstehen ihre eigene Gefühlslage nicht und sind nicht in der Lage, ihre Gefühle zu verbalisieren und einzuordnen. Innerhalb einer Wohngruppe der Jugendhilfe leben oftmals Kinder mit unterschiedlichen traumatischen Erfahrungen zusammen. Laut Bausum, Besser, Kühn und Weiß (2013) gibt es drei Möglichkeiten, wie traumatische Erlebnisse in eine Gruppe transportiert werden können. Da sind zum Ersten »gemeinsame traumatische Erfahrungen«, bei denen die Gruppe als Ganzes ein Trauma, wie zum Beispiel

einen Unfall, erlebt. Zum Zweiten gibt es »gleiche traumatische Erfahrungen«.
Hierbei handelt es sich um individuell erlebte Traumatisierungen, die in ihrem
Thema bei mehreren Personen der Gruppe übereinstimmen, zum Beispiel Miss-
brauchs- oder Vernachlässigungserlebnisse. Zum Dritten geht es um »trans-
portierte traumatische Erfahrungen«, bei denen Mitglieder der Gruppe durch
Beeinflussung oder Übertragungsphänomene, zum Beispiel in Form von
abweichendem Verhalten, Symptome einer eigenen traumatischen Erfahrung
an andere Personen weitergeben. Diese sind gefährdet, ebenfalls traumatisiert zu
werden (vgl. Bausum, Besser, Kühn u. Weiß, 2013, S. 190). Die Dynamik innerhalb einer Gruppe mit traumatisierten Kindern ist oftmals sehr hoch und zum
Teil sowohl für die Kinder als auch für die Pädagogen nur schwer auszuhalten.
Die Kinder haben große Probleme, sich an Strukturvorgaben und Gruppenregeln zu halten oder zu den anderen Kindern der Gruppe und den Pädagogen
eine adäquate Beziehung aufzubauen. Sie haben erfahren, dass es keine grundsätzliche Sicherheit im Leben gibt und haben ein hohes Maß an Autonomie-
bestreben. Sie bemühen sich stetig, die Kontrolle über die Situationen und sie
umgebenden Menschen zu erlangen oder zu bewahren.

11.4 Gruppenkinder mit Erfahrungen von Grenzverletzungen im Bereich sexuelle Gewalt

Das Thema Sexualität begegnet den Pädagogen in der Gruppenarbeit mit
traumatisierten Kindern an allen Punkten. Wie verhalte ich mich beispielsweise bei der Sauberkeitserziehung? Kinder mit traumatischen Erfahrungen
in den Bereichen sexueller oder familieninterner Gewalt reagieren teilweise
mit sexuell auffälligem Verhalten, wie beispielsweise sexuellen Übergriffen auf
andere Kinder oder reinszenierendem Verhalten, die aus ihren Erlebnissen oder
Beobachtungen herrühren. Sexualität ist bei Kindern wie Pädagogen zum Teil
ein Tabuthema und von Scham gekennzeichnet (→ Kapitel 5). Kinder agieren
ihre Sexualität so meist versteckt aus. Für die pädagogische Gruppenarbeit ist
es somit umso wichtiger, eine vertrauensvolle Atmosphäre sowohl im Team
als auch in der Kindergruppe zu schaffen, in der offen über die Aspekte von
Sexualität gesprochen werden kann. Sexualität als ein natürliches, aber doch
sehr schützenswertes und in unterschiedlichen Altersstufen differenziert zu
behandelndes Thema darzustellen, ist in der Arbeit mit traumatisierten Kindern
meiner Ansicht nach sehr wichtig. Die Kinder sollen lernen, sich nicht für ihre
Gefühle schämen zu müssen, Erklärungen und Verständnis für diese vorzu-
finden und gleichzeitig Verantwortung für das eigene Verhalten zu übernehmen.

Für die Rollenfindung und die Entwicklung der Jungen und Mädchen ist es nicht
ohne Bedeutung, dass ein pädagogisches Team mit Männern und Frauen besetzt
ist, die als Vorbilder agieren und in ihrer Haltung klar gegen sexuelle Gewalt
auftreten (vgl. Bausum et al., 2013, S. 194). Die Kinder können korrigierende
Erfahrungen machen und lernen, über ihren Körper selbst bestimmen zu
können, was einen wichtigen Schutzfaktor darstellt (vgl. Weiß, 2011, S. 140).

11.5 Krisen und Interventionen in intensiv-
pädagogischen Gruppen

Die Grundlage für methodische Krisenintervention »geht davon aus, dass ein
Mensch in eine Krise gerät, wenn es ihm in einer belastenden Situation nicht
mehr gelingt, durch Anpassungsmechanismen und Problemlösungsstrategien,
sein seelisches Gleichgewicht aufrecht zu erhalten. Die Krise führt zu einer
erheblichen, psychischen Anspannung, zu Ohnmachtsgefühlen bis hin zu
Existenzkrisen, d. h. dass eine Krise im engeren Sinne ein akutes, bedrohliches
Ereignis darstellt (Caplan 1964) bzw. als solches empfunden wird« (Winter,
2004, S. 171).

Innerhalb der Gruppenarbeit mit traumatisierten Kindern kommt es immer
wieder zu Krisen und einer Erhöhung der Gruppendynamik. Die Kinder geraten
zum Beispiel an persönliche Grenzen oder Erinnerungen, die sie ängstigen oder
das Gefühl von Verzweiflung nicht ertragen lassen. Diese Gefühle werden von
den Kindern abgewehrt. Sie gehen in den Widerstand. »Widerstand schützt
davor, mit Angst, Schmerz oder Wut in Berührung zu kommen, die zum Zeitpunkt der Entstehung der Abwehrmechanismen so überwältigend waren, dass
sie nicht ertragen werden konnten« (Rahm, 1999, S. 212). In Momenten, in
denen Kinder sich sowohl körperlich, geistig und emotional in einem erhöhten
Erregungszustand befinden, sind sie sprachlich kaum noch erreichbar. Zeigen
sich diese Reaktionen bei mehreren Kindern aufgrund eines besonderen
Ereignisses, ist die schnelle räumliche Begrenzung und deutliche Nähe zum
Kind von hoher Bedeutung und sichert die Gesamtgruppe vor weiteren, teils
skurrilen Handlungen, welche bei traumatisierten Menschen üblich sind. Hier
kann es schnell zu übergriffigen Verhaltensweisen kommen oder es entsteht
eine Gruppendynamik, deren Auflösung selbst langjährige Mitarbeiter an ihre
Grenzen bringen kann. Innerhalb einer intensivpädagogischen Einrichtung hatte
es sich unter den Kindern herumgesprochen, dass bei bestimmten gezeigten
Verhaltensweisen (Selbst- oder Fremdgefährdung) schnell ein Aufenthalt in der
Kinder- und Jugendpsychiatrie die Folge sein könnte.

Ein zehnjähriges Mädchen agierte innerhalb eines Impulsdurchbruches auf folgende Art und Weise: Sie schrie hysterisch, lief in den Gruppenraum, stellte sich auf den Tisch und rief wiederholt: »Wir wollen in die Psychiatrie! Wir wollen in die Psychiatrie!« Bevor die Pädagogen die Situation auflösen konnten, standen innerhalb kürzester Zeit alle Kinder der Gruppe auf dem Tisch und fielen in den rhythmisch anschwellenden Ruf ein. Die Kinder stampften und waren augenscheinlich bereit, es mit jedem sich nähernden Pädagogen aufzunehmen. Es war ein wutentbrannter »Tanz auf dem Tisch«. Eine Mitarbeiterin setzte sich schließlich ruhig, aber in ihrer Haltung sehr klar auftretend auf einen Stuhl an diesen Tisch und erklärte ihrer Kollegin, dass sie ein sehr schönes Rezept für das Backen von Plätzchen gefunden habe. Sie unterhielt sich in normaler Lautstärke angeregt über ihr Vorhaben des Backens, das Verzieren der Plätzchen mit den feinsten Zutaten, bis die ersten Kinder interessiert lauschten und ihren Faden aufnahmen. Ohne auf die konkret vorgefallene Situation einzugehen, beruhigte sich die Kindergruppe langsam und das spontan entstandene Projekt des Plätzchenbackens konnte beginnen.

In dieser zu eskalieren drohenden Gruppensituation hätte ein rigides Festhalten an Gruppenregeln und die Androhung von Konsequenzen zu einer Verhärtung der Situation beigetragen. Durch das Einbringen von Ruhe, einem neuen Thema und dem paradoxen Verhalten der Pädagogen der Kindergruppe gegenüber, konnte der Aufstand unterbrochen und schließlich beruhigt werden.

Pädagogische Reaktionen auf Grenzverletzungen sollten sehr zeitnah und an die jeweilige Situation gekoppelt stattfinden. Konsequenzen, die sich über mehrere Tage erstrecken, sind häufig kontraproduktiv und verfehlen schnell ihre pädagogische Wirkung, sorgen stattdessen für erneuten Druckaufbau im emotionalen Erleben des Kindes. Es ist sinnvoll, Konsequenzen direkt umzusetzen und beispielsweise nicht in den Dienstwechsel und somit dem nächsten Pädagogen zu übertragen. Dies fördert zudem die notwendige natürliche Autorität eines jeden Mitarbeiters und macht den Kindern deutlich, dass es gewollte Grenzen von Konfliktsituationen gibt und diese nicht stellvertretend weitergeführt werden sollen. In Momenten der Selbst- oder Fremdgefährdung sind Pädagogen teilweise gefordert, Kinder körperlich zu begrenzen, sie zu halten (→ Kapitel 5). »Aggression und Gewalttätigkeit waren noch nie so aktuell wie heute, aber auch noch nie war eine auch wissenschaftsideologisch begründete Hilflosigkeit gegenüber dissozialen Verhalten so groß« (Flosdorf, 2009, S. 43). Daher sollte das sichernde Halten unbedingt auf eine Art und Weise geschehen, durch die weder das Kind noch der Pädagoge verletzt werden. Wird ein Kind in seiner aggressiven Verhaltensweise sich selbst oder anderen gegenüber von dem Pädagogen körperlich begrenzt, ist eine ruhige, sachliche sprachliche Begleitung

dieser Situation notwendig. »Wer sich mit aggressiven, dissozialen und hyper-
aktiven Kindern in lebensweltlichen Zusammenhängen, d. h. im alltäglichen
Zusammenleben verantwortlich einlassen will, der kommt ohne den Mut und
der Entschlossenheit zu konfrontativ-grenzsetzendem Verhalten nicht aus«
(Flosdorf, 2009, S. 43). Hierbei geht es nicht um Bestrafung, sondern »Kontrolle
durch Berührung« (vgl. Flosdorf, 2009, S. 44). Aggressionen vonseiten des
Pädagogen als Gegenreaktion auf das Verhalten des Kindes sind hier völlig fehl
am Platz. Eine ruhige, freundliche und zugewandte Haltung dem Kind gegenüber ist in diesen Situationen unbedingt von Nöten (vgl. Flosdorf, 2009, S. 45).

Gerade in intensiv-pädagogischen Gruppen ist es sinnvoll, die Dienste so auf-
zuteilen, dass in der arbeitsintensiven Zeit des Tages mindestens zwei Pädagogen
in der Gruppe anwesend sind. So ergibt sich auch die Möglichkeit, in Situationen,
in denen ein Kind gehalten werden muss, einen Kollegen vor Ort zu haben.
So können die Kräfte verteilt werden und eine Ablösung untereinander kann
zudem auch zu einer Beruhigung des Kindes führen. Häufig hilft es, wenn ein
Pädagoge, der in die eskalierende Situation nicht direkt involviert war, das Halten
des Kindes übernimmt. Das Wissen darüber, dass jedes Kind, bei allem, was es
in Szene setzt, immer eine positive Motivation hegt (→ Kapitel 2), hilft, sich besser
in das Kind einzufühlen und die Situation ohne eigene Aggressionen betrachten
und aushalten zu können. Nachdem ein Kind festgehalten wurde, sollte mit
diesem darüber gesprochen werden, ob eine Stelle am Körper schmerzt und ob
es verstanden hat, weshalb dieser Handlungsschritt erforderlich war.

Wird ein Kind innerhalb einer Gruppe von Pädagogen festgehalten, entsteht
unter den anderen Kindern sehr schnell Angst und Unsicherheit. Sie geraten
in einen Loyalitätskonflikt und sind nicht sicher, ob sie dem betreffenden Kind
helfen sollen oder dem haltenden Pädagogen vertrauen können.

Ein Junge sah, dass sein Freund von einem Pädagogen gehalten wurde. Dieser
Freund rief ihn und forderte seine Unterstützung. Die zweite Pädagogin ging auf
den Jungen zu und erklärte, dass sie nun zu ihrem Kollegen hinübergehen würde,
um ihm und dem zu haltenden Jungen zu helfen. Sie lud den Jungen ein, mit ihr zu
kommen, sich ein Kissen zu nehmen und in die Nähe zu setzen, um zu schauen, ob
es seinem Freund gut gehe. Auch erklärte sie, was Hilfe unter Freunden in einer
solchen Situation bedeuten kann. Der Junge nahm auf seinem Kissen Platz und
beobachtete angespannt die Situation. Die übrigen Kinder der Gruppe befanden
sich still im Hintergrund, ebenfalls angespannt abwartend, welche Dynamik entstehen könnte. Die Pädagogin sprach ruhig und abwechselnd zu dem Jungen und
seinem Freund. Nach einiger Zeit, erklärte der Junge, sein Freund sehe durstig aus.
Er lief und holte Wasser und Becher aus der Küche. Für die haltenden Pädagogen

brachte er ebenfalls Becher mit. In dem Augenblick entspannte sich die gesamte Gruppensituation. Über das anschließende Lob der Pädagogin, so gut geholfen zu haben, freute sich der Junge sichtlich.

Transparenz und Authentizität im Verhalten der Pädagogen sind auch in eskalierenden Situationen vertrauensfördernde Maßnahmen.

11.6 Die Schaffung eines sicheren Ortes

Kinder, die in einer Wohngruppe der Jugendhilfe aufgenommen werden, haben in der Regel bereits eine Vielzahl an aufregenden und unsicheren Erlebnissen hinter sich. Möglicherweise haben sie eine Inobhutnahme oder einen Psychiatrieaufenthalt bereits miterlebt. Sie fühlen sich verunsichert, ungeliebt und als Personen unzureichend. »Den Kindern in der Gruppe werden stabile affektive Beziehungen zum Aufbau eines angstfreien Lebens- und Entscheidungsraumes bereitgestellt« (Heidemann u. Greving, 2011, S. 174). Der erste Eindruck bei Eintreffen in der jeweiligen neuen Umgebung ist als Basis für das spätere Vertrauensverhältnis sehr prägnant. Kaum ein Kind weiß später nicht mehr, wie sein erster Tag in der neuen Einrichtung ablief. Ein freundlicher, wohlwollender Empfang – wenn möglich direkt durch den Bezugspädagogen –, die Präsentation eines gemütlichen Zimmers, ein echtes Interesse dem Kind und dem Respekt der Eltern gegenüber, die das Kind eventuell begleiten, ist von höchster Wichtigkeit. Bereits vor einer Aufnahme sollten die Pädagogen sich mit der Biografie des Kindes befasst haben und diese mit in die Planung des Einzuges integrieren. Dabei stehen Fragen im Vordergrund wie beispielsweise, welches Zimmer dem Kind entsprechen könnte, welche Farbe die Tapete haben sollte, was dem Kind bereits bei Betreten des Zimmers Sicherheit vermitteln könnte.

Auch in der Kindergruppe sollte besprochen werden, wie einem neuen Kind begegnet wird. Kindern der Gruppe, die einen Neueinzug nicht aushalten können, sollte ein eigener Raum mit individueller Beschäftigung und Rückzugsmöglichkeiten eingeräumt werden. So kann einer eventuellen Eskalationsschraube gegengewirkt werden. Bei Neuaufnahmen und Entlassungen kommen in der Regel alle Kinder einer Gruppe an ihre eigene Geschichte mit Ängsten oder offenen Wünschen und Fragestellungen heran. Eventuell ist die eigene Perspektive noch nicht geklärt, was Unsicherheit auslöst. Daraus resultiert eine hohe Gruppendynamik, die jedoch auch konstruktiv genutzt werden kann, indem das Thema offen, in den Alltag eingebunden, angesprochen wird. Ausführliches zum sicheren Ort findet sich in Kapitel 3.

11.7 Pädagogischer Umgang mit akuten Brüchen in der Gruppendynamik

Die Kinder haben so die Möglichkeit, zu erfahren, dass sie mit ihren Ängsten, Sorgen und Unsicherheiten nicht allein stehen. Sie erleben, dass es vielen Kindern ebenso geht wie ihnen, und entwickeln bestenfalls gemeinsam Ideen, wie die Situation gut oder wenigstens aushaltbar gestaltet werden könnte (Partizipation) und welchen Beitrag sie dabei leisten können.

Transparenz hat in der Arbeit mit traumatisierten Kindern einen hohen Stellenwert und bedient das Bedürfnis der Kinder nach Kontrolle und Verstehen, ohne, dass sie diese über eskalierendes Verhalten erkämpfen müssen. Es ist so, »dass die Jugendlichen im Heim zunächst einmal verstehen möchten, warum sie sich eigentlich an diesem Ort, zu dieser Zeit befinden. Dieser Verstehensprozess geht anscheinend allen weiteren Bildungsprozessen, die sich im Rahmen von Heimerziehung ergeben können, voraus« (Stork, 2007, S. 24).

Ebenso hat es Bedeutung, welcher Pädagoge an bestimmten Tagen im Tag- oder Nachtdienst eingeplant ist oder Urlaub hat. Den Kindern einen Dienstplan kindgerecht zugänglich zu machen, hilft ihnen, sich auf Situationen besser einstellen zu können. Sind Pädagogen im Urlaub oder krank, sollte weiter über sie gesprochen werden, um den Kindern so zu vermitteln, dass diese weiterhin zugehörig zum System sind und zurückkehren werden. Nicht selten haben die Kinder wahrscheinlich erlebt, dass ihnen wichtige Bezugspersonen von jetzt auf gleich genommen wurden. Traumatisierte Kinder sind sich oftmals nicht sicher, ob der geschätzte Bezugspädagoge nach seinem Urlaub tatsächlich zu ihnen zurückkehren wird.

Eine ruhige Lage und viel Natur sind hilfreich, um den Kindern zu ermöglichen, zur Ruhe zu kommen. Das Spiel hat große Bedeutung und sollte viel Raum einnehmen dürfen, sowohl räumlich wie inhaltlich. Besuchskontakte von außerhalb, beispielsweise mit Verwandten oder Amtspersonen lösen nicht selten Ängste und Unsicherheiten aus. Häufig brechen altbekannte Gefühle in den Kindern aus. Eine Trennung von Wohnraum und Besuchskontakten hilft hier, den Schutz des Lebensortes zu erhalten. Gleichzeitig erhalten ebenso die Eltern oder aber auch Verwandtschaftssysteme des Kindes einen eigenen Besuchsraum, der für alle Beteiligten signalisiert, dass ein alternativer Ort eine gute Idee für die eventuelle Kontaktanbahnung bzw. Aufrechterhaltung von Beziehung auch nach den traumatischen Erlebnissen des Kindes ist.

Eine gute Vernetzung zu den örtlichen Schulen, Ärzten, Nachbarn, Sportvereinen und Gemeinden ist ausschlaggebend, um Vorurteilen gegenüber den Kindern vorzubeugen. Arztbesuche beispielsweise können in der Gruppenarbeit zu einer echten Herausforderung werden, da, personell bedingt, gleich mehrere Kinder bei einem Termin eingebunden werden, was zu erhöhter Unruhe und Schwierigkeiten in der Begleitung des einzelnen Kindes in angstbesetzten Situationen führen kann.

11.8 Partizipation in der Arbeit mit traumatisierten Kindern

Kindern ein Mitsprache- bzw. Mitwirkungsrecht einzuräumen, hat in der Heimerziehung generell an Wert gewonnen. »Der Begriff Partizipation wird als eine der zentralen Strukturmaximen einer modernen, lebensweltorientierten Jugendhilfe betrachtet. Im Kontext der Jugendhilfe wird Partizipation als Sammelbegriff für Beteiligung, Teilnahme, Teilhabe, Mitwirkung und Mitbestimmung verwendet« (Stork, 2007, S. 20). Gerade in Bezug auf die Arbeit mit traumatisierten Kindern vermittelt der Gedanke der Partizipation viel Sicherheit. Die Kinder erleben, dass sie gehört und ernst genommen werden. Durch wöchentlich gestaltete Gruppenrunden kann zum einen die Bedeutung der Gruppe und somit der Zusammenhalt unter den Kindern gestärkt werden, zum anderen gibt es, ähnlich der wöchentlichen Teamsitzung der Mitarbeiter, ein Forum für die Themen der Kinder. Hier können Ergebnisse aus Teamsitzungen kindgerecht in die Kindergruppe transportiert und Schwerpunkte der Kinder besprochen werden. Durch die Akzeptanz des Kindes werden ihm eigene Willensentscheidungen zugestanden. So können gerade traumatisierte Kinder ihre Selbstwirksamkeit spüren und eine Kontrolle bei alltäglichen Tätigkeiten erleben. Transparenz in der Kommunikation stellt, wie bereits erwähnt, einen wichtigen Faktor für ein Gefühl an Sicherheit dieser Kinder dar. Die Gruppenrunde findet stets am selben Ort, beispielsweise dem Esstisch, statt. Es wird eine gemütliche Atmosphäre geschaffen, in der sich die Kinder wohl fühlen und doch nicht zu sehr von den Themen abgelenkt werden (beispielsweise werden Kakao und Kekse gereicht). Die Erfahrung zeigt, dass die Kinder ihr Forum sehr ernst nehmen und klare eigene Ideen zur Verbesserung ihres Alltags im Kinderheim einbringen.

Auch im Bereich der Hilfeplangespräche bietet sich für Kinder die Möglichkeit zur aktiven Mitgestaltung. Den Kindern wird bereits kurz nach der Aufnahme die Wichtigkeit dieser Gespräche erklärt und verdeutlicht, dass es um ihre Zukunft geht und sie daher in ihren Gedanken, Gefühlen und Wünschen angehört und ernst genommen werden.

11.9 Fachliche Kompetenzen und professionelles Selbstverständnis der Pädagogen

Die eigene Haltung der Pädagogen gegenüber der erzieherischen Arbeit am Kind ist ausschlaggebend für eine gut gelingende Beziehungsaufnahme (→ Kapitel 2). Bedeutsam ist in der direkten pädagogischen Arbeit mit Kindern im Grundschulalter, dass die Signale, welche sie aus ihrer Traumatisierung heraus senden, häufig im präverbalen oder frühkindlichen Erleben liegen und somit teilweise »keine Worte« haben. So stellt sich für die begleitenden Pädagogen die Aufgabe sehr basal Stimmungen, Emotionen, Gestik, Mimik, Laute, Ablauf von Bewegungen etc. zeitlich in die Entwicklung des einzelnen Kindes einzuordnen, um mit den gezogenen Rückschlüssen eine geeignete Intervention überhaupt durchführen zu können. In der Arbeit mit Kindern werden die Pädagogen immer wieder damit konfrontiert, sich ihrer eigenen Gefühle bewusst werden zu müssen und sich innerlich von den verbal oder nonverbal gesendeten Botschaften der Kinder wie zum Beispiel »rette mich, hilf mir, sei meine Mama« abzugrenzen. Diese Wünsche der Kinder, die auf die Pädagogen übertragen werden, sind Ausdruck höchster Angst und Unsicherheit. Die Kinder sind auf der Suche nach Bindungspersonen, von denen sie »ausgehalten« werden, die ihnen Nähe und Zuwendung schenken, ohne sie einzuengen.

Der Pädagoge muss in der Lage sein, Situationen innerhalb der Gruppe zu steuern, aufzufangen und »halten« zu können, gleichzeitig aber auch freundlich zugewandt und vertrauensvoll als Bezugsperson zur Verfügung zu stehen. »Gerade deshalb sind die Variablen von ›Spannung aushalten‹, ›freundlich sein‹ und ›Konfrontieren‹ so wichtige und unverzichtbare Kompetenzen im Aufbau und der Gestaltung heilpädagogischer Beziehungen, besonders bei intensivpädagogischen Maßnahmen« (Flosdorf, 2009, S. 46).

Traumatisierte und verhaltensauffällige Kinder können Pädagogen an ihre Grenzen bringen, daher ist es wichtig, sich um die eigene Psychohygiene zu kümmern. Trotz vieler Jahre Berufserfahrung gibt es immer wieder Situationen, die ein langjähriger Mitarbeiter eventuell noch nie erlebt hat und sich auch nicht direkt zu erklären weiß. Die Arbeit im Team, die gemeinsamen Reflexionsgespräche, das Wissen über die eigenen Grenzen, eine eigene klare Haltung zum Thema Erziehung und ein Konsens im Team sind wertvolle Stützen des Arbeitsalltages und sollten genutzt werden (→ Kapitel 8, 19). Teamarbeit, möglichst in einem multiprofessionellen Team, ist für die pädagogische Gruppenarbeit mit traumatisierten Kindern äußerst wertvoll und sichert die Qualität der Arbeit. »Die Erfahrung, in einem Team zu arbeiten, hat eine enorme Bedeutung sowohl für die Qualität der Arbeit als auch für das Wohlbefinden der Mitarbeiter(innen)« (Günder, 2011, S. 222). Eine offene und vertrauensvolle Ebene im Team ist notwendig, um sich gegenseitig ehrliche Rückmeldungen geben zu können, ohne dass emotionale Verletzungen stattfinden. Das Instrument der kollegialen Beratung hat sich gut bewährt und kann als Methode die Handlungsfähigkeit einzelner Teammitglieder stärken.

11.10 Transparente Gruppenstrukturen

Feste Strukturen innerhalb einer Gruppe sind zur Orientierung der Kinder sowie der Mitarbeiter unerlässlich und geben Halt. Immer wiederkehrende Abläufe im Gruppenalltag stellen eine Verbindlichkeit her und stehen einer Willkür, die viele Kinder zuvor erlebt haben, entgegen. Gerade für traumatisierte Kinder sind Strukturvorgaben auch eine hohe Anforderung, der sie erst einmal gerecht werden müssen. Zusätzlich festgelegte Aufgaben in der Gruppe, wie beispielsweise Tischdienste, können gerade zu Beginn der Arbeit mit den Kindern zu erhöhtem Konfliktpotenzial führen. Oftmals ist es hilfreich, die Anforderungen innerhalb der Gruppe auf ein nötiges Maß zu begrenzen, da die alltäglichen Anforderungen, zum Beispiel der Schule, bereits das für die Kinder leistbare Maß an Belastung darstellen. Strukturen sollen Halt geben, nicht aber einengen und zur Qual werden. Es ist sinnvoll, das freiwillige Helfen im Haushalt und untereinander zu fördern. Dies stärkt zudem den Zusammenhalt und das Miteinander innerhalb der Kindergruppe.

Einzelzimmer bieten jedem Kind seinen eigenen Schutz- und Rückzugsraum. Im Einzelfall kann es aber auch sinnvoll sein, einem Wunsch nach einem Doppelzimmer zuzustimmen und so die soziale Komponente, das Miteinander, zu fokussieren und zu fördern. Die Einhaltung der Zimmergrenzen und der Umgang mit diesen sind besonders für Kinder mit traumatischen Erfahrungen sehr bedeutsam. Sie lernen, ihre eigenen Grenzen aufrechtzuerhalten und die der anderen zu respektieren. Innerhalb einer Gruppe entwickelt sich schnell ein Gemeinschaftsgefühl, bei dem alle Mitglieder sich untereinander an Vorgaben und Absprachen erinnern. Ein gut funktionierendes Beschwerdemanagement und die Möglichkeit zur Partizipation sollten einen festen Stellenwert haben.

11.11 Die Kraft der Gruppe

Traumatisierte Kinder erleben in ihrem Alltag immer wieder, dass sie selbst, aber ebenso Menschen um sie herum im Kontakt mit ihnen an ihre Grenzen stoßen. Dadurch, dass sie häufig nicht ausreichend in ihrem Denken, Fühlen und Verhalten orientiert bzw. reguliert sind, können sie auch die Reaktion ihrer Umwelt nicht nachvollziehen. Sie fühlen sich unverstanden, als Personen unzureichend und einsam. Gruppe kann im Auffangen dieser Gefühle hilfreich sein. In einer Gruppe, in der mehrere Kinder mit ähnlichen Erfahrungen zusammenleben, können sich diese gegenseitig stärken. Um dies zu gewährleisten, müssen die Gruppenpädagogen eine offene Atmosphäre mit eindeutigen Beziehungsangeboten und Strukturen setzen. Die Kinder lernen so, sich voreinander nicht schämen zu müssen, sich und andere in ihrem Sein zu akzeptieren und wieder zu vertrauen. »Das Wissen, dass man nicht der Einzige ist, der so etwas erlebt hat, schafft eine große Entlastung« (Bausum et al., 2013, S. 195). Die Kinder profitieren gegenseitig davon, zu erleben, wie andere mit den Konsequenzen von Traumatisierungen umgehen und geben einander oftmals Unterstützung. Sie lernen nicht nur sich selbst und ihre Gefühlslage und Befindlichkeit besser kennen sondern auch einfühlsam mit anderen umzugehen.

Natürlich kommt es auch vor, dass in einer Gruppe negative Erfahrungen gemacht werden. »Ergebnisse der Heimforschung belegen, dass ehemalige Bewohner rückblickend den Prozessen in der Gruppe eine große Bedeutung zuweisen. Sie verdanken der Gruppe fördernde und unterstützende, aber auch verletzende und belastende Erfahrungen« (Köckeritz, 2004, S. 307). Daher ist es notwendig, auf eine geeignete Gruppenkonstellation zu achten. Die Kraft einer Gruppe darf nicht unterschätzt werden. Kinder mit beispielsweise ähnlichen dissozialen Verhaltensweisen, wie Weglauftendenzen, werden sich in diesem Thema unter Umständen schnell zusammenschließen und eine destruktive Einheit bilden. Im Umgang mit schwierigen emotionalen Konflikten kann eine Gruppe Halt bieten. Durch die Konflikte mit sich selbst oder/und seiner Umwelt und dem aus der Krise führenden, begleitenden Ansatz der Pädagogen stellt jedes Kind einer Gruppe ein Vorbild für die anderen dar. Jede Krise, die gemeinsam überwunden wird, lässt das Gefühl von Zugehörigkeit wachsen.

11.12 Resümee

Es ist möglich, traumatisierten Kindern in der stationären Jugendhilfe die Möglichkeit zu korrigierenden Erfahrungen zu geben. Mit klaren, haltgebenden strukturellen Bedingungen, Transparenz sowie einer freundlichen, empathischen, professionellen Haltung der Pädagogen kann es gelingen, diese Kinder nach erfolgten psychischen Auswirkungen auf ihre Bindungserfahrungen zu eigenverantwortlichen und selbstwirksamen Personen zu erziehen. Auch und vielleicht gerade Kinder mit Verhaltensauffälligkeiten haben Chancen verdient. Mithilfe guter Kooperationsebenen (Vernetzung) zum einen und einem sehr geschützten, sicheren Rahmen zum anderen, ist es möglich, traumatisierten Kindern einen adäquaten, fördernden Lebensraum zu bieten. Hier sollten sie sich ohne zeitlichen Druck entwickeln dürfen und neue Erfahrungen sammeln können. Entsprechend ihrer Entwicklung und ihrem Bedarf sollen sie die Möglichkeit haben, in ihrem Zeitrahmen in Ruhe korrigierende Erfahrungen zu machen. Hierfür bedarf es einerseits der Wiederholung positiver Erfahrungen bei den Kindern und ausgeprägter Ausdauer bei den begleitenden Pädagogen, denn die Kinder benötigen häufig nicht zehn Sequenzen der Wiederholung, sondern teilweise einhundert. So gestaltet sich ein Lebensort, an dem Individualität eine ebenso große Rolle spielt wie Gemeinschaft. Es gibt die Möglichkeit zum geschützten Rückzug, aber auch die Entwicklung eines Wir-Gefühls. Die Erfahrung von sicheren, »liebevollen« Beziehungen ist heilsam.

Literatur

Bausum, J., Besser, L. U., Kühn, M., Weiß, W. (Hrsg.) (2013). Traumapädagogik. Grundlagen, Arbeitsfelder und Methoden für die pädagogische Praxis (3. Aufl.). Weinheim u. Basel: Beltz Juventa.

Flosdorf, P. (2009). Heilpädagogische Beziehungsgestaltung (2. Aufl.). Freiburg im Breisgau: Lambertus-Verlag.

Günder, R. (2011). Praxis und Methoden der Heimerziehung. Entwicklungen, Veränderungen und Perspektiven der stationären Erziehungshilfe (4. Aufl.). Freiburg im Breisgau: Lambertus-Verlag.

Heidemann, W., Greving, H. (2011). Praxisfeld Heimerziehung. Lehrbuch für sozialpädagogische Berufe. Köln: Bildungsverlag eins.

Huber, M. (2007). »Die Phobie vor dem Trauma überwinden«. Trauma & Gewalt, 1, 58–61. Zugriff am 15.11.2013 unter http://www.traumaundgewalt.de/seiten/interviewmitonnovanderhart.htm

Köckeritz, C. (2004). Entwicklungspsychologie für die Jugendhilfe. Eine Einführung in Entwicklungsprozesse, Risikofaktoren und Umsetzung in Praxisfeldern. Weinheim u. München: Juventa.

Rahm, D. (1999). Integrative Gruppentherapie mit Kindern in der heutigen Zeit. Nachdenken über Wirkungsmöglichkeiten innerhalb eines komplexen Entwicklungs- und Lernprozesses.

In G. Romeike, H. Imelmann (Hrsg.), Hilfen für Kinder. Konzepte und Praxiserfahrungen für Prävention, Beratung und Therapie (S. 199–224). Bundeskonferenz für Erziehungsberatung e. V. Weinheim u. München: Juventa.

Schleiffer, R. (2009). Der heimliche Wunsch nach Nähe. Bindungstheorie und Heimerziehung (4. Aufl.). Weinheim u. München: Juventa.

Stork, R. (2007). Kann Heimerziehung demokratisch sein? Eine qualitative Studie zum Partizipationskonzept im Spannungsfeld von Theorie und Praxis. Weinheim u. München: Juventa.

Weiß, W. (2011). Philipp sucht sein Ich. Zum pädagogischen Umgang mit Traumata in den Erziehungshilfen (6. Aufl.). Weinheim: Beltz Juventa.

Winter, F. (2004). Krisenintervention als Aufgabe der Jugendhilfe. In J. Fegert, C. Schrapper (Hrsg.), Handbuch Jugendhilfe – Jugendpsychiatrie. Interdisziplinäre Kooperation (S. 169–178). Weinheim u. München: Juventa.

Sabrina Wiesing

12 Körperliche Stabilisation traumatisierter Jugendlicher in der stationären Jugendhilfe

12.1 Sicherheit und Stabilisation

> »Ohne Sicherheit vermag der Mensch weder seine Kräfte auszubilden
> noch die Frucht derselben zu genießen;
> denn ohne Sicherheit ist keine Freiheit.«
> Wilhelm von Humboldt (1767–1835)

In der stationären Jugendhilfe werden oft Kinder und Jugendliche aufgenommen, die eine oder mehrere Traumatisierungen haben. Traumatisierungen führen häufig zu für die Außenwelt unverständlichen Verhaltensweisen. Wichtig ist, dass diese Verhaltensweisen als Merkmal einer Traumatisierung erkannt und in der täglichen Arbeit mit einbezogen werden.

Sicherheit ist einer der wichtigsten Begrifflichkeiten, wenn es um Traumatisierungen geht. Die körperliche Stabilisation zielt darauf ab, den Kindern und Jugendlichen eine äußere und teilweise innere Sicherheit zu schaffen. Traumatisierte zeigen oft extreme körperliche Reaktionen. Es ist wichtig, dass Mitarbeiter die physiologischen Reaktionsmuster (→ Kapitel 1) kennen, wahrnehmen und in ihrer Arbeit berücksichtigen. Nur wenn diese Sicherheit gegeben ist, kann das Kind/der Jugendliche an seiner Traumatisierung arbeiten, diese in einer Therapie angehen und eine innere Sicherheit erlangen. Die körperliche Stabilisation ist eine notwendige Grundlage für die weiterführenden Schritte der Traumaverarbeitung und -integration.

12.2 Folgen von Traumatisierung

Zentrale mögliche Folgen einer Traumatisierung sind nach Bogyi (2012):
Kurzzeiteffekte:
- Rückblenden;
- Angst und innere Unsicherheit;

- emotionale Reaktionen: Rückzug, Traurigkeit, schlechte Stimmung, Anspruchsverhalten, Starre, Aufregung;
- regressives und desorganisiertes Verhalten (Verlust von bereits erreichten motorischen oder kognitiven Fähigkeiten, Interessen, der Fähigkeit sich zu beruhigen, Sprache, Spiel und exploratorischer Aktivität);
- Neigung zu erhöhter Erregung mit auffälligem Verhalten und übersteigertem Schreckreflex, sensorischer Hyperaktivität, Schlafstörung, Ruhelosigkeit;
- magische Vorstellungen;
- Verwirrung, Desorientiertheit.

Mittelfristige Effekte (erste Wochen bis ein Jahr):
- Kurzzeiteffekte dauern an;
- generelle Stresszeichen: schlechte Gesundheit, Somatisierungsneigung, Schlaflosigkeit, emotionale Instabilität, Konzentrationsmängel;
- veränderte Beziehungen, Stimmungen und Einstellungen: erhöhte Irritabilität, chronische Unzufriedenheit, Rückzug;
- eingeschränkte Kommunikation: Einzelgängertum, antisoziales und delinquentes Verhalten;
- unstetes Verhalten mit erhöhter Anspannung, Angstreaktionen, Negativismus, destruktives Verhalten, Konfliktbereitschaft;
- pseudoneurotische Symptome;
- Verlust bisheriger Entwicklungspfade;
- Vermeiden neuer Herausforderungen, Veränderung in den Beziehungen zu Gleichaltrigen.

Langzeiteffekte:
- Kurz- und Mittelzeiteffekte persistieren;
- Schulversagen;
- Persönlichkeitsveränderungen;
- Lebensbedingungen, die nach dem Trauma eingetreten sind, stehen im Mittepunkt;
- chronische Probleme im Kontakt mit Gleichaltrigen;
- schlechte körperliche Gesundheit;
- Beschäftigung mit Traumata;
- Veränderung der Identität und veränderte philosophische Ansichten, die die ganze Weltanschauung bestimmen.

An diesen Folgen muss mit den Betroffenen gearbeitet werden. Hierbei sollte immer bedacht werden, dass jeder Mensch unter Stress in alte Verhaltensweisen zurückfallen kann. Daher sollen neue Verhaltensweisen solange trainiert werden, bis sie auch unter Stress sicher abrufbar sind. Bis dahin werden Kinder und Jugendliche immer wieder in alte Verhaltensweisen zurückfallen. Vorwürfe bringen diesbezüglich wenig, sinnvoller ist es hier, mit dem Betroffenen daran zu arbeiten, aus diesem Tief wieder herauszukommen. »Zu den entscheidenden Komponenten einer traumatischen Erfahrung – vor allem, wenn sie so traumatisch ist, dass man dissoziiert, weil man anderweitig nicht entkommen kann – gehören der vollkommene Verlust von Kontrolle und ein Gefühl äußerster Ohnmacht. Das Wiedererlangen von Kontrolle ist daher ein wichtiger Aspekt bei der Bewältigung von traumatischem Stress« (Perry u. Szalavitz, 2011, S. 75).

12.3 Rahmen für die Stabilisation

> »Wer sichere Schritte tun will, muß langsam gehen.«
> Johann Wolfgang von Goethe (1749–1832)

Regelmäßig wiederkehrende Muster und Abläufe, wie zum Beispiel ein nachvollziehbarer Tagesablauf, bieten traumatisierten Kindern und Jugendlichen die Möglichkeit, ein Gefühl von Kontrolle zu bekommen, wodurch ein Gefühl von Sicherheit entsteht. Sicherheit und ein nachvollziehbarer Alltag sind für alle Kinder und Jugendliche wichtig, für traumatisierte Kinder und Jugendliche aber aufgrund der früher erlebten Unsicherheit unumgänglich und in besonderem Maße ausschlaggebend (Bausum, Besser, Kühn u. Weiß, 2013). Kapitel 3 behandelt dies ausführlich.

Traumatisierte, die mit einem oder mehreren Traumata zu kämpfen haben, können oft nur langsame Schritte gehen, um zur inneren Sicherheit zu gelangen. Besonders bei Belastungen werden auch alte Verhaltensmuster wieder verstärkt auftreten, die einem leicht wie Rückschritte vorkommen mögen. Doch handelt es sich um übliche Phasenverläufe der Traumabewältigung. Den Rahmen dafür bietet der sichere Ort, der Behaglichkeit und klare äußere Strukturen sowie Regeln beinhaltet, innerhalb derer dann individuelle Lösungen ihren Platz finden (Gahleitner, 2011, → Kapitel 3).

Im Folgenden werden die Eckpfeiler eines hilfreichen Rahmens für die körperliche Stabilisation benannt und erläutert. Für die Individualisierung ist es besonders wichtig, die Mädchen und Jungen zu beobachten und Verhaltensweisen zu erkennen, die mit deren Individualität, persönlicher Entwicklung sowie der spezifischen Art und Ausgestaltung der Traumatisierung zusammenhängen. Hat man diese Verhaltensweisen sowie die jeweils dahinterstehende positive Motivation (→ Kapitel 2) identifiziert, kann man gemeinsam mit den Traumatisierten Möglichkeiten finden, bestehende Regeln so zu individualisieren, dass sie keine neuen Ängste oder eine Retraumatisierung begünstigen. Hierbei sind Kreativität und Empathie gefragt, um die Individualität und Sicherheit aller Bewohner berücksichtigen zu können. »Traumatisierte Mädchen und Jungen brauchen eine Umgebung, in der sie gute Kommunikation lernen können. Offene Kommunikation beinhaltet die Enttabuisierung von Gewalt. Klare Strukturen und Transparenz geben ihnen ein Gefühl von zumindest äußerer Sicherheit. Einflussnahme auf den Heimalltag durch Mitgestaltung korrigiert die Erfahrungen von Ohnmacht« (Weiß, 2013, S. 171). Die Rahmenbedingungen der körperlichen Stabilisation klingen zunächst simpel, sind in der Realität doch häufig gar nicht so einfach umzusetzen. Um hier die individuelle Problematik des Einzelnen mit einzubeziehen, ist es wichtig, gemeinsam mit den Kindern und Jugendlichen Ziele zu erarbeiten, die es ihnen ermöglichen, die Rahmenbedingungen mitzubestimmen und als hilfreich zu erleben. Ungünstige Verhaltensweisen der Mädchen und Jungen sollten hinterfragt werden und gemeinsam mit den Minderjährigen bearbeitet werden, günstige Verhaltensweisen sollten wahrgenommen und verstärkt werden. Strikte Regeleinhaltung ohne individuellen Blick würde kontraproduktiv wirken, da sie Gefühle von Ohnmacht und Ausgeliefertsein bei den Kindern und Jugendlichen bestätigen und verstärken würde.

Gerade zu Beginn ist diese Zusammenarbeit mit dem Traumatisierten häufig nur bedingt möglich. Viele können ihre Ziele, Ängste und Bedürfnisse zu diesem Zeitpunkt noch nicht ausreichend verbalisieren. In diesen Fällen ist es von großer Bedeutung, die Heranwachsenden in ihrem Verhalten und Erleben zu beobachten, um daraus Interventionen abzuleiten. Dabei ist zu unterscheiden, welche Verhaltensweisen zur Persönlichkeit der Kinder und Jugendlichen gehören – auch wenn sie ungewöhnlich sind oder wirken – und welche zur Symptomatik der Traumatisierung gehören und daher verändert werden sollten. Besonders dort, wo enge Zeitrahmen vorgegeben sind, gilt es zudem die Priorität auf die *jetzt* notwendigen und *jetzt* veränderbaren Problematiken zu legen.

12.4 Körperliche Stabilisation

Zentrale Rahmenbedingungen der körperlichen Stabilisation sind (Baierl, 2014):
- geregelte und gesunde Ernährung,
- Gesundheitsfürsorge,
- Hygieneverhalten,

- geregelter Schlaf-Wach-Rhythmus,
- körperliche Bewegung.

12.4.1 Geregelte und gesunde Ernährung

Einige betroffene Kinder und Jugendliche haben eine geregelte und gesunde Ernährung vor ihrer Heimunterbringung nie erfahren und mussten immer wieder aus den verschiedensten Gründen Hungerperioden erleben. Diese Jungen und Mädchen zeigen nach ihrer Aufnahme oft starke Auffälligkeiten im Essverhalten. Gut ist es hier, zunächst das Essverhalten des Neuankömmlings unkommentiert zu beobachten, um zu erkennen, welche Muster und Dynamiken dahinterstehen. Anschließend kann man je nach Alter des Minderjährigen eher spielerisch oder eher reflektiert mit den Heranwachsenden an der Problematik arbeiten.

Einige Grundvoraussetzungen sollten dafür in den Alltag integriert sein und täglich umgesetzt werden. So ist es sinnvoll, die Mahlzeiten zu einem festen Zeitpunkt einzunehmen, um die Regelmäßigkeit der Versorgung mit Essen erfahrbar und vorhersehbar zu machen. Sollte dies an einem Wochentag aufgrund von Terminen nicht mit den anderen Tagen kompatibel sein, so kann dies erläutert und begründet werden und für diesen Wochentag ein anderer Termin gefunden werden. Auch so entsteht eine Regelmäßigkeit. Ebenso können die Essenszeiten statt an festen Uhrzeiten an bestimmten Ereignissen festgemacht werden. Beispielsweise kommt es an einem Tag aufgrund des Gruppeneinkaufs zu einem späteren Abendbrot. Dem Bewohner ist klar, dass das Abendbrot direkt nach Ankunft zurück in der Gruppe und dem Wegräumen der Ware eingenommen wird. »Es hat sich als Ideal erwiesen, wenn gemeinsame Mahlzeiten zumindest drei Eckpunkte im Tagesablauf sind, an denen die Jugendlichengruppe und die Mitarbeiter gemeinsam am Tisch sitzen. Das gemeinsame Essen wirkt gemeinschaftsstützend. Viele Themen können in kurzer Zeit angesprochen und gelöst werden. Die Mitarbeiter sollten darauf achten, dass die Essenszeiten überwiegend harmonisch laufen« (Baierl, 2011).

Des Weiteren sollten für die Kinder und Jugendlichen stets Lebensmittel verfügbar sein, ohne dass dies einen uneingeschränkten Konsum bedeuten muss. Dies erscheint zunächst paradox, ist aber, wie ich nun erläutern werde, keine Widersprüchlichkeit.

Viele Minderjährige, die zum Beispiel durch Essen sanktioniert wurden, unter Hunger und Armut litten, starke Vernachlässigungen oder Ähnliches erlebt hatten, haben ein gestörtes Verhältnis zu Essen. Häufig wird dies durch übermäßige Nahrungsaufnahme kompensiert. Teilweise kann das eigene Sättigungsgefühl nicht wahrgenommen werden. Auch wenn durch ein geregeltes Angebot die Angst vor dem (Ver-)Hungern nicht mehr gegeben sein müsste, besteht diese in vielen Fällen dennoch weiter. Daher ist es wichtig, dass stets Lebensmittel verfügbar sind, um dem Heranwachsenden diese Angst zu nehmen. Um die Nahrungsaufnahme in gesunde Bahnen zu lenken, ist es meist sinnvoll, für und mit dem Mädchen oder Jungen eine Vorauswahl zu treffen. So kann beispielsweise den gesamten Tag über Obst verfügbar sein, andere Lebensmittel aber nur zu festen Zeiten.

Um den Kindern und Jugendlichen das gesunde und maßvolle Essen beizubringen, ist es sinnvoll, sie mit Essen vertraut zu machen, zum Beispiel beim gemeinsamen Kochen und Essen. Auch Geschmacksproben werden erfahrungsgemäß gut angenommen. So hole ich beispielsweise ab und an eine Süßigkeit von verschiedenen Herstellern. Ich nummeriere Teller durch und verteile die Süßigkeiten darauf. Die Kinder und Jugendlichen probieren dann alle Süßigkeiten und schauen, was ihnen am besten schmeckt. Nachher verrate ich dann die Auflösung, welches die teureren Marken und welches die günstigen sind. So kommen die Bewohner spielerisch in ein Genusstraining (Handler, 2012) und freuen sich, wenn zukünftig die von ihnen bevorzugte Marke gekauft wird.

12.4.2 Gesundheitsfürsorge

> »Nicht zuletzt können aus einer Traumatisierung
> auch dauerhafte Veränderungen des Körpers resultieren,
> die mit der Zeit ins Körperselbst integriert werden müssen:
> Narben, Verletzungen oder Behinderungen.« (Gräbener, 2013, S. 69)

Die physischen Merkmale sind ein Thema, welches schnell sichtbar wird und, falls nicht mehr änderbar, psychologisch aufgearbeitet werden sollten. Falls diese noch abänderbar sein sollten, ob ganz oder nur geringfügig, sollte dies auf jeden Fall probiert werden. Die nicht sichtbaren Spuren, die ein Kind oder Jugendlicher erlitten hat, sind schwieriger herauszufinden, aber umso wichtiger.

Kinder und Jugendliche in der stationären Jugendhilfe haben häufig nicht erlernt, für sich selbst Sorge zu tragen. Auch bezüglich Arztbesuchen neigen viele zu Extremen. Teilweise werden immer wieder Arztbesuche eingefordert. Meist liegt dem die echte Angst, ernsthaft erkrankt zu sein, oder psychosomatische Beschwerden zugrunde. Teilweise führt auch die andauernde Übererregung und Anspannung (→ Kapitel 1) zu körperlichen Schädigungen. Manche haben gelernt, dass sie nur über Beschwerden Aufmerksamkeit und Fürsorge erhalten, und einige wenige täuschen Krankheiten vor. In all diesen Fällen ist ein Ernstnehmen der Betroffenen sowie deren Bedürfnisse und die entsprechende Fürsorge zu empfehlen. Es gilt zudem herauszuarbeiten, welche (Mischung) der Dynamiken vorliegen und wie diesen pädagogisch, psychotherapeutisch bzw. medizinisch begegnet werden kann.

Das andere Extrem ist die Angst vor Ärzten oder die fehlende Einsicht in eine Behandlungsnotwendigkeit. Im Sinne der Fürsorgepflicht ist es wichtig, dass dem Heranwachsenden verschiedene prophylaktische Untersuchungen und Behandlungen angeboten und ermöglicht werden. Ratsam ist es hier genau zu schauen, was der Einzelne jetzt braucht und was noch warten kann. Außerdem sollte nach Möglichkeiten geschaut werden, wie man angstbesetzte Arztbesuche so positiv wie möglich gestalten kann. So kann zum Beispiel gemeinsam mit dem Jungen oder Mädchen nach einem Arzt gesucht werden, der ihm besonders sympathisch ist, oder geprüft werden, ob es Ärzte in der Umgebung gibt, die zu einem Hausbesuch bereit sind, sodass der angstbesetzte Gang in die Praxis nicht anfällt. Sinnvoll erscheint es auch, die Arztbesuche mit einem positiven Erlebnis aufzupeppen, indem zum Beispiel danach mit dem Kind oder Jugendlichen außerhalb als Einzelaktion gefrühstückt wird.

Arztbesuche können traumatische Inhalte des Einzelnen aktivieren. Zum Beispiel kann das Entkleiden oder Angefasstwerden Erinnerungen an Missbrauch wecken und manche Behandlungen sind mit Schmerzen verbunden. Entsprechend sensibel muss auf solche Situationen eingegangen werden. Alles, was die äußere wie innere Sicherheit fördert, generell stabilisiert und Kontrollverlusten vorbeugt bzw. den Umgang mit diesen erleichtert (→ Kapitel 5), sollte hier Anwendung finden, ebenso Psychoedukation der behandelnden Ärzte (→ Kapitel 7).

Körperliche Zeichen starker Vernachlässigung oder Misshandlung sollten registriert und behandelt werden. Narben, Behinderungen oder Verletzungen durch traumatische Ereignisse sind oft schambesetzt und werden von den Kindern und Jugendlichen als Stigma angesehen. Wichtig ist hier, nicht nur den physischen Bereich zu sehen, sondern auch psychisch mit dem Betroffenen daran zu arbeiten. Auch Symptomatiken wie Enuresis oder Autoaggression können Folgen einer Traumatisierung sein. Auch hier handelt es sich gehäuft um schambesetzte Themen, diese sollten empathisch und ruhig angegangen werden. Beispielsweise ist es bei der Enuresis sinnvoll, dass es ein Pädagoge anspricht, der das gleiche Geschlecht wie der Betroffene hat. Körperliche Gründe sollten ausgeschlossen werden, bevor Methoden wie »Notizen über das Auftreten« oder »nächtliches Wecken« in Angriff genommen werden. Auch hier können teilweise unkonventionelle Methoden greifen.

Ein junger Mann von 20 Jahren litt seit langem unter Enuresis. Sämtliche Methoden herauszufinden, wann es auftritt, und darüber ein Abklingen zu erwirken, schlugen fehl. Körperliche Symptome wurden durch einen Arzt ausgeschlossen. Irgendwann bekam dieser junge Mann ein Sofa in sein Zimmer, von da an schlief er oft hierauf, die Enuresis ließ nach. Kurz darauf wurde das Bett komplett abgebaut und das Sofa wurde sein Schlafplatz. Seine Enuresisproblematik hörte auf. Scheinbar war sein Bett unbewusst gedanklich negativ besetzt und ein Schlafplatzwechsel half ihm, diese negativen Gefühle in der Nacht beiseite zu schieben. Damit das Bett nicht weiter als Mahnmal gesehen werden konnte, wurde kein neues aufgebaut.

Gesundheitsfürsorge gehört zur selbstverständlichen Grundversorgung. Regelmäßige Zahnarztbesuche, Überprüfung der Seh- oder Hörfähigkeit und andere Dienstleistungen, die nicht an unmittelbare Schmerzen oder Beschwerden gekoppelt sind, werden leider zu häufig verschoben, sodass teilweise Jahre vergehen, bis ein entsprechender Missstand entdeckt, berücksichtigt oder behoben wird.

12.4.3 Hygieneverhalten

> »Bei Menschen, die Opfer von körperlicher bzw. sexueller Gewalt werden, können sich Körperwahrnehmung und Körperselbst dauerhaft ändern. [...] Darüber hinaus kann sich das Körperselbst ändern. Diese Gefahr besteht, wenn Scham- oder Ekelgefühle aus der traumatischen Situation gegen den eigenen Körper gerichtet oder wenn die Haltungen oder Äußerungen des Täters über den eigenen Körper übernommen werden.«
> (Gräbener, 2013, S. 68 f.)

Viele Kinder und Jugendliche kommen in die stationäre Jugendhilfe und haben nicht viel Erfahrung mit einem gesunden Hygieneverhalten oder ein solches wieder abgelegt. Hier ist es wichtig darauf zu achten, zu erklären und zu zeigen, wie Körperhygiene funktioniert, und darauf einzugehen, was der Bewohner bereits kann, wo Traumadynamiken im Weg stehen und ihm die Zeit zu lassen, die er braucht. Besonders nach sexuellem Missbrauch kann alles Körperliche schambesetzt sein. Zudem machen sich viele Betroffene (un-)bewusst durch Schmutz und Gestank unattraktiv, um sich zu schützen. Dann funktioniert Körperhygiene erst, wenn diese Themen ausreichend gelöst sind. Wichtig ist es, immer daran zu denken, dass das Verhalten der Kinder und Jugendlichen einen guten Grund hat. Es wird einfacher, Lösungen zu finden, wenn man versucht, diesen Grund herauszufinden. Aber auch ohne den guten Grund zu kennen, kann man positiv mit den Heranwachsenden daran arbeiten, indem man immer im Hinterkopf behält, dass die Verhaltensweisen nicht auf Böswilligkeit beruhen.

Hier spielt die Vorbildfunktion eine große Rolle, so gibt es beispielsweise Kollegen, die sich absichtlich nach dem Nachtdienst bei offener Tür die Zähne putzen, damit die Kinder und Jugendlichen an das Zähneputzen erinnert werden.

Des Weiteren kann man den Kindern und Jugendlichen das regelmäßige Waschen schmackhaft machen, indem man den Wohlfühlcharakter deutlich macht. Dies kann zum Beispiel dadurch geschehen, dass man gemeinsam mit den Bewohnern das Badezimmer schön gestaltet oder man besonderes Duschgel kauft. Dies hilft, Körperhygiene nicht als notwendiges Übel anzusehen, sondern als Momente der Entspannung.

Ein Junge von 15 Jahren hatte sehr fettiges Haar und feuchtete dies nur kurz an, wenn er unter die Dusche ging. Ich bin mit ihm zum Friseur gefahren und habe gemeinsam mit der Friseurin das Problem erläutert, allerdings ohne die mangelnde Hygiene zu erwähnen, sondern lediglich das Problem der schnell fettenden Haare, für welches der Junge ja objektiv erst mal nichts kann. Die Friseurin riet zu einem Shampoo, das ich dann gemeinsam mit dem Jungen erwarb, und gab Pflegetipps. Jedes Mal, wenn ich darauf in den Dienst kam, zeigte er mir stolz die Shampooflasche und wie viel daraus schon beim Haarewaschen verbraucht wurde. Der Junge hat hierdurch die Unterstützung des Teams erfahren und die Beziehung wurde deutlich gestärkt. Sein Haar pflegt er seitdem auch mit günstigem Shampoo sehr gut.

Zum Hygieneverhalten gehört die Zimmer- und am Rande auch die Gruppenordnung. Auch hier muss es Regeln geben, da es sonst zu schwerwiegenden gesundheitlichen Problemen kommen kann. Der Heranwachsende muss lernen, für sich und seine Umgebung zu sorgen. Dennoch sollte man hier schauen, was im Bereich des Möglichen liegt. Wenn ein Kind oder Jugendlicher beispielsweise anfängt, die verschiedensten Dinge zu horten, ist es empfehlenswert, zu schauen, was er problemlos horten darf. Auch ein Ausmisten des Zimmers sollte nur mit Zustimmung des Jugendlichen erfolgen.

Ein 17-jähriger Junge zeigte Messie-Tendenzen und sammelte alles, was er finden konnte. Bei der wöchentlichen Zimmerputzaktion beteiligte er sich zwar, hatte jedoch eine ganz andere Vorstellung als die diensthabenden Pädagogen. Ihm mit Regeln und Sanktionen das Zimmer leer zu räumen, wäre hier ein absolut falsches Statement gewesen. Stattdessen wurde mit dem Jungen nach einer gemeinsamen Lösung gesucht. Es konnte sich darauf geeinigt werden, dass bei der Zimmerkontrolle drei Punkte erfüllt sein mussten:

1. Der Boden musste so frei sein, dass man ungehindert von der Tür bis zum Bett gehen kann.

2. Der Mülleimer wurde geleert.

3. Es findet sich nichts im Zimmer, was anfangen kann zu schimmeln.

Der Junge räumte wöchentlich sein Zimmer nach den angesetzten Maßstäben auf, entwickelte Stolz, dass er den Anforderungen gerecht werden konnte, und es ging keine Gefahr von seinem Zimmer aus. Mit diesem Gefühl konnte er sich sogar anschließend jedes halbe Jahr zu einem Ausmisttag, gemeinsam mit einem Pädagogen, motivieren lassen.

Bei der Zimmerordnung ist es wichtig, nicht nach den eigenen Maßstäben zu gehen, sondern sich auf die Kinder und Jugendlichen und ihre Geschichte einzulassen. Der Bewohner muss in dem Zimmer wohnen und sich dort wohlfühlen. Hilfen dürfen immer angeboten werden, erzwungen werden sollten sie aber nur, wenn es gesundheitsgefährdend wird.

Auch die Gruppenordnung sollte ansprechend für den Einzelnen sein. Sinnvoll ist es, die Kinder und Jugendlichen in die Sauberkeit der Gruppe mit einzubeziehen. Bei schwieriger Klientel geht in einer Wohngruppe immer mal wieder etwas zu Bruch, diese Sachen sollten schnell entfernt und baldmöglichst ersetzt werden. Der Bewohner wohnt hier und soll sich hier zu Hause fühlen; nichts soll an Vernachlässigung, Verfall und Gewalt erinnern.

12.4.4 Geregelter Schlaf-Wach-Rhythmus

> »Besonders wichtig sind klare Regelungen über die Nacht- und Bettruhe
> sowie Schlafenszeiten. Diese führen sonst beständig zu Konflikten.
> Bei Jugendlichen läuft der Biorhythmus anders als bei Erwachsenen.
> Langes Aufbleiben und langes Ausschlafen würden diesem Rhythmus eher
> entsprechen. Daher fällt es Jugendlichen schwer, sich an reguläre Zeiten
> zu halten. Derzeit ist unsere Gesellschaft aber so strukturiert, dass Schule,
> Ausbildung und Beruf frühmorgens beginnen. Daher muss der Jugendliche
> seinen Tagesablauf entsprechend gestalten.« (Baierl, 2011, S. 73)

Schon bei nicht traumatisierten Minderjährigen ist es also oft problematisch, einen Schlaf-Wach-Rhythmus zu finden, der sich dem Biorhythmus nicht vollkommen widersetzt und dennoch die Möglichkeit bietet, in der Nacht so viel Kraft zu tanken, dass der Tagesablauf gut gemeistert werden kann.

Der Schlaf-Wach-Rhythmus ist bei traumatisierten Kindern und Jugendlichen häufig besonders gestört. Oft kommt es zu starken Schlafproblemen, diese können in Form von Einschlafstörungen, Durchschlafschwierigkeiten, Albträumen oder Ähnlichem auftreten. Kinder und Jugendliche brauchen Regeln, an denen sie sich orientieren können, und daher ist es wichtig, eine feste Zubettgehzeit zu haben. Durch Schule und Ausbildung ist die Aufstehzeit meist klar definiert. Wenn dies nicht der Fall ist, wie zum Beispiel bei Schulverweigern, kann mit dem Betroffenen eine Aufweckzeit abgesprochen werden, um zu einem normalen Rhythmus zu gelangen. Sind diese Zeiten festgelegt, haben die Kinder und Jugendlichen eine erste Orientierung. Dies bedeutet allerdings nicht unbedingt, dass es jetzt zu dem nötigen Schlaf kommt. Hier muss wieder individuell auf den Einzelfall geschaut werden: Wo genau liegen die Probleme und was benötigt der Einzelne, um die Ruhe zu finden, seine Energie nachts aufzutanken (→ Kapitel 14)?

Beispielsweise habe ich mit einem Jungen gearbeitet, der mit seinen 15 Jahren zwar zu der vorgesehenen Zeit in seinem Zimmer war, aber keine Ruhe fand. Ein strenges Reglement im Sinne von hinlegen, Licht aus wäre hier aufgrund der starken inneren Unruhe des Jungen kontraproduktiv gewesen. Im Team haben wir uns darauf geeinigt, dem Jungen das Angebot zu machen, eine Gutenachtgeschichte vorzulesen. Der Junge konnte sich gut darauf einlassen. Er legte sich in den folgenden Wochen eine halbe Stunde vor der Zubettgehzeit in sein Bett und der diensthabende Pädagoge las ihm aus einem von ihm gewählten Buch vor. Dies hatte zur Folge, dass der Junge von allein in sein Bett fand und dort so auf die Geschichte konzentriert war, dass er innerlich zur Ruhe kommen und teilweise schon während der Geschichte einschlafen konnte.

Viele traumatisierte Kinder und Jugendliche können ohne Licht nicht zur Ruhe kommen. Es sollte in keinem Fall eine Licht-aus-Regel geben. Stattdessen ist es sinnvoll, mit dem Bewohner die Gestaltung der nächtlichen Beleuchtung zu besprechen. Das Zimmer sollte bei Gesunden dunkel sein, da Licht den Schlaf negativ beeinflussen kann (Fischbach u. Ern, 2001). Für Traumatisierte kann Dunkelheit aber so stark mit Angst, Schrecken und Erinnerungen verbunden sein, dass dies nicht der Fall ist. Daher ist es wichtig einen adäquaten Lösungsansatz zu finden, der dem Körper Dunkelheit suggeriert und zukommen lässt, aber keine Gefahr signalisiert. Eine indirekte Beleuchtung durch LED-Lichter ist ebenso eine Möglichkeit wie ein Nachtlicht.

Durchschlafschwierigkeiten können von starken Albträumen, Erinnerungen und Ängsten geprägt sein. Diesbezüglich ist es besonders wichtig, Sicherheit zu vermitteln. Die Aufarbeitung der zugehörigen Themen tagsüber ist genauso bedeutend wie die Gesprächsbereitschaft des Nachtdienstes zur Beruhigung. Vielfach helfen auch Atemübungen oder Hörbücher, die nächtlichen Ängste zu vertreiben. Auch hier kann auf den Wohlfühlcharakter und Rituale gebaut werden. So kann zum Beispiel ein wärmendes Körnerkissen in Wintertagen ein

Behaglichkeitsgefühl hervorrufen oder ein ritualisierter Tee am Abend zur Ruhe kommen lassen. Solche Abendrituale können auch mit der ganzen Gruppe entwickelt und ausgeführt werden. Kern aller Interventionen ist, zu beobachten, welche Schlafprobleme es gibt, worin diese begründet sind, und mit den Kindern oder Jugendlichen über Lösungsmöglichkeiten innerhalb und außerhalb der üblichen Gruppenregeln zu sprechen.

12.4.5 Körperliche Bewegung

> »Nicht erst seit dem wir von den krankmachenden Manifestationen traumatischer Lebensumstände im Körper wissen, hat Pädagogik auch mit Körperlichkeit zu tun.« (Weiß, 2013, S. 132)

Ein traumatisierter Mensch hat häufig wenig bis gar keinen Zugang zu seinem Körper beziehungsweise zu seiner Körperlichkeit. Daher ist es ratsam, immer wieder Angebote zu machen, Körperlichkeit zu erleben und freudvoll kennenzulernen. Hier eignet sich alles was mit Bewegung zu tun hat, angefangen beim einfachen Spaziergang bis hin zu intensiveren Erfahrungen wie Klettern und andere erlebnispädagogische Angebote.

Sinnvoll ist es auch, Angebote zu machen, bei denen man sich nicht ganz herauswinden kann. So geht zum Beispiel ein Kollege mit den Jugendlichen regelmäßig zum Tischtennis. Die Jugendlichen müssen nicht mitmachen, aber mitkommen, da sonst kein Pädagoge in der Gruppe ist. Es gibt immer Jugendliche, die auf der Bank zuschauen, viele lassen sich aber zum Mitspielen motivieren, da sie sowieso da sind.

Körperliche Bewegung muss aber nicht nur durch Sport oder sportliche Übungen stattfinden, sie kann auch durch Tätigkeiten geschehen, die den Kindern und Jugendlichen oft gar nicht als körperliche Bewegung bewusst wird. Zum Beispiel kann gemeinsam mit den Bewohnern ein Kräutergarten angelegt werden oder es werden im Sommer auf einem Feld gemeinsam Erdbeeren gepflückt. Durch entsprechend gestaltetes Probieren der Erdbeeren oder Marmeladeherstellung lässt sich dann auch gut ein Genusstraining integrieren.

Sich selbst und seinen Körper kennen und schätzen zu lernen, sorgt auch für Sicherheit. Diese Sicherheit zu erlangen, ist für traumatisierte Kinder und Jugendliche besonders wichtig. Beobachtet man, dass ein Traumatisierter große Angstzustände hat, weil er sich im Notfall nicht körperlich wehren kann, kann es auch hilfreich sein, einen Selbstverteidigungskurs zu machen oder spezielle Atemübungen einzuüben, mit denen der Einzelne lernt, seinen Puls in Angstsituationen herunterzufahren. Auch Yoga oder autogenes Training sind Methoden, um seinen Körper bewusst wahrzunehmen. Es ist wichtig, darauf zu achten, woran der Einzelne Spaß hat und was im Bereich seiner Möglichkeiten liegt.

Eine gute Möglichkeit für körperliche Bewegung ist auch der Besuch eines Tierheims, bei dem man einen der dort lebenden Hunde ausführt. Dies bietet zudem die Gelegenheit, Kontakt mit einem Tier aufzunehmen, was den Einzelnen häufig noch einmal von einer anderen Seite zeigt. Dieses Erleben zwischen Mensch und Tier kann bei einer Reittherapie (→ Kapitel 17) noch gesteigert werden. »Wer sich bewegt, ist zufriedener und ausgeglichener. Diese Wohlfühleffekte erklären Forscher mit einer veränderten Hirnaktivität« (Müller-Gesser, 2012). Somit ist körperliche Bewegung nicht nur gut, um sich und seinen Körper besser kennenzulernen, sondern auch für die Psyche.

12.5 Resümee

Es ist wichtig, dass ein traumatisierter Mensch lernt, die körperlichen Stabilisatoren in seinen Lebensalltag einzubauen. Dies wird eine ganze Weile dauern. Als Pädagoge ist es wichtig, Angebote und Regeln so zu setzen, dass dies möglich wird und Freude bereitet. Beobachtungen und Kommunikation mit dem Traumatisierten sind hier besonders wichtig. Bei der Arbeit sollte man immer flexibel und transparent bleiben. Individuelle Lösungen sollten nach Möglichkeit geschaffen, thematisiert und vom gesamten Team getragen werden. Die restliche Gruppe sollte gegebenenfalls informiert werden, warum einzelne Kinder oder Jugendliche Extraregelungen bekommen. Die Erfahrung zeigt, dass dies dann meist gut von den anderen Gruppenmitgliedern mitgetragen werden kann. Informationen sollten nur in Absprache mit dem traumatisierten Bewohner und in stärkender Form an die Gruppe gegeben werden. Es darf hier keine Bloßstellung passieren.

Transparenz, Beobachtungen, Kommunikation und Individualität sind die Stichworte, die in der Arbeit mit traumatisierten Kindern und Jugendlichen immer wieder zum Tragen kommen sollten. Das Hauptaugenmerk sollte darauf liegen, dass der Betroffene sich sicher fühlt, nur dann kann die Traumatisierung mithilfe von pädagogischen wie therapeutischen Interventionen bearbeitet werden.

Literatur

Baierl, M. (2011). Herausforderungen im Alltag – Praxishandbuch für die pädagogische Arbeit mit psychisch gestörten Jugendlichen (3. Aufl.). Göttingen: Vandenhoeck & Ruprecht.

Baierl, M. (2014). Traumaspezifische Bedarfe von Kindern und Jugendlichen. In S. Gahleitner, T. Hensel, M. Baierl, M. Kühn, M. Schmid (Hrsg.), Traumapädagogik in psychosozialen Handlungsfeldern. Ein Handbuch für Jugendhilfe, Schule und Klinik (S. 72–90). Göttingen: Vandenhoeck & Ruprecht.

Bausum, J., Besser, L., Kühn, M., Weiß, W. (Hrsg.) (2013). Traumapädagogik. Grundlagen, Arbeitsfelder und Methoden für die pädagogische Praxis. Weinheim u. Basel: Beltz Juventa.

Bogyi, G. (2012). Entwicklungsverläufe nach Traumatisierung im Kindesalter. In I. Özkan, U. Sachse, A. Streek-Fischer (Hrsg.), Zeit heilt nicht alle Wunden – Kompendium zur Psychotraumatologie (S. 124–142). Göttingen: Vandenhoeck & Ruprecht.

Fischbach, R., Ern, G. (Hrsg.) (2001). Gesunder Schlaf, Schlafstörungen erfolgreich behandeln. Köln: Neuer Honos Verlag.

Gahleitner, S. (2011). Das Therapeutische Milieu in der Arbeit mit Kindern und Jugendlichen: Trauma- und Beziehungsarbeit in stationären Einrichtungen. Bonn: Psychiatrie Verlag.

Goethe, J. W. von (1749–1832). Zugriff am 03.01.2014 unter http://www.zitate.de/kategorie/Sicherheit

Gräbener, J. (2013). Umgang mit traumatisierten Patienten. Köln: Psychiatrie Verlag.

Handler, B. (2012). Mit allen Sinnen leben. Tägliches Genusstraining. Berlin: Goldegg.

Humboldt, W. von (1767–1835). Zugriff am 03.01.2014 unter http://www.gutzitiert.de/zitat_autor_wilhelm_von_humboldt_thema_sicherheit_zitat_18929.html

Müller-Gesser, R. (2012). Warum Bewegung so wichtig für den Körper ist. Apotheken Umschau; 11.07.2012.

Perry, B. D., Szalavitz, M. (2011). Der Junge, der wie ein Hund gehalten wurde: Was traumatisierte Kinder uns über Leid, Liebe und Heilung lehren können – Aus der Praxis eines Kinderpsychiaters (4. Aufl.). München: Kösel.

Weiß, W. (2013.) Philipp sucht sein Ich. Zum pädagogischen Umgang mit Traumata in den Erziehungshilfen (7. Aufl.). Weinheim: Beltz Juventa.

Mathias Kuczynski

13 Stabilisierung traumatisierter Jugendlicher durch ressourcenorientierte Methoden

13.1 Vorbemerkung

Jugendliche, die eine Traumatisierung erlebt haben, wirken oft sehr in sich gekehrt und ziehen sich aus dem Gruppenleben zurück. Sie verbringen ihre Freizeit oft allein und trauen sich nur wenig zu. Andere sind beständig unruhig, können kaum allein sein und explodieren bei den kleinsten Anlässen.

Jedes Kind hat – ganz egal, was es erlebt oder geprägt hat – Talente, Fähigkeiten und Hobbys, die man in der pädagogischen Arbeit als Kraftquelle für das jeweilige Kind nutzen kann. Reddemann (2011) betont, dass es umso wichtiger ist, auf die Ressourcen zu fokussieren, je weniger stabil die Betroffenen sind. Ressourcen zu finden, zu stärken oder neu zu entwickeln ist somit ein Kernstück der Stabilisierung. Diese Ressourcen gilt es zu erkennen. Je mehr Ressourcen vorhanden und abrufbar sind, desto leichter ist es, dem Schützling Angebote zu machen, die den jungen Menschen stabilisieren können. Die Jugendlichen sind häufig durch ihre Traumatisierung so überwältigt, dass selbst Aufgaben in der sich wiederholenden Tagesstruktur des Gruppenalltags nicht mehr ausgeübt werden können, zum Beispiel das wöchentliche Aufräumen des Zimmers (Reddemann u. Dehner-Rau, 2004).

Den Jugendlichen fehlt häufig die Motivation oder auch der Mut, etwas zu ändern. Durch das Aufgreifen von Ressourcen und Hobbys der Jugendlichen kann man ihnen zeigen, dass sie auch in der aktuellen Krise in der Lage sind, Anforderungen zu bewältigen. Dabei ist es irrelevant, ob der Jugendliche es schafft, einen Rap-Text zu verfassen oder sich beim Schwimmbadbesuch traut, von einem Drei-Meter-Turm zu springen. Es ist wichtig, dass er etwas erlebt, das er selbst geschafft hat. Dadurch erfährt er, dass er die Möglichkeit hat, seine Ziele zu erreichen.

Meiner Erfahrung nach konnten traumatisierte Jugendliche durch den Einsatz von Entspannungsübungen, medienpädagogischen Projekten und Erlebnispädagogik viele Ressourcen erkennen und nutzen lernen und sich darüber stabilisieren. In den folgenden Ausführungen werde ich einige Methoden aus diesen drei Bereichen der Pädagogik vorstellen und meine Erfahrungen an Fallbeispielen verdeutlichen. Ich habe diese Methoden gewählt, weil sie die Grundgedanken der Stabilisation über Ressourcenaktivierung verdeutlichen, im Gruppenalltag gut durchführbar sind und sie sich als zuverlässig erwiesen haben.

13.2 Stabilisierung ist das Fundament

Traumatisierte Jugendliche sind in ihrer Alltagsgestaltung beeinträchtigt und zeigen häufig Symptomatiken wie ständige Anspannung und Impulsivität. Dies kann von anderen Jugendlichen und Mitarbeitern als bedrohlich erlebt werden, was häufig der Grund dafür ist, dass Einrichtungen diese Gruppenmitglieder für die Zusammenarbeit als nicht mehr länger tragbar erachten. Die Konsequenzen daraus sind häufige Gruppenwechsel, Beziehungsabbrüche und Vertrauensverlust: »Wieso soll ich hier mitarbeiten? Es wird wieder so wie in der alten Einrichtung.« Der junge Mensch erhält den Eindruck, dass ihn niemand halten kann (Baierl, 2008).

Die Kinder und Jugendlichen haben in vielen Fällen Schwieriges erlebt und sie benötigen Hilfe, um diese Erfahrungen verarbeiten und ihren Alltag wieder bewältigen zu können. »Ein Trauma ist überwältigend, lebensgefährlich, über alle Maßen erschreckend, etwas, das man eigentlich nicht verkraften kann, ein Ereignis außerhalb dessen, was der Mensch sonst kennt, verbunden mit der Überzeugung, dass man es nie verwindet, so schlimm, dass man nachher denkt, das könne nicht passiert sein, mit enormen seelischen und/oder körperlichen Schmerzen verbunden, etwas was von unserem Gehirn aufgesplittert oder ganz verdrängt wird« (Huber, 2003, S. 38).

Wie auch Weiß (2011) und Hüther (2002) beschreiben, hilft nicht nur eine Therapie, sondern auch der Erwerb neuer Sicherheit sorgt für eine Stabilisierung. »Die Traumapädagogik ist sowohl Teil der Pädagogik als auch Teil der Psychotraumatologie« (Weiß, 2011). Es ist falsch zu glauben, dass nur die Therapie als Behandlungsmöglichkeit bei der Bewältigung von traumatischen Ereignissen hilft. Eine traumabezogene pädagogische Hilfestellung bietet große Hilfen dabei, dass Kinder und Jugendliche lernen können, ihre traumatischen Erfahrungen zu bewältigen und zu integrieren. Sie lernen mithilfe der Traumapädagogik ihre Opferrolle zu verlassen und Eigenverantwortung für ihr Leben zu übernehmen. Sie werden zum Subjekt ihres Lebens. Ein wichtiges Ziel der Traumabewältigung ist die Veränderung der als Folge der Traumatisierung entstandenen Haltungen: der Verlust von Vertrauen in und die Ablehnung von Sicherheit bietenden Beziehungen, die Abwertung von erworbenen Kompetenzen und die sinnbietenden Orientierungen (Hüther, 2002).

Traumatisierte Kinder und Jugendliche leiden unter nicht kontrollierbaren Erinnerungen (Flashbacks), sie übertragen traumatische Bindungserfahrungen und reinszenieren ihre traumatischen Erfahrungen. Eine Vermeidung von traumabezogenem Material ist deshalb in der stationären Jugendhilfe nicht möglich. Daher sind haltgebende Strukturen (z. B. ein verlässlicher Betreuungsrahmen, der transparent, vorhersehbar und ohne Willkür ist) sowie innere und äußere Sicherheit (sichere Wohnumgebung, keine Täterkontakte, klare Grenzen, Stopps und Standards bzgl. Gewalt) wichtig (Weiß, 2008, S. 80).

Um eine Stabilisierung zu erzielen, wird ein System benötigt, das die Jugendlichen auffangen kann und ihnen einen sicheren Ort (→ Kapitel 3) bietet, an dem der Jugendliche vor weiteren schlimmen Erlebnissen sicher ist. Schäden an der Einrichtung oder persönlichen Sachen sollten sofort beseitigt oder entsorgt werden, da alles was an Gewalt, Vernachlässigung, Verlust oder anderes erinnert, als Trigger der furchtbaren Erinnerungen und der damit verbundenen Gefühle und Verhaltensweisen wirken kann (Baierl, 2008). Ebenso werden klare Regeln, Absprachen und Verlässlichkeit im Umgang mit dem Klienten für das pädagogische Personal benötigt, um für Mitarbeiter wie Klienten Sicherheit zu schaffen. Innerhalb des so geschaffenen sicheren Ortes tragen ressourcenorientierte Methoden wesentlich zur Stabilisierung bei.

13.3 Einsatz von Entspannung

»Ich glaube, das Wichtigste, das alle Professionellen mentaler Gesundheit wissen müssen, ist nicht, wie man das komplizierte Verhalten interpretiert, sondern, wie man jemandem helfen kann, auf einem ausgeglichenen Kiel zu stehen, bzw. in einen physiologischen Zustand zu kommen, in dem er/sie seine Sinne zusammenhalten kann« (van der Kolk, zit. nach Weiß, 2011, S. 12). Viele traumatisierte Mädchen und Jungen haben diese Balance nicht mehr. Sie sind körperlich wie psychisch beständig übererregt. Sich entspannen zu können ist für diese Kinder und Jugendlichen eine unschätzbare Ressource. Zudem wirkt Entspannung den vielen physiologischen Stressreaktionen von Traumatisierten (→ Kapitel 1) entgegen und trägt auch dadurch unmittelbar zur Stabilisierung bei. Es ist zum Beispiel sehr erfolgversprechend, Jugendlichen, die abends nicht zur Ruhe kommen oder häufig angespannt sind, eine Entspannungstechnik nahezubringen und diese mit den Jugendlichen einzuüben. Ich nutze mit Jugendlichen am liebsten die Progressive Muskelrelaxation (Jacobson, 1990). Vielen

Jugendlichen fällt es leichter, sich über diese ganz einfachen Körperübungen zu entspannen als über Visualisierungen. Zudem kann von außen schnell gesehen werden, ob der Jugendliche alles richtig macht und es kann korrigierend eingegriffen werden.

13.4 Die Progressive Muskelrelaxation (PMR)

Bei der Progressiven Muskelrelaxation (kurz: PMR) bzw. Progressiven Relaxation (kurz: PR) oder Tiefenmuskelentspannung nach Edmund Jacobson handelt es sich um ein Verfahren, bei dem durch die willentliche und bewusste An- und Entspannung bestimmter Muskelgruppen ein Zustand tiefer Entspannung des ganzen Körpers erreicht werden kann. Dabei werden nacheinander die einzelnen Muskelpartien in einer bestimmten Reihenfolge zunächst angespannt, die Muskelspannung wird kurz gehalten, und anschließend wird die Spannung gelöst. Die Konzentration der Person wird dabei auf den Wechsel zwischen Anspannung und Entspannung gerichtet und auf die Empfindungen, die mit diesen unterschiedlichen Zuständen einhergehen. Ziel des Verfahrens ist eine Senkung der Muskelspannung unter das normale Niveau aufgrund einer verbesserten Körperwahrnehmung. Mit der Zeit soll die Person lernen, muskuläre Entspannung eigenständig herbeizuführen, wann immer sie dies möchte. Zudem können durch die Entspannung der Muskulatur auch andere Auswirkungen körperlicher Unruhe oder Erregung reduziert werden, wie beispielsweise Herzklopfen, Schwitzen oder Zittern bzw. überhöhte Adrenalinausschüttung. Darüber hinaus können Muskelverspannungen aufgespürt sowie gelockert und damit Schmerzzustände verringert werden.

13.4.1 Anwendungsmöglichkeiten

Die Methode der progressiven Muskelrelaxation kann überall dort eingesetzt werden, wo Entspannung hilfreich wirkt. Sie wird auch häufig im Rahmen einer Verhaltenstherapie eingesetzt, beispielsweise bei der Behandlung von Angststörungen zu denen auch Traumatisierungen zählen, wo sie unter anderem im Rahmen einer systematischen Desensibilisierung zur Anwendung kommt. Aber auch bei arterieller Hypertonie, Kopfschmerzen, chronischen Rückenschmerzen, Schlafstörungen sowie Stress lassen sich mit progressiver Muskelentspannung gute Erfolge erzielen (Hofmann, 2003).

13.4.2 Klinische Belege und Wirksamkeit

In einer 1994 publizierten Metastudie wurden 66 bis 1985 publizierte Studien mit zusammen etwa 3000 Patienten zur PMR als eigenständigem (und nicht lediglich die Verhaltenstherapie unterstützendem) Therapieverfahren ausgewertet. In 75 % der Studien wurden deutliche Symptombesserungen, in 60 % darüber hinaus Verbesserungen der allgemeinen Befindlichkeit festgestellt. Diese waren stabil. Bei Angst- und Spannungszuständen (inklusive damit verbundener körperlicher Beschwerden) ist die spezifische Wirksamkeit der PMR gut belegt. Die PMR zeigt sich differenziell wirksam am besten bei Patienten mit leichteren Symptomen, die von vornherein der Wirksamkeit der PMR positiv gegenüberstanden. Deshalb und wegen der relativ leichten Erlernbarkeit wird die PMR in dieser Studie als das für die klinische Praxis geeignetste Entspannungsverfahren bezeichnet (Jacobson, 1990; Günther, 2002).

Die PMR ist einfach zu erlernen und hat ferner den Vorteil, dass diese Methode eigenständig bzw. mittels einer CD oder einer Audiodatei für den MP3-Player auch dann weiterhin geübt werden kann, wenn der zuständige Pädagoge nicht im Dienst oder anderweitig nicht verfügbar ist. Die Möglichkeit, bereits in der Übungsphase selbstständig und unabhängig handeln zu können, kommt dem Kontrollbedürfnis vieler Traumatisierter entgegen, stärkt das Selbstwirksamkeitserleben und das Vertrauen in die eigenen Fähigkeiten.

Meine Erfahrungen zeigen, dass Jugendliche das Angebot, mit ihnen die Progressive Muskelentspannung einzuüben, sehr gern wahrnehmen. Da ein Jugendlicher eventuell Angst haben könnte, seinen Ruf innerhalb der Gleichaltrigengruppe zu verlieren, sollte der Vorschlag, jene Methode einzuüben, unter vier Augen stattfinden. Wenn Sie mehrere Jugendliche zur PMR animieren können, ist es natürlich umso besser. Die Übungen lassen sich gut in einer kleinen Gruppe gemeinsam durchführen, wenn sich die Jugendlichen darauf einlassen. Um die Entspannung auditiv zu unterstützen, ist es möglich, eine Entspannungsmusik im Hintergrund abzuspielen. Es kann auch gemeinsam eine Duftkerze oder eine Duftlampe ausgesucht werden und angezündet werden, um die olfaktorische Wahrnehmung zu stimulieren. Dabei ist es wichtig, dass die Jugendlichen mitentscheiden, was ihrer Meinung nach der Entspannung dienlich sein könnte. Dass für uns etwas gut riecht, garantiert nicht, dass der Jugendliche ebenso empfindet. Es bietet sich an, den Raum abzudunkeln und – wenn möglich – eventuelle Geräuschquellen zu vermeiden, beispielsweise das Telefon oder Handy nicht mitzunehmen. Auch die Jugendlichen sollten ihre Handys wirklich ausschalten oder erst gar nicht in den Übungsraum mitbringen.

Ein 16-jähriger Jugendlicher, der mehrfach traumatisiert und generell sehr unruhig war, berichtete nach der ersten Nacht einer Ferienfreizeit beim Frühstück, dass er sehr schlecht einschlafen konnte und überhaupt nicht zur Ruhe gekommen sei. Nach einem sehr aktiven Tag mit einem Besuch in einem Freizeitbad und einer Fahrradtour zum Strand kam dieser Junge nicht zur Ruhe, obwohl er körperlich ausgepowert war. Ich habe ihm unter anderem angeboten, einen weiteren Spaziergang zu machen oder joggen zu gehen. Er suchte sich das Joggen aus. Selbst eine dreißigminütige Laufrunde erbrachte nicht den erwünschten Erfolg: Der Junge lag weiterhin wach und konnte nicht einschlafen. Nach etwas Überlegung war der Junge offen dafür, die vorgeschlagene Entspannung auszuprobieren. Daraufhin erklärte ich ihm, was wir bei der PMR genau tun werden. Nachdem er sich auf sein Hochbett bequem auf den Rücken gelegt hatte und ich mich versichert hatte, dass der Jugendliche versteht, welche Körperteile er wie anspannen soll, fingen wir gemeinsam an, die Übungen durchzuführen. Dadurch, dass auch ich alle Übungen machte, konnte er bei Bedarf immer wieder schauen, wie eine bestimmte Bewegung ausgeführt wird, was ihm zusätzliche Sicherheit gab.

Ich verwendete eine eigene Version der PMR, die zwar dem von Jacobson entwickelten Schema folgt, aber einige Formulierungen enthält, die den Jugendlichen leichter zugänglich sind. Am Ende blieb der Jugendliche noch etwas liegen, um sich weiter zu entspannen. Ich sagte ihm, dass ich erst mal die anderen Jugendlichen ins Bett bringe und später noch mal zu ihm komme. Als ich nach ungefähr 15 Minuten wieder kam, schlief der Junge tief und fest. Am nächsten Morgen berichtete der Jugendliche, dass er durch die Übung wirklich entspannen und durchschlafen konnte. In den weiteren acht Tagen der Ferienfreizeit führten wir diese Methode der Entspannung jeden Abend gemeinsam durch. Er kam die gesamte Woche der Freizeit zur Ruhe und schlief gut. Nach der Ferienfreizeit habe ich ihm eine Audio-CD erstellt, mit der er die Übung auch ohne mich durchführen konnte.

Der Jugendliche berichtet mir eine Woche später: »Ich muss dir wirklich sagen: Das erste Mal, als wir diese Übung gemacht haben, hielt ich dich wirklich für ›durchgeknallt‹, aber es hat mir wirklich was gebracht!« Sein Schlafverhalten hat sich dadurch, dass er regelmäßig die PMR vor dem Schlafen durchführt, deutlich verbessert. Er kann mittlerweile schnell ein- und durchschlafen. Des Weiteren war der Junge, bevor er die PMR erlernt hatte, häufig sehr angespannt und stand ständig unter »Strom«. Dieser Zustand hat sich deutlich gebessert und er wirkt in seinem ganzen Auftreten seither entspannter, was sich deutlich in Körperhaltung und Mimik zeigt. Durch das Durchschlafen schaffte es der Junge wieder, regelmäßig morgens zur Schule zu gehen.

Zahlreiche Versionen der Progressiven Muskelentspannung finden Sie im Internet, zum Beispiel unter http://www.palverlag.de/muskelentspannung-jacobsondurchfuehrung.html. Zur weiteren Entspannung bietet sich noch an, die Methode »Bild der Ruhe« durchzuführen (Altmeyer, Keck u. Strauss, 2011). Dabei werden die Jugendlichen dazu angeleitet, ein Bild zu visualisieren, das für sie mit Ruhe und Entspannung verbunden ist, und in diesem unterstützt. Das Vorgehen ist analog zur Visualisierung des Inneren sicheren Ortes (Reddemann, 2007). Im Anschluss folgt ein kurzes Gespräch mit dem Jugendlichen über das Bild. Manchen Jugendlichen tut es gut, ihr Ruhebild auch zu malen und im Zimmer aufzuhängen. Ein Beispiel dafür ist die Zeichnung eines 15-jährigen Jungen (Abbildung 1).

Abbildung 1: Bild der Ruhe eines 15-jährigen Jungen

13.5 Erlebnispädagogik zum Einsatz der Stabilisierung

Erlebnispädagogik gehört für mich zur alltäglichen Arbeit: mit der Gruppe einen Waldspaziergang zu machen, das Suchen von Feuerholz, ein Lagerfeuer zu entzünden, Klettern gehen, Pizza backen. All diese Tätigkeiten sind – wenn man sie in den richtigen Rahmen setzt – erlebnispädagogische Aktivitäten. Durch sorgfältiges Nutzen ihrer Möglichkeiten vor Ort lassen sich viele erlebnispädagogische Aktivitäten durchführen, ohne dass dafür ein besonderer Etat zur Verfügung stehen muss. In der Erlebnispädagogik werden Ressourcen unmittelbar erfahrbar und viele Aktivitäten machen einfach nur Freude. Wie wichtig Lebensfreude für traumatisierte Jungen und Mädchen ist, wird in diesem Buch an vielen Stellen beschrieben (→ z. B. Kapitel 2, 9, 10).

Die Erlebnispädagogik ist ein Fachgebiet der Pädagogik. Sie befasst sich mit Gruppenerfahrungen in der Natur, um die Persönlichkeit und soziale Kompetenzen zu entwickeln. Natursportarten bieten dabei vielfältige Erlebnisse, ergänzt mit Methoden aus Theater-, Abenteuer- und Spielpädagogik, der Gruppendynamik und der Sozialpädagogik. Erlebnispädagogik gilt heute als integrativer Bestandteil ganzheitlicher Erziehungs- und Bildungskonzepte. Ursprünglich in der Reformpädagogik verwurzelt, gewinnt sie in jüngster Zeit wieder an Bedeutung, da Schlüsselqualifikationen wie soziale Kompetenz, Wagnisbereitschaft und Persönlichkeit eine zunehmende Rolle in der Gesellschaft spielen (Baig-Schneider, 2012; Klawe u. Bräuer, 2001).

Durch erlebnispädagogische Erlebnisse können Jugendliche über sich hinauswachsen, dadurch ihre Einstellung positiv verändern und die Erfolge aus der Erlebnispädagogik in ihr alltägliches Leben übertragen. So kann das Besteigen einer Kletterwand zum Beispiel bewirken, dass der Jugendliche sich wieder etwas zutraut und sich besser motivieren kann, sein Zimmer aufzuräumen. Letztendlich werden Selbstbewusstsein, Selbstwertgefühl und das Vertrauen in die eigenen Fähigkeiten gefördert, was wesentlich für die Stabilisierung eines traumatisierten Kindes oder Jugendlichen ist. Vielfältige alltägliche oder besondere Aktivitäten können bei entsprechender Rahmensetzung zu gezielten erlebnispädagogischen Interventionen werden. »Mihail Czikszentmihalyi hat bei seinen Forschungen herausgefunden, dass es nicht auf das ›Was‹, sondern auf das ›Wie‹ ankommt und daran ist wesentlich unsere Einstellung beteiligt« (Reddemann, 2009, S. 53). Durch die Aktivitäten in der Natur fällt es vielen Kindern und Jugendlichen leichter, sich zu öffnen. Traumatisierte Kinder können Naturereignisse nutzen, um diese mit ihren traumatisierenden Erlebnissen zu vergleichen. »Wir können uns damit beschäftigen, dass es sehr heftige Naturereignisse gibt, die aber ebenfalls alle vorübergehen. Dass sich die Natur regeneriert, wenn man sie in Ruhe lässt und vieles anderes mehr« (Reddemann, 2009, S. 127).

Der Klient ist ein komplex traumatisierter 14-jähriger Junge, der zeitweilig autistische Züge zeigte. Dieser junge Mensch war häufig in sich gekehrt, traute sich sehr wenig zu und besaß wenig Selbstvertrauen. Als Inhaber eines Kletterscheins (DAV) wollte ich mit diesem Jungen klettern gehen. Ich schaute mir zuerst mit dem jungen Menschen im Internet eine Kletterwand an und erklärte ihm, wie alles funktionieren wird. Des Weiteren besprachen wir mögliche Sorgen und Ängste. So wurde sichergestellt, dass der Junge das Klettern als »sicher« erlebt. Zudem war es eine Übung dafür, dass der Jugendliche lernt, seine Gefühle und Bedürfnisse auszusprechen, und nicht zuletzt mitzuentscheiden, was er tun oder nicht tun möchte. Eine Woche später fuhr ich mit ihm in eine nahegelegene Kletterhalle und ließ ihn zunächst an einer kleineren Wand klettern, die mit Matten abgesichert war (Boulder-Bereich). Er sah anfangs sehr unbeholfen aus, weshalb ich ihm die Reihenfolge der Klettersteine nannte. Nach etwa einer Stunde war er schon mit der Wand vertraut und schaute des Öfteren hinüber in den Bereich der »richtigen« Kletterwände.

Eigentlich war mein persönliches Tagesziel schon mehr als erreicht, doch der Junge fragte mich, als wir eine Pause machten: »So schwer ist das Klettern ja gar nicht. Ich will jetzt endlich richtig klettern mit Seilen und so! Können wir das auch machen?« Um diese Motivation zu nutzen und seine Selbstbestimmungsfähigkeiten zu stärken, stimmte ich sofort zu. Wir holten uns Klettergurte und einen Karabinerhaken. Nachdem wir den Sicherheitscheck bestanden hatten, durfte sich der Junge eine Wand aussuchen. Ich habe ihn per Seil gesichert und ließ ihn erst einmal etwas hinaufklettern, um sich dann ins Seil hängen zu lassen, sodass er sich gewiss war, dass er gesichert ist. Diese Übung wiederholten wir einige Male. Im Anschluss machten wir eine kleine Pause und reflektierten die Übung. Ich hatte angenommen, dass der Junge nun genug hatte. Fehlanzeige! Er war voller Motivation und ihn packte der Ehrgeiz. Ich fragte zur Sicherheit noch einmal nach, ob er jetzt wirklich noch weiter klettern möchte und auch die Kraft dazu habe. Er bejahte. Danach fing er sehr entschlossen und konzentriert zu klettern an.

Nach einer Weile befand er sich in einer Höhe von sechs Metern, was der Hälfte der Wand entsprach. Ich sagte, dass das eine super Leistung ist, und fragte, ob er runtergelassen werden will. Er antwortete mit einem klaren »Nein!«. An diesem Tag kletterte er die gesamte Wand hinauf. Auf dem Rückweg zur Gruppe wollte er sofort einen neuen Termin mit mir ausmachen. Er äußerte den Wunsch, Kletterhallen mit noch höheren Wänden aufzusuchen. Nach jenem Kletterereignis bekamen wir eine Rückmeldung der Eltern, dass sie ihren Sohn nicht wiedererkennen würden: Er wäre so fröhlich und erzählte von sich aus über die Kletteraktion. In den folgenden Monaten fuhren wir regelmäßig klettern, er schaffte nach kurzer Zeit eine Wand mit einer Höhe von 22 Metern. Dies war die höchste Wand der Kletterhalle, vor der selbst ich Angst hatte. Im Rückblick auf die Kletteraktionen konnten wir eine deutliche Entwicklung in seinem Verhalten feststellen: Er traute sich viel mehr zu und in Situationen, in denen er nicht an sich glaubte, musste er sich lediglich an den Erfolgen, die er beim Klettern machte, erinnern, um den ersten Schritt zu wagen. Kletteranlagen und Hallen finden Sie zum Beispiel unter http://www.alpenverein. de/DAV-Services/Kletterhallen-Suche/ (11.07.2013).

13.6 Videoarbeit zum Einsatz der Stabilisierung

Mit Medienpädagogik können nach Röll (2006) unter anderem die folgenden
Ziele erreicht werden: Erziehung zur Mündigkeit, Selbstbestimmung, gesellschaftliche Partizipation, soziale Kompetenzen, Auseinandersetzung mit
Themen der persönlichen Lebenswelt, Wahrnehmung der eigenen Interessen
und Bedürfnisse, Stärkung kreativer Prozesse sowie Stärkung des Selbstbewusstseins. All diese Ressourcen gilt es bei vielen traumatisierten jungen Menschen
in der Stabilisierungsphase neu zu aktivieren und zu stärken. Ich stelle hier ein
Videoprojekt mit Jugendlichen vor. Videoarbeit eignet sich gut für unterschiedliche Aspekte der Traumapädagogik, von denen hier nur eine kleine Auswahl
vorgestellt werden kann. Die vielfältigen Aufgaben von zum Beispiel Schau-
spiel, Kamera, Drehbuch, Schnitt etc. erlauben es allen Jugendlichen, eine Aufgabe zu finden, die ihren Ressourcen entspricht sowie neue Ressourcen auf-
zuspüren. Über das Hineinschlüpfen in eine Rolle oder Situation sowie dem
wieder davon Heraustreten wird die Fähigkeit der kontrollierten Dissoziation
eingeübt. Die Jugendlichen können sich Situationen und Gefühlen in der Rolle
annähern, die sie im Alltag noch nicht aushalten würden. Dabei hilft, dass
sie die Rolle oder Situation jederzeit verlassen können. Werden die Szenen
entsprechend aufgebaut, können sie für Metaphernarbeit und metaphorische
Bearbeitung traumaspezifischer Themen genutzt werden. Manches, das sich
noch der Versprachlichung entzieht, kann dennoch im Video ausgedrückt, be-
und verarbeitet werden. Die Ablenkung und Aufmerksamkeitsfokussierung
durch Videoarbeit kann gedankliche und Verhaltensmuster der Jugendlichen
unterbrechen. So kann es zum Beispiel geschehen, dass eine Jugendliche im Film
problemlos den Abendessentisch richten kann, obwohl dies im Alltag für sie
immer wieder ein Problem war. Die so gewonnenen Erfahrungen können dann
in den Alltag übernommen werden. Neben der Erinnerung an das Geleistete
kann auch das aufgenommene Video immer wieder angeschaut werden und
dadurch verstärkend wirken. Falls reale Situationen gefilmt werden – etwa
eine Gruppenbesprechung, das Abendessen oder das Ersteigen einer Kletterwand – können die Jugendlichen sich von außen sehen und dadurch innere
und äußere Wahrnehmungen miteinander abgleichen. »Damit werden die
begrenzten Möglichkeiten durch Fremdbeobachtung und sprachliche Vermittlung der Fremdeinschätzungen Reflexionsprozesse in Gang zu setzen,
erheblich erweitert« (Schell, 2003, S. 75).

Durch die Videoarbeit sehen die Jugendlichen oft zum ersten Mal, wie sie
sich bewegen, wie sie sich vor der Kamera verhalten und wie sich ihre aufgenommene Stimme anhört. Sie werden durch die Medienarbeit mit diesen

Aspekten ihrer Realität konfrontiert. Dabei sollten sie begleitet werden – nicht, dass es zu überwiegend negativen und schwächenden oder unwirklichen Wahrnehmungen kommt. Diesbezüglich ist eine ressourcenorientierte und wertschätzende Haltung der anleitenden Erzieher wichtig. Auch Hollywood-Teams müssen ihre Szenen immer und immer wieder drehen, bis sie endlich »im Kasten« sind. Dies gilt es den Jugendlichen zu verdeutlichen, wenn die Motivation wegen eventueller Fehlschläge nachzulassen droht.

Ich betreute in einer Wohngruppe eine Projektgruppe von fünf traumatisierten Jugendlichen im Alter von 14 bis 17 Jahren (vier Jungen, ein Mädchen). Die Projektidee war, eine Werbung nachzustellen, die sich die Jugendlichen ausgesucht hatten. Das Ziel dieses Projektes war es, den Jugendlichen die Videoarbeit und das gemeinsame Arbeiten am Film näherzubringen. Die Kinder konnten sich ihren Ressourcen gemäß einbringen und übernahmen so eigenständig Aufgaben vor oder hinter der Kamera.

Besonders das Mädchen und einer der Jungen hatten ein sehr geringes Selbstbewusstsein und nahmen an Freizeitangeboten nur sporadisch teil, weil sie lieber für sich allein waren. Einer der Jungs war sehr technikinteressiert und wurde in die Bedienung der Kamera eingeführt. Die anderen Teilnehmer haben sich von Zuhause passende Verkleidungen mitgebracht, sich selbst Karteikarten mit den Dialogen gebastelt und diese auswendig gelernt. Die Jugendlichen waren sehr neugierig und interessiert am Projekt. Die beiden Jugendlichen, die sonst lieber ihre Zeit auf dem Zimmer verbrachten, haben sich gern eingebracht.

Die ersten Aufnahmen waren von Versprechern und plötzlichem Loslachen geprägt. Nach einer kurzen Pause zeigten alle Jugendlichen volle Konzentration und waren sehr ehrgeizig. Sie drehten jede Szene von sich aus mehrere Male. Sie haben gelernt, dass es nicht schlimm ist, Fehler zu machen, und dass sie die Szene einfach erneut aufnehmen können. Sie schauten sich die fertigen Szenen auf einem Laptop an und diskutierten darüber, was man noch besser machen könnte.

Die Jugendlichen äußerten sachlich Kritik, ohne die anderen zu verletzen, was für sie auch neu war. Das Mädchen, das zuerst nur eine kleine Rolle in dem Film hatte, weil sie der Meinung war, sie könne nicht schauspielern, fragte, ob sie noch eine zweite Rolle spielen könnte. Sie wirkte sehr gelöst und sicherer als zu Beginn. Sie übernahm noch eine weitere Rolle. Abends wurde das Filmmaterial mit der gesamten Gruppe gesichtet. Die Jugendlichen waren sehr stolz darauf, dass sie es geschafft haben, ihre Werbung nachzuspielen.

Das Feedback der Kollegen und der anderen Gruppenmitglieder war sehr positiv. Besonders die beiden Jugendlichen, die zuvor aufgrund ihres Rückzugsverhaltens aufgefallen sind, wurden gelobt. Auch sie selbst sagten, dass es ihnen leichter gefallen ist, sich vor der Kamera zu bewegen und zu sprechen, weil sie in einer Rolle waren und sie dadurch von ihren ständig kreisenden Gedanken abgelenkt wurden. Am nächsten Tag haben wir gemeinsam den Film am Computer geschnitten und nachbearbeitet sowie ein Filmcover mit den Namen der Projektteilnehmer, ihren Aufgaben und Rollen erstellt. Alle Jugendliche bekamen eine DVD von dem fertigen Werk, das sie sich in der nächsten Zeit mit anderen Jugendlichen der Einrichtung, ihren Familien und Freunden angesehen haben. Im alltäglichen Gruppenleben haben wir als Mitarbeiter diese Jugendlichen immer wieder bei Mutlosigkeit oder geringer Motivation an ihre tolle Leistung erinnert, was häufig half, um die jungen Menschen in schwierigen Situationen zu unterstützen.

13.7 Fazit

Die hier dargestellten Methoden sind drei Beispiele dafür, wie ressourcen-orientierte Methoden die Stabilisierung von traumatisierten Jugendlichen unter-stützen können. Eine wesentlicher Bestandteil ist dabei der Aufbau von Selbst-wert- und Selbstwirksamkeitserleben, die Erfahrung, etwas Besonderes leisten zu können, an die eigenen Fähigkeiten glauben zu lernen und nicht zuletzt die Freude am eigenen Tun. Das Kapitel soll dazu anregen, zu überprüfen, welche Methoden für den Leser und die ihm anvertrauten Jugendlichen in deren Setting erfolgreich umgesetzt werden können.

Literatur

Altmeyer, H., Keck, G., Strauss, N. P. (2011). Bilder der Ruhe. Keilrahmenbilder für Entspannung und Wohlbefinden. Stuttgart: frechverlag.

Baierl, M. (2008). Herausforderung Alltag. Praxishandbuch für die pädagogische Arbeit mit psychisch gestörten Jugendlichen. Göttingen: Vandenhoeck & Ruprecht.

Baig-Schneider, R. (2012). Die moderne Erlebnispädagogik. Geschichte, Merkmale und Methodik eines pädagogischen Gegenkonzepts. Augsburg: ZIEL.

Günther, S. (2002). Snoezelen. Traumstunden für Kinder: Praxishandbuch zur Entspannung und Entfaltung der Sinne mit Anregungen zur Raumgestaltung, Phantasiereisen, Spielen und Materialhinweisen. Münster: Ökotopia Verlag.

Hofmann, E. (2003) Progressive Muskelentspannung, ein Trainingsprogramm (2. Aufl.). Göttingen: Hogrefe.

Huber, M. (2009). Trauma und die Folgen. Trauma und Traumabehandlung, Teil 1. Paderborn: Junfermann.

Hüther, G. (2002). Und nichts wird fortan sein wie bisher. Die Folgen traumatischer Kindheits-erfahrungen für die weitere Hirnentwicklung. In PAN Pflege- und Adoptivfamilien NRW e. V. (Hrsg.), Traumatisierte Kinder in Pflege- und Adoptivfamilien. Ratingen.

Jacobson, E. (1990). Entspannung als Therapie. Progressive Relaxation in Theorie und Praxis (7. Aufl.). Stuttgart: Klett-Cotta.

Klawe, W., Bräuer, W. (2001). Erlebnispädagogik zwischen Alltag und Alaska. Praxis und Perspektiven der Erlebnispädagogik in den Hilfen zur Erziehung (2. Aufl.). Weinheim: Juventa.

Schell, F. (2003). Aktive Medienarbeit mit Jugendlichen: Theorie und Praxis (4. Aufl.). München: kopaed.

Reddemann, L., Dehner-Rau, C. (2004). Trauma: Folgen erkennen, überwinden und an ihnen wachsen. Ein Übungsbuch für Körper und Seele. Stuttgart: TRIAS.

Reddemann, L. (2007). Imagination als heilsame Kraft. Zur Behandlung von Traumafolgen mit ressourcenorientierten Verfahren. Stuttgart: Pfeiffer bei Klett-Cotta.

Reddemann, L. (2009). Eine Reise von 1000 Meilen beginnt mit dem ersten Schritt. Freiburg: Herder Verlag.

Reddemann, L. (2011). Die Nutzung von Resilienzfaktoren in der Therapie. In S. Nahlah (Hrsg.), Trauma, Resilienz und Täterschaft (S. 85–99). Bonn: Psychiatrie Verlag.

Röll, F. J. (2006). Methoden der Medienpädagogik. In J. Lauffer, R. Röllecke (Hrsg.), Methoden und Konzepte medienpädagogischer Projekte: Dieter Baacke Preis-Handbuch 1. Bielefeld: Gesellschaft für Medienpädagogik und Kommunikationskultur in der Bundesrepublik.

Weiß, W. (2011). Phillip sucht sein Ich. Zum pädagogischen Umgang mit Traumata in den Erziehungshilfen (6. Aufl.). Weinheim: Beltz Juventa.

Stefan Kracht

14 Wenn die Nacht zu laut wird: Konzepte für das Ein- und Durchschlafen traumatisierter Kinder und Jugendlicher

14.1 Vorbemerkung

In diesem Kapitel wird auf der einen Seite die Problematik eventuell vorhandener Schlafstörungen bei Kindern mit Traumatisierung beschrieben. Auf der anderen Seite geht es darauf ein, dass begleitende Pädagogen in ihrem Erziehungsverhalten hier eine hohe Sensibilität und Empathie aufzuweisen haben, um mit diesem Phänomen umzugehen. Abschließend wird auf Umsetzungsmöglichkeiten im stationären Rahmen eingegangen, wie Kindern in einem partizipatorischen Rahmen die Möglichkeit gegeben wird, ihre Selbstwirksamkeit spüren zu können und kreativ mitarbeiten zu können. Auch wenn sie sich bei Jugendlichen teilweise etwas anders zeigen, gelten die vorgestellten Dynamiken im Wesentlichen auch für diese Zielgruppe.

14.2 Zur Einführung

Es ist 18.30 Uhr und die Haustür geht auf. Von hier aus sehe ich es genau. Ich sitze auf der Couch und habe die Tür immer im Blick. Der Nachtdienst ist da und alle Pädagogen verschwinden hinter der Tür. Alle sind fertig, das Abendbrot ist beendet, der Schlafanzug ist angezogen und die Zähne sind auch schon geputzt. Es gibt nichts mehr, was fehlt, um ins Bett zu gehen, und das Einzige, was zu hören ist, ist der Ton des Fernsehers. Die Tür schließt sich das letzte Mal, der Schlüssel dreht sich im Schloss und es ist ruhiger. Einer ist gegangen. Ein Erzieher, die anderen Kinder und ich. Wenig später geht der erste ins Bett und wie jeden Abend bin ich Nummer vier. Nummer eins ist fertig, nun kommt Nummer zwei, dann noch eine und dann ich. Mittlerweile ist Nummer drei schon oben und ich weiß, es dauert nicht mehr lange. Ich höre den Nachtdienst bereits auf dem Weg nach unten, er schaut mich an und fragt, ob ich, bevor ich ins Bett gehe, noch etwas trinken möchte. Mein Durst ist nicht groß, aber ich trinke lieber, als ins Bett zu gehen. Ich nehme mir den Becher und diskutiere, wie jeden Abend, warum dieser nur halb gefüllt ist. Wieder ein paar Minuten weniger im Bett. Auf dem Weg zur Toilette werde ich langsamer und schaue nochmal zum Fernseher, um mich abzulenken. Doch es führt nichts daran vorbei und der Erzieher ruft mich zum vierten Mal, zur Toilette zu gehen. Dieser Weg nach unten ist der Schwerste von allen. Vor meinem Zimmer angekommen gucke ich, ob ich nicht etwas finde, was ich anderes tun kann. Doch es ist nichts da, der Erzieher hat schon alles vorbereitet. Wir suchen zusammen eine Geschichte aus, ich kann mich nicht entscheiden und ich will mich nicht entscheiden. Wieder ein paar Minuten weniger. Bevor ich mich hinlege, faltet der Erzieher meine Kuscheldecke so, wie ich es mag. Einmal in der Mitte gefaltet, am Kopfkissen liegend bis nach unten zum Bettrand. Da lege ich mich drauf, dann geht es einigermaßen und mir ist nicht so kalt. Ich lege mich hin. Der Erzieher hat bereits meine Bettdecke in der Hand und deckt mich zu. Und jeden Abend stellt er mir die gleiche Frage: »Wo darf ich sitzen, wenn ich dir die Geschichte vorlese?« Jeden Abend überlege ich, wo der Erzieher sitzen kann, aber eine gute Idee habe ich nicht.

14.3 Trauma und Schlafstörung

Schlafstörung bezeichnet als Oberbegriff alle »krankhaften« Veränderungen des Schlafverhaltens bzw. Schlaferlebens. Im alltäglichen Sprachgebrauch wird dieser Begriff jedoch meistens auf Probleme mit dem Ein- oder Durchschlafen reduziert. »Bei Menschen, die traumatische Erfahrungen gemacht haben, ist das körperliche Erregungsniveau häufig verändert. Das kann zu Schlafstörungen führen. Die Betroffenen schlafen entweder schlecht ein« (Morgan, 2007, S. 25), oder sie versuchen immer wieder, aufzustehen, den diensthabenden Pädagogen durch kleine Aufträge (z. B. etwas zu Trinken holen) oder über grenzverletzendes Verhalten (beispielsweise in andere Kinderzimmer gehen) zu binden. Das Konfliktpotenzial kann gerade am Abend innerhalb einer intensiv-pädagogischen Einrichtung sehr hoch sein und erfordert Verständnis seitens der betreuenden Pädagogen.

Andere Kinder mit Traumatisierungen wachen »nachts häufig auf oder sie erwachen morgens früh und können dann nicht mehr einschlafen. Manchmal treten auch alle drei Schlafstörungen zusammen auf, was zu einem extremen Schlafverlust führen kann. Zum einen sind die Schlafstörungen durch die Nervosität bedingt, zum anderen aber – wie schon angesprochen – durch die häufig auftauchenden Albträume selbst bzw. die Angst davor« (Morgan, 2007, S. 25).

Schläft ein Kind nachts schlecht oder zu wenig, wirkt sich dies wiederum auf sein Befinden am Tag aus. Es ist müde, erschöpft und unkonzentriert. Den Anforderungen, wie beispielsweise Schule und Hausaufgaben, nachzukommen, fällt ihnen in dieser körperlichen Verfassung umso schwerer. Es ist also unbedingt notwendig, den Kindern zu Ruhe und Entspannung zu verhelfen (Wölk, 2013). »Beruhigung steht daher an oberster Stelle, weil die körpereigenen Erholungsprozesse und die spontanen Heilkräfte nur in ruhigem Zustand aktiviert werden. Ansonsten kommt es zu einem zusätzlichen Kräfteverschleiß, der in einem Erschöpfungszustand münden kann. Dieser Zustand hängt dann nicht mehr direkt mit dem Trauma zusammen, sondern mit der Zeit danach« (Morgan, 2007, S. 33).

14.4 Der Bruch des aktiven Tages und der Übergang zur abendlichen Ruhephase

In dieser Beziehung stellt sich auch die Zusammenarbeit mit traumatisierten Kindern in einer Wohngruppe häufig herausfordernd dar, da sie von einer hohen Gruppendynamik geprägt ist. Diese beinhaltet besondere Erfordernisse und bedarf an zahlreichen Stellen hoher Achtsamkeit (Günder, 2011, S. 209). In diesem Zusammenhang ist eine sichere Umgebung mit sehr klaren Strukturvorgaben und einer hohen Ausprägung von Empathie seitens der betreuenden Pädagogen notwendig (Schleiffer, 2009, S. 253). Nur so ist es möglich, den Kindern einen haltgebenden Rahmen zu bieten. Die Annahme, dass mit Sonnenuntergang Ruhe im Hause einkehrt, ist in Bezug auf traumatisierte Kinder nicht stimmig. Gegen Abend, wenn das Tagesprogramm, wie beispielsweise Mahlzeiten, Hausaufgaben und Spielsequenzen, beendet ist, kommen die Kinder häufig in stärkerem Maß an ihre eigenen Gedanken und Gefühle. Aus eigener Erfahrung heraus halten sie besonders in der Zubettgehphase sowohl die körperliche als auch räumliche Ruhe kaum aus. Um traumatisierten Kindern zu vermitteln, dass sie beruhigt einschlafen können, benötigt es ein hohes Maß an Sicherheit, Schutz, Struktur und Mitbestimmung (Partizipation). Zeiten der Nachtruhe sollten klar vorgegeben sein. Ein wiederkehrendes Abendprogramm an festgelegten Orten (beispielsweise Fernsehen im Wohnzimmer, Legobauen auf dem Spielteppich, Gesellschaftsspiele am Gruppentisch) hilft den Kindern, das Zur-Ruhe-Kommen als festen Ablauf zu erleben und zu verinnerlichen.

»Erzieher(innen) machen oft die leidvolle Erfahrung, wie schwer es vielen Kindern fällt, abends zu Bett zu gehen. Lang anhaltende Diskussionen und Auseinandersetzungen waren die Folge; es fiel schwer, die adäquate pädagogische Reaktionsweise zu finden und auch überzeugend anzuwenden. Die Mitarbeiter(innen) kamen bei der Erörterung dieses Problemfeldes zu der Ansicht, dass die im Heim lebenden Kinder infolge ihrer minimalen hirnorganischen Störung und/oder wegen ihrer starken Verhaltensauffälligkeiten sehr oft strukturschwache Persönlichkeiten darstellten. Diese fehlende innere Strukturierung musste folglich durch eine äußere Struktur ersetzt werden« (Günder, 2011, S. 102).

Ein geeignetes Fernsehprogramm ist in Bezug auf traumatisierte Kinder besonders zu beachten. Hier reicht es nicht aus, nur auf die Freiwillige Selbstkontrolle (FSK) zu achten. Alle Filme sollten zuvor von den Pädagogen für die jeweilige Kindergruppe als nicht belastend befunden werden. Gerade zur Abendzeit, wenn die Ängste der Kinder stärker hervortreten, sollten diese nicht zusätzlich durch mediale Inhalte verstärkt werden. Hier sollten ruhige Angebote geplant werden, körperlich aktive Spiele gehören in das Tagesprogramm. »Es wird an diesem Beispiel deutlich, wie es pädagogisch effektiv werden kann, einen fehlenden inneren Halt durch einen äußeren Halt zu ersetzen, so es wie Paul Moor (1969) als Gegenstand der Heilpädagogik beschrieben hat« (Günder, 2011, S. 102). Abends darauf zu achten, geeignete Filme auszuwählen, ist eine Form der Stimulierungskontrolle, das heißt, es werden Reize, denen man ein Kind aussetzt, bewusst gewählt, um ihm Ruhe zu verschaffen. Dies heißt, dass für das Kind »ausschließlich eine assoziative Verknüpfung seiner Schlafumgebung mit Ruhe und Entspannung etabliert werden sollte« (Wölk, 2013).

Folgen sind hier im Bezug auf die Schlafenszeit der Kinder: Sie dürfen und sollen zum Pädagogen gehen und sagen, dass sie nicht schlafen können, sie werden nicht ärgerlich zurückgeschickt, sondern dafür gelobt, dass sie sich getraut haben, ihre Ängste zu äußern. Das Bett darf verlassen werden, wenn Kinder nicht mehr schlafen können, sie sind über ihr »Problem« gut informiert und verwenden das Bett zum Schlafen. Wenn sie wach sind, dürfen sie es verlassen und leise spielen, bei einem Bedürfnis der Nähe oder dem Bedürfnis nach Schutz und Trost dürfen sie den Erzieher wecken und mit ihm nach einer Lösung suchen. Kinder, welche früh wach sind, dürfen aufstehen und spielen, Musik hören. Alles, was sie entspannen lässt, ist für sie gut, denn in den meisten Fällen haben sie nach den Erfahrungen in der Nacht am nächsten Tag eine schwierige Aufgabe vor sich: in die Schule zu gehen.

Um Eskalationen auch am frühen Morgen entgegenzuwirken, ist es hier ebenso hilfreich, dass der Nachtdienst alle zu erledigenden Dinge für den Morgen bereits am Abend ausführlich vorbereitet. Kinder, welche unter Schlafmangel leiden, finden morgens ihr Unterhemd nicht, ziehen Kleidungsstücke »auf links« an und haben teilweise keinen Appetit.

In der Zubettgehphase sollte jedes Kind eine speziell definierte Abendbegleitung erhalten (Heidemann u. Greving, 2011, S. 167). Dazu ist es wichtig herauszufinden, was einem Kind beim Zubettgehen hilft, zur Ruhe zu kommen. Dies können eine Gutenachtgeschichte, ein Hörspiel, eine Spieluhr, ein bestimmtes Kuscheltier, das Kraulen eines Armes oder Ähnliches sein. Bereits vor Aufnahme eines Kindes ist es wichtig, sich Gedanken zum jeweiligen Zimmer zu machen. Wie ist die Gruppenkonstellation, wie passt die jeweilige Zimmerlage zu den entsprechenden Bedürfnissen des Kindes und wie sollte das Zimmer eingerichtet sein, damit sich das Kind wohlfühlen kann (Günder, 2011, S. 307 f.)? Kinder und Jugendliche in Heimen und Wohngruppen sollten die Möglichkeit haben, sich ihr Bett selbst auszuwählen, eines, das in vertretbarem Rahmen ihren speziellen Wünschen und Bedürfnissen nachkommt. Es ist dann ihr Bett und nicht das, welches eben zufällig vorhanden war. Ebenso verhält es sich mit der scheinbar völlig banalen Angelegenheit der Bettwäsche. Das Gefühl, wie angenehm und wohlig man in frischer Bettwäsche schläft, ist allseits bekannt (Günder, 2011, S. 307 f.).

Die strukturellen Bedingungen in stationären Wohngruppen erlauben es nicht immer, alle Gegebenheiten exakt treffend auszurichten (Krause u. Peters, 2009, S. 105). Es ist dennoch notwendig, zu wissen, was das Kind im optimalen Falle benötigen würde, um diesem Gedanken so nah wie möglich zu kommen. Hier geht es nicht nur um die tatsächlich gestalterische Umsetzung perfekter Ideen, sondern auch um die Haltung der Pädagogen dem individuellen Kind gegenüber (→ Kapitel 2). Ein Kind spürt, ob sich im Vorfeld aufmerksam und liebevoll um seine Belange Gedanken gemacht wurde. Kinder abends gut zur Ruhe bringen zu können, bedeutet vor allem, eine vertrauensvolle Atmosphäre zu schaffen.

Viele Kinder genießen es, wenn sich der Pädagoge abends noch die Zeit nimmt, eine Weile bei ihnen am Bett zu sitzen und sich unterhalten zu können. Dies ist eine Zeit der Einzelzuwendung, die innerhalb einer Wohngruppe häufig vernachlässigt wird, aber an dieser Stelle bedeutsam ist. Für Kinder mit traumatischen Erfahrungen kann es ausschlaggebend sein, ob ein Pädagoge direkt an der Bettkante oder auf einem Stuhl nahe dem Bett sitzt. Manch ein Kind hält selbst die Nähe des Stuhles kaum aus und erträgt die Anwesenheit des Pädagogen vielleicht nur in Höhe des Türrahmens seines Zimmers. Der Wunsch des Kindes nach Abgrenzung sollte unbedingt wahrgenommen und respektiert werden. Das eigene Bett ist für Kinder ein sehr intimer Ort. Dieser muss gewahrt und geschützt sein, denn »einen besonderen Stellenwert nimmt das Bett ein. Es kann sehr wichtig werden, als Zufluchtsstätte, als Insel der Geborgenheit wo Ängste und Kümmernisse kleiner werden, aber auch über freudige Tagesereignisse nachgedacht werden kann und Pläne für folgende Tage entstehen« (Günder, 2011, S. 307).

Traumatisierte Kinder nässen teilweise ein und benötigen hier viel Zuspruch, aber auch Hilfe in der Nacht. Unbedingt sollte hier Nähe/Distanz in der Hilfestellung nach Wunsch des Kindes ausgerichtet sein, aber auch Ersatzbettwäsche bereitliegen. Der Pädagoge sollte dem Kind beiseite stehen in seiner Hilflosigkeit und ihm Mut zusprechen (Lackner, 2004, S. 87), aber auch annehmen, dass dieses Einnässen einen Teil der Problematik des Kindes darstellt und seinen Grund hat.

Kinder mit Traumatisierungen sind häufig am besten in Einzelzimmern aufgehoben, da sie hier einen eigenen Rückzugsort für sich haben. Dies kann zur Beruhigung aufgeladener Stimmungen sehr hilfreich sein. In einzelnen Fällen kann aber gerade ein Doppelzimmer eine gute Idee sein. »Dies ist auch zu befürworten, um z. B. Ängsten vor dem Alleinsein entgegenzuwirken, und es entspricht dem kindlichen Kommunikationsdrang, einen Gesprächs- und Aktionspartner zu haben« (Günder, 2011, S. 307).

14.5 Notwendige Kompetenzen der Pädagogen im Umgang mit traumatisierten Kindern während der Nacht

Die Mitarbeiter in der Nachtbereitschaft stehen vor großen Herausforderungen. Sie sind den Abend und die Nacht über allein im Dienst und müssen den Kindern sowie den strukturellen Aufgaben um sie herum gerecht werden. Zu viele Nachtbereitschaften hintereinander bedeuten für die Pädagogen häufig selbst einen Schlafmangel und unzureichende Schlafhygiene, da es in der Arbeit mit traumatisierten Kindern regelmäßig dazu kommt, dass die Nacht nicht durchgeschlafen werden kann und somit die aktive Präsenz der Pädagogen notwendig wird. In unserer Gruppe hat sich die Aufteilung der Nachtbereitschaften auf einen Zwei-Zwei-Drei-Rhythmus pro Woche als optimal erwiesen. Andere Teams mit anderen Mitarbeitern sollten überprüfen, welcher Rhythmus für sie am wenigsten Belastung darstellt.

Sicherheit geben und Ruhe vermitteln kann am besten, wer sich selbst sicher fühlt und ruhig ist (→ Kapitel 5, 8, 19). Während es am Tage, mit zwei Pädagogen im Dienst, leichter ist, mit schnell auftretenden Krisen der Kinder umzugehen, stellt dies im Abendbereich hohe Anforderungen an die Pädagogen. Sie haben den Überblick über die Gesamtgruppe zu behalten und sind gleichzeitig gefordert, jedem einzelnen Kind die benötigte Sicherheit zu bieten, um gut zur Ruhe zu kommen. Es ist notwendig, sich bereits im Vorfeld einer akuten

Situation Bewältigungsstrategien zurechtzulegen, um handlungsfähig zu bleiben. Im Falle eines Brandes sollte der Feuerlöscher nicht erst gesucht werden müssen oder während eines Stromausfalles ist es notwendig, dass sich jeder Mitarbeiter im Bereich des Sicherungskastens auskennt und weiß, wo Taschenlampen zu finden sind. Ebenso wertvoll sind Handlungsstrategien in Bezug auf eine Beruhigung der Gruppendynamik, *bevor* es zu eskalierenden Verhaltensweisen unter den Kindern kommt.

Der Erfahrungsaustausch im Team ist hier sehr wertvoll, ebenso die gegenseitige Unterstützung, die auch offen vor und mit den Kindern kommuniziert werden sollte. So erhalten die Kinder Einblick darin, dass sich die Pädagogen permanent im Austausch befinden und stützen, also für sich sorgen. Nur wer in der Lage ist, für sich selbst zu sorgen, kann sich mit ausreichender Kraft und Energie auch um andere kümmern (Baierl, 2011, S. 70). Es kommt vor, dass es im Team ebenso dynamische Prozesse gibt wie in der Kindergruppe. Dieses Phänomen ist teilweise der Übertragung geschuldet (Huber, 2004, S. 37). Hier müssen Pädagogen ein hohes Maß an Selbstreflexion und Kritikfähigkeit besitzen, um dieser Dynamik fachlich begegnen zu können und sich nicht durch persönliche Verletzungen verstricken zu lassen: »Fachkräfte in der Arbeit mit psychisch kranken Kindern haben ihre Kenntnisse über charakteristische Interaktionsverläufe und über typische Verhaltensmuster bei unterschiedlichen, psychischen Störungen und ziehen sie in ihre Beurteilung mit ein. Sie wissen um die hohe Konfliktdynamik mit einer solchen Störung und sind von gespaltenen Ansichten im Team bezüglich der ›richtigen‹ Verhaltensweisen und der angemessenen pädagogischen Haltung nicht überrascht« (Denner, 2008, S. 292).

Jeder Pädagoge muss seinen eigenen Stil im persönlichen Umgang mit den Kindern finden. Weiterhin gibt es zu jeder Idee viele andere, möglicherweise bessere, kreativere Alternativen usw. (Deppe, 1996, S. 177). Authentizität spielt hier eine große Rolle. Gerade in der Einzelsituation kann es sein, dass ein Kind sich öffnet und von einer von ihm als bedrohlich empfundenen Situation erzählt und der Pädagoge darauf angemessen und in Ruhe reagieren muss. Hier bedarf es der Zeit und dem klaren Verständnis, dem Bedürfnis des Kindes angemessen zu begegnen. Das Bedürfnis des Kindes hat absoluten Vorrang gegenüber den routinemäßig alltäglich anfallenden Arbeiten des Nachtdienstes. Dies hat aber auch zur Folge, dass ein klares Verständnis im Team vorhanden sein muss, dass eventuelle Nachtdienstaufgaben, wie zum Beispiel das Wäschewaschen, nicht vollständig erledigt werden konnten. Es bedarf der deutlichen Rückkopplung und der Stressvermeidung für den Pädagogen im Nachtdienst sowie der vorherigen Kommunikation über die Bedeutung des Schlafverhaltens.

14.6 Fallbeispiel Markus

14.6.1 Traumabeschreibung, Biografie und Verhalten

Markus (10,2) lebt seit einem Jahr in einer speziellen Gruppe für Kinder. Diese Gruppe hilft traumatisierten Kindern bei ihrer Stabilisierung im Alltag und der Klärung ihrer Zukunftsperspektive. Die Kinder sind dort zeitlich mittelfristig untergebracht.

Es besteht der Verdacht, dass Markus von seinem älteren Bruder Christian sexuell missbraucht wurde. Die Rolle des älteren Bruders im Zusammenleben mit der Mutter war deutlich gestärkter als seine eigene. Aussagen wie: »So etwas macht Christian aber nicht!« oder »Das musst du dir ausgedacht haben!« waren oftmals Reaktionen der Mutter gegenüber Markus, wenn dieser über Erlebnisse mit dem Bruder berichtete. Dies könnte eine Mitursache des sekundären Mutismus, seiner Sprachlosigkeit sein, welche Markus jahrelang aufwies.

In der vorherigen Einrichtung verbarrikadierte Markus sich über mehrere Stunden in seinem Zimmer und zeigte nur noch Drohgebärden in seinen Impulsausbrüchen. Die Eskalationshöhepunkte von Markus gingen in der vorherigen Einrichtung so weit, dass sein Impulsdurchbruch oft bewirkte, dass er in das Notzimmer gebracht wurde. In Markus' Fall kann das Wort Not eindeutig aus zwei Sichtweisen beschrieben werden:

1. Das Notzimmer steht für das Notfallzimmer, in das die Kinder gebracht werden, die vor sich und anderen Kinder geschützt werden müssen.
2. Das Kind hat selbst Not und fühlt sich aufgrund der Raumbezeichnung gut aufgehoben.

Innerhalb seines Zimmers versuchte Markus mehrere Verstecke einzurichten. An diesen Orten befanden sich entweder wertvolle Gegenstände oder auch »verbotene«. Er drehte einige seiner Möbel um, damit deren Inhalt nicht sichtbar war. In seinen Impulsdurchbrüchen verhielt er sich oftmals so, dass er sein Zimmer ausräumte und alles, was er werfen konnte, in den Flur schleuderte. Dabei blieb jedes Mal nur ein Teil seiner Zimmereinrichtung unversehrt, sein Kleiderschrank. Nach diesen Ausbrüchen fiel es Markus sehr schwer, sich selbst zu reflektieren. Dementsprechend hatte er für sich auch keine Erklärungen, warum er sich so verhielt.

Markus zeigte ein deutliches Schamgefühl gegenüber den anderen Kindern und den Erwachsenen. Er schloss während des Umziehens seine Tür, selbst wenn er sich ein neues T-Shirt anziehen wollte. Dies waren die einzigen Situationen, in der Markus seine Zimmertür von sich aus geschlossen hielt.

Viele Konflikte lebte Markus am Abend aus. Das Abendessen war hierbei sehr bedeutsam und viele Regelverletzungen waren die Folgen. Er forderte oft Eingrenzungen von den Pädagogen ein. Weiterhin bezeichnend war die Situation direkt vor seinem Zubettgehen. Die »Schreischwelle« von Markus war sehr niedrig. Gegenüber anderen Kindern wurde er selbst bei kleineren Konflikten sehr laut und ging mit seinen Beschimpfungen direkt ins Schreien über. Bei notwendigen Eingrenzungen konnte er sein Schreiverhalten kaum reflektieren oder Gefühle benennen. Dies bedeutete, dass sein nonverbales Verhalten gegensätzlich zum verbalen Verhalten war und dass er, während eine Handlung ausführte, diese negierte.

14.6.2 Beobachtung während des Schlafs

Während des Zubettgehens fiel immer wieder auf, dass Markus viel Zeit benötigte, bis er einschlief, und oft wieder aufstand, da er noch Bedürfnisse hatte, wie etwas trinken, Mückenstichsalbe, das Kissen liegt nicht richtig etc. Markus äußerte sehr häufig, innerhalb von kurzen Abständen, auf die Toilette gehen zu müssen, welches sich auch im Tagesverlauf widerspiegelte. In diesen Momenten war es unklar, ob Markus wirklich auf die Toilette musste. Zusätzlich war es möglich, dass Markus selbst nicht wusste, ob er muss. Beobachtbar war eine hohe körperliche Anspannung.

In der Anfangszeit in der Gruppe stand Markus oft in der Nacht auf und war nicht ansprechbar. Hier zeigte sich dieses Verhalten überwiegend während seiner Toilettengänge, bis dazu, dass er vor dem Badezimmer stehen blieb und anfing zu weinen.

Morgens zeigten sich ähnliche Schwierigkeiten. Markus kam schlecht aus dem Bett und schlug schnell und unkoordiniert um sich, wenn sich ihm ein anderes Kind näherte. Für Markus war es hilfreich, dass der Pädagoge am Vorabend mit ihm besprochen hatte, wie er geweckt werden möchte. Hier zeigte sich nach kurzer Zeit eine deutlich entspanntere morgendliche Situation in der Gruppe.

14.6.3 Rituale und Voraussetzungen

Markus hatte vor der Aufnahme mehrere Zuschreibungen erhalten, welche zu dem Schluss führten, dass er in der Gruppe ein bestimmtes Zimmer erhielt. Dieses Zimmer war nicht nur in der Nähe des Pädagogen, sondern hatte auch bauliche Besonderheiten. Es war das einzige Zimmer, dessen Tür sich nach außen öffnen ließ. Dies bedeutete für Markus weiteren Schutz, da alle, die seine Tür öffnen wollten, erst einmal einen Schritt zurückgehen mussten, um hineinzugelangen, und nicht wie bei den anderen Zimmern »mit der Tür ins Zimmer fielen«.

Markus legte großen Wert darauf, wie seine Kuscheldecke und seine Bettdecke gefaltet wurden. Hier spielte nicht nur die Reihenfolge, sondern auch die Art und Weise eine Rolle. Vor allem am Anfang wollte Markus, dass ihm nur Bücher vorgelesen werden, die ihm gehörten. Die Tür wurde jeden Abend angelehnt und jedes Mal wurde ein Hausschuh dazwischen gelegt, damit sie nicht zufiel, aber auch nicht zu weit offen stand.

14.7 Der »gute Grund« des Kindes benötigt eine »gute Idee« des begleitenden Pädagogen

In der Arbeit mit traumatisierten Kindern wird deutlich, dass das Verhalten des Kindes einen Grund hat (Weiß, 2006). Daraus ist abzuleiten, dass die begleitenden Pädagogen Ideen dafür benötigen, was dieser Grund ist und welche Interventionen geeignet sind, einem Kind, das aus diesem Grund dieses Verhalten zeigt, Hilfestellungen zu geben. »Gerade diejenigen Menschen, die früh im Leben und/oder über längere Zeit traumatisiert wurden, sind oft sehr erschöpft von ihren jahrelangen Versuchen, sich das Trauma ›vom Hals zu halten‹, das sie doch immer wieder in Alpträumen […] überfällt und zu Erschöpfungszuständen führt« (Huber, 2004, S. 92).

Gerade Schlaf stellt eine Form eines Entspannungsprozesses dar und wirkt der körperlichen Anspannung, welche traumatisierte Kinder in der Regel aufweisen, entgegen. »Regelmäßige Entspannung führt insgesamt zu einer höheren Gelassenheit, so dass viel weniger Situationen als Stress erlebt werden« (Baierl, 2011, S. 98). Daher ist es eine gute Idee, sich um den Schlaf der Kinder zu kümmern. Eine ebenso gute Idee ist das Erlernen, Einüben und regelmäßige Anwenden von Entspannungstechniken wie zum Beispiel der Progressiven Muskelentspannung nach Jacobson (→ Kapitel 13).

Mit den Kindern Lernprinzipien zu erarbeiten, wie sie in der Verhaltenstherapie rund um Schlafstörungen zur Anwendung kommen, erscheint sinnvoll (Wölk, 2013). Wichtig ist, dass im Falle des Nicht-schlafen-Könnens den Kindern klar ist, dass die Strategie, über Stunden wach in ihrem Bett zu liegen, nicht erfolgreich ist. Eine Effektivierung von Schlafverhalten wird eher durch erarbeitete Hilfestellungen mit den begleitenden Pädagogen sowie der räumlichen Anpassung der Schlafumgebung des Kindes erreicht. Für das Verhalten des begleitenden Pädagogen bedeutet dies zum Beispiel, in einer Eskalations-

phase früh auszusteigen bzw. am Abend bewusst eher in die Konfliktvermeidung
einzusteigen, um den einfach besetzten Nachtdienst zu entlasten und hier
einen Engpass in der Betreuung der Kinder zu vermeiden. Konflikte werden
abends seitens des Pädagogen nicht forciert. Nach dem Abendbrot erfolgen
keine klärenden Gespräche, sondern dahingehende Hinweise, dass am nächsten
Tag gemeinsam eine Lösung gefunden wird. Im Nachtdienst werden keine
Interventionen oder Sanktionen rund ums Zubettgehen ausgesprochen, welche
plötzlich, unerwartet oder vorher nicht klar sind. Das Zimmer bzw. Bett des
Kindes stellt einen Rückzugsort dar und soll hier positiv besetzt sein.

Das Thema der Nachtkleidung ist hier von Bedeutung, es gilt, dass das, was
dem Kind gefällt und gut tut, eine gute Idee ist. Wünscht das Kind im Bett
Schuhe zu tragen, gilt zu überprüfen, welches Bedürfnis des Kindes dahinter
steht und wie diesem begegnet werden kann. Die sollte aus der Haltung heraus
geschehen, dass das Kind einen guten, womöglich für ihn lebenswichtigen
Grund hat, diesen Wunsch zu haben. Wie sauber und hygienisch die Schuhe sein
müssen, damit sie im Bett getragen werden können, bleibt ein Aushandlungs-
prozess zwischen Kind und Erzieher. Grenzen sind in stationären Wohngruppen
dort gegeben, wo Kinder sich oder andere gefährden würden, die Grenzen
anderer überschritten würden oder der Mitarbeiter in gefährdende oder zwei-
deutige Situationen gebracht würde, etwa wenn Kinder sich wünschen, nackt
zu schlafen oder aber auch Waffen in ihrem Zimmer haben zu dürfen, um sich
verteidigen zu können. Diesbezüglich kann es eine Idee sein, mit den Kindern
gemeinsam vertretbare Lösungsstrategien für den Wunsch zu finden. Die aktive
Mitgestaltung des Kindes an der Idee lässt zu, dass das erlebte Trauma zwar
allein erlebt wurde, aber die Lösungsfindung für die Nächte danach gemeinsam
geschehen kann.

Weitere gute Erfahrungen in der Arbeit mit jüngeren Kindern zu ihrer Schlafhygiene waren das Anschauen der Kinderzimmer in der Nacht und auch die
Wahrnehmung von Gerüchen sowie Geräuschen, welche die Kinder ängstigen
könnten. Lichtquellen befinden sich im Zimmer an Stellen, wo das Kind es
wünscht, jede ausgeleuchtete Ecke hat einen guten Grund. Die Türen, Fenster
oder Fenstervorhänge und Rollläden werden auf Wunsch des Kindes gestellt.
Schattenwürfe durch von außen kommende Lichter wie Straßenlaternen oder
vorbeifahrende Autos können als bedrohlich erlebt werden. Geräusche, wie zum
Beispiel ein lautstark vorbeihastender Igel, sollten erklärt werden. Je weniger das
Kind seinen Fantasien überlassen bleibt, desto wahrscheinlicher sind positive und
beruhigende Zuschreibungen zu den gemachten Wahrnehmungen. Eine Duftlampe kann negativ besetzte Gerüche überdecken, eine CD kann ängstigende
Geräusche übertönen. Als Geräuschgeber ist zum Beispiel relativ gleichmäßige

Musik mit einem Takt von circa 60 Schlägen die Minute zu empfehlen. Dies entspricht einem entspannten Herzschlag, dem sich das Herz des Kindes anpassen
kann. Auch gleichmäßige Naturgeräusche haben sich bewährt. Einige wenige
Kinder werden in der Einschlafphase so stark von ängstigenden inneren Bildern
bedrängt, dass sie aufmerksamkeitsfördernde Reize zur Ablenkung benötigen,
die spannend genug sind, um die Aufmerksamkeit wirklich zu binden. Dann
können Hörbücher mit aufregenden Abenteuern oder Detektivgeschichten den
gewünschten Erfolg bringen. Je nach Alter können das zum Beispiel Benjamin
Blümchen, Pippi Langstrumpf oder Harry Potter sein.

Die Nachtkompetenz rund um all diese Dinge ist für die Deutung des Verhaltens des Kindes eine gute Idee. Da viele komplexe Traumatisierungen bereits
in der präverbalen Entwicklungsphase des Kindes stattgefunden haben, werden
die Kinder einen guten Grund haben, aber ihn verbal nicht benennen können.
Das Gefühl dazu können sie äußern und sie mit anderen Wahrnehmungskanälen
erforschen, daher sind die farbliche Gestaltung und auch die Ausstattung von
Badezimmern und Toiletten unter Beachtung der gültigen Hygienevorschriften
wichtig. »Auch Toiletten und Badezimmer werden integraler Bestandteil der
Gesamttherapie. Es sind auch Orte zum Entspannen, zum Sichwohlfühlen,
für Körpererfahrungen, zum Spielen und zum Ausgelassen sein. Steril in weiß
angelegte Bäder und Toiletten, nebeneinander gereihte Becken und Duschen
können diesen Anspruch nicht erfüllen« (Günder, 2011, S. 156). Deswegen spielt
auch die Gestaltung der Badezimmer eine große Rolle. Dies ist ein intimer Ort
für alle Personen. In meinen Beobachtungen ist mir aufgefallen, dass Kinder
mit traumatischen Erfahrungen, die grenzverletzendes Verhalten erlebt haben,
oftmals zur Eile neigen. Eine Wohlfühlatmosphäre könnte dieses Verhalten
verändern.

Wenn zum Beispiel ein Kind nachts in den Papierkorb seines Zimmers
uriniert, hat dies einen guten Grund und es war eine gute Idee des Kindes,
vielleicht nachts nicht auf die Toilette zu gehen. Vielleicht ist eine erste gute Idee,
dass der Papierkorb gegen eine Campingtoilette ausgetauscht und zugelassen
wird, dass das Kind sein Zimmer nachts nicht verlassen muss. Für den Fall des
nächtlichen Einnässens kann es zum Beispiel eine gute Idee sein, dass Dusch-
sachen bereits sichtbar herausgelegt sind. In diesem Falle ist mit dem Kind zu
besprechen, ob es sich nachts waschen oder duschen möchte oder ob es sich
überhaupt nachts wäscht oder duscht. Im Falle der Notwendigkeit einer Hilfestellung ist im Vorfeld ebenso zu besprechen, in welchem Nähe-/Distanzver-
hältnis das Kind diese Hilfestellungen annehmen kann und möchte. Legt das
Kind Wert auf Autonomie und möchte es selbst tun, dann ist es eine gute Idee,
dies tagsüber zu üben, damit es nachts auch im müden Körperzustand klappt.

Bedeutsam in der Arbeit mit traumatisierten Kindern in Bezug auf Berichte, Erzählungen oder Träume ist es vielleicht auch, nicht alles sofort verstehen zu müssen, aber zu wissen, dass es einen Hintergrund gibt, auf welchem dieses Verhalten beruht (→ Kapitel 1, 5). Nach ihren traumatischen Erlebnissen haben einige der Kinder das Problem, sich vom Tag zu lösen und in die Nacht zu gehen und dafür gibt es einen guten Grund.

Literatur

Baierl, M. (2011). Herausforderung Alltag. Praxishandbuch für die pädagogische Arbeit mit psychisch gestörten Jugendlichen (3. Aufl.). Göttingen: Vandenhoeck & Ruprecht.

Denner, S. (Hrsg.) (2008). Soziale Arbeit mit psychisch kranken Kindern und Jugendlichen. Stuttgart: Kohlhammer.

Deppe, R. (1996). Stationäre Aufnahme als systemische Krisenintervention. In K. Egidi, M. Boxbücher (Hrsg.), Systemische Krisenintervention (S. 171–211). Tübingen: dgvt.

Günder, R. (2011). Praxis und Methoden der Heimerziehung. Entwicklungen, Veränderungen und Perspektiven der stationären Erziehungshilfe (4. Aufl.). Freiburg im Breisgau: Lambertus-Verlag.

Heidemann, W., Greving, H. (2011). Praxisfeld Heimerziehung. Lehrbuch für sozialpädagogische Berufe. Köln: Bildungsverlag eins.

Krause, H.-U., Peters, F. (Hrsg.) (2009). Grundwissen Erzieherische Hilfen: Ausgangsfragen, Schlüsselthemen, Herausforderungen. Weinheim: Juventa.

Huber, M. (2004). Wege der Traumabehandlung. Trauma und Traumabehandlung Teil 2. Paderborn: Junfermann.

Lackner, R. (2004). Wie Pippa wieder lachen lernte. Fachliche Hilfe für traumatisierte Kinder. Wien: Springer.

Morgan, S. (2007). Wenn das Unfassbare geschieht – vom Umgang mit seelischen Traumatisierungen, ein Ratgeber für Betroffene, Angehörige und ihr soziales Umfeld. (2. Aufl.). Stuttgart: Kohlhammer.

Schleiffer, R. (2009). Der heimliche Wunsch nach Nähe. Bindungstheorie und Heimerziehung (4. Aufl.). Weinheim u. München: Juventa.

Weiß, W. (2006). Philipp sucht sein Ich. Zum pädagogischen Umgang mit Traumata in den Erziehungshilfen (3. Aufl.). Weinheim: Juventa.

Wölk, C. (2013). Was kann VT bei Schlafstörungen erreichen? Zugriff am 05.08.2013 unter http://www.verhaltenstherapie.de/de/verhaltenstherapie/vt-bei-schlafstoerungen.html

Manuela Schroeder

15 Umgang mit Kontrollverlusten und Förderung der Steuerungsfähigkeit im Gruppenalltag

15.1 Vorbemerkung

Die mangelnde Steuerungsfähigkeit schwerst mehrfach traumatisierter Jugendlicher stellt in der stationären Jugendhilfe eine echte Herausforderung dar. Im Folgenden wird erläutert, was unter Kontrollverlusten zu verstehen ist und was insbesondere Betreuer in einer Wohngruppe leisten können, um zur Förderung der Impulskontrolle der Jugendlichen beizutragen. Des Weiteren werden die Stressreaktionen kurz angerissen und beeinflussende Faktoren sowie mögliche Interventionen beschrieben.

15.2 Kontrollverlust

Störungen der Impulskontrolle »sind durch wiederholte Handlungen ohne vernünftige Motivation gekennzeichnet, die nicht kontrolliert werden können und die meist die Interessen des betroffenen Patienten oder anderer Menschen schädigen« (Deutsches Institut für medizinische Dokumentation und Information, 2013). Kontrollverlust bezeichnet somit den Verlust der eigenen Fähigkeit, das eigene Verhalten bewusst steuern und lenken zu können. Kontrolle hat immer etwas mit leiten, führen, lenken und steuern zu tun. Der Verlust der eigenen Kontrollfähigkeit führt unweigerlich zur Verunsicherung und ist sowohl für den Betroffenen als auch für dessen Umwelt beängstigend. Kontrollverluste sind als ein Symptom von Traumatisierungen zu verstehen und können graduell unterschiedlich sein. Impulskontrollverluste geschehen immer unter Stress.

15.3 Stressreaktion – Stressregulation – Medikation

Das Gehirn ist unsere Schaltzentrale und verantwortlich für die Steuerung lebensnotwendiger Abläufe, die Speicherung von Informationen, das Empfinden von Gefühlen sowie das Auslösen von Reaktionen auf verschiedenste Situationen. Aus dem Englischen übersetzt bedeutet Stress »Anspannung« und »Druck« (Pschyrembel, 1998). Stress wird durch sogenannte Stressoren wie innerer Beanspruchung, aber auch durch besondere äußere Reize ausgelöst. Stress ruft Reaktionen hervor, die zur Bewältigung besonderer Anforderungen befähigen sollen. Die bio- und neurophysiologischen Prozesse von Stress haben die Funktion, Leben zu retten, und das bereits seit Beginn der Menschheit. In diesem Augenblick ist der Körper auf Notbetrieb gestellt. Er bereitet sich auf Kampf, Flucht oder Erstarrung vor. In der Regel sind diese extremen körperlichen Reaktionen in der heutigen Zeit als Alltagskompetenz nicht hilfreich. Die dennoch automatisch ablaufenden Stressreaktionen können von Menschen ohne Stressdysregulation für Situationen mit besonderen Anforderungen positiv genutzt werden. Faktoren, die Stress hervorrufen können, sind unter anderem Prüfungen, Straßenverkehr, aber auch Versagensangst und Störungen innerhalb einer emotionalen Bindung.

Beim Menschen gibt es zwei parallel ablaufende Reaktionsketten, die die Stressreaktion bilden. Bei der biochemischen Reaktionskette wird im Gehirn der Hypothalamus stimuliert, das oberste Zentrum des Hormonsystems und bedeutsamstes Hirngebiet zur Regulierung des inneren Millieus, das CRH (Corticotropin-Releasing Hormon) freisetzt. Dieser Signalstoff stimuliert die Hypophyse, wo ACTH (Adrenocorticotropes Hormon) freigesetzt wird, was wiederum in der Nebennierenrinde zur Cortisolausschüttung führt (Pschyrembel, 1998). Die neuronale Reaktionskette beginnt durch die Reizung des Sympathikus im Gehirn. Hierdurch wird das Nebennierenmark zur Adrenalin- und Noradrenalinausschüttung bewegt. Diese hormonellen Signalstoffe haben kurzzeitige Wirkungen. Die Herzschlagkraft und die Herzfrequenz erhöhen sich genauso wie die Muskeldurchblutung. Ebenso findet eine Bronchialerweiterung statt und es kommt zu einer beschleunigten und flachen Atmung. Die Pupillen erweitern sich und die Haarbälge richten sich auf. Glukose wird freigesetzt, um unter anderem die Muskeln mit Energie zu versorgen. Langfristig führt das gehäufte Auftreten der Stressreaktion zu erhöhter Infektanfälligkeit und zu Schlafstörungen. Spannungskopfschmerz und Störung der Konzentration sind die Folgen ebenso wie Störungen des Verdauungstraktes (Schäffler u. Schmidt, 1998).

Dauerstress in Kombination mit beispielsweise belastenden Vorerfahrungen, hoher Stressintensität, mangelnder sozialer Unterstützung sowie instabiler

Persönlichkeit führen langfristig zu einer Stressdysregulation. Diese Voraussetzungen treffen auf komplex traumatisierte Jugendliche lebensgeschichtlich zu. Während einer Traumatisierung werden sämtliche Bewältigungsmechanismen aktiviert (→ Kapitel 1). Diese Stressüberflutung führt jedoch zur Schädigung von Verarbeitungsprozessen im Gehirn. Wahrnehmungseindrücke können somit nicht geordnet und in Zusammenhang gebracht werden (Trost u. Schwarzer, 2009). Zudem ist die Aufmerksamkeit der Betroffenen auf das Erkennen von für sie potenzieller Gefahr ausgerichtet und ihr Körper reagiert schneller auf Reize. Bestimmte Situationen, für Außenstehende alltägliche Begebenheiten, lösen bei traumatisierten Kindern und Jugendlichen auch heute noch extreme Reaktionen aus, die zu einem Kontrollverlust führen können. In Bezug auf die damit verbundenen Urinstinkte Flucht, Kampf und Erstarrung reagieren Traumatisierte dann durch ihre mangelnde Steuerungsfähigkeit beispielsweise mit Weglaufen oder Tobsuchtsanfällen. Für diese Dysregulation gilt es in der Arbeit mit traumatisierten Jugendlichen Ersatz zu finden, sodass diese andere Bewältigungsmechanismen zur Stressregulation erlernen. Hierbei handelt es sich um verschiedene Prozesse, die im Folgenden differenziert beschrieben werden.

Bei entsprechender Indikation kann der Einsatz von Psychopharmaka für die erfolgreiche Erlebens- und Verhaltensänderung sinnvoll und manchmal notwendig sein. Psychopharmaka nehmen unter anderem Einfluss auf Stimmung, Wahrnehmung, Gedankengänge, Affektivität, Verhaltensweisen und Emotionalität. In Anbetracht der breitgefächerten Wirkungsweisen und unterschiedlicher Medikamentengruppen ist es unter Umständen ein langwieriger Prozess zur optimalen individuellen Medikation. Ist diese jedoch gefunden, kann das Gehirn nun beginnen, Informationen adäquat zu verarbeiten. Hierdurch wird die Suche nach Handlungsalternativen im pädagogischen und therapeutischen Bereich unterstützt. Im Bezug auf Medikation ist die enge Zusammenarbeit der verschiedenen Beteiligten rund um den Jugendlichen wie Sorgeberechtigte, Facharzt, Betreuer, Therapeuten und Lehrer wichtig. Die Indikation für eine Medikation sollte immer von einem Facharzt für Kinder- und Jugendpsychiatrie gestellt werden (Baierl, 2011). Neben dem Einsatz von Medikamenten gibt es zahlreiche Faktoren, die im Umgang mit Jugendlichen mit mangelnder Kontrollfähigkeit von immenser Bedeutung sind und auf die zu späterer Zeit partiell eingegangen wird.

15.4 Trigger

Eine Stressreaktion, egal ob darauf mit Dysregulation reagiert wird, hat immer einen Auslöser. Bei traumatisierten Jugendlichen sind diese Stressoren jedoch aufgrund ihrer Lebensgeschichte potenziert. Impulskontrollverluste sind stets an Trigger geknüpft. »Trigger« kommt aus dem Englischen und heißt übersetzt »Auslöser« (Pschyrembel, 2004). Unter Triggern in der Arbeit mit traumatisierten Jugendlichen versteht man gegenwärtige Reize, die die Jugendlichen an vergangene furchtbare, lebensbedrohlich wirkende Situationen erinnern und zum Wiedererleben der damit verbundenen Gefühle sowie eventuell weiterer Wahrnehmungen führen. Durch dieses Wiedererleben kommt es zu einer körperlichen Reaktion, die von den Traumatisierten nicht bewusst steuerbar ist. Je nach Erregungszustand ist der Betroffene auch nicht in der Lage, neue Informationen aufzunehmen und diese zu verarbeiten.

Während der Traumatisierungen waren die Jugendlichen einzelnen Reizen ausgesetzt, die beim Wiederkehren derselben Reize sofort an diese Situation erinnern. Prinzipiell kann alles, das ein Mensch wahrnehmen kann, zu einem Trigger werden. Es kann eine bestimmte Farbe sein, die während der Traumatisierung wahrgenommen und abgespeichert wurde und die auch heute noch im Zusammenhang mit Gefahr steht. Möglicherweise ist ein gewisser Duft für eine reaktive Erinnerung verantwortlich. Manchmal ist es die Anordnung von Gegenständen oder aber auch die Treppe, die der Treppe aus vergangener Zeit ähnelt und mit einem furchtbaren Ereignis verknüpft ist; die Klangfarbe einer Stimme, die Gangart eines Menschen oder ein Geschmack. Selbst die Temperatur oder Luftfeuchtigkeit eines Raumes kann ein Auslöser für einen Verlust der Steuerungsfähigkeit sein und die Ausschüttung der Stresshormone veranlassen. Der Jugendliche reagiert darauf mit einer Stressdysregulation und verliert die bewusste Steuerung seines Verhaltens. Diese starken Reaktionen auf zunächst unscheinbar sowie bedeutungslos wirkende Reize können sich in verschiedenen Verhaltensweisen präsentieren. Während des Verlustes der Impulskontrolle können Trigger zum Beispiel Fluchttendenzen, Wutausbrüche, Tobsuchtsanfälle oder Schreikrämpfe auslösen. Andere Betroffene erstarren und »frieren ein«. Es ist sehr wertvoll, Trigger zu kennen. Je mehr Trigger die Jugendlichen kennen und vermeiden lernen, desto geringer ist die Gefahr, ihre Kontrollfähigkeit zu verlieren (Baierl, 2011). Getriggerte Verhaltensweisen können bis zu pathologischen dissoziativen Zuständen führen.

15.5 Dissoziation

Dissoziation ist eine Alltagsfähigkeit, die jeder Mensch täglich nutzt, zum Beispiel beim Lesen, Tagträumen oder Fernsehschauen (Peichl, 2011). Dissoziationen können freiwillig gesteuert und bewusst geschehen und sind für alle kreativen Vorgänge notwendig. Dissoziation ist zudem als eine Art Überlebensmechanismus zu verstehen und stellt in Extremsituationen eine Notfallreaktion dar, die während traumatischer Situationen das Weiterleben sicherstellen soll. Der Jugendliche distanziert sich von der Realität und »träumt« sich aus der lebensbedrohlich wirkenden Situation. Unbewusst entzieht er seinem Körper den Geist und spaltet das furchtbare Erlebnis von seinen Gefühlen ab. Dieser während einer Traumatisierung durchaus funktionale Zustand kann jedoch auch nach einer Traumatisierung immer wieder auftreten (Peichl, 2011).

Während einer Dissoziation, als einer getriggerten Verhaltensweise, die graduell unterschiedlich sein kann, befindet sich der Betroffene im Wiedererleben seines Traumas (Baierl, 2011). Seine Umwelt nimmt er kaum oder nicht wahr. Dinge, die er tut, kann er nicht bewusst steuern, sie laufen automatisch ab. Dieser Zustand kann, je nach Schwere, sehr lange andauern. Das Wiedererleben des gesamten Traumas nennt man »Flashback«. Mit jeder Wiederholung dieses Vorganges verfestigt sich die Auswirkung des traumatischen Ereignisses (Rotthaus u. Trappmann, 2008). Dissoziationen können sich ganz unterschiedlich äußern. Fremdaggressive Verhaltensweisen wurden bereits beschrieben. Andere Jugendliche sitzen völlig apathisch auf dem Bett und schaukeln vor und zurück, während sie wimmern. Manche Traumatisierte verletzen sich selbst und nehmen es nicht wahr. Sie bemerken es erst, wenn sie die Utensilien finden und ihre Verletzungen sehen. Andere starren jedoch nur ins Leere und sind nicht ansprechbar. Wieder andere sitzen vor ihren Heizkörpern und schlagen rhythmisch mit einem Bügel immer wieder daran. Da sie diese Verhaltensweisen nicht bewusst steuern, erinnern sie sich teilweise auch nicht daran. Unbewusste Verhaltensweisen sind auch anschließend im Gehirn nicht bewusst abrufbar. Die Beispiele sollen verdeutlichen, dass es immens wichtig ist, als Betreuer Dissoziationen zu erkennen und in der Lage zu sein, diese zu unterbrechen. Es darf auch nicht außer Acht gelassen werden, dass Kontrollverluste – je nach Intensität und Dauer – ausgesprochen viel Energie und Kraft kosten und der Jugendliche im Anschluss entkräftet sein kann und dann Ruhe benötigt.

15.6 Umgang während eines Kontrollverlustes

Bemerkt der Betreuer in der Gruppe, dass ein Kind »abdriftet« und sich in einem
dissoziativen Zustand befindet, ist es seine Aufgabe, diesen schnellstmöglich
zu unterbrechen. Ziel ist es, die Betroffenen auch gedanklich wieder ins Hier
und Jetzt zu holen. Das kann ganz unterschiedlich geschehen (→ Kapitel 5).
Im günstigsten Fall sind Interventionen mit den Betroffenen vorbesprochen.
Meist geschieht das zuvor mit der Therapeutin, die nach Absprache mit dem
Betroffenen die Betreuer informiert, auf welche Reize er am besten reagiert.
Besteht keine Absprache, so sollte auf Berührungen zur Unterbrechung des
Zustandes verzichtet werden. Je nach traumatisierendem Lebensereignis
kann eine Berührung während einer Dissoziation, aber auch während eines
anderen Kontrollverlustes zur Verstärkung führen und die Kinder entgleiten
noch mehr. Auch Abwehrreaktionen wie schlagen, die für Betreuer gefährlich werden können, sind mögliche Reaktionen auf Berührungen in einem
unkontrollierten dissoziativen Zustand. Wichtig ist es, die Aufmerksamkeit des
dissoziierenden Kindes nach außen zu lenken. Am leichtesten gelingt dieses
über Geräusche. Akustische Reize wie lautes Ansprechen des Betroffenen mit
Namen, das Klatschen in die Hände oder Schnipsen mit den Fingern sind einige
Beispiele. Auch können Betroffene mit anderen Namen angesprochen werden.
Das führt zu Irritation und unterbricht die unerwünschte Dissoziation.

Das Setzen visueller Reize ist ebenfalls eine Möglichkeit, die Aufmerksamkeit des Betroffenen nach außen zu lenken. Hierzu können große Bewegungen
in dem Gesichtsfeld des Kindes ausgeführt werden. Olfaktorische Reize wie
ätherische Öle sind nur ratsam, wenn zuvor besprochen wurde und geklärt
ist, welche Düfte den Traumatisierten triggern würden, die dann ebenfalls zur
Verstärkung führen würden. Besteht Klarheit darüber, welcher Duft zu vermeiden ist, dann ist ein Duft eine wunderbare Methode, Dissoziationen zu unterbrechen. Erfahrungsgemäß haben vor allem intensive Düfte wie zum Beispiel
japanisches Heilpflanzenöl, Zitrusfrüchte, Ammoniak oder auch Essigessenz,
die Kraft, die Dissoziation zu unterbrechen. Bei Jugendlichen, die innerhalb des
für sie nicht steuerbaren Zustandes immer wiederkehrende Bewegungen zeigen
wie wippen, vor und zurück schwingen, kann das Mitschwingen oder Nach-
ahmen der Bewegungen zu Irritationen und zur Aufhebung der nicht steuerbaren Lage führen. Es hat sich als hilfreich erwiesen, die Betroffenen zu unterstützen sich zu orientieren, indem man ihnen mitteilt, wer sie sind und wo sie
sich gerade befinden. Auch der Hinweis auf seine eigene Person und was als
Nächstes geschehen wird, ist nützlich und gibt Sicherheit. Einer Jugendlichen,
die sich gerade scheinbar emotional in einer anderen Welt befindet, kann es

helfen und Sicherheit geben, wenn man sagt: »Hallo Heidi, ich bin's, Manu, deine Betreuerin. Du bist in der Wohngruppe in deinem Zimmer. Du sitzt auf dem Fussboden. Du bist hier sicher. Ich betrete nun dein Zimmer. Ich komme zu dir.« So hat sie die Möglichkeit, je nach Erregungszustand, sich räumlich zu orientieren, und es wird ihr die komplette Rückkehr in die Realität erleichtern.

Während eines Verlustes der Impulskontrolle ist es wichtig, als Betreuer die Ruhe zu bewahren. Es hilft niemandem, panisch durch die Gruppe zu rennen und hektisch zu werden. Blinder Aktionismus wirkt sich negativ auf den Rest der Gruppe aus. Die Kinder und Jugendlichen nehmen dann den Betreuer, der für ein sicheres Umfeld zu sorgen hat, als hilflos wahr. So kann bei den Jungen und Mädchen das Gefühl entstehen, helfen zu müssen, wenngleich es nicht ihre Aufgabe ist. Betrachten wir folgendes Szenario:

Es ist Mittagszeit und die Bewohner der Wohngruppe kommen aus der Schule, setzen sich an den Tisch und essen. Nach dem Essen erledigt der Küchendienst seine Aufgabe und räumt den Esstisch ab. Der Rest der Gruppe versammelt sich im Esszimmer zur Erledigung der Hausaufgaben. Bei der Kontrolle des Hausaufgabenheftes von Marie (Name wurde geändert) im Büro fällt auf, dass sie nichts eingetragen hat. Sie wird damit konfrontiert und bekommt eine Extraaufgabe, da sie bereits verwarnt wurde. Sie fällt in das ihr bekannte Erleben, dass sie immer bestraft wird und von niemandem geliebt wird. Die begleitenden Gefühle sind überwältigend und Marie verliert die Kontrolle, verlässt fluchtartig das Büro und knallt heftig mit den Türen. In dieser Situation herrscht eine extrem hohe Anspannung, besonders bei dem Rest der Gruppe. Gerade aggressive Kontrollverluste sind den anderen Bewohnern aus der eigenen Lebensgeschichte bekannt. Sie haben auch die Erfahrung gemacht, dass diese oft in körperliche Übergriffe übergingen.

In dieser Situation hat der diensthabende Betreuer dafür zu sorgen, dass der Rest der Gruppe nicht verunsichert wird. Ein mögliches Vorgehen ist, Kontakt zu dem Rest der Gruppe aufzunehmen und zu erklären, dass Marie gerade extrem sauer ist, die Betreuer sich darum kümmern und die Verantwortung dafür übernehmen, Marie zu helfen bzw. zu sichern. Dies gibt den anderen die Sicherheit, dass sie nicht in Gefahr sind und dass sich jemand um Marie kümmert. Verbunden mit der Aufforderung, Marie aus dem Weg zu gehen, trägt dies zudem dazu bei, dass kein »Schauplatz« entsteht und der Rest der Gruppe sich weiter seinen eigenen Aufgaben widmet.

Ich betrete Maries Zimmer, nachdem ich mein Eintreten angekündigt habe. Bei dem Versuch, das Mädchen zu beruhigen, indem ich frage, was mit ihr los ist, wechselt das Brüllen in wimmerndes Weinen. Ich bekomme keinen Zugang zu ihr und sie verlässt weinend das Haus. Bereits kurz nach Aufnahme haben wir mit ihr die

Absprache getroffen, dass sie, wenn sie es nicht aushält, sich eine Auszeit nimmt, indem sie für zehn bis zwanzig Minuten das Haus verlässt. Ich begebe mich nach unten und sehe nach dem Rest der Gruppe und bewege mich wie gewohnt in den Alltagsstrukturen der Gruppe. Ich zeichne Hausaufgabenhefte gegen, packe mit Jugendlichen ihre Tasche für den nächsten Tag.

Nach zehn Minuten etwa klingelt es an der Tür. Ich öffne und Marie geht an mir vorbei, zieht sich die Schuhe aus und begleitet mich wortlos ins Büro. Sie entschuldigt sich für ihr Verhalten. Unabhängig von der Tatsache, dass sie Teile ihrer Reaktionen gerade nicht bewusst steuern konnte und manche noch nicht mal wahrgenommen haben wird, frage ich sie, ob sie sich wieder beruhigt hat und wie es ihr gerade geht. Sie bejaht und antwortet mir, dass sie müde sei. Meine Frage, was los war, dass sie so die Kontrolle verloren hat, bleibt unbeantwortet. Sie kann es sich nicht erklären. Was der genaue Auslöser war, bleibt weiterhin ungeklärt, möglicherweise habe ich eine unglückliche Formulierung gewählt und so in ihr eine derartige Reaktion ausgelöst. Oder es war bereits die vierte Kritik an diesem Tag. Vielleicht befürchtet sie auch, dass mal wieder ein Besuch zu Hause nicht eingehalten wird, kann das nicht zum Ausdruck bringen und aufgestauter Frust und Sorge entlädt sich. Hat sie in meiner Stimme etwas wahrgenommen und ich habe sie an beispielsweise ihre Mutter erinnert?

Wir besprechen die Situation und ich schildere ihr meine Beobachtungen. Marie nimmt schließlich ihr Heft und erledigt die Extraaufgabe, packt danach ihre Schultasche. Ich gehe mit Marie in ihr Zimmer und überzeuge mich, dass es keine Beschädigungen gibt, die sie immer wieder an ihren letzten Kontrollverlust erinnern würden. Zu meinen Aufgaben gehört nun aber auch, zu überprüfen, inwiefern die anderen Betreuten Gesprächsbedarf haben und hier gegebenenfalls zu reagieren. Nachdem ich den Rest der Gruppe in Augenschein genommen habe, bespreche ich das Ereignis mit der Praktikantin, da es für sie das erste Mal war, mitzuerleben, wie sich aus einer Alltagssituation, wie aus dem Nichts heraus, eine derartige Situation entwickeln kann. Sodann dokumentiere ich den Vorfall im elektronischen Gruppenbuch, auch um ihn für den weiteren Hilfeverlauf immer wieder nachlesbar zu machen. In der Übergabe reflektiere ich mit meiner Kollegin die Situation, um nicht zuletzt auch meinen Umgang zu überprüfen/hinterfragen.

Je nach Ausmaß des Kontrollverlustes steht der Betreuer in der Verantwortung, mit *Schnittstellen* wie Eltern, Jugendamt, Therapeut, aber auch Schule in Kontakt zu treten. Zu berücksichtigen sind Kriterien wie zum Beispiel der Gemütszustand des Betroffenen, mögliche Medikationsveränderung durch den Facharzt, aber auch bestehende Absprachen zwischen den Instanzen. Der konstruierte Fall von Marie zeigt, dass sich herkömmliche Situationen bei komplex traumatisierten

Jugendlichen blitzschnell zu getriggertem Verhalten umkehren können. Die wichtigste Aufgabe des Betreuers ist, die Situation auch bei Kontrollverlusten für alle Beteiligten in einem sicheren Rahmen zu gestalten. Zentral ist auch das *Beobachten* des Jugendlichen und die *Reflexion,* nachdem er sich beruhigt hat. In Fällen, in denen ein Jugendlicher nicht darüber sprechen möchte, erhält er dennoch immer wieder Gesprächsangebote, weil es wichtig ist, mit ihm gemeinsam Trigger zu finden, die ein derartiges Verhalten auslösen. Verbalisierung von Gefühlen müssen viele Jugendliche erst erlernen und trainieren (→ Kapitel 5). Neben der Suche nach Triggern gibt es jedoch weitere Dinge, wie beispielsweise die *Übertragung,* die im Gruppenalltag zu berücksichtigen sind.

15.7 Übertragungen

In der engen Arbeit mit Traumatisierten ist die Wahrscheinlichkeit von Übertragungen sehr hoch. In diesem Kontext handelt es sich um einen Prozess, bei dem der Bewohner Emotionen auf den Betreuer überträgt, die ehemals für nahestehende Personen bestanden (Zimbardo u. Gerrig, 2004). Wir bewegen uns in unserem Arbeitsbereich im Lebensbereich der Jugendlichen. Hier entstehen viele Möglichkeiten der Übertragung bezüglich Personen, die in der Vergangenheit oder auch noch gegenwärtig in Telefonkontakten, Besuchen oder Beurlaubungen für die Traumatisierten eine stressgeladene Situation darstellten. Es ist wichtig, diese Mechanismen zu erkennen und ein Gespür dafür zu bekommen, um *Gegenübertragungen* zu vermeiden. Unter Gegenübertragungen versteht man, Reaktionen des Betreuers auf das Verhalten des Kindes aufgrund eigener persönlicher Erfahrungen des Betreuers (Zimbardo u. Gerrig, 2004). So kann es in der Arbeit mit Traumatisierten geschehen, dass Betreuer, aufgrund des Verhaltens des Jugendlichen, ähnlich reagieren wie beispielsweise der übergriffige Elternteil in früheren Situationen (Weiß, 2013). Übertragungen sowie Gegenübertragungen sollten erkannt und vermieden werden, wenngleich es immer mal wieder im Arbeitsalltag dazu kommen wird, da trotz aller Professionalität Menschen miteinander umgehen.

15.8 Interventionen zur verbesserten Steuerungsfähigkeit

Wie bereits beschrieben spielt *Stress* eine entscheidende Rolle bei Kontrollverlusten. Diesen Stress gilt es herabzusetzen. Hinzu kommt, dass die Betroffenen an Mangel an *Selbstwertgefühl* leiden und ihre *Selbstwirksamkeit* unterschätzen.

Eine *herabgesetzte Frustrationstoleranz,* teilweise *Gefühlstaubheit* und über-
schießende Gefühle, nehmen Einfluss auf die Steuerungsfähigkeit des Einzelnen. Alle diesbezüglichen pädagogischen Interventionen fördern die Selbst-
kontrollfähigkeit. In der Arbeit mit komplex traumatisierten Jugendlichen in
der stationären Jugendhilfe besteht die Herausforderung darin, Interventionen
zu kennen und zu nutzen, die sich gut in den Gruppenalltag einbinden lassen.
Es sind viele kleine Aspekte, die sich in der Arbeit mit Traumatisierten als über-
aus wertvoll zeigen. Sie tragen dazu bei, dass die Kinder und Jugendlichen das
Gefühl von *Sicherheit* erfahren, was den *Stress* senkt und die *Stressregulation*
fördert. Dieser Aspekte muss man sich jedoch bewusst sein.

15.8.1 Sicherheit durch Strukturen und Räumlichkeiten

Die Herstellung eines äußeren sicheren Ortes ist elementar wichtig für die
positive Entwicklung der Kinder und Jugendlichen, denn das Gefühl von Sicherheit mindert Stress (→ Kapitel 3). Rahmenbedingungen für einen äußeren
sicheren Ort sind beispielsweise der strukturierte Alltag, wie Schlafenszeiten,
Mahlzeiten und Ausgangszeiten. Ebenso haben klare Regeln in Bezug auf den
sozialen Umgang wie das »An-« und »Abmelden« beim Verlassen und Wiederkehren der Gruppe und Rituale eine immense Bedeutung bei der Rahmensetzung, die dem Kind Halt bietet (Baierl, 2011).

15.8.2 Positive Verstärkung

Bei der positiven Verstärkung folgt auf ein Verhalten ein angenehmer
Reiz, wodurch sich die Wahrscheinlichkeit erhöht, dass das gezeigte Verhalten wiederholt wird (Zimbardo u. Gerring, 2004). Diese Methode ist in
der Arbeit mit Kindern und Jugendlichen ein besonders wertvolles und
wichtiges Mittel, erwünschtes Verhalten zu fördern sowie Fehlverhalten zu
unterbinden. Positive Verstärkung ist neben der Verhaltensveränderung eine
Notwendigkeit zur Stärkung des Selbstwertgefühles. Komplex traumatisierte
Jugendliche sind in ihren Wahrnehmungen, was sich und ihre Wertigkeit
aber auch eigene Leistungen angeht, eingeschränkt. Sie nehmen häufig nicht
wahr, was sie alles leisten und was sie schaffen, obwohl sie extrem schlimme
Erfahrungen gemacht und überlebt haben. Zur positiven Verstärkung eignen
sich bereits kleine Dinge, die den Betroffenen signalisieren, gesehen und wahrgenommen zu werden (Baierl, 2011). Das Reichen des Taschentuches oder
das zustimmende Nicken geschehen beiläufig und sind dennoch Bestandteil
positiver Verstärkung.

Darüber hinaus kann man zum Beispiel mit einem *Verstärkerplan* gezielt und ganz bewusst eine Verhaltensveränderung herbeiführen, aber auch gewünschtes Verhalten beibehalten. Hierbei werden entweder nach einem Quotenplan oder Intervallplan Verstärker eingesetzt. Der Intervallplan reagiert auf ein bestimmtes Verhalten in einem bestimmten Zeitabschnitt mit einem Verstärker, wobei der Quotenplan auf eine festgelegte Anzahl gezeigten Verhaltens reagiert. Die Verstärker können unregelmäßig, aber auch festgelegt sein (Zimbardo u. Gerring, 2004). Ein Verstärkerplan macht gesprochenes Lob für die Kinder sichtbar und wirkt länger nach. Wichtig sind klare sowie positive Formulierungen. Der Verstärkerplan muss je nach kognitiven und emotionalen Fähigkeiten überschaubare und bedarfsorientierte Zeitabstände enthalten. Es nützt einem 13-jährigen Kind mit bis zu drei Kontrollverlusten am Tag nichts, wenn es im gezeigten Verhalten bezogen auf mangelnde Impulskontrolle einmal pro Tag bewertet wird. Der Misserfolg wäre vorprogrammiert.

Mit Marie zum Beispiel wurde der *Ampelplan* nach dem Muster des fixierten Intervallplans erarbeitet. Marie verließ während ihrer Kontrollverluste fluchtartig mit Androhung von Suizid die Gruppe, nachdem sie zuvor hysterisch schreiend die Türen des Hauses knallte. Der Ampelplan bezog sich immer auf eine Woche und unterteilte sich in fünf Tagesbereiche (morgens, vormittags, mittags, nachmittags, abends), um die Wahrscheinlichkeit ihrer Erfolge durch die häufigere Rückkopplung zu erhöhen. So wurde Marie wiederkehrend an ihr Ziel, hier ihren Verstärker, erinnert und ihre Aufmerksamkeit auf sich selbst gelenkt. Das hat Marie ermöglicht, sich mit ihren Impulsen aktiv auseinanderzusetzen. In Maries Fall war der Verstärker, eine besondere Sendung sehen zu dürfen, die abendlich ausgestrahlt wird. Mit Marie wurde besprochen, dass sie die Sendung am Abend sehen darf, wenn es ihr gelingt, ohne Androhung von Suizid und fluchtartigem Verlassen der Gruppe den Tag zu schaffen. Es gab grün für vorfallsfrei, orange für leichte Wutanfälle und rot für Weglaufen mit Suizidandrohung. Der Ampelplan zeigte bereits nach einigen Tagen enorm verbesserte Kontrollfähigkeit. Marie war in der Lage, die gesamte Woche ihre Impulse gut zu steuern. Dieser unerwartet große Erfolg wurde nach einer »gesamtgrünen« Woche mit einer Urkunde visualisiert. Für gelungene Wochen erhielt Marie fortlaufend sonntags Urkunden. Zur langfristigen Motivation wurde ein zusätzlicher Anreiz gesucht. Es wurde vereinbart, dass Marie für sieben gesammelte Urkunden eine »Kleinigkeit« für ihr Zimmer erhält. An der Stelle ist wichtig zu erwähnen, dass mit den Jugendlichen auch zu besprechen ist, dass Rückschläge – bei Marie »rote Punkte« – zum Entwicklungsprozess gehören. Das vermeidet, dass bei Eintreten des Misserfolges der gesamte Plan infrage gestellt wird. In Momenten, die drohten sich zu einem »roten Punkt« zu entwickeln, setzte

Marie eine alternative Handlungsweise für sich ein. Bei ansteigendem Stresspegel beginnt sie, sich das Alphabet im Geiste aufzusagen. Des Weiteren haben
die beteiligten Personen unbedingt darauf zu achten, den Verstärkerplan regelmäßig zu evaluieren und gegebenenfalls anzupassen. Findet beispielsweise eine
Zeltfreizeit statt, bei der es keinen Fernseher gib, entfällt der Verstärker in Form
der Sendung und der Plan greift nicht, da das Ziel von Marie nicht erreichbar ist.

15.8.3 Skills

In Momenten der erhöhten Erregbarkeit ist es gut, wenn Jugendliche Fähigkeiten
entwickeln, sich selbst zu beruhigen und den Stresspegel herabzusenken, damit
es nicht zu einem Verlust der Impulskontrolle kommt. Es gibt unterschiedliche
Möglichkeiten, den Spannungszustand herabzusetzen. Diese verschiedenen
Möglichkeiten werden hier als *Skills* bezeichnet. Es gibt verschiedene Arten von
Skills (GRENZPOSTen e. V., 2013).

15.8.3.1 Ablenkung und Aufmerksamkeitslenkung

Ablenkung hilft, andere Reize wahrzunehmen und dadurch Situationen anders
zu erleben und Kontrollverlusten vorzubeugen. Ablenkung kann beispielsweise
durch duschen oder baden geschehen oder aber durch das Zählen grüner Gegenstände im Raum. Ein weiterer Skill ist die Verlagerung der visuellen Aufmerksamkeit, beispielsweise durch das Betrachten eines Bildbandes. In von Traurigkeit
geprägten Momenten, aber auch bei Gefühlen von Leere und Perspektivlosig-
keit haben sich *Schatzkisten* als hilfreich erwiesen. Aus einem Schuhkarton
lässt sich durch Bekleben eine individuelle Aufbewahrungsmöglichkeit herstellen. Gefüllt mit Gegenständen, die die Jungen und Mädchen mit freudigen
Ereignissen verbinden, ermöglicht sie ihnen den Zugang zu positiven Gefühlen.
Der Anblick einer Postkarte der besten Freundin oder dem Schlüsselanhänger
der großen Schwester kann zur Ablenkung führen. Zur Verbesserung der
Steuerungsfähigkeit bei den Kindern und Jugendlichen leistet das Schaffen
von angenehmen Gefühlen und Abrufen von schönen Erinnerungen zur Vermeidung von negativem Stress einen großen Beitrag.

15.8.3.2 Entspannung

Gerade Methoden zur Entspannung lassen sich im Gruppenalltag gut integrieren.
Häufig wissen die Betroffenen nicht, wie sie zu Ruhe kommen können. Zu Ruhe
zu kommen und hierdurch den Stresspegel senken zu können, bedeutet auch,
die Steuerungsfähigkeit der Impulse zu verbessern. Manche Jugendliche entspannen aktiv beim Joggen, Boxen oder Radfahren. Andere finden passive

Ruhepole, indem sie sich von Musik berieseln lassen oder das eingelassenen Bad genießen (Baierl, 2011). Es eignen sich aber auch Fantasiereisen, in denen sich die Kinder unter Anleitung gedanklich an andere Orte begeben (Baierl, 2011). Spezifische Entspannungstechniken (→ Kapitel 13) wirken besonders intensiv.

15.9 Therapie

Die therapeutische Unterstützung komplex traumatisierter Jungen und Mädchen bedarf guter und enger Zusammenarbeit zwischen den Therapeuten und dem Betreuerteam. Wird die Therapie gut begleitet und können die Jugendlichen im Anschluss an die Therapiegespräche von den diensthabenden Betreuern aufgefangen werden, sind effektivere Ergebnisse möglich. Unterschiedlichste Therapietechniken sollen das Wohlbefinden des Jugendlichen steigern, zur Stabilisierung beitragen, neue Verhaltens- und Bewertungsweisen fördern und insgesamt die gesamte Person stärken. Die Zurückgewinnung der Steuerungsfähigkeit komplex traumatisierter Jugendlicher und damit der Weg in die *Normalität* erfordert Geduld, Feingefühl, Empathie ebenso wie Verlässlichkeit, Authentizität, Ehrlichkeit, Achtsamkeit sowie Kreativität der Betreuer.

Literatur

Baierl, M. (2011). Herausforderung Alltag. Praxisbuch für die pädagogische Arbeit mit psychisch gestörten Jugendlichen (3. Aufl.). Göttingen: Vandenhoeck & Ruprecht.

Deutsches Institut für medizinische Dokumentation und Information (2013). ICD-10-SGB-V Version 1.3. Psychische und Verhaltensstörungen. Abnorme Gewohnheiten und Störungen der Impulskontrolle. Zugriff am 09.11.2013 unter: www.dimdi.de/static/de/klassi/icd-10-gm/kodesuche/onlinefassungen/htmlsgbv/index.htm?gf60.htm+

GRENZPOSTen e. V. (2013). Skills. Zugriff am 26.07.2013 unter http://www.grenzposten.de/skills

Peichl, J. (2011). Jedes Ich ist viele Teile. Die inneren Selbst-Anteile als Ressource nutzen. München: Kösel.

Pschyrembel, W. (2004). Klinisches Wörterbuch (260. Aufl.). Berlin: Walter de Gryter Verlag.

Rotthaus, W., Trappmann, H. (2008). Auffälliges Verhalten im Jugendalter. Handbuch für Eltern und Erzieher. Bd. 2 (2. Aufl.). Dortmund: Modernes lernen.

Schäffler, A., Schmidt, S. (1998). Biologie Anatomie Physiologie. Kompaktes Lehrbuch für die Pflegeberufe (3. Aufl.). München: Urban Fischer.

Trost, A., Schwarzer, W. (Hrsg.) (2009). Psychiatrie, Psychosomatik und Psychotherapie für psychosoziale und pädagogische Berufe (4. Aufl.). Dortmund: Borgmann.

Weiß, W. (2013). Philipp sucht sein Ich. Zum pädagogischen Umgang mit Traumata in den Erziehungshilfen (7. Aufl.). Weinheim: Beltz Juventa.

Zimbardo, P., Gerrig, R. (2004). Psychologie. (16. Aufl.). München u. a.: Pearson Studium.

Dorothee Käufer-Meienreis und Stefanie von dem Berge

16 Daniel und die Hexe: Das therapeutische Puppenspiel

16.1 Vorbemerkung

Therapeutisches Puppenspiel – eine sinnvolle methodische Herangehensweise bei Posttraumatischen Belastungsstörungen? »Therapeutisch« arbeiten im pädagogischen Setting? Puppenspiel – mit didaktisch erhobenem Zeigefinger? »Der Begriff ›Therapeutisch‹ wird hier zunächst sehr weit gefasst verstanden und nicht nur im engeren Sinne PSYCHO-therapeutisch, sondern im weiteren Sinne heilend. Und wenn hier von Puppenspiel die Rede ist, so ist gemeint: Spiel MIT Kindern, nicht FÜR Kinder« (Gauda, 2007, S. 4). In diesem Sinne haben die Puppen eine »Stellvertreterfunktion«. Sie bieten Kindern und Jugendlichen die Möglichkeit, auf eine spielerische Art auszudrücken, was sie bewegt, und dadurch Dinge anzusprechen, die von ihnen so nicht geäußert werden würden.

In den letzten Jahren üben die wissenschaftlichen Erkenntnisse der Psychotraumatologie vermehrt auch Einfluss auf die pädagogische Arbeit aus. Das Spektrum der Arbeitsmöglichkeiten für Pädagoginnen und Pädagogen im Umgang mit traumatisierten Kindern und Jugendlichen ist erweitert. Genau hier setzt das therapeutische Puppenspiel als *eine* musisch-agogische Herangehensweise an: »Musisch-agogisches Handeln ist eine ›Beeinflussung‹ einzelner Personen und/oder Gruppen im Umgang, in der gezielten Begleitung oder vorbehaltlichen Betreuung aus einer musischen Grundhaltung heraus, die der Entwicklung und dem Wohlbefinden des Individuums und/oder der Gruppe durch Betätigungen auf musischem Gebiet dient, die einen Appell an das menschliche Vermögen richten, Fantasie, Erfindungsreichtum und Erstaunen zu entwickeln« (Behrend, 2008, S. 53).

16.2 Bezug zur Praxis: Das Fallbeispiel Daniel

>»Nicht da ist man daheim, wo man seinen Wohnsitz hat, sondern wo man
>verstanden wird.« (Christian Morgenstern, zit. nach Weinberger, 2011, S. 5)

Daniel (15,3) (Name geändert) lebt mit seinem Bruder (11,3) seit fünf Jahren in
unserer Erziehungsstelle im westlichen Münsterland. Die Unterbringung in einer
Erziehungsstelle kommt dann infrage, wenn der Verbleib eines Kindes oder Jugendlichen in der Herkunftsfamilie temporär oder dauerhaft nicht gesichert werden kann.
Daniel und sein Bruder haben in ihrer früheren Kindheit häusliche Gewalt
durch einen alkoholkranken Vater erlebt. Ihre psychisch kranke Mutter suchte
zusammen mit ihnen ein Frauenhaus auf, in dem sie ungefähr zwei Jahre lang
lebten. Während dieser Zeit war die Mutter zeitweise in der Psychiatrie, wobei
die Kinder teilweise unbeaufsichtigt blieben oder in einer Pflegefamilie untergebracht waren. In diesem Zeitraum war bei Daniel ein Aufenthalt in der Kinder-
und Jugendpsychiatrie erforderlich, da er vehement Todessehnsüchte äußerte.
Ein erneuter Psychiatrieaufenthalt der Mutter machte die stationäre Unterbringung Daniels und seines Bruders in einer Erziehungsstelle endgültig notwendig. Dort wurden bei beiden Kindern, besonders bei Daniel, Verhaltensauffälligkeiten deutlich. Daniel wirkte emotional sehr leicht irritierbar, psychisch
stark belastet und schnell überfordert. Im Alltag neigte Daniel zu heftigen Wut-
anfällen (Werfen von Gegenständen, wüste Beschimpfungen) und zeigte Probleme im Umgang mit anderen Kindern. Daniel hat in seiner Herkunftsfamilie
über einen langen Zeitraum damit umgehen müssen, misshandelt und vernachlässigt zu werden, sowie die Mutter oder beide Eltern in lebensbedroh-
lichen Zuständen zu erleben. Das bedeutet aber auch, dass er Mechanismen
entwickelt hat, um diese extrem traumatischen Situationen zu ertragen. Er hat
gelernt, sich entweder emotional empfindungslos zu geben und seine Gefühle
»abzuschalten« oder sich zu wehren und auch bei geringen Anlässen um sich zu
schlagen. »Ein traumatisiertes Kind ist noch nicht in der Lage, seine emotionalen
Zustände angemessen zu regulieren, wenn es mit einem Stressor konfrontiert
wird. Die soziale Umgebung und/oder das Bezugssystem sind noch nicht in
der Lage, dem Kind angemessen zu helfen, mit diesen Zuständen umzugehen«
(Saxe, Ellis u. Kaplow, zit. nach Korittko, 2009, S. 150).

16.3 Pädagogische Intervention: Kreativstunden

Daniel fällt es leichter, sich über Zeichnungen und Cartoons auszudrücken als verbal. Aus diesem Grunde halten wir in der Erziehungsstelle in regelmäßigen Abständen gemeinsame Kreativstunden ab. In einer dieser Kreativstunden entstand Daniels Zeichnung seines »Zickzacklebens«. Aus diesem entwickeln Daniel und ich gemeinsam einen biografischen Zeitbalken (vgl. Pantuček, 2009, S. 204 f.). Daniels Sicht der Vergangenheit und auch seine Wünsche für die Zukunft zeigen sich in diesem Bild. »Mein« biografischer Zeitbalken tabellarisiert Daniels Individualgeschichte, da er die wichtigsten lebensgeschichtlichen Daten entlang einer Zeitachse erfasst, sodass eine »mehrdimensionale Timeline« (Pantuček, 2009, S. 204) entsteht. Dies erhöht den Erkenntniswert und lässt Raum für unsere Interpretationen, da verschiedene Dimensionen und Situationen aus Daniels Biografie parallel aufgeführt werden. Auf Daniels Wunsch hin streichen wir das durch Pantuček vorgegebene Modul *Delinquenz*. Daniel meint: »Das passt nicht auf mich!« – und da hat er Recht!

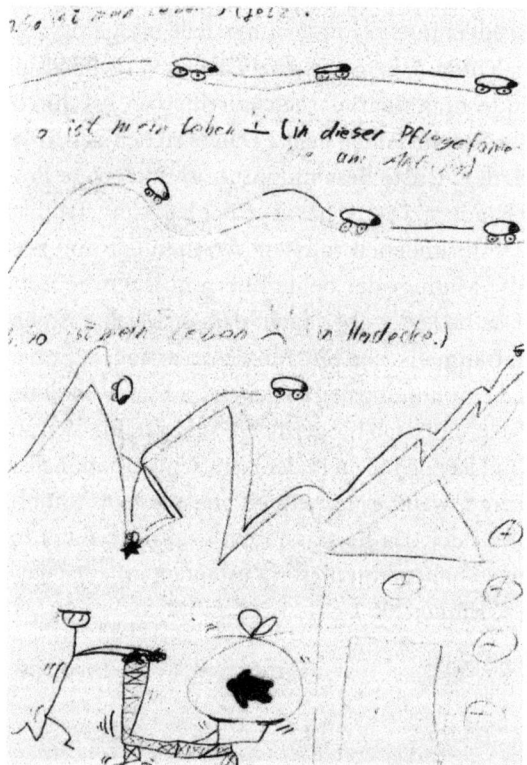

Abbildung 1: »Daniels Zickzackleben« – eigene Zeichnung

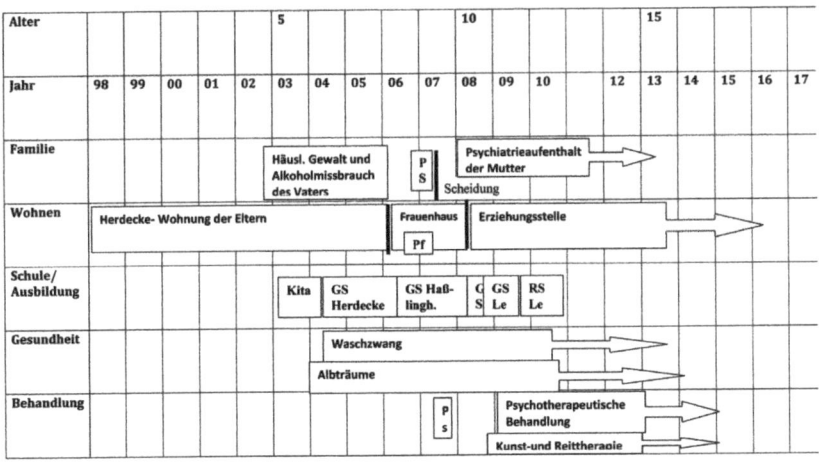

Alter						5					10			15				
Jahr	98	99	00	01	02	03	04	05	06	07	08	09	10	12	13	14	15	16	17

Zeitbalken-Bereiche:

Familie		Häusl. Gewalt und Alkoholmissbrauch des Vaters	P S Scheidung	Psychiatrieaufenthalt der Mutter
Wohnen	Herdecke- Wohnung der Eltern	Frauenhaus / Pf	Erziehungsstelle
Schule/ Ausbildung	Kita	GS Herdecke	GS Haß-lingh.	G S	GS Le	RS Le
Gesundheit	Waschzwang / Albträume
Behandlung	P s	Psychotherapeutische Behandlung / Kunst-und Reittherapie

nach p.pantucek
Sch- Scheidung der Eltern   GS- Grundschule Bochum
Pf   Pflegefamilie
Ps- Psychatrieaufenthalt

Abbildung 2: Biografischer Zeitbalken für Daniel nach Pantuček

Die gemeinsame Ausarbeitung und die Ergänzung durch Daniels Zickzack-
leben-Bild waren für uns in der Erziehungsstelle sehr informativ. So treten
zum Beispiel Waschzwang und Albträume innerhalb eines Jahres auf, nachdem Daniel der Gewalt seines alkoholkranken Vaters ausgesetzt war. Die
Psychiatrieaufenthalte der Mutter laufen nahezu parallel zu Daniels eigener
psychotherapeutischer Behandlung ab. Die verschiedenen Brüche in seinem
Leben – die Unterbringung in Pflegefamilien, der zweijährige Aufenthalt in
einem Frauenhaus und die häufigen Schulwechsel – scheinen Daniels seelische
Belastbarkeit sehr zu strapazieren und das Bild psychischer Instabilität zu
chronifizieren. Daniels biografischer Zeitbalken gibt somit wertvolle Hinweise
für die Interventionsplanung. Dabei stellte dieses Verfahren für uns nicht nur
Bekanntes dar, sondern führte auch zu neuen Erkenntnissen der Zusammenhänge: »Ich glaube, dass der Kern jeder Traumatisierung in extremer Einsamkeit besteht. Im äußersten Verlassensein. Damit ist sie häufig, bei Gewalttrauma
immer, auch eine Traumatisierung der Beziehungen und der Beziehungsfähigkeit. Eine liebevolle Beziehung, die in mancher Hinsicht einfach ›sicher‹ ist,
wird unerlässlich sein, um überhaupt von einem Trauma genesen zu können«
(Onno van der Hart, zit. nach Huber, 2007).

   Kinder und Jugendliche wie Daniel, die in Erziehungsstellen leben, sind
geprägt durch Brüche in ihrer Biografie oder konfliktreiche Beziehungen in
ihrem sozialen Umfeld. Loyalitätskonflikte, mangelndes Wissen um die eigene
Geschichte und Widersprüchlichkeiten in seinem Leben beeinflussen seine

Entwicklung (vgl. Mohr u. ter Horst, 2004, S. 290). »Wer wissen will, wer er ist, muss wissen, woher er kommt, um zu sehen, wohin er will« (S. 291). Oben Beschriebenes macht es Daniel schwer, seine Rolle in der Erziehungsstelle zu definieren und zu finden – Loyalität und Verantwortungsgefühl gegenüber seiner Herkunftsfamilie einerseits, das Suchen seiner Zukunftsperspektive in der Erziehungsstelle andererseits. Er ist diesen Gefühlen ausgeliefert, er kann sie nicht für sein eigenes Selbst wahrnehmen und nutzen. Das griechische Wort »Trauma« bedeutet ja so viel wie Wunde. Psychische Traumata sind, so wie bei Daniel, immer von Gefühlen intensiver Angst, Hilflosigkeit und Kontrollverlust begleitet. Diese gilt es vor allem in der Erziehungsstelle protektiv zu bearbeiten, damit sie verarbeitet werden können. Daniel braucht spezifische Hilfe, wie zum Beispiel die Aufklärung über die Krankheit seiner Eltern, Berichte über andere Kinder psychisch und suchtkranker Eltern und Hilfe bei seinen spezifischen Ängsten, zum Beispiel durch Biografiearbeit, oder musisch-agogische Interventionen, wie das therapeutische Puppenspiel, um seine eigene Lebensgeschichte besser »sortieren« und »erfühlen« zu können.

16.4 Therapeutisches Puppenspiel in der Theorie

Puppen sind ein Abbild des Menschen und haben in ihren vielfältigen Erscheinungsformen eine magische Ausstrahlung. Durch das Spiel mit der Puppe oder das Schöpfen einer Figur kann der Spielende, ob Kind, Jugendlicher oder Erwachsener, seinen Gefühlen, Gedanken und Empfindungen Ausdruck verleihen. Die Puppe als Stellvertreter erleichtert es dem Spielenden, auch ohne Worte auszudrücken, was ihn beschäftigt.

In die Puppe kann viel an Persönlichkeit, Charakter und Verhaltensweisen hineingelegt werden (vgl. Petzold, 1991). Dieses geschieht ohne Widerspruch seitens der Puppe. Sie muss dabei den Vorstellungen des Spielers entsprechen (Gauda, 2007, S. 7). Nach Goldbrunner (1991, S. 8) kann die Puppe als »ein Entwurf unserer Phantasie« gesehen werden, die jedoch nicht mit dem Menschen, wie er in der Realität ist, verwechselt werden darf.

Grundlage unseres Praxisbeispiels ist das von Käthy Wüthrich (Wüthrich u. Gauda, 1990) in enger Zusammenarbeit mit dem Psychologen Klaus Harter entwickelte therapeutische Puppenspiel, das von Gudrun Gauda (2007) in ihrem Buch »Theorie und Praxis des therapeutischen Puppenspiels« systematisiert wurde. Therapeutisch wird in diesem Falle nicht im Sinne von psychotherapeutisch benutzt, sondern beschreibt vielmehr eine musisch-agogische Methode. Somit ist das therapeutische Puppenspiel auch für Pädagoginnen und

Pädagogen interessant, da es auch für die sozialpädagogische Arbeit gut nutzbar ist. Der Einsatz ist dabei nicht nur auf den sonder- und heilpädagogischen Bereich beschränkt, sondern weit vielfältiger.

Neben der therapeutischen Arbeit mit Puppen in der Kinderpsychotherapie gab es verschiedene, zum Teil parallele Versuche, die Arbeit mit Puppen in Therapie und Pädagogik zu systematisieren. Diese Idee kam in den USA und später in Europa in den 1920er Jahren im Zuge der Entwicklung des Psychodramas auf (Gauda, 2007, S. 7 f.). Hilarion Petzold (1991) hat die Arbeit mit Puppen in den 1980er und 1990er Jahren für die integrative Psychotherapie weitergeführt.

Der Schweizer Psychiater Jean-Paul Gonseth hat in den 1980er Jahren die erste Systematisierung der Arbeit mit Figuren für das Psychodrama aufgegriffen, das, vom klassischen Psychodrama Morenos ausgehend, verschiedene Schulen und Varianten umfasst. Gonseth und Zöller beschreiben dies folgendermaßen: »Das figurative Spiel kann nicht gelehrt werden, es muss erlebt sein. […] Stehe ich mit meinen Persönlichkeitsanteilen in Kontakt […], so kann sich das auf die Reifung, Entwicklung und Entfaltung der Persönlichkeit positiv auswirken. Von meiner ›inneren Lebensbühne‹ vermag ich einen realitätsgerechten Zugang zu meiner ›äußeren Lebensbühne‹ zu finden« (Gonseth u. Zöller, 1982, S. 24).

Beim therapeutischen Puppenspiel stehen das Spiel mit Handpuppen und das Schöpfen von eigenen inneren Figuren im Mittelpunkt. Durch das Spiel mit der Puppe oder das Schöpfen einer Figur kann der Spielende, ob Kind, Jugendlicher oder Erwachsener, seinen Gefühlen, Gedanken und Empfindungen Ausdruck verleihen. Wüthrich beschreibt das therapeutische Puppenspiel folgendermaßen: »Mit der eigenen Puppe die eigene Geschichte zu spielen, ist die kürzeste Formel, die ich fand, meine Arbeit mit der Puppenspieltherapie zu benennen« (Wüthrich u. Harter, 2007, S. 15). Im Vordergrund steht der Spielprozess mit den Gefühlen, die dabei ausgelöst werden (Gauda, 2007, S. 14).

Auch bei der Indikation gibt es nach Gauda fast keine Grenzen. Therapeutisches Puppenspiel eigene sich als Methode bei Störungen, »die auf dem Weg der Ich-Findung auftreten können« (Gauda, 2007, S. 112). Das therapeutische Puppenspiel eignet sich auch sehr gut in der Arbeit mit Kindern und Jugendlichen, »insbesondere für alle Verhaltensstörungen und emotionalen Störungen wie Aktivitäts- und Aufmerksamkeitsstörungen, Störungen des Sozialverhaltens und emotionalen Störungen wie Ängsten aller Art, Geschwisterrivalitäten usw.« (S. 112). Laut Petzold (1983, S. 43) und Gauda (2007, S. 112) muss man mit der Anwendung des therapeutischen Puppenspiels jedoch bei wahnhaften und schizophrenen Störungen vorsichtig sein, da die Gefahr besteht, dass sich »Phantasie(spiel) und Wirklichkeit so vermischen, dass unter Umständen das

Gegenteil der erwünschten Wirkung erzielt wird und eine noch größere Gefühlskonfusion entsteht« (Gauda, 2007, S. 112). Petzold (1983, S. 43) beschreibt, dass bei psychotischen Patienten zu beachten sei, »daß es aus Überidentifikation mit der Puppe zu Ich-Verlust kommt und eine Flucht in die Welt des Magischen an die Stelle der Realitätsbewältigung tritt«.

16.5 Therapeutisches Puppenspiel in der Praxis

> »Wenn wir Bilder schaffen,
> geben wir der Seele ein Gefäß.«
> (C. G. Jung, zit. nach Wüthrich u. Harter, 2007, S. 60)

Beim therapeutischen Puppenspiel nach Käthy Wüthrich (Wüthrich u. Gauda, 1990) wird dem Klienten das Angebot gemacht, eigene Figuren zu modellieren, er kann somit seine eigenen Identifikationsfiguren erschaffen. Gauda (2007, S. 199) vertritt die Meinung, dass das Unbewusste durch das Schaffen der Hände an die Oberfläche des Bewusstseins kommen kann und jene Figuren geschaffen werden, die gebraucht werden. Beim Modellieren einer Figur ist das Ziel, »den Phantasien und inneren Bildern Gestalt zu geben und mit diesen Bildern dann weiterzuarbeiten, indem man sie lebendig werden lässt« (Gauda, 2007, S. 28). Es geht darum, dem Klienten die Möglichkeit zu geben, seine Geschichte zu erzählen. Da es sich um die Geschichte des Klienten handelt, ist es notwendig, dass sich der Pädagoge mit eigenen Ideen, Gefühlen, Motiven, Handlungsimpulsen und Lösungsangeboten zurückhält. Aufgabe des Begleitenden ist es zunächst, dem Kind Raum und Unterstützung zu geben, seiner Geschichte »auf die Welt zu helfen« (Gauda, 2007, S. 227). Der Erzieher wird also als Mitspieler, Strukturgeber, Zuhörer und Adressat einer Botschaft gebraucht. Die Dreierdynamik ist eine der einfachsten und wichtigsten Methoden, um beim therapeutischen Puppenspiel zu Strukturen und Aufbauhilfen für eine Geschichte zu kommen. Der Begriff »Dreierdynamik« beim therapeutischen Puppenspiel wurde von Käthy Wüthrich geprägt und meint, dass drei Figuren, drei Gegenstände und ein Ort eine Geschichte ergeben (Wüthrich u. Gauda, 1990, S. 70). Der Klient ist der Regisseur und erklärt dem Therapeuten, wie er zu agieren hat, entscheidet somit, welche Figur(en) er selbst spielen möchte und welche Figur(en) der Therapeut übernehmen soll.

Besonders früh traumatisierten Kindern und Jugendlichen fällt es oft schwer, ihre Gefühle und inneren Zustände zu artikulieren, beziehungsweise zu verbalisieren. Therapeutisches Puppenspiel stellt gerade für diese Zielgruppe eine Möglichkeit dar, ihre persönliche Geschichte bildhaft auf die Bühne zu bringen (vgl. Gauda, 2007, S. 35). Es ist besonders für Personen geeignet, die gern Rollenspiele spielen. Die Möglichkeit, in eine Figur zu schlüpfen und die Handpuppe die Rolle übernehmen zu lassen, verschafft ihnen die Möglichkeit, sich hinter der Figur verstecken zu können, womit Hemmungen abgebaut werden, manche Dinge ausdrücken zu dürfen und können, deren Verbalisierung sonst nicht möglich scheint, wie zum Beispiel Wut und Trauer. Gleichzeitig können auf der Puppenbühne Gefühle ausgedrückt werden und Handlungen geschehen, die sonst nicht möglich wären. Das Puppenspiel ist in dieser Situation gezielte Dissoziation. »Dissoziation bedeutet, dass ein Mensch gewollt oder ungewollt ganz ins innere Erleben geht und sich für diesen Zeitraum von der Außenwelt abspaltet. Bei Traumatisierten geschieht das häufig ungewollt, unbewusst und mit unangenehmen, das Trauma betreffenden Inhalten« (Baierl, 2012, S. 7). Die Kinder und Jugendlichen können somit über das Medium Puppenspiel Situationen spielen, erzählen und darstellen, die in anderen Kontexten überstarke Gefühle auslösen würden. »Jugendliche mit einer ausgeprägten Fähigkeit zu dissoziieren sind häufig mit großer Phantasie und Kreativität ausgestattet. Es ist wertvoll, dies zu erkennen und zum Ausdruck bringen zu lassen« (Baierl, 2012, S. 7). Auf diese Weise lernen die Kinder und Jugendlichen, Dissoziationen gezielt zu beginnen und zu beenden. Dieses kann in der jeweiligen Situation dabei helfen, Kontrollverlusten durch Dissoziationen entgegenzuwirken.

Traumatisierte Kinder können auf diese Weise ihr Trauma »durcharbeiten«, denn sie bewegen sich auf der Symbolebene, teilen sich gleichzeitig aber dem Therapeuten mit, vorausgesetzt, dieser weiß die Signale zu deuten. Abhängig vom Problem und dessen Komplexität und Schwere sowie vom Vertrauen des Klienten in den Therapeuten dauert es unterschiedlich lange, bis das Spiel heilende Wirkung zeigt. Entscheidend ist, dass der Klient merkt, dass er *sein* Stück spielen darf und der Therapeut ihn und sein Stück ernst nimmt (S. 37).

Laut Gauda (2007, S. 155) ist für einen Hilfesuchenden im therapeutischen Prozess das Modellieren einer Handpuppe »der einfachste und unmittelbarste Weg, ein dreidimensionales Bild seines Innenlebens zu schöpfen.«

Abbildung 3 und 4: Selbst geschöpfte Puppen, die innere Zustände widerspiegeln

16.6 Von der Story zum Spiel

Daniel ließ sich scheinbar mit Zurückhaltung und anfänglicher Skepsis auf das neue Thema »Therapeutisches Puppenspiel« ein. Nachdem wir im Rahmen einer unserer Kreativstunden »grob« Aufbau und »Regeln« des therapeutischen Puppenspiels nach Gauda und Wüthrich mit ihm besprochen hatten, machte sich Daniel auf, seine eigenes Script für das Spiel zu schreiben. Folgende Geschichte war das Ergebnis seiner Überlegungen – nur die Rechtschreibung und grobe Grammatikfehler wurden korrigiert:

Es war einmal ein Junge, der wohnte im Wald mit seinen Eltern. Im Wald lebten auch Nachbarn vom Jungen, aber auch eine böse Hexe. Sie lebte in einem zerbrechlichen Haus. Sie wohnte ein bisschen weiter weg vom Jungen. So ungefähr einen Kilometer. Der Junge spielte oft mit dem Nachbarn. Ein Mädchen war es und ein Hund. Sie beide hatten einen Garten, zusammen! Sie wohnten sogar im gleichen Haus! Manchmal verließen sie den Garten, obwohl sie es nicht durften. Ihre Eltern sagten nämlich: »Verlasst nicht den Garten, sonst werdet ihr von der Hexe mitgenommen. Und sprecht nicht mit Leuten, die ihr auf dem Weg seht oder wenn sie anfangen, mit euch zu sprechen.« Das war ja immerhin ganz wichtig für die Kinder.

Aber eines Tages geschah es. Die Kinder spielten schön, aber dann, da kam die Hexe, getarnt als Jogger. Sie blieb stehen und fragte: »Hallo liebe Kinder, ihr spielt aber schön!« »Ja, wir sind die meiste Zeit draußen beschäftigt«, riefen die Kinder. »Kommt mal her, ich will euch was zeigen. Ich werde euch nichts antun«, sagte die Hexe hinterlistig. »Nein, unsere Eltern erlauben uns das nicht!«, sagten die Kinder leise. Aber die Hexe gab nicht auf, sie versuchte es so lange, bis man es sah, dass sie schon was vorhatte. »Du bist doch …! Du bist Mama?«, schrie das Mädchen und erschrak. »Was willst du hier? Hast du nichts Besseres zu tun?«, fragte der Junge ängstlich. »Ha, jetzt habe ich euch«, rief die Hexe.

Sie nahm einen großen Sack und riss die Kinder vom Garten weg und schmiss sie in den Sack. »Hihi! Da seid ihr aber wachsame Eltern. Passt ein paar Minuten nicht auf und jetzt sind die Kinder weg. Haha!«, freute sich die Hexe. Sofort rannte sie davon. Die Eltern bemerkten es sofort und rannten zum Haus von der Hexe. Gefesselt saßen sie da und die Hexe bereitete das »angebliche« Essen und Trinken vor. Sofort stürmten die Eltern ins Haus der Hexe und gingen auf die Hexe los. Nun war sie gefesselt und die Kinder waren befreit. Die Eltern waren froh, dass es nervige Kinder gibt. Sie sollten jetzt nach Hause und sollten schlafen. Was die Eltern mit der Hexe machen, das wussten sie erst nicht. Aber nach einiger Zeit besuchten die Eltern die Hexe, also das Haus. Es gab das Haus und die Hexe nicht mehr. Sie wurde gefangen genommen. Wie immer ein glückliches *Ende*. »Mama, weißt du, wieso ich zur Hexe ›Mama‹ gesagt habe?«, fragte das Mädchen. »Ähm, weil es vorher deine Mutter war. Jetzt gehörst du aber auch uns!«, erklärte die Mutter dem Mädchen, »Aber zum Glück ist alles wieder normal.« *The End* (Das ist wirklich das Ende)

Abbildung 5: Daniels Zeichnung zum Bühnenbild

In einem weiteren Schritt zeichnete Daniel, wie er sich das Bühnenbild für seinen selbst entworfenen Text vorstellte. Hiermit waren der Rahmen und der Hintergrund von Daniels Geschichte vorgegeben. Im nächsten Schritt wählte Daniel aus den ihm zur Verfügung stehenden Requisiten analog zur von Käthy Wüthrich empfohlenen Dreierdynamik (vgl. Wüthrich u. Gauda, 1990, S. 70) folgende, seiner Meinung nach, für das von ihm geschriebene Stück passenden Gegenstände aus: einen Schlüssel, einen Schatz sowie einen Picknickkorb. Die Auswahl der Figuren ergab sich durch die Geschichte: eine Hexe, ein Junge und ein Mädchen.

Abbildung 6 und 7: Daniel und das Bühnenbild

In einem letzten Schritt gestaltete Daniel das Bühnenbild in Anlehnung an seine vorherigen Zeichnungen. Nun musste die Bühne natürlich bespielt werden. Die anfängliche Skepsis gegenüber dem Puppenspiel schien bei Daniel verflogen.

Die Aufgabe des Pädagogen ist dabei eine beobachtende, unterstützende. Er schafft den äußeren Rahmen für seinen Klienten, gibt diesem gleichzeitig Halt. Dazu gehören eine genaue Beobachtungsgabe, die Fähigkeit, sich in seinen Klienten hineinzuversetzen, die Erkenntis über den Verlauf und die Symbolik des Spiels sowie die Fähigkeit, diese Elemante in einen größeren Gesamtkontext einzuordnen (vgl. Gauda, 2007, S. 161).

Abbildung 8: Beispiel für einen Aufbau

Nach mehrmaligem Spielen in aufeinanderfolgenden Kreativstunden erwuchs bei Daniel, angeregt durch die bereits in der Erziehungsstelle vorhandenen, selbst geschaffenen Puppen, die Lust, eine eigene Figur zu schöpfen. Dies ermöglicht ihm eine höhere Identifikation mit den Motiven seiner eigenen Geschichte. So entschied er sich für den Bau eines Riesen, weil dieser »stark und kräftig« sei und »gleichzeitig Gefahren abwenden« könne. So erfolgte der Bau des Riesen mit großer Geduld und Hingabe nach dem bekannten, von Gauda (2007) und Wüthrich und Harter (2007) beschriebenen Verfahren.

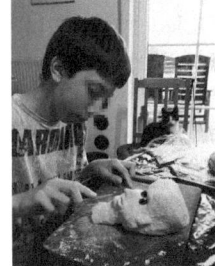
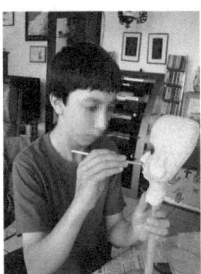

Abbildung 9 bis 13: Verschiedene Phasen des Puppenschöpfens

Im Spiel setzte er den Riesen als seinen Unterstützer gegen die Willkür der Hexe ein. Mithilfe der Puppe schien es Daniel möglich, Parallelen zum eigenen Leben zu ziehen und zu überlegen, wer oder was im realen Leben sein »eigener Riese« sein könnte. Daniel selbst sagt, dass er das Figurenspiel »klasse« findet und meint, dass es ihm geholfen habe, sich »besser zu sortieren«.

Abbildung 14: Daniels Riese

Daniels Spiel ist fantasiegeleitet, er erfindet so seinen eigenen Spielrahmen und seine Spielwelt, dazu legt er Regeln und Rollen fest, die anders als in der Reali-

tät sind. Gleichzeitig inszeniert Daniel erlittene, nicht verarbeitete Alltagser-
fahrungen in Spielhandlungen. Dabei agiert er in verschiedenen Rollen so lange,
bis er selbst Herr dieser Situationen ist. Durch sein Spiel kann er Probleme auf-
werfen und bewältigen, indem er diese so lange spielt, bis diese ihm deutlich sind
(Oerter u. Montada, 2002, S. 262–267). Jeder Entwicklungsschritt kann dabei
so oft und lange wie nötig noch einmal erlebt und handelnd bewältigt werden.
Daniel hat die Rolle des machtvollen Erwachsenen inne und muss nicht passiv
erdulden, was ihm geschieht, kann selbst entscheiden, was mit ihm geschieht
und behandelt andere, oftmals Puppen, so wie er sich selbst behandelt fühlt.
Das Spielen hält Daniel im seelischen Gleichgewicht. Es hilft ihm, Alltagshand-
lungen und Erlebnisse gefühlsmäßig zu verarbeiten und eine emotionale Aus-
geglichenheit zu erlangen, die wiederum die grundlegende Voraussetzung für
Lernen ist. »Das Verlassen der realen Ebene, indem man sich in ein Spiel vertieft, ist die Grundlage des späteren Einfühlungsvermögens in den Menschen
und seiner Umgebung. Die Wechselwirkung von Realität und Fantasie, das heißt
nie endende Lösungsmöglichkeiten, entwickelt im Kind ein gesundes Selbstbewusstsein, das es sein ganzes Leben begleitet« (Wüthrich u. Harter, 2007, S. 27).
Daniel ist dabei autonom in seiner Aktivität, er entscheidet sich frei für sein Spiel,
beginnt, gestaltet und beendet es nach seinen Wünschen. So gelingt es Daniel,
seine eigenen Gefühle und Wünsche zu artikulieren, sich diese besser bewusst
zu machen, um so einen detaillierteren Einblick über sich selbst zu gewinnen.

Abbildung 15: Beim Spiel

Literatur

Baierl, M.(2012). Niemand kann mich halten. Alltagspädagogik mit traumatisierten Jugendlichen. In I. Özkan, U. Sachsse, A. Streeck-Fischer (Hrsg.), Zeit heilt nicht alle Wunden. Kompendium zur Psychotraumatologie (S. 208–222). Göttingen: Vandenhoeck & Ruprecht.

Behrend, D. (2008). Musisch-agogische Methodik. Eine Einführung. Bussum: Uitgeverij Coutinho.

Gauda, G. (2007). Theorie und Praxis des therapeutischen Puppenspiels. Lebendige Psychologie C. G. Jungs. Norderstedt: Books on Demand.

Goldbrunner, H. (1991). Die Puppe als Medium der Beziehungserfahrung. Praxis Spiel + Gruppe, 4 (1), 2–11.

Gonseth, J.-P., Zöller, W. (1982). Das figurative Psychodrama; eine Einführung. Integrative Therapie, 8 (1–2), 24–37.

Huber, M. (2007). »Die Phobie vor dem Trauma überwinden«. Trauma & Gewalt, 1, 58–61. Zugriff am 04.01.2014 unter http://www.traumaundgewalt.de/seiten/InterviewmitOnnovanderHart.htm

Korittko, W. (2009). Pflegekinder zwischen zwei Familiensystemen: Wenn die Trauma-Vergangenheit in die Gegenwart springt. Evangelische Jugendhilfe, 3, 150–155. Zugriff am 04.01.2014 unter http://www.erev.de/auto/Publikationen/Evangelische_Jugendhilfe/2009/03/Leseprobe_Pflegekinder.pdf

Mohr, K., ter Horst, K. (2004). Biografiearbeit mit Kindern und Jugendlichen in der Jugendhilfe. Evangelische Jugendhilfe, 4, 289–297.

Oerter, R., Montada, L. (Hrsg.) (2002). Entwicklungspsychologie (5. Aufl.). Weinheim: Beltz, PUV.

Pantuček, P. (2009). Soziale Diagnostik. Verfahren für die Praxis sozialer Arbeit (2. Aufl.). Wien u.a.: Böhlau.

Petzold, H. (1983). Puppen und Großpuppen als Medien in der Integrativen Therapie. In H. Petzold (Hrsg.), Puppen und Puppenspiel in der Psychotherapie. Mit Kindern, Erwachsenen und alten Menschen (S. 32–57). München: Verlag J. Pfeiffer.

Petzold, H. (1991). Puppen und Puppenspiel in der Integrativen Therapie mit Kindern. In H. Petzold, R. Ramin (Hrsg.), Schulen der Kinderpsychotherapie (2. Aufl., S. 427–488). Paderborn: Junfermann.

Weinberger, S. (2011). Klientenzentrierte Gesprächsführung. Lern- und Praxisanleitung für psychosoziale Berufe (13. Aufl.). Weinheim: Juventa.

Wüthrich, K., Gauda, G. (1990). Botschaften der Kinderseele. Puppenspiel als Schlüssel zum besseren Verständnis unserer Kinder. München: Kösel.

Wüthrich, K., Harter, K. (2007). Das therapeutische Puppenspiel. Ein Spiegel der kindlichen Seele. München: Kösel.

Simone Thoms

17 Reitpädagogik mit traumatisierten Kindern und Jugendlichen

>»Reiten ist Wille ins Weite, ins Unendliche.
>Wenn deine Seele eins mit der Kraft deines Pferdes
>etwas anderes als die Unendlichkeit vor sich sieht,
>so begreift sie die Fülle der Geheimnisse nicht.«
>(Binding, 2001, S. 2)

17.1 Vorüberlegung

In diesem Kapitel werden die besonderen pädagogischen Möglichkeiten des Pferdes in der Arbeit mit traumatisierten Kindern/Jugendlichen dargestellt. Das Pferd steht als Kopädagoge zur Verfügung. Es unterstützt die Kinder, mehr Sicherheit, Lebensfreude und Ganzheit zu entwickeln. Das Pferd begleitet die Kinder in ihrem Prozess der Heilung und ist aus meiner Sicht ein wichtiger Resilienzfaktor. Es geht mir besonders darum, deutlich zu machen, dass Körper, Geist und Seele miteinander verbunden sind. Diese Verbindung ist bei traumatisierten Kindern unterbrochen. Das Pferd hilft ihnen, diese Verbindung wiederherzustellen.

17.2 Folgesymptome von Traumatisierungen

Traumatisierte Kinder/Jugendliche weisen Verletzungen in ihrer Bindungsfähigkeit zu anderen Menschen auf. Das Vertrauen in die Welt ist gestört. Oft sind sie durch mangelnde Versorgung im körperlichen und seelischen Bereich sowie durch erlittene körperliche und sexuelle Gewalt unfähig, Beziehungen aufzubauen, obwohl ein innerer Wunsch nach Nähe vorhanden ist. Ihre Grenzen sind teilweise massiv verletzt worden, sodass es ihnen oft nicht möglich ist, eigene Grenzen und Grenzen ihres Gegenübers richtig wahrzunehmen und einzuschätzen. Traumata zeigen sich auch im Körper. Es existiert ein »Körpergedächtnis«, in dem die Traumata abgespeichert werden. Es kann zu einem erhöhten oder einem schlaffen Muskeltonus kommen. Sehnen verkürzen sich und die Darmperistaltik kann verlangsamt sein. Die Körperhaltung kann zusammengesackt sein oder starr gerade aufgerichtet. Der Gang ist oft flüchtig oder »roboterartig«. Die Wahrnehmungsfähigkeit ist eingeschränkt. Der Gehirnstoffwechsel verändert sich. Oft kommt es zu einem erhöhten Stresspegel und zu Hyperaktivität. Es kann aber auch das Gegenteil eintreten, eine antriebsgeminderte Aktivität. Viele Ängste, Unsicherheiten und Flashbacks begleiten Traumatisierte in ihrem Alltag und erschweren diesen immens. Die Kinder können sich kaum noch auf Beziehungen einlassen und Bindungen eingehen, was ihnen den Alltag sehr erschwert (Brisch u. Hellbrügge, 2006).

17.3 Das Pferd als Kopädagoge

Warum ist das Pferd für die Arbeit mit traumatisierten Menschen so interessant? Pferde haben einiges mit Menschen gemeinsam, was sie so besonders für die pädagogische Arbeit macht. Für beide Seiten ist der Kontakt zu den Artgenossen überlebenswichtig. Pferde verfügen über die Fähigkeit, ihr Gegenüber nach kürzester Zeit richtig einzuschätzen. Damit können sie ihr Zusammenleben einfach und klar regeln. Sie machen vor, wie es geht, und wir können von ihnen lernen (Schnorbach, 2009). Traumatisierte Menschen haben in ihrer Not den Überlebensmechanismus entwickelt, das Gegenüber genau abzuscannen, um es einschätzbarer zu machen. Pferd und traumatisiertes Kind/traumatisierter Jugendlicher beobachten, um ihre Sicherheit zu überprüfen, wie sich das Gegenüber gerade darstellt. Das Pferd hat, wenn es in Angst und Schrecken versetzt wird, einen enormen Fluchtinstinkt, den auch traumatisierte Menschen oft entwickeln. Kann das Tier nicht mehr fliehen, dann kommt es zur Erstarrung. Das Tier wird in dieser Phase schmerzunempfindlich. Kann ein traumatisierter Mensch nicht fliehen oder kämpfen, dann dissoziiert er. Oft gibt es auch beide Anteile (Fluchtimpulse und Dissoziation) in einem traumatisierten Menschen (Levine, 2013). Die Gemeinsamkeiten verbinden und das Kind kann in dem Pferd Anteile seines Selbst erkennen und fühlt sich angenommen. Was macht nun im nächsten Schritt ein Pferd zu einem geeigneten Begleiter? Das Pferd sollte gelassen, freundlich, selbstbewusst und ausgeglichen sein.

17.4 Islandpferde und ihre Besonderheiten

Für mich ist die Islandpferderasse optimal für die pädagogische Arbeit mit Traumatisierten geeignet. Sie zeichnet sich durch einen freundlichen, sensiblen und guten Charakter aus. Islandpferde wachsen auf Island in der Natur in Herdenverbänden auf und werden bis zum Einreiten in Ruhe gelassen. Auch in Europa wachsen Islandpferde in großen Herdenverbänden auf. Sie entwickeln einen selbstbewussten Charakter, haben ein gutes Sozialverhalten und eine klare Kommunikation. Islandpferde werden in der Regel in Offenstallhaltung untergebracht und stehen in der Herde. In dieser Umgebung kann das Pferd sich seinen Bedürfnissen entsprechend ausleben und entspannen (Klee, 2003). Dies zu erleben ist für die Kinder wichtig. Sie erfahren so, dass auf die Bedürfnisse anderer Rücksicht genommen wird. Des Weiteren können sie die Tiere in ihrer relativ natürlichen Umgebung wahrnehmen und so einen Zugang zu Kommunikationswegen und Sozialverhalten bekommen. Das Islandpferd vereinigt in seinem Wesen Autonomie und Unabhängigkeit ebenso wie soziale Bezogenheit und Bindung (Mehlem, 2008).

17.5 Beziehung des Pferdes zum Menschen

Allerdings bleiben Pferde in ihrer instinkthaften Natur verhaftet und binden sich nur begrenzt an den Menschen. Das bedeutet, dass sie auch keine hohen Beziehungsansprüche an den Menschen stellen. Das ist für traumatisierte Kinder und Jugendliche ein ganz wesentlicher Punkt. Das Pferd fordert als Herdentier den Menschen auf, Stellung zu beziehen, auf dass es »sich dem selbstbewussten Menschen vertrauensvoll unterordnet oder gegenüber dem unentschiedenen Menschen die Führung übernimmt. Dass es den schutzlosen Menschen wie ein Fohlen behütet oder den aggressiven Menschen abwehrt« (Mehlem, 2008). Für den Menschen wird das Pferd somit zum Bindeglied zwischen sozialer Anpassung und naturverbundener Freiheit. Der Mensch fühlt sich in seiner Nähe an seine ursprünglichen Sehnsüchte und Wünsche erinnert, das Pferd rührt an den Kern seiner Existenz (Mehlem, 2008).

17.6 Diagnostik und Partizipation des Kindes

Die pädagogische Arbeit beginnt, indem Kind/Jugendlicher und Pferd miteinander vertraut gemacht werden. Voraussetzung für einen gelungenen Prozess ist es, dass das Kind/der Jugendliche motiviert ist, mit dem Pferd in Kontakt zu treten. Die erste Kontaktaufnahme sollte positiv sein. Dazu ist es wichtig, zu schauen, was das Kind/der Jugendliche braucht und mag. Wie ist seine Grundstimmung: eher depressiv, hoffnungslos oder aggressiv impulsiv? Wie sieht seine Körperhaltung aus? Was zeigt sich im Körper (Körperhaltung, Muskeltonus etc.). Welche eigenen Vorstellungen hat das Kind? Was möchte es mit seinem Pferd erleben? Dies kann zum Beispiel sehr schön durch freies Malen herausgefiltert werden (Schörle, 2011). Es kann ein Film, ein Buch oder eine eigene konstruierte Pferdegeschichte angeschaut bzw. vorgelesen werden, sodass das Kind/der Jugendliche mit dem Thema in Kontakt kommt. Anschließend wird es dazu animiert, seine eigenen Wünsche und Fantasien zu malen. Daraus können sich dem Pädagogen Themen des Kindes erschließen.

17.7 Erste Annäherung an das Pferd

Dann folgt eine Annäherung an das Pferd, in dem wir je nach Befindlichkeit des Kindes vor dem Paddock oder bereits in den Paddock (Auslauf des Offenstalls, der von der Überdachung immer frei zugängig ist) hineingehen. Ich lasse die Pferde auf das Kind/den Jugendlichen zugehen und ermögliche so eine sanfte Annäherung. Dies gibt dem Kind/Jugendlichen auch das Gefühl: »ich werde ausgesucht«, »ich werde gemocht«. In dieser ersten Phase erlebt das Kind/der Jugendliche bereits, dass es wertvoll ist. Ich habe es noch nie erlebt, dass die Pferde die Kinder/Jugendlichen gemieden haben. Das Kind/der Jugendliche kann im Paddock Kontakt zum Pferd aufnehmen, es streicheln, sich anlehnen und den Geruch einatmen. Diese Dinge haben bereits eine ausgleichende Wirkung auf das vegetative Nervensystem und helfen, zu entspannen und in sich in einem sozialen Kontakt zu erleben.

17.8 Fachlichkeit des Reitpädagogen

Um die Arbeit mit den Kindern/Jugendlichen fachlich gut zu begleiten, ist es wichtig, gute Kenntnisse über das Verhalten, Kommunikation des Pferdes und die Anatomie der Pferde zu besitzen und auch selbst zu reiten. Horsemanship (Roberts, 2006; Perelli, 1995) ist eine wesentliche Qualifikation, um auf dem Weg der natürlichen Kommunikation, ausgehend vom natürlichen Verhalten der Pferde, eine vertrauens-und respektvolle Mensch-Pferd-Beziehung aufzubauen. Das Pferd sollte dem Pädagogen in allen Bereichen sehr gut vertraut sein. Zu erkennen, welches Pferd sich für die Therapie eignet und diese auch gut verkraftet, ist oberstes Gebot, um reitpädagogisch zu arbeiten. Überforderung des Tieres ist zu vermeiden. Nur ein ausgeglichenes, gut sozialisiertes und gut gehaltenes Pferd ist ein sicherer Kopädagoge. Die Fähigkeit, dies zu erkennen und zu gewährleisten ist unabdingbar. Ausbildungen stellen im Besonderen die Fachlichkeit sicher. Heilpädagogisches Reiten, tiergestützte Pädagogik oder Reittherapie sind erstrebenswerte Ausbildungen.

17.9 Umgang mit dem Pferd

Wenn wir das Pferd im nächsten Schritt aus dem Paddock führen, findet ein erstes Erleben und Erlernen der Selbstwirksamkeit des Kindes/Jugendlichen statt. Das Pferd fühlt sehr genau, ob das Kind/der Jugendliche eine sichere Führung darstellt, der es sich anvertrauen kann. Das Kind lernt durch Signale, Körperhaltung und Präsenz, das Pferd zu führen und wird so in seiner Selbstwirksamkeit gestärkt. Für traumatisierte Kinder/Jugendliche, die sich oft ohnmächtig fühlen, ist dies bereits eine tiefe Erfahrung. Bei der Pferdepflege können olfaktorische Erfahrungen gemacht werden, die beruhigend auf das Kind wirken und das gesamte vegetative Nervensystem erfassen. Ebenso wichtig ist die soziale Begegnung des Kindes/Jugendlichen mit dem Pferd. Das Pferd signalisiert dem Kind/Jugendlichen sehr genau, wie es sein Gegenüber empfindet. Es spiegelt die Anteile des Kindes/Jugendlichen. Bei großer Unruhe wird es ebenfalls unruhig. Ist das Kind/der Jugendliche aggressiv, wird das Pferd sich wehren, in dem es durch seine Körperhaltung zeigt, dass ihm das Verhalten missfällt. Es wird sich vom Kind/Jugendlichen wegbewegen, mit dem Kopf schlagen, ihm sein Hinterteil zudrehen und unruhig werden. Grobe Einwirkungen auf das Pferd führen sofort zu einer Unterbrechung des Kontaktes. Das Kind und der Jugendliche lernen, dass verletzendes Verhalten nicht geduldet wird. Es erlebt hier den Pädagogen auch als Modell, der auf die Bedürfnisse des Pferdes achtet.

17.10 Entwicklung von Empathie

Die Empathiefähigkeit wird gestärkt, in dem das Kind/der Jugendliche Zugang zu den von ihm missachteten Bedürfnissen des Pferdes bekommt. Gezielte Nachfragen »Was meinst du, warum verhält sich das Pferd jetzt so abwehrend dir gegenüber?« oder »Wie meinst du, fühlt das Pferd sich jetzt?« »Wie würdest du dich fühlen?« helfen dem Kind/Jugendlichen, Empathie zu entwickeln. Ist das Kind/der Jugendliche eher unsicher und ängstlich, wird das Pferd entweder »frech« oder wird versuchen, das Kind/den Jugendlichen zu schützen. Das Pferd spiegelt ebenso unterdrückte Gefühle des Kindes/Jugendlichen, die nach außen nicht sichtbar erscheinen. Das Pferd reagiert aggressiv und abweisend auf ein Kind/einen Jugendlichen, obwohl es für uns freundlich erscheint. Pferde spüren oft zuerst die unterdrückten Aggressionen und können uns helfen, dies zu erkennen und somit mit dem Kind oder dem Jugendlichen daran zu arbeiten. Durch Begleitung des Pädagogen kann das Kind/der Jugendliche sich in kleinen Schritten dem Pferd bei der Pferdepflege annähern. Ich zeige dem Kind, wie ich dem Pferd gegenübertrete, damit das Pferd sich sicher fühlt. Dann lade ich das Kind/den Jugendlichen ein, dies mit mir zusammen zu probieren. Da das Kind/der Jugendliche eine Motivation hat, mit dem Pferd in Kontakt zu treten, lässt es sich in der Regel auf dieses Angebot ein. Mit mir an meiner Seite fühlen die Kinder/Jugendlichen sich sicherer, was sich auch an den Verhaltensweisen des Pferdes zeigt. Jede positive Regung des Pferdes wird von mir direkt an das Kind bzw. den Jugendlichen weitergegeben, sodass sie erfahren, dass das Pferd sich gut fühlt.

17.11 Stabilisierung des Kindes/Jugendlichen

Ich achte sehr auf einen immer gleich bleibenden Ablauf im Umgang mit den Pferden. Dies gibt sowohl den Jungen und Mädchen als auch den Pferden Sicherheit und Stabilität. Deshalb ist auch der Alltag mit den Pferden klar strukturiert und wird in der Regel nicht verändert. Es gibt im Winter dreimal am Tag Futter, einmal am Tag wird gemistet und es gibt festgelegte Tage, an denen pädagogisch mit den Pferden gearbeitet wird. Im Sommer werden die Pferde morgens von der Weide geholt und abends über Nacht auf die Weide gebracht, am Mittag gibt es Kraftfutter. Ebenso wird im Sommer bereits das Winterfutter (Heusilage) eingelagert. Die Kinder/Jugendlichen werden somit auch in Naturprozesse eingebunden, die immer wiederkehren und Sicherheit schaffen, welche für traumatisierte Kinder/Jugendliche die wichtigste Komponente im Heilungsprozess darstellt. Die Kräfte der Natur werden direkt über die Sinne erfahren und als positives Erlebnis vermittelt. So wird der Naturraum zu einem sicheren Ort (Joller, 2008). Erst nach einer Stabilisierungsphase können weitere Stufen wie Verarbeitung und Integration des Traumas geschehen. Durch die Regelmäßigkeit der Fütterungszeiten, das Einbinden der Kinder/Jugendlichen in die Weidepflege und das Versorgen der Tiere erlebt das Kind/der Jugendliche, dass es feststehende Elemente im Leben gibt, die immer da sind und unzerstörbar sind. Es gibt immer einen Morgen, einen Mittag und einen Abend. Frühling, Sommer, Herbst und Winter wechseln sich im Rhythmus ab. Darauf kann das Kind sich verlassen. Des Weiteren wird den Kindern/Jugendlichen klar, dass die Tiere immer optimal versorgt werden, sie erleben den Pädagogen als sicher in seiner Fürsorge. Dieses Erleben können sie auf die eigene Versorgung übertragen und immer mehr Vertrauen darin entwickeln, dass sie gut versorgt werden.

17.12 Entwicklung von Ich: Kompetenzen in der Kommunikation mit dem Pferd

Durch die Stabilisierung kann sich immer mehr Vertrauen in die eigene Kraft und Stärke entwickeln. Dies geschieht auch durch Ich-stärkende Tätigkeiten wie Pferdepflege, Pferde führen und im späteren Verlauf dann das Reiten selbst. Alle selbstständigen Übungen mit dem Pferd geben den Kindern/Jugendlichen die Möglichkeiten, die eigene Selbstwirksamkeit zu erfahren und aus der Hilflosigkeit und Ohnmacht herauszufinden. Eine sehr stabilisierende Erfahrung ist auch, mit dem Pferd im Longierzirkel zu kommunizieren (Roberts, 2006). Das Pferd bewegt sich dabei frei. Das Kind/der Jugendliche kann zunächst einmal beobachten, wie das Pferd sich im freien Lauf bewegt. Wo steht es? Hält es die Grenzen ein oder will es mich bedrängen? Das Kind/der Jugendliche kann angeregt werden, zu spüren, wie nah es das Pferd gern bei sich hat bzw. gerade noch gut ertragen kann. Eigene Grenzen werden dem Kind erfahrbar gemacht. Im weiteren Verlauf wird dem Kind/Jugendlichen gezeigt, wie es seine Grenzen dem Pferd deutlich machen kann. Das Kind/der Jugendliche lernt, wie es das Pferd über seine Körperhaltung und Stimme wegschicken kann. Es kann auch ein Bereich im Longierzirkel markiert werden, in den das Pferd geschickt wird und den es nicht mehr verlassen darf. Zum Schluss kann das Kind/der Jugendliche das Pferd im Kreis vorwärts schicken, bis das Pferd die Beschwichtigungssignale wie zum Beispiel Maul lecken, kauen und gesenkten Kopf zeigt (Roberts, 2006). Geschieht dies, kann es ihm die Schulter einladend hinhalten, was dem Pferd signalisiert, folge mir. Folgt das Pferd dann dem Kind/Jugendlichen, ist dies ein sehr berührender Moment und für die Kinder und Jugendlichen oft das erste Mal, dass sie bewusst erleben, etwas bewirken zu können. Der Pädagoge ist begleitend tätig und führt das Kind behutsam in die einzelnen Schritte hinein.

17.13 Imagination und Lebensfreude

Stärkend können auch imaginative Verfahren sein, die dissoziative Bewältigungsstrategien aufgreifen. Die Visualisierung eines inneren sicheren Ortes auf dem Pferd oder in der Nähe des Pferdes kann das Kind/der Jugendliche mit seinen gesunden Anteilen und seinen Selbstheilungskräften in Kontakt bringen (Heinz, 2008). Die Vermittlung von Lebensfreude ist ein Kernthema in der Traumapädagogik (→ Kapitel 2, 9, 10; Schmid, 2013). Den Kindern/Jugendlichen Lebensfreude und die Schönheit der Welt zu vermitteln, ist auch mir persönlich ein großes Bedürfnis. Mir ist es wichtig, ihnen mitzuteilen und sie erleben zu lassen, dass trotz allem, auch Gutes, Schönes und Freudiges in der Welt existiert. Ich möchte ihnen Zugang zu dem Bereich ihres Seins ermöglichen, der nicht zerstört werden kann. Alles, was wir zur Heilung brauchen, tragen wir in uns (Rogers, 1987), diese Schatzkiste ihres Selbst möchte ich ihnen zugänglich machen. Die Pferde helfen mir dabei auf sehr berührende Weise. Sie nehmen das Kind/den Jugendlichen so an, wie es ist und spiegeln lediglich den Moment – und der ist jedes Mal neu. Ich erkläre den Kindern die Verhaltensweisen des Pferdes, damit es weiß, dass es nie persönlich gemeint ist. Das Pferd sucht immer Sicherheit und seinen Platz in der Herde oder beschützt sein »Kind« bzw. seinen Jugendlichen. Lebensfreude kann mit dem Pferd sehr gut entwickelt werden. Islandpferde sind neugierig und spielen gern, was Kinder auch tun. Fußball macht ihnen Spaß (es wird ein Ball in die Reitbahn gegeben, das Pferd wird zum Ball geritten und soll den Ball mit dem Huf von sich wegtreten, der andere Reiter reitet dann wieder zum Ball und das Pferd tritt den Ball mit dem Huf wieder von sich). Aber auch Reiterspiele eigenen sich gut und machen Spaß für Reiter und Pferd. Für mich ist allerdings auch ein knackiger Ausritt in der Natur Lebensfreude pur, wenn mir der Wind um die Nase weht und ich die Schönheit der Natur genießen kann und darf. Manchmal komme ich auch anderen Tieren viel näher, es entsteht ein Gefühl von Fliegen und Freiheit. Den traumatisierten Mädchen und Jungen geht es oft ganz ähnlich und sie mögen Ausritte auch sehr gern.

17.14 Handpferdereiten

Dazu nutzen wir das Handpferdereiten (Feldmann, 1999), denn es ermöglicht auch ungeübteren Reitern, schnell einen Ausritt in der Natur mitzuerleben. Beim Handpferdereiten gibt es ein Führpferd, auf dem der Pädagoge sitzt, und das Handpferd, welches neben dem Führpferd läuft. Das Handpferd ist durch einen Strick mit dem Führpferd verbunden. Der Pädagoge hält den Führstrick

in der Hand und lenkt so das Pferd von seinem Pferd aus. Dann ist das Handpferd mit einem Longiergurt (Gurt mit Haltegriffen, hinter dem das Kind/der
Jugendliche sitzt und sich an den Griffen festhalten kann) und einem Reitpad
(Satteldecke, kein Sattel, sodass der Kontakt zum Pferderücken intensiver ist),
versehen, sodass das Kind guten Kontakt zum Pferderücken hat und sich festhalten kann. Alle Kinder, die ich bis jetzt erlebt habe, lieben diese Art zu reiten
und fordern sie auch schnell ein. Das schnellere Reiten auf dem Pferd fördert
das Gefühl von Freiheit und ermöglicht, ein Stück Kontrolle abzugeben und
Sicherheit zu erleben. Vertrauen in sich selbst, in das Pferd, den Pädagogen und
schlussendlich in die Welt, können so schrittweise ausgebaut werden.

17.15 Metaphernarbeit und der innere Held/die innere Heldin

Die Natur ermöglicht dem Kind/Jugendlichen Entspannung. Eine schöne
Möglichkeit ist es, bei einem Ausritt Metaphernarbeit einzubauen. Das Kind/
der Jugendliche kann angeleitet werden, einen für ihn wichtigen Helden zu
visualisieren. Das Kind/der Jugendliche schlüpft in die Rolle des Helden und
erlebt auf dem Pferd Abenteuer. Bachüberquerungen, Ritte querfeldein, Berg-
besteigungen können in die Heldengeschichte eingewoben werden. Eine
Schnitzeljagd oder Schatzsuche als Held auf dem Pferd ist auch sehr schön.
Nach einer Einheit ist es besonders wertvoll, wenn das Kind/der Jugendliche
seine Erlebnisse in eine Ausdrucksform bringen kann. Bei Kindern bietet sich
hier oft das Malen an, bei Jugendlichen Gedichte, Raptexte, Tagebuch oder
Fotografien, die als Collage gestaltet werden. Auch ein eigenes Erlebnisbuch, in
denen die Abenteuer mit den Pferden ausgedrückt werden, ist empfehlenswert.
Die Kinder/Jugendlichen können im Alltag auf die Erfahrungen zurückgreifen
und in diesen integrieren, besonders in schwierigen Zeiten. Auch Gegenstände
vom Pferd (Hufeisen, Haarsträhne, Fell), die angefasst werden können, helfen
den Kindern in eine positive Gefühlslage zu kommen und sich zu beruhigen.

17.16 Trauma und Bindung

Ein weiterer Baustein in der Reitpädagogik ist das Nachholen von basalen Bedürfnissen, die im frühen Säuglingsalter stattfinden. Hier ist besonders das Getragen
werden zu erwähnen, der Bewegungsdialog mit der Bezugsperson, meistens der
Mutter (Klüwer, 2008). Bei traumatisierten Kindern ist diese Phase oft gestört.
Die daraus resultierenden Störungen sind selten verbalisierbar und drücken

sich in Körperhaltung, Körperwahrnehmung, Selbst- und Fremdwahrnehmung, Realitätswahrnehmung und der Gestaltung von Kontakt und Beziehungen aus (Groth, 2008). Glaubenssätze wie »ich bin wertlos«, »ich bin nicht sicher« oder »die Welt ist gefährlich« verinnerlichen die Kinder bis in jede Körperzelle.

17.17 Nachnährung

Durch seinen dreidimensionalen Gang, zur Seite, nach oben und unten sowie vor und zurück, hat das Pferd als einziges Medium die Fähigkeit, den Gang des Menschen zu hundert Prozent zu imitieren (Wilhelms, 2013). Über den dreidimensionalen Bewegungsablauf, die Wärme des Pferdekörpers und die Sanftheit der Tiere können sich körperliche und seelische Blockaden lösen. Ich konnte diesen Effekt bei einem Kind in meiner Wohngruppe beobachten, welches mit acht Jahren zu uns kam. Das Mädchen wurde als bindungsgestört, hyperaktiv und impulsiv in meiner Wohngruppe vorgestellt. Wir haben uns entschieden, sie bei uns einziehen zu lassen und sind dann mit ihr relativ schnell zu den Pferden gegangen, weil sie Tiere sehr liebte. Allerdings hatte sie auch eine eigene Art, mit den Tieren umzugehen, zum Beispiel herumrennen, nah hinter dem Pferd gehen, hyperaktives Verhalten am Pferd und plötzliches Anhebenwollen der Hufe, Starren, was dazu führte, dass unser gutmütiges Islandpferd das ein oder andere Mal mit seinem Hinterhuf drohte. Ging das Mädchen aggressiv auf das Tier zu, wurde es sofort aus dem Kontakt mit dem Pferd genommen und immer darauf geachtet, dass es für das Pferd okay war.

Das Mädchen konnte keinen Blickkontakt mit Menschen aufnehmen. Es wurde im vorherigen Diagnoseverfahren auch im autistischen Zentrum vorgestellt, wo allerdings Autismus ausgeschlossen wurde. Laut Aussagen der Psychologin lag eine tiefe Bindungsstörung vor. Verbal nahm das Mädchen Kontakt nur über Schimpfwörter auf. Sie rannte durch die Wohngruppe und schlug sämtliche Türen und Rollos immer wieder auf und zu und schimpfte in einem fort. Erwischte sie ein Tier und die Pädagogen waren nicht in der Nähe, ärgerte sie dieses und wollte beispielsweise die Katzen in Wasser tauchen. Sie bekam dann immer einen Pädagogen an die Seite, der ihr einen Rahmen bot, dies brauchte sie ein halbes Jahr. Ihre Gesichtsmimik war ausdruckslos. Sie lachte nie und war sehr verschlossen, in der Schule saß sie oft unter dem Tisch. Aufgrund ihrer ADHS wurde sie mit 40 mg Ritalin dosiert, was wir auf 20 mg herunterdosieren konnten. Die Reitpädagogik hat es in diesem Prozess erst möglich gemacht, dass das Mädchen in der Lage war, sich auf irgendetwas bzw. irgendjemanden einzulassen. Zunächst waren wir viel am Stall und haben versorgende Tätigkeiten ausgeübt.

Immer wieder musste das Mädchen begrenzt und teilweise von den Pferden weggeholt werden, weil ihr Verhalten zu impulsiv und damit auch für sie zu gefährlich war. Aber der Anreiz, einmal auf dem Pferd sitzen zu dürfen, war so groß, dass wir über diese Motivation eine Verhaltensmodifikation erreichen konnten.

Es konnten ihr Bedürfnisse des Pferdes und Verhaltensregeln am Pferd verdeutlicht werden, sodass sie nach einiger Zeit in der Lage war, diese weitgehend einzuhalten. Als Belohnung durfte sie reiten. Da sie in einem anderen Stall schon geritten hatte, hatte sie bereits das nötige Gleichgewicht, um auf einem Handpferd ausreiten zu können. Das genoss sie sehr, es lösten sich nach einigen Monaten erste Blockaden und das Mädchen konnte zum ersten Mal in ihrem Leben mit allen Gesichtsmuskeln lächeln. Für uns als Pädagogen ein wunderschöner Moment.

Im weiteren Verlauf gelang es immer mehr, das Mädchen in die Aufrichtung zu bringen, und sie konnte so mit mehr Mut und Zuversicht in die Welt schauen und ihren Fähigkeiten entsprechend Kontakt zu anderen Menschen aufzunehmen, ohne eine Schimpfworttirade abzugeben. Heute ist sie 14 Jahre alt, seit sechs Jahren bei uns in der Wohngruppe und kann selbstständig ausreiten, vieles über Pferde erzählen und sich auch immer mehr in die Bedürfnislage des Gegenübers einfühlen. Des Weiteren konnte dieser Erfolg auch in den Alltag der Wohngruppe transferiert werden. Das Mädchen konnte sich dort besser an Regeln halten, zeigte immer mehr Sozialkompetenzen und konnte ihre Impulse besser steuern. Es hat sich dann bis in den schulischen Alltag erweitert, sodass sie für Wohngruppe und Schule »händelbar« wurde und sich ihr eigenes Selbstbild positiv entwickeln konnte. Ich bin der festen Meinung, dass diese Erfolge ohne unsere Kopädagogen nicht so schnell zu erzielen gewesen wären.

17.18 Retraumatisierung und Flashbacks

Pferde vermitteln dem Betroffenen ein Gefühl von Wärme und Nähe, aber auch von Kraft und Stärke. Ebenso vermitteln Pferde Empfindungen wie Respekt, Macht, manchmal aber auch Angst im Kind/Jugendlichen vor zu viel Macht (Schnorbach, 2009). Hier ist Vorsicht geboten. Traumatisierte Menschen können dazu neigen, diese Macht beherrschen zu wollen, haben aber oftmals noch nicht die dafür notwendige Selbstwirksamkeit. Daher ist eine Einschätzung der Möglichkeiten und des Zustandes des Kindes sehr wichtig, damit es positive Erfahrungen machen kann. Bei sexuell missbrauchten Menschen ist darauf zu achten, ob das Reiten für sie erträglich ist. Dies könnte auch ein Trigger sein und Flashbacks erzeugen. Das Kind/der Jugendliche gibt vor, wann es/er bereit ist, auf ein Pferd zu steigen, und wenn es ihm unangenehm und komisch wird, kann es jederzeit die Situation verlassen. Kommt es trotz aller Vorsicht zu Flashbacks, sollte der Pädagoge das Kind/den Jugendlichen ins Hier und Jetzt zurückholen (→ Kapitel 5, 15).

17.19 Heilung über den Körper

Reitpädagogik wirkt unmittelbar über den Körper auf diese Veränderungen ein. Dabei sollte der Pädagoge achtsam und verantwortungsvoll vorgehen. Im Körper sind die Traumata abgespeichert und es kann bei der Arbeit mit dem Körper auch zu Auflösungen kommen, daher ist es wichtig, sich intensiv damit auseinanderzusetzen, in welcher Form die Körperarbeit angewandt wird. Niemals sollte ein Kind/Jugendlicher in das Trauma hineingeführt werden. Gibt es einen Traumatherapeuten, sollte Körperarbeit mit dem Therapeuten besprochen werden. Es geht um Stabilisierung und Ressourcenstärkung. Auf dem Pferd wird der Körper unweigerlich in die pädagogische Arbeit miteinbezogen. Untersuchungen zeigen, dass eine gute Körperhaltung auch ein gutes seelisches Gefühl auslöst (Cantieni, 2011). Auch ein negatives Gefühl lässt jemanden in eine entsprechende Körperhaltung verfallen. Ich betreue ein Mädchen (neun Jahre) welches sich eher durch wenig Lebensenergie auszeichnet, eine vornübergebeugt zusammengezogene Körperhaltung aufweist und einen roboterartigen Gang zeigt. Auf dem Pferd ist sie sehr motiviert. Die Körperübungen und reittypischen Körperhaltungen findet sie sehr gut. Sie streckt sich in die Höhe, dreht sich und wird dabei ganz klar im Gesicht und aufmerksam. Und vor allem lacht sie. Das traurige Mädchen, das die Welt nicht als schönen Ort erlebt hat, lacht und beschreibt ihr Gefühl als »mir geht es gut«. Was ist passiert? Durch die Streckung in die Höhe konnte sich das Becken aufrichten, die Wirbelsäule langziehen, dadurch kann das Zwerchfell sich ausdehnen und die Atmung verbessert sich. Die Energie kann ungestört fließen, sodass Blockaden sich lösen können. Dies wiederum gibt dem Gehirn Signale, Hormone auszuschütten, die den Menschen positiv stimmen.

17.20 Achtsamkeit bei der Auswahl und Durchführung der Übungen

Bei traumatisierten Menschen ist noch zu beachten, dass häufig einzelne Körperbereiche schwer verletzt wurden, besonders auch bei sexuellem Missbrauch. Alle öffnenden Übungen sind mit großer Vorsicht anzuwenden und der Pädagoge hat die Aufgabe, auf das Kind/den Jugendlichen zu achten und nachzufragen, ob und wie weit es eine öffnende Übung durchführen kann. Auch das Armkreisen bewirkt bereits eine Herzöffnung, die für viele traumatisierte Menschen nicht sofort möglich ist. Das Hinlegen auf ein Pferd, um sich zu entspannen, kann bei missbrauchten Kindern/Jugendlichen ein Flashback auslösen. Eine Entspannungsübung ist aber ein sehr schöner Abschluss einer Einheit und kann dann so gestaltet werden, dass das Kind/der Jugendliche eine für sich angenehme Haltung auf dem Pferd einnimmt. Der Pädagoge kann ihm mehrere vorschlagen. Wichtig ist immer, dass das Kind sich sicher fühlt. Auch die Dehnbarkeit des Körpers ist zunächst meistens begrenzt, daher immer die Grenze der Dehnung beachten. Die Heilung und Wiederbelebung des Körpers braucht Zeit, oft viel Zeit, jeder geht dabei soweit, wie er kann. Wenn bestimmte Themen noch zu »gefährlich« sind und das Kind/ der Jugendliche noch zu instabil ist, dann wird sich auch das Körperteil noch steif und verkürzt zeigen. Das Kind/der Jugendliche gibt das Tempo vor und wir als Pädagogen sind aufgefordert, achtsam und sensibel auf unsere Kinder zu schauen und sie bestmöglich in ihrem Heilungsprozess zu unterstützen.

17.21 Nachklang

Zusammenfassend möchte ich sagen, dass das Pferd uns bei dieser Aufgabe ein großartiger Partner ist. Seine Bereitschaft, seine Energie und seine Sanftmütigkeit sind enorm. Es hilft, die eigenen Potenziale, Kraft und Stärke zu entwickeln. Es verlangt so wenig dafür und ist so genügsam. All die in meinem Artikel angesprochenen Möglichkeiten erlebe ich auch selbst auf meinen Pferden, die ich regelmäßig reite. Dadurch erfahre ich die Wirkung fast täglich selbst. Das Gefühl, wenn ich durch die Natur reite und mit dem Pferd und der Natur verbunden bin, kann ich nicht in Worten ausdrücken. Es ist unbeschreiblich schön. Mit den Kindern und Jugendlichen habe ich in den letzten sieben Jahren, in denen die Pferde mich als Kopädagogen begleiten, viele schöne Erlebnisse gehabt, die mein Herz sehr berührt haben. Bestimmt ging es den Kindern und Jugendlichen in diesen Moment so gut wie mir: *Trotz allem!*

Ich danke meinen treuen Pferden, meinen Kindern, die sich auf mein Angebot einlassen und mir und den Pferden ihr Vertrauen schenken. Danke auch den Menschen, die mich in meiner persönlichen und beruflichen Entwicklung unterstützt haben, sodass die Arbeit mit den Pferden und den Kindern in dem Maße überhaupt erst möglich wurde. Und besonders danke ich meinem Mann Stefan und meiner Tochter Sofie, die ein sicherer Hafen für mich sind, aus dem heraus ich mich immer weiterentwickeln darf.

Literatur

Binding, R. (2001). Reitvorschrift für eine Geliebte (2. Aufl.). Hildesheim: Olms Verlag.

Brisch, K., Hellbrügge, T. (Hrsg.) (2006). Bindung und Trauma (2. Aufl.). Stuttgart: Klett-Cotta.

Cantieni, B. (2010). Wie gesundes Embodiment selbst gemacht wird. In M. Storch (Hrsg.), Embodiment (2. Aufl., S. 99–125). Bern: Verlag Hans Huber.

Fachgruppe Arbeit mit dem Pferd (2008). Psychotherapie mit dem Pferd. Warendorf: FNverlag.

Feldmann, W. (1999). Islandpferde Reitlehre (12. Aufl.). Bonn: Selbstverlag.

Groth, B. (2008). Vom Getragen werden zum Dialog. In Fachgruppe Arbeit mit dem Pferd in der Psychotherapie (Hrsg.), Psychotherapie mit dem Pferd (2. Aufl., S. 39–51). Warendorf: FNverlag.

Heinz, B. (2008). Therapie einer Jugendlichen mit Posttraumatischem Belastungssyndrom. In Fachgruppe Arbeit mit dem Pferd in der Psychotherapie (Hrsg.), Psychotherapie mit dem Pferd (2. Aufl., S. 64–75). Warendorf: FNverlag.

Joller, K. (2008). Naturerfahrung mit allen Sinnen: Ein Praxisbuch mit vielen Übungen. Baden u. München: AT Verlag.

Klee, O. (2003). Islandpferde erleben und verstehen (2. Aufl.). Cham: Müller Rüschlikon Verlags AG.

Klüwer, C. (2008). Selbsterfahrung auf dem Pferd. In Fachgruppe Arbeit mit dem Pferd in der Psychotherapie (Hrsg.), Psychotherapie mit dem Pferd (2. Aufl., S. 10–19). Warendorf: FNverlag.

Levine, P. (2013). Sprache ohne Worte (5. Aufl.). München: Kösel.

Mehlem, M. (2008). Angst und Pferde – Wege zur Bewältigung und Integration von Ängsten mit Hilfe der Pferde. In Fachgruppe Arbeit mit dem Pferd in der Psychotherapie (Hrsg.), Psychotherapie mit dem Pferd (2. Aufl., S. 20–37). Warendorf: FNverlag.

Parelli, P. (1995). Natural Horse-Man-Ship. Köln: Ute Kierdorf Verlag.

Roberts, M. (2006). Die Sprache der Pferde (2. Aufl.). Kleve: Bastei Lübbe Verlag.

Rogers, C. (1987). Die Kraft des Guten (6. Aufl.). Frankfurt a. M.: Fischer Taschenbuch Verlag.

Schnorbach, R. (2009). Zwischen Himmel und Erde liegt der Rücken der Pferde. Hamburg: ConferencePoint Verlag.

Schmid, M. (2013). Standards in der stationären Kinder- und Jugendarbeit. Weinheim u. Basel. Beltz Juventa.

Schörle, A. (2011). PferdeTräume: Ganzheitliche Ansätze im Reitunterricht mit Kindern (4. Aufl.). Nagold: Buch & Bild Verlag, Hans-Joachim Schörle.

Storch, M. (2011). Embodiment (2. Aufl.). Bern: Verlag Hans Huber.

Wilhelms, U. (2013). Hautnah. Wie Pferde verletzte Seelen heilen. Kirchheim: spiritbooks.

Negin Schumacher

18 Traumapädagogik mit jungen bzw. werdenden Müttern

18.1 Vorbemerkungen

Die prä- und postnatale Lebenszeit des Säuglings ist der entscheidende Beginn unserer Entwicklung. Erfahrungen, die hier gemacht werden, können sich auf das gesamte weitere Leben auswirken. Wie Säuglinge auf traumatische Erfahrungen reagieren, welche Bedeutung diese psychischen Erfahrungen für die weitere Entwicklung des Menschen haben und wie wir Pädagogen in solchen Fällen intervenieren können, sind bedeutende Fragen für dieses Kapitel. Mütter und Väter reagieren in der Erziehung ihrer Kinder entsprechend ihrer Vorgeschichte und gegebenenfalls eigenen erlebten Traumata in der Säuglings- oder Kleinkindzeit. Erfahrungen aus der eigenen prä- und postnatalen Lebenszeit können wieder geweckt werden und Einfluss auf das Verhalten der Eltern haben.

Traumatische Erfahrungen in der prä- und postnatalen Lebenszeit können Ursprung von Erkrankungen des späteren Lebens sein, beispielsweise einer posttraumatischen Belastungsstörung, Depression oder einer Bindungsstörung. Es ist wichtig, Mütter und Väter zu unterstützen, die genau durch diese Erfahrungen Schwierigkeiten haben, eine sichere Bindung zu ihrem Kind aufzubauen und bei der Versorgung des Kindes sowie vielen Dingen des täglichen Lebens Unterstützung benötigen. Sie besitzen beispielsweise eine geringe Frustrationstoleranz, die eigenen Bedürfnisse stehen im Vordergrund, sie benötigen Unterstützung beim Wickeln, Baden oder Füttern des Kindes, zeigen aggressive Tendenzen gegenüber ihrem Kind oder ihrem Partner oder haben Schwierigkeiten, eine emotionale Bindung zu ihrem Kind aufzubauen. Diesbezüglich gilt es, auch präventiv zu arbeiten, um ein positives Erziehungsverhalten der Eltern zu fördern und das Zusammenleben von Eltern und Kindern zu ermöglichen.

18.2 Bindungstheorie

Die Bindungstheorie, entwickelt von John Bowlby (Bowlby, 2006), beschreibt wie sich enge Beziehungen zwischen Menschen entwickeln:
- Ein Säugling entwickelt im Laufe des ersten Lebensjahres eine spezifische emotionale Bindung an eine Hauptbindungsperson.
- Die emotionale Bindung sichert das Überleben des Säuglings.
- Die Bindungsperson ist der sichere emotionale Hafen für den Säugling.
- Vor allem unter Stress suchen Kinder schützende Bezugspersonen und Bindungserlebnisse.
- Durch Angst und Trennung wird das Bindungsbedürfnis aktiviert.
- Durch körperliche Nähe zur Bindungsperson wird das Bindungsbedürfnis wieder beruhigt.
- Das Bindungsbedürfnis steht im Wechsel mit dem Erkundungsbedürfnis.
- Wenn das Bindungsbedürfnis beruhigt ist, kann der Säugling die Umwelt erkunden.

18.2.1 Folgen der Bindungsentwicklung

Sichere Bindungen bedeuten Sicherheit, Geborgenheit, Zugehörigkeit und Schutz. Unsichere Bindungen, Unsicherheit, Einsamkeit, Hilflosigkeit und Gefahr. Das Grundmuster des frühkindlichen Bindungserlebens und -verhaltens bleibt lebenslang bestehen. Es klärt zudem auf, wie sich beeinträchtigte Beziehungen auf die psychische Gesundheit des Menschen auswirken können. Fühlt sich ein Kind bedroht, krank oder allein und hält sich nicht mehr in der schützenden Umgebung der Bindungsperson auf, zeigt es ein bestimmtes Bindungsverhalten. Die Entstehung eines Bindungsverhaltens beginnt in der Säuglingszeit und ist prägend für die gesamte weitere Entwicklung. Feinfühligkeit der Beziehungspersonen ist hier ein entscheidender Begriff.

18.2.2 Die Kriterien der Feinfühligkeit

Nach Brisch (2011) gibt es folgende Kriterien der Feinfühligkeit:
- Wahrnehmung des Verhaltens des Kindes,
- stimmige Interpretation und Rückschluss auf Bedürfnisse des Kindes,
- unmittelbare Reaktion führt zu Erleben von Selbstwirksamkeit statt Ohnmacht,
- angemessene Reaktion führt zu Befriedigung der Bedürfnisse des Säuglings,
- konstante Reaktion führt zu Vorhersehbarkeit und Sicherheit,

- Annahme des Kindes in seiner Individualität,
- Trennung von eigenen Bedürfnissen und denen des Kindes,
- Ausgleich eigener Bedürfnisse und der des Kindes.

Feinfühligkeit bedeutet, die Signale des Kindes wahrnehmen, richtig zu interpretieren und angemessen handeln zu können. Die Bezugsperson sollte aufmerksam sein und sich in das Kind einfühlen können. Die Signale und Bedürfnisse richtig zu erkennen, ist ein Merkmal der Feinfühligkeit. Babys schreien unterschiedlich, abhängig von ihren Bedürfnissen. Mütter lernen so, diese richtig zu deuten und angemessen zu handeln. Unstimmige Reaktionen, beispielsweise Strenge bei einem erlebten Albtraum, anstatt das Kind zu trösten, führen zu Störungen in der Bindung. Die eigenen gemachten Erfahrungen der Eltern spiegeln sich in der Feinfühligkeit dem Kind gegenüber wider. Es ist wichtig, dass bei einem Verhalten des Kindes direkt reagiert wird, dadurch merkt es, dass eine Reaktion auf sein Verhalten folgt. Werden die Bedürfnisse in dieser feinfühligen Art und Weise beantwortet, besteht eine große Wahrscheinlichkeit, dass der Säugling ein sicheres Bindungsverhalten entwickelt (Brisch, 2011). Die Förderung einer sicheren Bindung ist somit ein weiteres entscheidendes Thema dieses Kapitels.

18.2.3 Gründe für Bindungsstörungen

Unsichere Bindungen bei den Eltern führen verstärkt zu unsicheren Bindungen der Kinder. Kinder von Müttern, die selbst eine sichere Bindung erfahren haben, erleben in 75 % der Fälle selbst eine sichere Bindung. Kinder von Vätern, die eine sichere Bindung erfahren haben, erleben dies in 65 % der Fälle (Brisch, 2007). Genauso führen unsichere Eltern eher zu unsicheren Kindern sowie traumatisierte Eltern eher zu desorganisierten Kindern. Multiple Traumatisierungen von Eltern oder Kindern können durch sexuellen Missbrauch, körperliche Gewalt, Vernachlässigung, wechselnde Bezugspersonen in der frühen Kindheit oder auch durch den Verlust von zentralen Bezugspersonen sehr früh und wiederholt entstehen. Werden diese Traumata nicht verarbeitet, kann es zu einer gestörten Eltern-Kind-Interaktion schon vor der Geburt kommen. Zudem können ängstliche und ängstigende Verhaltensweisen auftreten sowie hilfloses und uneffektives Pflegeverhalten oder unklare, unzuverlässige, keine oder schädliche Interaktion.

18.2.4 Förderung einer sicheren Bindung

Bezugspersonen können eine sichere Bindung zu ihren Kindern fördern. Zum einen ist der nonverbale Austausch von großer Bedeutung. Augenkontakt, Stimmlage, Gesichtsausdruck und Körpergesten sind grundlegende Aspekte einer nonverbalen Kommunikation. Auch die vom Kind gesandten Signale zu verstehen und dem Kind widerzuspiegeln, fördern Bindung und Kommunikation. Diese Signale können beispielsweise Emotionen, Gedanken, Einstellungen oder Wahrnehmungen sein. Werden diese geäußert, lernt das Kind, dass die Aspekte des Seelischen bedeutsam und kommunizierbar sind. Zudem ist es wichtig, die Gefühle und die Handlungszusammenhänge des Säuglings auszusprechen, sich in der Mutter-Säugling-Kommunikation aufeinander zu beziehen sowie Missverständnisse zu klären. Genauso spielt eine gelungene Affekteinstellung beim Blickkontakt sowie eine feinfühlige, sanfte und angenehme Berührung und Körperkontakt eine entscheidende Rolle.

Eine unsichere Bindung entsteht beispielsweise durch asynchrone Interaktion und Kommunikation. Das bedeutet, dass die Kommunikation zeitlich versetzt ist und keine direkten Antworten auf Fragen kommen. Eine Interaktion und Kommunikation, die sich nicht aufeinander, oder symbiotisch aufeinander bezieht, wirkt negativ. Zum anderen kann es für das Kind wichtig sein, unterbrochene Gespräche und Themen wieder aufzugreifen. Es fühlt dadurch die Aufmerksamkeit, Sicherheit, Geborgenheit und das Interesse der Bezugsperson. Glücksmomente zu erleben und miteinander zu teilen, scheint von großer Bedeutung zu sein, damit ein Kind eine positive Einstellung zu sich und anderen gewinnt. Den Kontakt aber auch in unglücklichen Momenten zu dem Kind zu suchen und zu halten, spielt eine ebenso große Rolle. Akzeptanz, Vertrauen, Respekt und Empathie sind für die Bezugsperson wichtige Verhaltensweisen, um eine stabile und sichere Beziehung zu ihrem Kind zu entwickeln. All diese Punkte gilt es mit jungen Eltern zu besprechen und im Alltag einzuüben (Huber, 2003).

Auch schon pränatal können Eltern vieles tun, um eine sichere Bindung zu ihrem Ungeborenen aufzubauen. Durch das Sprechen mit dem Embryo kann es sich an die Stimme der Mutter und des Vaters gewöhnen. Durch ein ruhiges und liebevolles Ansprechen kann es Vertrauen entwickeln und die Bindung kann gefestigt werden. Auch das Streicheln des Bauches schafft Geborgenheit und Sicherheit. Postnatal kann Stillen ein weiterer Faktor sein, der eine sichere Bindung fördern kann. Durch die körperliche Nähe fühlt der Säugling sich geborgen und sicher, zudem wird das »Bindungshormon« Oxytocin ausgeschüttet (→ Kapitel 1). Weint der Säugling, weil er Hunger hat, muss rasch eine Reaktion der Mutter erfolgen. Das sorgt beim Säugling für Verlässlichkeit. Er spürt, dass er keine Angst haben muss, da auf sein Signal geantwortet wurde (Bausum, Besser, Kühn u. Weiß, 2009).

18.3 Prä- und postnatale Traumata des Säuglings

Auch schon in der Schwangerschaft kann der Embryo belastende Erfahrungen machen, die seine spätere Entwicklung bedrohen können. Durch den Konsum von Drogen, Medikamenten oder Alkohol kann der kindliche Organismus belastet und geschädigt werden. Zudem können eine mangelnde Versorgung des Embryos, eine ungewollte Schwangerschaft, Ablehnung der Mutter oder des Vaters oder auch Abtreibungsversuche pränatale Traumata verursachen. Auch während der Geburt kann es zu Komplikationen wie einem Sauerstoffmangel des Embryos, einer Trennung von der Mutter oder aber einer Frühgeburt kommen. Durch eine Frühgeburt oder einem Sauerstoffmangel kommt es gelegentlich zu Retardierungen und Entwicklungsschäden des Säuglings. Erlebt der Säugling postnatal Erfahrungen wie Gewalt, Missbrauch, Verwahrlosung, mangelnde Ernährung, das Hineinwachsen in eine belastende familiäre Atmosphäre oder Vernachlässigung, können diese zu einem Trauma führen (Alberti, 2005).

Mögliche Symptome bei Säuglingen und Kleinkindern durch Traumatisierungen können unter anderem häufiges Schreien, Einschlaf- und Durchschlafschwierigkeiten, Unruhe, geringe Reaktionen, körperliche Reaktionen, wie zum Beispiel ein beschleunigter Herzschlag, vermehrtes Atmen, Übelkeit, Durchfall oder Schmerzen sein. Diese erlebten Erfahrungen können starke Risikofaktoren für das spätere Entstehen einer Depression, Bindungsstörung, Posttraumatischen Belastungsstörung oder Ähnliches sein. Daher ist es wichtig, auch schon hier zu intervenieren. Es sollten nicht nur die Ursachen des seelischen Leidens bekämpft werden, sondern auch schon präventiv versucht werden, diesen vorzubeugen. An dieser Stelle ist es wichtig, insbesondere traumatisierte oder anderweitig hoch belastete Eltern bei der Versorgung des Säuglings zu unterstützen und ihnen beizustehen. Sie benötigen Erklärungen für das Verhalten ihres Kindes, um dieses verstehen und benennen zu können. Viele Eltern benötigen auch Unterstützung darin, zum Beispiel feinfühliges Verhalten zu lernen oder auch mit den hohen Belastungen, welche die Sorge für ein Neugeborenes mit sich bringen kann, umgehen zu lernen. Sich Hilfe in schwierigen Situationen zu holen, ist eine wichtige Ressource.

Gemeinsames Wickeln, Füttern oder Ins-Bett-Bringen des Säuglings kann die Eltern entlasten. Eine Spieluhr, Tragen in einem Tragetuch oder einem

Pucksack, eine sanfte Bauchmassage sowie ein angenehmes Bad können für den Säugling beruhigend und entspannend wirken. Eine enge Begleitung durch eine Hebamme, die Unterstützung beim Stillen, Wickeln und der Pflege des Säuglings bietet, kann sich zudem als sehr hilfreich erweisen. Eine 24-Stunden-Betreuung in einer entsprechenden pädagogischen Einrichtung kann den Eltern auch nachts Unterstützung und Hilfe bieten. Eine Abklärung der genannten Symptome durch einen Kinderarzt sollte zusätzlich erfolgen. Zudem ist es wichtig, den Eltern in schwierigen Situationen eine Auszeit zu bieten, damit sie sich regulieren und beruhigen können. Anschließend sollten die gemachten Erfahrungen mit den Eltern besprochen werden.

18.4 Hilfen für traumatisierte Eltern

Die Erfahrungen der ersten Lebenszeit werden im tiefsten Inneren gespeichert, jeder reagiert, handelt und fühlt von diesem Hintergrund aus. Es ist wichtig, die Lebensqualität für die Menschen in ihren pränatalen Ursprüngen zu verbessern. Wie die Eltern sich fühlen und wie sie ihre Beziehung zu ihrem Kind gestalten, ist ein wichtiger Faktor. Den Kindern einen Raum zu geben, indem sie eine sichere Bindung erfahren können, ist von großer Bedeutung.

Präventiv sollte den Frauen, die ein Trauma erlebt haben und dadurch an einer psychiatrischen Störung leiden, nahegelegt werden, eine Behandlung durch eine Psychotherapie anzustreben. Hier wäre es sinnvoll, mit dieser vor dem Eintreten einer Schwangerschaft zu beginnen, damit Flashbacks etc. während der Schwangerschaft oder den ersten Lebensmonaten vermieden werden können. Auslöser (Trigger) für Traumaerinnerungen (→ Kapitel 1, 5) können letztendlich alle wahrnehmbaren Reize sein. In der Eltern-Kind-Interaktion sind die folgenden Erfahrungen besonders häufige Trigger: Abweisung, Zurückweisung, Abneigung, Nähe, Hilflosigkeit, Schmerz, Leid. Eventuell reinszenieren die Eltern ihr eigenes Trauma mit dem Kind und sie reagieren mit Ablehnung, Vermeiden oder Abweisung der Nähewünsche, Gewalt, unvorhersehbares Verhalten, abrupten Handlungsabbrüchen oder Handlungsabänderungen, mit unangemessenen oder unangenehmen Berührungen. Zudem kann es zu einer Übertragung der eigenen Traumaeffekte wie Wut, Scham, Erregung oder Ohnmacht kommen. Zusätzlich sind die Eltern aufzuklären, inwieweit die eigene Entwicklungsgeschichte ihr Fürsorgeverhalten beeinflussen kann. Eine Begleitung durch eine Traumapädagogin oder einer anderen mit Traumadynamiken vertrauten Fachkraft pränatal und postnatal kann sich als sehr hilfreich erweisen.

18.4.1 Entwicklung des kindlichen Organismus
in der prä- und postnatalen Lebenszeit

Schon im Mutterleib beginnt der Embryo, Fähigkeiten der Sinneswahrnehmung zu entwickeln. Durch den Hör- und Gleichgewichtssinn kann der Embryo die Stimme der Mutter oder des Vaters wahrnehmen. Der Säugling kann sich nach der Geburt an Melodien, die während der Schwangerschaft gehört wurden, erinnern. Er reagiert darauf und zeigt beispielsweise Freude oder schläft damit ein. Auch Berührungen kann das Ungeborene schon spüren. Es wandert beispielsweise zu der Hand, die es auf dem Bauch spürt und kann diese fühlen. Auch für die Zeit nach der Geburt ist Körperkontakt sehr wichtig. Kinder, die viel Nähe und Zuneigung durch Streicheln etc. erfahren, entwickeln leichter ein harmonisches Nervensystem. Sie können durch Hormonausschüttungen oder die Schnelligkeit des Herzschlages den Stress der Mutter miterleben.

Angst oder Depressionen können sich auf den Säugling auswirken. Es kann zu einem erhöhten Herzschlag kommen. Erlebt ein Säugling pränatal viel Stress und Überforderung, wird er sich eventuell als Erwachsener eher in Lebensumstände bringen, die eine hohe Stressbelastung bedeuten. Ein Kind, welches zu früh geboren wurde, kann das Gefühl haben, nicht genügend Zeit in seinem Leben zu haben (Alberti, 2005). Es kann zurückgezogen und angsterfüllt geboren werden oder entspannt und sicher sein. Die Beziehung zur Mutter ist nach der Geburt von großer Bedeutung, denn sie gibt dem Säugling ein Zuhause. Der Säugling sendet Signale aus, die Mutter reagiert und handelt. Dieses bewirkt eine Sicherheit beim Säugling. Der Ursprung der Entwicklung des Urvertrauens beginnt in der pränatalen Lebenszeit. Auch der Embryo sehnt sich schon nach Bedürfnisbefriedigung.

Während der Schwangerschaft benötigt er nicht nur Sauerstoff und Nährstoffe, fehlt die Liebe der Mutter, besteht hier meist ein Mangel, der sich später auf die Entwicklung auswirken kann. Das Kind versucht beispielsweise ständig, Bedürfnisse zu befriedigen. Es sucht nach körperlicher Nähe und Liebe. Ruhe und Zuneigung während der Schwangerschaft bewirken eine Stärkung des kindlichen Gehirns und fördern die Bildung von Endorphinen. Diese Stoffe helfen dabei, besser mit Schmerzen zurechtzukommen (Janov, 2011). An dieser Stelle ist zudem noch wichtig zu erwähnen, dass nach der Geburt anstelle der leiblichen Mutter oder des leiblichen Vaters eine andere feste Bezugsperson genauso die Aufgaben erfüllen und eine sichere Bindung zu dem Säugling aufbauen kann. In der Regel entwickelt der Säugling die stärkste Bindung zu derjenigen Bezugsperson, die zum einen präsent ist und zum anderen die größte Feinfühligkeit aufweist.

18.4.2 Präventions- und Interventionsmaßnahmen

Im Folgenden werden Präventions- und Interventionsmaßnahmen aufgeführt, die schon in der Schwangerschaftsbegleitung Wirkung finden und für alle werdenden Eltern hilfreich wären. Für traumatisierte Eltern und deren Kinder ist die dadurch gewonnene Sicherheit und Stabilisierung jedoch besonders wichtig

Allgemeine Interventionsmaßnahmen pränatal, perinatal und postnatal:
- Unterstützung der Eltern, eine gesunde und realistische Einstellung zur Schwangerschaft, Geburt und der nachfolgenden Kindererziehung zu entwickeln;
- ausführliche Aufklärung der Prozesse in der Schwangerschaft und während der Geburt;
- Begleitung der Schwangeren durch eine Hebamme;
- den Eltern die Bedeutung einer sicheren Bindung für die Entwicklung des Kindes näher bringen;
- die kindlichen Bedürfnisse und Signale näher bringen und trainieren, sodass die Eltern angemessen empathisch und feinfühlig reagieren können;
- den Eltern erklären, inwieweit die eigene Entwicklungsgeschichte ihr Fürsorgeverhalten beeinflussen kann und gegebenenfalls Hilfen zur Bearbeitung bieten;
- die Eltern in ihrer Elternrolle stärken;
- die kindliche Umgebung entwicklungsfördernd und sicher gestalten;
- entwicklungsfördernde Begleitung der Kinder;
- Aufbau eines positiven elterlichen Selbstbewusstseins und der elterlichen Kompetenzen;
- Aufbau eines sozialen Netzwerkes, das die Eltern unterstützt;
- Informationen über die Entwicklung und Erziehung des Kindes geben;
- Videoaufnahmen anhand von Marte Meo (Aarts, 2009) und Auswertung dieser;
- Eltern- und Erziehungskurse;
- Informationen über Schreiambulanzen und andere Unterstützungsangebote geben sowie die Eltern darin bestärken und unterstützen, diese in Anspruch zu nehmen;
- fachliche Unterstützung durch Psychotherapie.

Spezifische Interventionsmaßnahmen für traumatisierte Mütter/Väter pränatal und perinatal:
- den Eltern Informationen über die pränatale Lebenszeit des Säuglings geben;

- Aufklärung über folgende Themen geben: Was benötigt ein Embryo im Mutterleib, was fühlt es, wie entwickelt es sich?;
- Abläufe der Schwangerschaft aufzeigen;
- die Bedeutung einer sicheren Bindung erläutern und näherbringen;
- Hinweise geben, wie eine sichere Bindung auch schon pränatal gefördert werden kann, beispielsweise durch Rituale mit dem Ungeborenen, es morgens begrüßen und abends eine gute Nacht wünschen, den Bauch streicheln und mit dem Embryo sprechen, gemeinsam Musik hören oder eine Spieluhr auf den Bauch legen;
- den werdenden Vater miteinbeziehen, ihn in seiner Wichtigkeit stärken; beispielsweise kann er den Bauch mit einem Schwangerschaftsöl morgens und abends einreiben;
- Aufklärung über eventuell erlebte Traumata in der pränatalen Lebenszeit des Säuglings und die Folgen dieser geben;
- präventiv ausgerichtete Elternkurse;
- Begleitung durch eine Traumapädagogin und Psychotherapeutin;
- den Eltern nahelegen, auf alle Fälle die Vorsorgeleistungen der Frauenärzte wahrzunehmen;
- durch das Einrichten des Kinderzimmers, Einkaufen von Kleidung, Auswählen eines Namens etc. die positive Bindung zum Ungeborenen und Vorfreude auf dieses fördern;
- den Austausch mit anderen schwangeren Frauen unterstützen und gegebenenfalls Adressen nennen, beispielsweise Schwimmkurse, Yoga oder Gymnastik für Schwangere (Alberti, 2005).

18.5 Pädagogischer Umgang mit traumatisierten Säuglingen und Kleinkindern

Voraussetzung für den pädagogischen Umgang mit Säuglingen und Kleinkindern sind gewisse Kompetenzen wie Empathie, Akzeptanz, Feinfühligkeit und Wertschätzung (→ Kapitel 2). Auch das Wissen von Nähe und Distanz sollten Pädagogen verinnerlicht haben. Ein achtsamer Umgang mit sich selbst, die eigenen Bedürfnisse und Gefühle wahrzunehmen und die eigenen Grenzen zu kennen, ist zudem ein wichtiger Bestandteil, um mit Säuglingen und Kleinkindern zu arbeiten (→ Kapitel 8, 19). Gelassenheit und Humor wirken in vielen Situationen deeskalierend und schaffen eine angenehme Atmosphäre. Auch das Wissen, dass Eltern sowie das Team in der Einrichtung als Vorbilder fungieren, sollte jeder verinnerlichen. Parallel dazu ist die Entwicklung einer Fehlerkultur hilfreich. Auch wenn wir Vorbilder sind, ist keiner von uns perfekt. Fehler werden gemacht werden und ein positiver Umgang damit sollte entwickelt werden.

Im pädagogischen Umgang mit Säuglingen und Kleinkindern ist die Stärkung der Sicherheit von großer Bedeutung. Dies beinhaltet eine gefühlte und reale Sicherheit in der Familie mit festen Regeln und Strukturen (vgl. Kapitel 3). Säuglinge sowie Kleinkinder benötigen eine feste Bezugsperson, auf die sie sich verlassen können und bei der sie Verlässlichkeit und Geborgenheit erfahren. Säuglinge müssen erfahren, dass auf ihre Signale eine Reaktion und Handlung erfolgt. Beispielsweise schreien sie, weil sie Hunger oder eine volle Windel haben. Erfolgt hier keine Reaktion, spüren sie keine Sicherheit und keine verlässliche Bezugsperson (Lengning u. Lüpschen, 2012). Auch ein Bad oder eine Babymassage, viel Kuscheln und Zuneigung können Sicherheit und Geborgenheit bewirken und eine intensive Bindung zwischen Mutter (oder anderer Hauptbezugsperson) und Kind fördern.

Schon Neugeborene zeigen, was sie gerade brauchen. Bewegen sie sich lebhaft und suchen Blickkontakt, möchten sie spielen und freuen sich über Anregungen. Wenden sie den Blick ab, beginnen sie zu schreien oder zu quengeln, dann benötigen sie Ruhephasen. Durch einen regelmäßigen Tagesablauf lernen Babys Tag und Nacht zu unterscheiden. Nachts sollte das Zimmer abgedunkelt sein und das Baby sollte merken, dass nicht gespielt wird und nur das Nötigste, wie Wickeln oder Füttern, folgen wird. Im Kleinkindalter ist es wichtig, dass der Tagesablauf strukturiert ist und feste Rituale, wie beispielsweise feste Mahlzeiten oder ein stetig gleichbleibendes Abendritual, beinhaltet. Ein Abendritual mit Wickeln, Gute-Nacht-Lied singen und Stillen oder Füttern wirkt beruhigend und entspannend. Weiterhin ist es wichtig, dem Kind Verlässlichkeit und Schutz, beispielsweise vor einem erneuten sexuellen Missbrauch, zu bieten. Eine sichere Umgebung, in der sich das Kind angenommen und akzeptiert fühlt, ist von großer Bedeutung. Es soll sich wohlfühlen und die Möglichkeit bekommen, seine Gefühle zu äußern.

Fachliche professionelle Hilfe sowie Psychotherapie sollten in Erwägung gezogen werden, sobald Hinweise auf eine mögliche psychische Beeinträchtigung wahrgenommen werden. Zudem ist es wichtig, das Kind in seiner Entwicklung zu unterstützen und auch ungewöhnliches Verhalten zu verstehen (Schäfer, Rüther u. Sachsse, 2006). Angst ist ein ständiger Begleiter von Kindern mit einer Bindungsstörung. Sie haben Angst, dass sich die erlebten Erfahrungen wiederholen. Beispielsweise verhalten sie sich abweisend, ziehen sich zurück oder meiden Kontakte. Damit wollen sie sich unbewusst davor schützen, zu sehr enttäuscht zu werden, falls eine liebgewonnene Person sie erneut verlässt.

Andere geben sich undifferenziert offen zu allen. Darin zeigt sich die verzweifelte Sehnsucht, gemocht zu werden und zugehörig zu sein.

Kinder, die eine sichere Bindung erfahren haben, zeigen Unwohlsein und Trauer bei einer Trennung von der Bezugsperson. Sie freuen sich bei der Begrüßung wenn diese wieder kommt, suchen die Nähe und lassen sich schnell beruhigen. Bei einer erlebten unsicher vermeidenden Bindung zeigen Kinder bei einer Trennung von der Bezugsperson wenig Symptome, bei der Rückkehr reagieren sie kaum und klammern sich nicht an diese. Kinder, die eine unsicher ambivalente Bindung erfahren haben, zeigen ängstliches Verhalten, sie können sich nicht lösen und lassen sich nicht beruhigen. Bei der Begrüßung reagieren sie ambivalent. Sie freuen sich über die Wiederkehr, sind aber dennoch wütend und wehren sich. Bei einer erlebten unsicher desorganisierten Bindung zeigen sie verschiedene Verhaltensweisen der vorher beschriebenen Bindungsstile. Sie wirken desorganisiert, rufen zum einen die Mutter, bei Eintreffen reagieren sie jedoch nicht. Zum anderen zeigen sie verwirrte und benommene Zustände, wie Erstarren oder in Trance sein (Rass, 2011; Huber, 2003). Für die Kinder ist es wichtig, die Anwesenheit der Bezugsperson zu erleben, Blickkontakt, Berührungen und gemeinsames Kommunizieren fördern die sichere Bindung. Macht das Kind, trotz zunächst anderer Erfahrungen, innerhalb der ersten 12 bis 16 Monate kontinuierliche Erfahrungen von Feinfühligkeit, Wahrnehmung seiner Bedürfnisse, respektvollen Berührungen, Akzeptanz, Vertrauen, Sicherheit und Schutz, entsteht ein neues Modell von Bindung und auch in späteren Lebensabschnitten sind korrigierende Bindungserfahrungen heilsam.

18.6 Resümee

Ausgangspunkt dieses Kapitels war die Überlegung, wie Säuglinge auf traumatische Erfahrungen reagieren, wie diese sich in der weiteren Entwicklung des Menschen zeigen und wie wir Pädagogen intervenieren können. Eine sichere Bindung kann schon im Mutterleib beginnen. Die Förderung dieser ist für die seelische gesunde Entwicklung des Menschen von großer Bedeutung. Zudem besteht durchaus eine Verbindung zwischen erlebten Traumata und dem Bindungsverhalten als Erwachsener. Psychische Störungen haben oftmals ihren Ursprung in der Kindheit. Aus diesem Grunde ist es wichtig, dass schwangere Frauen und Mütter, die traumatische Erlebnisse hatten und diese nicht verarbeitet haben, eng begleitet werden, um so eine emotionale Beziehung zum Säugling zu fördern und Hilfestellung und Unterstützung anzubieten. Das Kindeswohl steht hier an erster Stelle! Auch fachliche Begleitung durch einen

Kinderpsychologen sowie einen Traumapädagogen sollte in Erwägung gezogen werden. Es wäre wünschenswert, wenn durch das frühe Erkennen der erlebten traumatischen Erfahrungen der werdenden bzw. frischen Eltern sowie bereits von Säuglingen und der begleitenden Präventions- und Interventionsmaßnahmen Erkrankungen frühzeitig behandelt oder gar vermieden werden könnten.

Literatur

Aarts, M. (2009). Marte Meo – Ein Handbuch. Eindhoven: Aarts-Verlag.

Alberti, B. (2005). Die Seele fühlt von Anfang an. Wie pränatale Erfahrungen unsere Beziehungsfähigkeit prägen. München: Kösel.

Bausum, J., Besser, L., Kühn, M., Weiß, W. (Hrsg.) (2009). Traumapädagogik. Grundlagen, Arbeitsfelder und Methoden für die pädagogische Praxis. Weinheim u. Basel: Beltz Juventa.

Bowlby, J. (2006). John Bowlby und die Bindungstheorie. München: Reinhardt.

Brisch, K. H. (2007). Internationale Konferenz 30.11.–02.12.2007 in München. Wege zu sicheren Bindungen in Familie und Gesellschaft. Prävention, Begleitung, Beratung und Psychotherapie. Vortrag.

Brisch, K. H. (2011). Bindungsstörungen: Von der Bindungstheorie zur Therapie (9. Aufl.). Stuttgart: Klett-Cotta.

Huber, M. (2003). Trauma und die Folgen. Trauma und Traumabehandlung Teil 1. Paderborn: Junfermann.

Janov, A. (2012). Vorgeburtliches Bewusstsein. Das geheime Drehbuch, das unser Leben bestimmt. München u. Berlin: Scorpio Verlag.

Lengning, A., Lüpschen, N. (2012). Bindung. München: Ernst Reinhardt.

Rass, E. (2011). Bindung und Sicherheit im Lebenslauf. Psychodynamische Entwicklungspsychologie. Stuttgart: Klett-Cotta.

Schäfer, U., Rüther, E., Sachsse, U. (2006). Hilfe und Selbsthilfe nach einem Trauma. Ein Ratgeber für seelisch schwer belastete Menschen und ihre Angehörigen. Göttingen: Vandenhoeck & Ruprecht.

Tanja Tüllmann

19 Selbstfürsorge als Schlüssel zur Gesundheit

19.1 Belastende Aspekte der Arbeit mit traumatisierten Kindern und Jugendlichen

In der Kinder- und Jugendhilfe sind pädagogische Fachkräfte im Bereich der stationären Wohngruppen häufig mit traumatisierten Kindern und Jugendlichen konfrontiert. In ihrem Tätigkeitsbereich begegnen sie immer öfter Kindern, die aufgrund körperlicher und sexueller Gewalt, Verwahrlosung oder Flucht, Vernachlässigung oder wiederholtem Verlust von zentralen Bezugspersonen traumatisiert wurden. Es sind Kinder und Jugendliche, die entweder schon vor der Geburt oder durch frühkindliche Ablehnung körperliche oder seelische Schädigung erlebt haben. Es sind Kinder, die in der Regel eine Vielzahl an Beziehungsabbrüchen erlebt haben, die teilweise in Pflegefamilien scheiterten und auch in Kinder- und Jugendpsychiatrien ihre Stationen machten. So sind bei fast allen traumatisierten Kindern und Jugendlichen Bindungsunsicherheit bis Bindungsstörungen präsent. Dies bedeutet, dass diese Kinder die Welt als einen gefährlichen Ort erleben, andere Menschen potenziell als gefährlich wahrgenommen werden und sie dadurch mit einer dauerhaften Unsicherheit und Hilflosigkeit leben. Deshalb entwickeln traumatisierte Kinder und Jugendliche Überlebensstrategien, die ihnen helfen, die Notsituation im wahrsten Sinne zu überleben (→ Kapitel 1). Diese erlernten Strategien verlangen jedoch im späteren Alltag einen geduldigen, kreativen Umgang von allen Erwachsenen, damit die Kinder und Jugendlichen mit der Zeit korrigierende Erfahrungen machen, neue Muster lernen und die alten Strategien ablegen können.

Julian (Daten wurden geändert), elf Jahre, lebt seit fünf Monaten in einer Wohngruppe mit insgesamt neun verhaltensauffälligen Kindern und Jugendlichen im Alter von 9 bis 18 Jahren. Bevor er in die Kinder- und Jugendhilfeeinrichtung kam, wohnte er für acht Monate in einer Pflegefamilie, dann kam er für mehrere Wochen in eine psychiatrische Einrichtung. In seiner Herkunftsfamilie hat er körperliche

Gewalt im hohen Ausmaße erlebt. Der Kindesvater war starker Alkoholiker und übte massive körperliche Gewalt der Mutter und auch Julian gegenüber aus. Auch sein älterer Bruder wurde so massiv mit dem Kopf gegen die Wand geschlagen, dass er heute eine Behinderung hat. Die Mutter, psychisch krank und selbst völlig hilflos, konnte sich nicht mehr um die eigenen Kinder kümmern. In der Wohngruppe hält sich Julian oft komplett aus dem Gruppenalltag heraus. Vertrauen gegenüber den Betreuern und Bewohnern konnte er noch nicht aufbauen. Gespräche gehen meist von den Betreuern aus. Er ist schnell reizbar und fühlt sich sofort von allen Personen angegriffen. Anderen gegenüber ist er sehr misstrauisch. In kleineren Auseinandersetzungen mit den Betreuern oder auch Bewohnern äußert er schnell, dass er nichts wert sei, und zieht sich sofort zurück. In diesen Momenten lässt er niemanden zu sich. Er fängt an, nicht mehr zu sprechen und seine Mitmenschen zu ignorieren. In unterschiedlichen Abständen verletzt Julian sich selbst an den Armen und Beinen. Auf Körperhygiene legt er keinen Wert. Sein äußeres Erscheinungsbild ist ungepflegt.

Anhand dieses Fallbeispiels ist gut erkennbar, welche traumatypischen Verhaltens- und Erlebnisweisen hier aufgrund von Julians Biografie zum Vorschein kommen. Dadurch, dass Julian viele wechselnde Einrichtungen kennen gelernt hat, schafft er es nicht, eine Vertrauensbasis gegenüber den Betreuern zu schaffen oder sich auf diese einlassen zu können. Hier wird auch sein gestörtes Bindungsmuster deutlich. Seine nun angelernten Überlebensstrategien, zum Beispiel dass er niemanden mehr an sich heran lässt, spiegeln deutlich die massive körperliche Gewalt gegenüber seiner Familie und ihm selbst sowie die ständige Hilflosigkeit wider, der Julian ausgesetzt war. Er verletzt und verunstaltet sich selbst, um sich so wenig wie möglich attraktiv zu machen. Die Suchterkrankung des Vaters, die schwere körperliche Erkrankung seines Bruders, die psychische Störung der Mutter und wenig Wärme vonseiten der Eltern sind alles Risikofaktoren, die zur Entwicklung einer psychischer Störungen beitragen. Die über Jahre anhaltende, massive Gewalt, die beständige Angst vor dem eigenen Vater, den immer wiederkehrenden, belastenden Erlebnissen tragen deutlich zu einer Traumatisierung bei. Die starken körperlichen Verletzungen, die körperlichen wie auch seelischen Schmerzen, eventuelle Schuldgefühle für die Behinderung des Bruders und keine Unterstützung oder Hilfe durch die eigene Mutter zu bekommen, verstärken das Risiko bezüglich einer Traumatisierung.

Durch diesen kleinen Einblick in die Welt von Julian ist zu erkennen, dass die Arbeit mit traumatisierten Kindern und Jugendlichen hohe Anforderungen an den Mitarbeiter stellt, sodass sich der Gruppenalltag extrem belastend auf die Pädagogen auswirken kann. Traumatisierte Kinder und Jugendliche zeigen

Symptomatiken, denen im Gruppenalltag (→ Kapitel 11) professionell begegnet werden muss. Im Falle Julian sind dies emotionaler Rückzug, körperliches Erstarren, Gefühle des Verlassenseins, Wut auf Eltern oder andere Bezugspersonen, die ihn nicht geschützt haben, Angst vor Fremden und Ungewohntem, selbstverletzendes Verhalten, die Welt als gefährlich erleben, gestörtes Körperselbstbild, Depressivität, Verzweiflung und Hoffnungslosigkeit, Schuldgefühle, erhöhte Schreckhaftigkeit und das Vermeiden von Situationen und Reizen, die angstbesetzt sind. Die Folge sind häufig Gruppenwechsel, Einrichtungswechsel und somit auch der Wechsel von Bezugspersonen. Die Betroffenen lernen daraus, dass sie niemand mag oder will, dass sie niemand aushalten kann, es keinen Platz für sie auf der Welt gibt und sie keiner Beziehung trauen können – so auch Julian (Baierl, 2012c).

Dieser Werdegang führt zu einer Verstärkung der Symptomatik und stetig sinkender Bereitschaft, sich auf neue Helfer oder Angebote einzulassen. Um dieser Dynamik entgegenzuwirken, braucht es vor allem Mitarbeiter, welche die traumaspezifischen Dynamiken erkennen, aushalten und auffangen können. Es ist wichtig, frühzeitig zu erkennen oder überprüfen zu lassen, ob eine Traumatisierung vorliegt, und das pädagogische Handeln dann darauf auszurichten. Es hilft, sich immer wieder zu verdeutlichen, dass jedes Verhalten der Jugendlichen einen Sinn im Kontext der Traumatisierung hat, um dementsprechend pädagogisch sinnvoll zu handeln (Baierl, Götz-Kühne, Hensel, Lang u. Strauss, 2014).

Ungünstige Gruppenzusammensetzungen unterschiedlicher Jugendlicher in derselben Wohneinheit führen schnell zu Konflikten unter den Bewohnern und gegenüber den Mitarbeitern. Dies bedeutet, dass die Kinder und Jugendlichen nicht nachvollziehen können, warum Julian in einer bestimmten Situation anders behandelt wird als Kind XY. Sie fühlen sich in diesen Situationen vernachlässigt und ungerecht behandelt. Um dem aus dem Weg zu gehen, müssen den Kindern und Jugendlichen die Unterschiede deutlich gemacht werden, indem dies fachlich begründet und ausführlich erklärt wird (→ Kapitel 5). Die Jugendlichen sollen erfahren, dass der individuelle Bedarf jedes Einzelnen gesehen und so gut wie möglich berücksichtigt wird. Dies bedeutet, dass die Pädagogen genügend Fachwissen über einzelne Störungsbilder haben müssen, um diese dementsprechend einordnen zu können. Da es vorkommen kann, dass die Betroffenen sowie auch die Eltern aufgrund der Störung verunsichert sind, zählt auch hier, um Sicherheit vermitteln zu können, sich genügend Fachwissen anzueignen. Umso mehr Wissen über die jeweilige Störung vorhanden ist, desto gelassener, sicherer und deutlich effektiver kann der Arbeit als Erzieher nachgekommen werden.

Auch gilt es auszuhalten, selbst mit furchtbaren Erlebnissen konfrontiert zu werden, die aus Erzählungen von den traumatisierten Kindern und Jugendlichen stammen. Dies kann dazu führen, dass man an diesen innerlich mitleidet oder an eigene schlimme Erlebnisse erinnert wird. In diesem Sinne ist es von Vorteil, seine eigenen Ängste und Erlebnisse zu erkennen und diesen begegnen zu können. Da Heilung auch Zeit benötigt und oftmals viele Monate vergehen, bis traumatisierte Kinder und Jugendliche einen Alltagsrahmen als sicher erleben und sichere Bezüge bestehen, erfordert dies viel Geduld bei allen Beteiligten. Der Jugendliche bestimmt das Tempo des Heilungsprozesses. Die Mitarbeiter geben dafür Hilfestellungen und stellen einen klaren Rahmen zur Verfügung. Um das Kind oder den Jugendlichen in diesem Prozess angemessen begleiten zu können, sollte der Erzieher genügend Empathie zeigen, um die Dynamiken zu verstehen.

Auch mit psychisch gestörten Jugendlichen ist die Grundlage der eigenen Arbeit eine wertschätzende und respektvolle Beziehungsgestaltung (→ Kapitel 2). Unterschiedliche Störungsbilder bringen zudem spezifische Anforderungen an die Beziehungsgestaltung mit sich (Baierl, 2008). Wichtig ist dabei, sich klar zu machen, dass es Überschneidungen zwischen persönlicher und professioneller Beziehung geben kann. Dennoch muss der Mitarbeiter sich darüber im Klaren sein, dass die Beziehung zum Jugendlichen immer eine professionelle ist (→ Kapitel 3). Mitarbeiter müssen also dazu bereit und fähig sein, ihre Arbeit an professionellen Kriterien und den Bedarfen der Betreuten auszurichten, unabhängig davon, ob sie einen Jugendlichen mögen und wie sie persönlich zu ihm und seinem Verhalten stehen.

Grundsätzlich brauchen traumatisierte Kinder keine andere »neue« Pädagogik, sondern eine traumasensibel ausgerichtete Pädagogik (Hüsson, 2010). Für die Pädagogen bedeutet dies neben einem intensiven professionellen Beziehungsangebot unter anderem das sichere Setzen von Grenzen und professionelle Eingrenzung der Jugendlichen, wenn diese überschritten werden. Betroffene Jungen und Mädchen werden immer wieder testen, teils unbewusst, ob das Beziehungsangebot auch wirklich ernst gemeint ist und auch im Krisenfall hält. Traumatisierte Kinder und Jugendliche sind aufgrund ihrer vielen verschiedenen Bindungsabbrüche oft sehr misstrauisch gegenüber jeder Beziehung. Hier ist es notwendig, dass die Mitarbeiter diese Tests als solche erkennen und als Notwendigkeit annehmen, sprich sie als prozessnotwenig zu akzeptieren und professionell damit umzugehen. Ohne eine solche Haltung kann auch kein Beziehungsaufbau geleistet werden. Häufig treten Krisenfälle dann auf, wenn eine Beziehung besonders vertrauensvoll zu werden »droht« (→ Kapitel 1). Dann in einer professionellen Beziehung zu bleiben statt sich persönlich getroffen zu fühlen, kann stark herausfordern. Dies erfordert ein großes Durchhaltevermögen, Mut und Ausdauer, die Bereitschaft und Fähigkeit zum Umgang mit Extremsituationen und Grenzüberschreitungen, Gewaltandrohungen oder Gewalterfahrungen. Hinzu kommen der beständige Belegungsdruck, Mitarbeitermangel und eventuelle mangelnde Erfahrungen oder Ausbildungen bezüglich Traumatisierungen.

19.2 Selbstfürsorge

Da es so hohe Belastungen in der Arbeit mit traumatisierten Kindern und Jugendlichen gibt, ist Selbstfürsorge ein wichtiger Grundstein. Reddemann (2003, S. 82) versteht unter Selbstfürsorge: »einen liebevollen, wertschätzenden, achtsamen und mitfühlenden Umgang mit mir selbst und Ernstnehmen der eigenen Bedürfnisse. Psychohygiene und damit Selbstfürsorge bedürfen entweder einen frühen Erfahrung mit ausreichender Fürsorge oder, wenn sie nicht erfahren werden konnten, eines Trauerprozesses mit anschließender Veränderung im Umgang mit sich selbst«. Küchenhoff (1999) beschreibt, dass Selbstfürsorge eine Fähigkeit ist, mit sich selbst gut umzugehen, auf sich acht zu geben, sich zu schützen, die eigenen Bedürfnisse zu berücksichtigen, Belastungen richtig einzuschätzen, sich nicht zu überfordern oder sensibel auf Überforderungen zu reagieren. Selbstfürsorge ist in der stationären Kinder- und Jugendhilfe bei der Arbeit mit traumatisierten Kindern notwendig, damit es mir selbst, meiner Familie, meinen Kollegen und somit auch den betreuten Kindern gut geht.

19.2.1 Sekundäre Traumatisierung

Viele pädagogische Fachkräfte behandeln sich selbst weniger fürsorglich als diejenigen, für die sie selbst sorgen. Wer immer nur für andere gut sorgt, zerstört sich selbst häufig seelisch und körperlich. Dies ist ein weit verbreitetes Thema in sozialen Helferberufen. In Bezug auf die Arbeit mit traumatisierten Kindern und Jugendlichen ist es schwierig, sich im Gruppenalltag bewusst mal »herauszuziehen« oder pünktlich in den Feierabend zu gehen. Wer hier nicht gut auf sich achtet und sich zu sehr vernachlässigt, bringt sich in Gefahr, auf Dauer seelisch und körperlich krank zu werden. Die Folgen sind häufig Stress, Erschöpfung bis hin zu psychischen oder psychosomatischen Erkrankungen, wie zum Beispiel Depressionen, Angst, Schmerzen oder Burnout. Eine weitere mögliche Belastung könnte auch eine sekundäre Traumatisierung sein. Wagner (2010, S. 38) spricht davon, »dass nicht nur das direkte persönliche Erleben eines

Ereignisses, sondern auch das Miterleben bzw. davon Hören eines unerwarteten oder gewaltsamen Todes, schweren Leides oder die Verletzung eines Menschen zu einer Traumatisierung beim ›unbeteiligten‹ (nicht selbst traumatisierten) Beobachter führen kann. Dieses nennt man sekundäre Traumatisierung. Die Trauma-Forscher sprechen in diesem Zusammenhang auch von sekundärem traumatischen Stress oder auch von Mitgefühlserschöpfung (engl. ›Compassion fatigue‹) oder Mitgefühlsstress«.

Pädagogen werden zum Beispiel während der Aufnahmegespräche, beim Lesen von Berichten und Erziehungsgutachten, in alltäglichen Gesprächen oder traumabezogenen Reinszenierungen zu Zeuginnen von Gewalt, Vernachlässigung, Krieg im Herkunftsland oder dem Verlust von Bezugspersonen. Die Konfrontation mit den fremden Traumata kann bei den Fachkräften Gefühle von Ohnmacht, Hilflosigkeit, Wut, Ekel, Angst und Trauer hervorrufen – die gleichen Gefühle wie bei ihren Klientinnen und Klienten in akuten traumatischen Situationen. Wird die emotionale Belastung zu hoch, kommt es auch bei den Fachkräften zu unkontrollierter Dissoziation. Lemke (2006) beschreibt, dass eine traumatisierte Seele zugleich eine wunde Seele ist und somit eine Heilerin und Helferin mit einer Seelenverletzung eine verwundete Heilerin und Helferin ist. Dies bedeutet für die Arbeit mit traumatisierten Kindern und Jugendlichen, dass eine pädagogische Fachkraft mit einer sekundären Traumatisierung eventuell nicht den Rückhalt und die fordernde Unterstützung bieten kann, die ein traumatisiertes Kind benötigt.

Äußere Risikofaktoren für eine sekundäre Traumatisierung sind zum Beispiel mangelnde Unterstützung und Entwertung durch Kollegen und Kolleginnen sowie Vorgesetze, Belastungen aus der direkten Arbeit mit den Klientinnen und Klienten, dazu kommen das Ausmaß des Leidens und Schilderungen der Qualen der Betroffenen. Andere Risikofaktoren liegen in der Person der Fachkräfte. Dies könnte zum Beispiel ein besonders hohes Einfühlungsvermögen ohne innerliche Distanz sein, Reaktivierung eigener früherer Traumageschichten, fehlende Problemlösungsstrategien oder fehlende emotionale Bewältigungsstrategien.

19.2.2 Grundlagen der Selbstfürsorge

Folgende Beispiele eignen sich besonders zur Prävention von sekundärer Traumatisierung für den pädagogischen Alltag:
- ein sicherer Arbeitsort (→ Kapitel 8);
- professionelle Nähe;
- Fortbildungen und Übungen aus dem Bereich der Traumapädagogik;
- Unterstützung in Form von Beratung und Supervision (Einzel- und Gruppen-supervisionen);

- Sicherheit durch erprobtes Team: das Wissen über die Fähigkeiten der Kollegen und Kolleginnen und das Vertrauen in ihre Kompetenzen helfen, Belastungen zu reduzieren und sich gegenseitig zu unterstützen;
- regelmäßiger Austausch im Team;
- ein individuelles Stressbewältigungsprogramm, beispielsweise bestehend aus Sport, Yoga oder Entspannungsübungen, regelmäßigen Entspannungsübungen oder stabilisierenden Imaginationsübungen;
- Gleichgewicht zwischen Arbeit, Freizeit und Ruhe, Balance zwischen der Vielfalt der Aktivitäten im Beruflichen und Persönlichen;
- Erlangung der Selbstbeherrschungskontrolle über das eigene Tun als Strategie zum Schutz vor traumatischen Erfahrungen: routinierte Handlungsabläufe wie strukturierte Vorgehensweisen und Checklisten, die professionelle Sicherheit geben;
- die Bearbeitung eigener Themen und Belastungen.

Damit es erst gar nicht zu einer sekundären Traumatisierung kommt, gibt es zahlreiche Möglichkeiten die man in der Arbeit mit traumatisierten Kindern und Jugendlichen im Gruppenalltag umsetzen kann. Wenn man für sich selbst neue Gewohnheiten etablieren will, muss man dies ganz bewusst üben und umsetzen. Da der Mensch ein Gewohnheitstier ist, verschwinden die alten Verhaltensmuster nicht von heute auf morgen. Die eigenen Kraftquellen in einem anstrengenden Arbeitsalltag in der Jugendhilfe zu kennen ist das eine, diese jedoch auch zu integrieren bzw. umzusetzen ist das andere. Im Alltag können kleine Erinnerungsmerkmale gesetzt werden, indem zum Beispiel der Bildschirmschoner mit einer persönlichen Kraftquelle aktiviert wird, Symbolkarten beschriftet oder Poster im Büro ausgehangen werden. Eine weitere Möglichkeit wäre Karteikarten zu beschriften, täglich eine zu ziehen und diese im Tagesverlauf zu berücksichtigen. Dies könnte zum Beispiel sein: »schreibe am Ende deines Arbeitstages drei Dinge auf, die heute positiv waren« oder »gehe kurz vor die Tür und hole drei Mal tief Luft nach einer stressigen Situation«. Man könnte auch Arbeitskollegen davon berichten und sie darum bitten darauf zu achten, dass Selbstfürsorge umgesetzt wird. Es gibt viele verschiedene Kraftquellen, die bei jedem Menschen anders ausfallen können. Hier folgen einige Beispiele, die sich in der Arbeit mit traumatisierten Kindern und Jugendlichen bewährt haben:
- das eigene Büro so gestalten, dass es als Kraftort benutzt werden kann (private Bilder und Gegenstände, Pflanzen, Duftlampe);
- ausreichend Genussmittel zur Verfügung haben (Obst, Süßigkeiten, Tee, Musik);

- Pause bewusst länger halten, Feierabend bewusst früher machen (sich bewusst machen, dass man Überstunden hat);
- gehen, wenn die Arbeitszeit um ist, nicht wenn die Arbeit getan ist;
- Entspannungstechniken erlernen, regelmäßig üben und in den Alltag integrieren;
- Pinnwand mit nur positiven Anhängen und diese ständig pflegen und aktualisieren (gut sichtbar aufhängen);
- Termine haben einen festgelegten Anfang und ein festgelegtes Ende;
- Belastendes mit Freunden oder Kollegen besprechen;
- ich und jeder andere haben drei Fehler gut, erst danach bin ich genervt;
- Supervision;
- Leben außerhalb der Arbeit (Freunde, Familie, Hobbys);
- gelebte Spiritualität (Baierl, 2012a).

Die anfängliche mit dem Üben verbundene Anstrengung wird sich auszahlen, weil es nachhaltig zu mehr Wohlergehen führt, wenn man Selbstfürsorge konsequent und kontinuierlich betreibt. Dazu gehört, dass ich für mich selbst sorgen kann und darf. Die aktive Selbstfürsorge funktioniert nur von innen nach außen. Dies bedeutet in mich zu gehen, von innen heraus zu erkennen, wie es mir geht, was ich brauche und was ich dafür tun kann, damit ein von mir gewünschter Zustand des Wohlbefindens, der Erleichterung, der Entspannung und der gelassenen Lebensfreude eintritt. Dies hört sich erst mal banal an, scheint aber vielen Menschen gar nicht als selbstverständliches Kapital mit auf den Weg gegeben zu sein. Voraussetzung für die Selbstfürsorge ist, dass wir uns so gut wie eben möglich kennen, zu wissen, wie wir gestrickt sind und was wir brauchen oder meiden sollten. Dabei helfen die Bereitschaft zur Selbstreflexion sowie regelmäßige Supervision bzw. Teamberatung.

19.2.3 Auseinandersetzung mit eigenen Themen

Da die Anforderungen an die Mitarbeiter so hoch sind, sollten sich diese auch mit der eigenen Aggression auseinandersetzen bzw. einen guten Umgang damit finden. Es lässt sich durch die vielen verschiedenen Situationen im Gruppenalltag nicht vermeiden, Aggressionen zu entwickeln. Deshalb sollte sich der Mitarbeiter auch hier mit sich selbst auseinandersetzen. Die Bereitschaft zur Selbstreflexion nach einem Konflikt, die Bereitschaft zur Fachberatung, Fallberatung oder Supervision, eine klare Rollensicherheit zu haben, sich nicht zu schade dafür zu sein, Hilfe zu suchen, auch diesbezüglich Vorbild zu sein, steht im Vordergrund. Hinzu kommt, sich zu überlegen, was eigene Stress- und Beruhigungsmuster sein könnten (→ Kapitel 5), um sich in brenzligen Situationen unter Kontrolle zu haben. Jeder sollte die für sich passenden Methoden herausfinden, wie er am besten mit belastenden Alltagssituationen umgeht, zum Beispiel aus dem Raum zu gehen oder auf den eigenen Atem zu achten.

19.2.4 Selbstfürsorge ist Teamarbeit

Neben der Auseinandersetzung mit sich selbst kann sich auch das Team untereinander stützen und sich gegenseitig als potenzielle Kraftquelle nutzen. Dies beinhaltet den gegenseitigen Austausch im Team über die Belastungen und Schwierigkeiten des pädagogischen Alltags. Ein gut funktionierendes Team kann sich bei stark geforderten Kollegen immer wieder gegenseitig an die Einhaltung der eigenen Grenzen erinnern. Somit läuft man nicht in Gefahr, sich selbst zu überfordern. Dies zeigt, dass die Arbeit mit traumatisierten Kindern und Jugendlichen nichts für Einzelkämpfer ist. Sie setzt Teamarbeit und die Kooperation mit anderen Berufsgruppen wie beispielsweise Lehrern, Ärzten, Psychologen und Therapeuten und anderen Institutionen voraus (→ Kapitel 7). Regelmäßige Supervisionen und berufliche Weiterbildungen sind ein *Muss* für die Weiterentwicklung im Team. Damit das Team im Krisenfall sicher reagieren kann, benötigt es auch hier gegenseitige Unterstützung und ein funktionierendes Notrufsystem. Somit wird ein klarer Rahmen gesetzt und Vereinbarungen im Team getroffen, die dann sicher umgesetzt werden können. Dies könnte zum Beispiel ein Krisentelefon sein und ein Plan, auf dem für alle Mitarbeiter klar zu erkennen ist, welcher Mitarbeiter und/oder Bereichsleiter Notdienst hat und somit sicher erreichbar ist. Der offene Umgang miteinander ist ebenfalls sehr wichtig. Somit können Konfliktsituationen oder Unzufriedenheit im Team direkt angesprochen und aus dem Weg geräumt werden. Nur wenn das Team funktioniert und ein sicheres Auftreten gegenüber den traumatisierten Kindern und Jugendliche zeigt, kann ein sicherer Rahmen angeboten und gehalten werden (Baierl, 2012a).

19.2.5 Verantwortung von Leitung

Es ist die Aufgabe von Leitung, einen Rahmen zu schaffen, der als sicherer Ort für Mitarbeiter wie Betreute fungiert und innerhalb dessen Wege der Selbstfürsorge greifen können (→ Kapitel 8). Die Einrichtung ist gefordert, ein Klima von Respekt und Sicherheit zu schaffen, das eine Grundlage zur Erhaltung von stabilen, transparenten und zuverlässigen Beziehungen ist, sowohl im Interesse der Kinder und Jugendlichen als auch im Interesse der Mitarbeiter. Die Teilnahme an traumapädagogischen orientierten Fortbildungen und Supervisionen

gehören genauso dazu wie ein Team- und Betriebsklima, das einen angstfreien Austausch über die Belastungen und Freuden am Arbeitsplatz sowie
Anerkennung und Feedback für die Pädagoginnen und Pädagogen ermöglicht. Entsprechende Fortbildungen und Coaching für Leitungskräfte erweisen
sich hier als hilfreich, um einen tragenden Einrichtungsrahmen, im Sinne des
sicheren Ortes, für die Fachkräfte zu gewährleisten.

19.3 Burnout-Prophylaxe

Aufgrund der bisher beschriebenen hohen Alltagsanforderungen an die Mitarbeiter, nicht ausreichender Rahmensetzung durch die Institutionen und
trotz allem nicht ausreichender Selbstfürsorge kann es bei den Pädagogen
und Pädagoginnen zu einem Burnout kommen. Kypta (2006, S. 38) schreibt:
»Burnout hat viele Facetten und ist nicht eindeutig formuliert. Das klassische
Bild in der Burnout-Forschung ist die Kerze, die an beiden Enden brennt – als
Sinnbild für einen übergroßen Energieeinsatz«. Um es erst gar nicht so weit
kommen zu lassen, können vorausblickende Maßnahmen ergriffen werden.
Diese können auch hilfreich sein, wenn man bereits in einem höheren Ausmaß
in einer Burnouterschöpfung steckt. Die zentrale Entscheidung ist: »Will ich so
wie jetzt weitermachen oder gibt es da nicht noch eine sinnvollere Möglichkeit,
mein Leben zu leben?«

Auch hier steht der Arbeitgeber als rahmensetzende Institution in der
Verantwortung (→ Kapitel 8). Zu den bewährten eigenen Präventionsmaß-
nahmen gehören die Entspannungsverfahren des Autogenen Trainings und der
Progressiven Muskelentspannung. Diese eignen sich besonders für die Stressbewältigung im Job, da diese Methoden in einer Kurzform nur wenige Minuten
Übungszeit am Tag voraussetzen und diese somit gut im Arbeitsalltag eingesetzt
werden können. Entspannungsübungen dienen dazu, Stresssituationen gut zu
ertragen und bereits bestehende Stressreaktionen und Stresssymptome durch
Entspannungsübungen abzubauen. Wer Entspannungstechniken lernt, bevor
er sie braucht, kann einem Burnout vorbeugen. Kiefer und Lalouschek (2009,
S. 40) schreiben dazu: »Autogenes Training ist eine Möglichkeit, sich selbst
durch Suggestion in einen Entspannungszustand zu versetzen. Schon die Vorstellung von Veränderung im Körper, z. B. einem ruhigeren Herzschlag, kann
diese Veränderung herbeiführen. Je besser und regelmäßiger man dies übt, umso
schneller wird es einem gelingen.« Die Progressive Muskelentspannung ist eine
aktive Entspannungstechnik mit bewusstem An- und Entspannen bestimmter
Muskelgruppen für eine tiefe Entspannung von Körper, Geist und Seele. Die

Körperwahrnehmung wird aufgrund der systematischen An- und Entspannung sensibilisiert. Diverse Verspannungen im täglichen Leben können frühzeitig bewusst wahrgenommen werden und durch aktive Entspannungsübungen gelöst werden. Zu beiden Entspannungstechniken gibt es zahlreiche Übungsbücher oder CDs, indem die Übungen genau beschrieben werden (z. B. Schwarz, 2013; Schultz, 2010; Mayer u. Largo, 2006; Löhmer u. Standhardt, 2013).

Zudem zählt es den Anspruch an sich selbst zu relativieren und sich nicht mehr nur über die Arbeit zu definieren. Somit muss man sich selbst weniger antreiben und unter Druck setzen. Das Ziel sollte sein: weg vom Perfektionismus und überzogenen Idealismus. Um den Burnout nicht für eine Weile zu unterbrechen, sondern diesen dauerhaft zu besiegen, müssen die Stressoren im Umfeld zunächst erkannt und dann nach Möglichkeit behoben werden. Hier helfen auch schon kleinere Veränderungen am Arbeitsplatz wie beispielsweise Arbeitszeiten anpassen, Aufgaben im Team lösen oder delegieren, in intensiveren Kontakt zu den Kollegen treten, eine Weiterbildung besuchen oder gegebenenfalls in einen anderen Arbeitsbereich zu wechseln. Auch die Gestaltung der Arbeitsumgebung spielt eine entscheidende Rolle für das eigene Wohlbefinden. Individuelle und persönliche Gestaltung des Arbeitsplatzes unter Berücksichtigung eigener Vorlieben und Bedürfnisse können sehr wirksam für die Seele sein. Räume für Ruhe und Ungestörtheit bzw. Rückzugsmöglichkeiten zu schaffen und diese zum Beispiel durch Zimmerpflanzen, persönliche Fotos oder persönliche Lieblingsgegenständen zu dekorieren, ist hilfreich.

Zudem gibt es die Psychotherapie. Diese kann sowohl ambulant als auch stationär stattfinden. Ziele können hier sein, negative Gedanken durch positive zu ersetzen und das eigene Selbstbewusstsein zu stärken, die eigenen Gefühle besser wahrnehmen und ausdrücken zu lernen sowie zu trainieren, sich gegen den Druck von außen zu behaupten. Dazu gehört auch das Üben von Konflikt- und Stressbewältigung. Durch diese Übungen ändert man seine eigenen Verhaltensweisen, sodass für Stress, Überlastungen und Überforderungen im täglichen Berufsleben nicht mehr allzu viel Platz ist und ein positiver Umgang damit gefunden wird.

Literatur

Baierl, M. (2008). Herausforderung Alltag. Praxishandbuch für die pädagogische Arbeit mit psychisch gestörten Jugendlichen (3. Aufl.). Göttingen: Vandenhoeck & Ruprecht.

Baierl, M. (2012a). Weiterbildung zum Traumapädagogen. – Prävention von und Wege aus sekundärer Traumatisierung. Block 4. (10.2012). Hamm.

Baierl, M. (2012b). Weiterbildung zum Traumapädagogen. – Sicherer Ort. Block 1. (01.2012). Hamm.

Baierl, M. (2012c). Niemand kann mich halten. Alltagspädagogik mit traumatisierten Jugendlichen. In I. Özkan, U. Sachsse, A. Streeck-Fischer (Hrsg.), Zeit heilt nicht alle Wunden. Kompendium zur Psychotraumatologie (S. 208–222). Göttingen: Vandenhoeck & Ruprecht.

Baierl, M., Götz-Kühne, C., Hensel, T., Lang, B., Strauss, J. (2014). Traumaspezifische Fähigkeiten und Fertigkeiten der Mitarbeiter. In S. Gahleitner, T. Hensel, M. Baierl, M. Kühn, M. Schmid (Hrsg.), Traumapädagogik in psychosozialen Handlungsfeldern. Ein Handbuch für Jugendhilfe, Schule und Klinik. Göttingen: Vandenhoeck & Ruprecht.

Hüsson, D. (2010). Traumatisierte Kinder im pädagogischen Alltag – Leitartikel aus dem Jahresbericht 2010 von Wildwasser e. V. Zugriff am 28.12.2013 unter http://www.wildwasseresslingen.de/content/cms/upload/2012/Leitartikel2010

Kiefer, I., Lalouschek, W. (2009). Stressfood. Mit Ernährung und Stressmanagement aus der Burnout-Falle. Wien: Kneipp Verlag.

Küchenhoff, J. (1999). Selbstzerstörung und Selbstfürsorge. Gießen: Psychosozial-Verlag.

Kypta, G. (2006). Burnout erkennen, überwinden, vermeiden. Heidelberg: Carl Auer.

Lemke, J. (2006). Sekundäre Traumatisierung: Klärung von Begriffen und Konzepten der Mittraumatisierung (4. Aufl.). Kröning: Asanger Verlag.

Löhmer, C., Standhardt, R. (2013). Die Kunst, im Alltag zu Entspannen: Einübung in die Progressive Muskelentspannung (4. Aufl.). Stuttgart: Klett-Cotta.

Mayer, K. C., Largo (2006). Audio-CD Entspannungstraining nach Jacobsen. Progressive Muskelentspannung mit Entspannungsmusik. Sindelfingen: Media Sound Art.

Reddemann, L. (2003). Einige Überlegungen zu Psychohygiene und Burnout-Prophylaxe von TraumatherapeutInnen. Erfahrungen und Hypothesen. Zugriff am 08.09.13 unter http://www.luisereddemann.info/pages/A_07_Reddemann.pdf

Schultz, I. H. (2010). Das Original-Übungsheft für das Autogene Training (25. Aufl.). Stuttgart: Trias Verlag.

Schwarz, A. (2013). Autogenes Training – Mehr Gelassenheit und Energie. München: BLV Buchverlag.

Wagner, R. (2010). Sekundäre Traumatisierung als Berufsrisiko – Konfrontation mit schweren Schicksalen anderer Menschen. Magdeburg: Friedrich-Ebert-Stiftung.

Daniela Herber, Friedericke Grimm und Christiane Lotto

20 Traumapädagogik erfolgreich implementieren: Beschreibung der Weiterentwicklung einer Jugendhilfeeinrichtung

20.1 Vorbemerkungen

In diesem Artikel wird am Beispiel des LWL-Heilpädagogischen Kinderheims Hamm gezeigt, wie eine traumapädagogische Fortbildung aufgebaut wurde und auf welchem methodisch-didaktischen Hintergrund die Lerninhalte vermittelt wurden. Im Fokus steht zum einen die Planung und zum anderen wird die Implementierung traumapädagogischer Inhalte in die Teams der Einrichtung dargestellt. Des Weiteren wird die Betrachtung der Teilnehmenden in ihrer Funktion als Multiplikatoren beschrieben, sodass den Lesern in diesem Artikel die Organisation und Implementierung einer traumapädagogischen Fortbildung vermittelt wird.

In den stationären Hilfen zur Erziehung werden Kinder mit komplexem Hilfebedarf betreut. Die Eltern stammen häufig aus Multiproblemlagen, die unter anderem mit einer Minderung der Erwerbsfähigkeit, mit Überschuldung, unorganisierter Haushaltsführung, Konflikten mit Behörden, Trennung und Scheidung von Lebenspartnern sowie psychischen Störungen eines oder beider Elternteile, Drogenkonsum und Alkoholabhängigkeit verbunden sind. Kinder und Jugendliche, die in stationären Systemen leben, sind häufiger als in anderen Hilfeformen von massiven Gewalterfahrungen oder Suchtproblemen der Eltern betroffen (vgl. Häbel, 2012, S. 5).

»Kinder und Jugendliche, die innerhalb ihrer Familien sexuell missbraucht wurden, können als Reaktion auf die sexuelle Gewaltanwendung und unter Berücksichtigung der oft lang andauernden pathologischen Gesamtsituation Erkrankungen, Auffälligkeiten und Störungen in sehr unterschiedlichen Erlebnis- und Verhaltensbereichen entwickeln« (Günder, 2011, S. 341). Mit diesen und anderen Störungsbildern müssen sich die Pädagogen in der Jugendhilfe auseinandersetzen und sowohl die erforderlichen Rahmenbedingungen schaffen als auch einen professionellen Umgang mit den jungen Menschen wahren (vgl. Günder, 2011, S. 342 f.). Es gibt eine wachsende Schnittmenge von Kindern

und Jugendlichen, die aus der Jugendpsychiatrie in die Kinder- und Jugendhilfe wechseln (vgl. Denner, 2008, S. 141). Die Pädagogen in Jugendhilfeeinrichtungen sind gefordert, mit den psychiatrischen Indikationen dieser Kinder
und Jugendlichen umzugehen. Zudem sind Traumatisierungen Hauptrisiko-
faktoren für viele unterschiedliche psychische Störungen, sodass die Mitarbeiter
breite Kompetenzen in störungsspezifischer Pädagogik benötigen.

Mit der geschilderten Situation und den daraus resultierenden Anforderungen
im Umgang und in der Förderung dieser jungen Menschen müssen sich
Pädagogen in der stationären Jugendhilfe auseinandersetzen. Die Beschäftigten
aus stationären Systemen sind unter anderem täglich mit den Symptomen
traumatisierter Kinder und Jugendlicher konfrontiert. Um professionell im
Rahmen der stationären Jugendhilfeeinrichtung zu arbeiten, erfordert dies
ein hohes Maß an fachspezifischem Wissen, eine Vielfalt an Methodenwissen,
Reflexionsvermögen und die Bereitschaft an Fortbildung, an kollegialer Fallberatung sowie Supervision teilzunehmen.

Im Bereich der stationären Hilfen des LWL-Heilpädagogisches Kinderheim
Hamm arbeiten mehrheitlich staatlich anerkannte Erzieher und Erzieherinnen.
Weitere Ausbildungsabschlüsse innerhalb der Gesamteinrichtung sind viel-
fältig und reichen von den Hochschulabschlüssen in Psychologie, Pädagogik,
Sozialpädagogik/Sozialwesen, Heilpädagogik bis zu verschiedenen Zusatzaus-
bildungen, wie beispielsweise in systemischer Beratung, Traumapädagogik,
Motopädagogik, Gestalttherapie, Kinderspieltherapie, Suchttherapie und
Deeskalationstraining. Durch eine Bedarfserhebung im LWL-Heilpädagogisches
Kinderheim Hamm wurde erkennbar, dass Leitung wie Mitarbeitende aus den
stationären Systemen eine Fortbildung mit traumapädagogischen Inhalten als
sinnvoll ansehen. Dies liegt unter anderem daran, dass der Lehrplan in der
Erzieherausbildung der Fachschulen für Sozialpädagogik in NRW das Unter-
richtsfach Psychiatrie/Psychiatrische Krankheitsbilder in der Jugendhilfe nicht
vorsieht (vgl. Ministerium für Schule und Weiterbildung des Landes Nordrhein-
Westfalen, 2010), obgleich die Notwendigkeit besteht, mit diesen Erscheinungsformen bei Kindern und Jugendlichen umzugehen. Mindestens 60 % der
stationär betreuten Kinder und Jugendlichen hat mindestens eine psychische
Störung und über ein Drittel der dort Betreuten zeigt komplexe Symptomatiken
mehrerer miteinander verwobener Störungsbilder (→ Kapitel 1).

20.2 Ziele der Fortbildung

Die Zielvorstellungen waren eine Fortbildung in Traumapädagogik für stationär arbeitende Beschäftigte und damit verbunden die Grundkompetenzen (personale, aktivitätsbezogene, fachlich-methodische und sozial-kommunikative Kompetenzen) zu stärken und auszubauen. Eine Anerkennung, Veränderung und Erweiterung der Haltung stellt ein erwünschtes Ergebnis dar, genauso wie die Teilnehmenden in ihrem professionellen Umgang mit traumatisierten Kindern und Jugendlichen zu versieren und zu sensibilisieren sowie neues Wissen im beruflichen Alltag praktisch umzusetzen und ihre Haltung und ihr Können im Kontext von traumatisierten Kindern und Jugendlichen in die Teams zu multiplizieren. Die Ergebnisse der Evaluation fließen in die Planungen der Personalentwicklung der Einrichtung ein

20.3 Didaktisches Design der traumapädagogischen Fortbildung

Bei dem didaktischen Design, als Teilbereich der Didaktik, geht es um die Planung von Bildungsveranstaltungen, die Wahl der Lernorte, die Lernzeiten, die Medien, die Ansprache der Zielgruppen, die Veranstaltungsformen und die Planung der wichtigsten Lernziele. Zum didaktischen Design können auch die Prüfungsanforderungen und das Qualitätsmanagement gehören (Siebert, 2012, S. 1).

Als sinnvolle Ergänzung zur traumapädagogischen Fortbildung bot sich eine zweitägige Veranstaltung für Entscheidungsträger an, wie zum Beispiel von Abteilungsleitern der kooperierenden Jugendämter, der Heimaufsicht und anderer Institutionen. Diese öffentliche Veranstaltung hatte zum Ziel, einen tiefen Einblick in den aktuellen Stand der Traumapädagogik zu vermitteln. Auf diese Weise wurden Grundkenntnisse über Traumatisierungen und den pädagogischen Umgang damit sowie wertvolle Entscheidungshilfen, welche spezifischen Maßnahmen für das einzelne Kind oder Jugendlichen wirklich geeignet sind, vermittelt. Je mehr kooperierende Entscheidungsträger sich mit traumapädagogischen Inhalten und Vorgehensweisen auskennen, desto besser kann den Bedarfen traumatisierter Kinder und Jugendlicher gemeinsam begegnet werden.

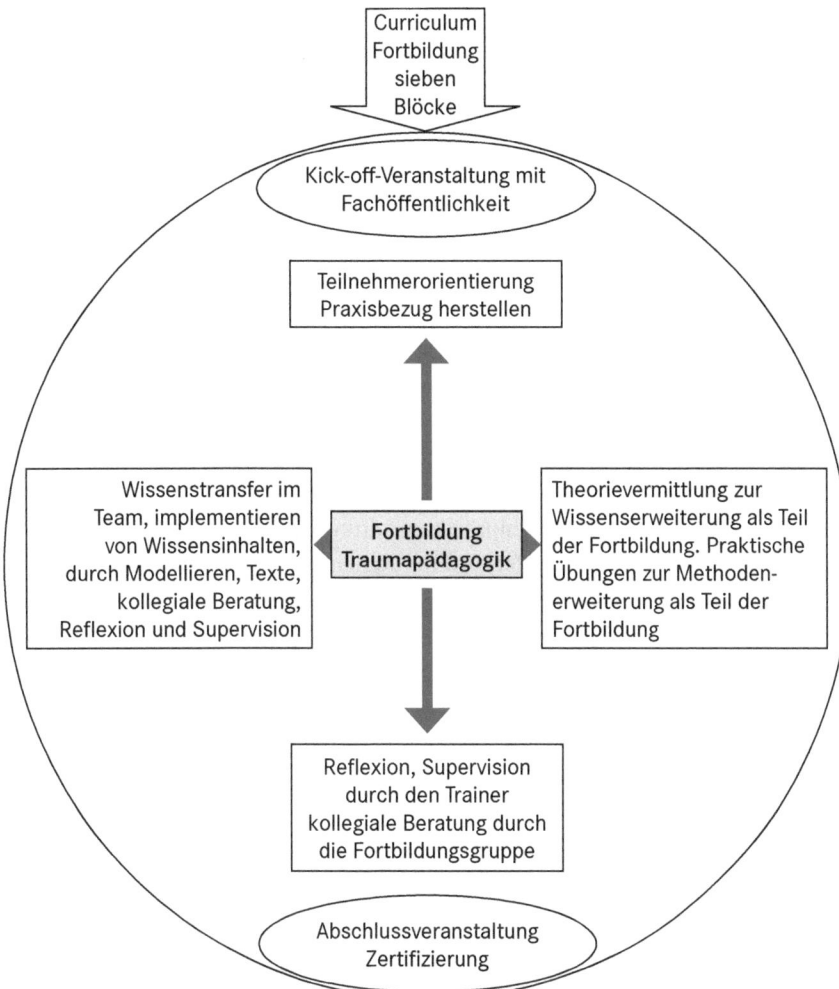

Abbildung 1: Fortbildungsstruktur Traumapädagogik

20.4 Planung und Struktur der Fortbildung

Die Fortbildung sieht eine nachhaltige Kompetenzentwicklung und die Verinnerlichung einer Haltung im Umgang mit traumatisierten Kindern und Jugendlichen bei den Teilnehmenden vor, deshalb ist die Suche nach einem Dozenten/ einer Dozentin wichtig, der/die die Fortbildung in dieser Weise gestaltet und die Teilnehmenden dort abholt, wo sie stehen. Die Fortbildungsstrukturen und Lerninhalte werden im Vorhinein in einer Planungsgruppe bestehend aus Führungskräften der Einrichtung und dem Dozenten/der Dozentin vorbereitet.

Diese vorbereitenden Gespräche bilden die Grundlage des Curriculums, welches im ersten Fortbildungsblock mit den Teilnehmenden besprochen wird und das durch individuelle gewünschte Lerninhalte oder Bedarfe erweitert werden kann. Die Planung des internen Fortbildungsablaufs ist in Absprache mit den Fortbildungsteilnehmenden individuell gestaltbar.

20.5 Die Organisation

Für die Gesamtdauer der Fortbildung ist eine feste Ansprechperson unerlässlich. Diese sorgt dafür, dass aufkommende Fragen beantwortet, Informationen verteilt, Handouts und Literaturhinweise weitergeleitet werden. Sie fungiert als Schnittstelle zum Dozenten und in die Einrichtung. Die Organisation umfasst auch die Suche nach geeigneten Räumen, sowohl für die gesamte Fortbildung als auch für die Kick-off- und Abschlussveranstaltung, die aufgrund der Würdigung der Leistung und der damit in Verbindung stehenden Besucherzahl im größeren Rahmen stattfindet. Weitere Aufgaben sind, die Räume mit den geeigneten Medien wie Beamer, Laptop, Lautsprecher, Metaplanwände, Flipchart und Medienkoffer auszustatten und eine angenehme Lernatmosphäre herzustellen.

20.6 Wissen teilen

Als Auftakt der Fortbildung Traumapädagogik steht der Kick-off. Der feierliche Beginn der Fortbildung kann in einem vierstündigen Veranstaltungstermin ablaufen. Im LWL-Heilpädagogisches Kinderheim Hamm wurden zwei Dozenten gesucht, die zum Themengebiet Traumapädagogik referieren. Zu der Veranstaltung wurde auch die Fachöffentlichkeit wie Jugendämter, Heimaufsicht, freie Träger und öffentliche Institutionen eingeladen. Zwei Dozenten, der ärztliche Direktor der örtlich zuständigen Kinder- und Jugendpsychiatrie sowie der zukünftige Dozent der Weiterbildung referierten zu den Themengebieten Grundlagen der Traumapädagogik und Resilienzforschung und gaben Einblicke in das Themengebiet der Traumaarbeit. Nach der zweijährigen Fortbildung zum Traumapädagogen findet eine Abschlussveranstaltung statt, zu der die Fachöffentlichkeit eingeladen wird. Zum einen haben die Absolventen so die Möglichkeit der Präsentation ihrer Projekte, zum anderen haben Behörden, Institutionen und freie Träger die Möglichkeit, traumaspezifisches Wissen aus der anspruchsvollen Fortbildung präsentiert zu bekommen.

20.7 Mikrodidaktisches Design

Die Fortbildung zum Traumapädagogen in der stationären Jugendhilfe unterstützt die Teilnehmenden, theoretisches Fachwissen und praktisches, handlungsorientiertes Wissen zu lernen. Dies geschieht durch Theorievermittlung, Einzel- und Gruppenarbeiten in Gesprächen mit anderen Teilnehmenden und darüber hinaus im beruflichen Kontext sowie Reflexions- und Supervisionsprozessen mit dem Dozenten. Durch Transferübungen zwischen den Fortbildungsblöcken werden traumapädagogische Methoden und theoretische Inhalte in die Wohngruppenteams multipliziert und gefestigt. Entstandene Fragen können dann in der Fortbildung reflektiert werden.

20.8 Lehr- und Lernsituation

Das Fortbildungssetting basiert auf der Idee des situierten Lernens. Eine Grundannahme situierten Lernens ist, dass der einzelne Mensch nicht nur durch sein Umfeld geprägt wird, sondern dass dieser auch selbst sein Umfeld prägt. Lernen ist somit in den situativen Kontext eingebettet, wobei der Fokus auf den Lernprozess gerichtet ist (vgl. Siebert, 2010, S. 191). Der Dozent hat hierbei die Aufgabe, die Lerninteressen und Fragestellungen des Fortbildungsteilnehmenden in den Fokus zu nehmen und ihm Werkzeuge an die Hand zu geben, die helfen, die Lerninhalte zu internalisieren. Im Dialog wird das komplexe Themengebiet mit den Aufgabenstellungen bearbeitet, wobei der Dozent die Rolle des Coachs einnimmt.

Informelles Lernen ist ein weiterer positiver Effekt der Fortbildung für die Teilnehmenden. Informelles Lernen geschieht in den Momenten, in denen die Teilnehmenden zum Beispiel die gemeinsamen Pausenzeiten nutzen und sich über Erfahrungen und Erlebnisse austauschen. In unserer Fortbildungsgruppe haben sich zur Mittagszeit die Kollegen und Kolleginnen zum Kochen im Sozialraum getroffen. Diese informellen Treffen wirken sich sowohl positiv auf die Fortbildungsatmosphäre als auch auf die Kommunikation innerhalb der Einrichtung aus. Es entsteht eine gewinnbringende Vernetzung unter den Kolleginnen und Kollegen, welche einen Synergieeffekt darstellt. Für den Arbeitskontext bedeutet dies, dass Kolleginnen und Kollegen, die sich im Rahmen der Fortbildung kennengelernt haben, themenunabhängig kommunizieren können.

Aus konstruktivistischer Sicht wird theoretisches Wissen nicht eins zu eins von den einzelnen Teilnehmenden übernommen und gleichermaßen verstanden. Vielmehr ist dies eine eigenständige Konstruktionsleistung des Lernenden.

»Lernen ist nicht machbar, sondern nur anregbar (pertubierbar)! Lernen kann nur jeder für sich« (Peterßen, 2001, zit. nach Arnold, 2007, S. 67). Deshalb basiert das Konzept auf der Idee, dass die Teilnehmenden sowohl selbstgesteuert lernen als auch in Gruppensituationen in den Austausch gehen, artikulieren sowie reflektieren, was verstanden wurde. Erst durch die Anwendung des Gelernten in der praktischen Arbeit wird theoretisches Wissen verinnerlicht und aktiv erworben. Jeder Teilnehmende, der eine zweijährige Fortbildung beginnt, hat sein selbstgestecktes Ziel, die intrinsische Motivation, den Abschluss der Fortbildung zu schaffen und nicht zuletzt ein Zertifikat zu erhalten.

20.9 Zertifizierung

Die Fortbildungsinhalte werden von den Teilnehmenden je nach individueller Lernvorerfahrung mit unterschiedlichen Lernstrategien und -taktiken bewältigt. Ein Anliegen ist es von daher, die Zertifizierung der Fortbildung nicht zu verschulen, sondern durch eine Lernerfolgskontrolle zu versehen. Diese geschieht zum einen durch die beständige Begleitung der Teilnehmer während der Fortbildungsblöcke. Zum anderen kann dies in Absprache mit den Teilnehmenden in Form von Kreativmethoden wie einer film- oder fotodokumentarischen Darbietung geschehen, einer szenischen Vorstellung zu traumapädagogischen Inhalten, eines Vortrags während der Abschlussveranstaltung, aber auch in Form einer schriftlichen Abschlussarbeit, zum Beispiel durch einen Artikel in diesem Band. Es soll in den individuellen Darbietungen erkennbar sein, dass die traumapädagogische Haltung verinnerlicht wurde, eine Kompetenzerweiterung stattgefunden hat, und so deutlich werden, dass die traumapädagogischen Inhalte verstanden wurden.

Kernthemen des Curriculums waren:
– Haltung und professionelles Selbstverständnis;
– das Konzept »Traumatisierung« in unterschiedlichen Erklärungsmodellen;
– Resilienz- und Risikofaktoren für die Entwicklung einer Traumafolgestörung;
– Trauma und Bindung;
– sicherer Ort;
– Pädagogik der »positiven Absicht« und Ressourcenorientierung;
– systemisches Denken;
– institutionelle Rahmenbedingungen;
– Selbstfürsorge und Burnout-Prävention;
– Spiritualität, Sinnfrage, Einbindung in größere Zusammenhänge;

- traumaspezifische multimodale Diagnostik;
- Methodik und spezifische Techniken der Traumapädagogik, zum Beispiel
  • Methoden der Stabilisation, Verarbeitung und Integration;
  • Biografiearbeit;
  • Rituale;
  • Krisenintervention;
- traumaspezifische Individual- und Gruppenpädagogik;
- Eltern- und Familienarbeit;
- Verfahren der Traumatherapie und Medikation;
- multiprofessionelle Zusammenarbeit, Vernetzung und Kooperation im Helfersystem.

Zudem war in das Curriculum integriert:
- Supervision, Selbsterfahrung, Fallbesprechung;
- zusätzliche Themen, die innerhalb der Fortbildungszeit von den Teilnehmern oder der Institution als aktuell wichtig angesehen werden.

20.10 Evaluation

Die Beschäftigten sind das Herzstück einer Einrichtung und spielen eine zentrale Rolle bei der Weiterentwicklung der pädagogischen Arbeit in den stationären Hilfen zur Erziehung mit Kindern, Jugendlichen und deren Familien. In der Auswertung der Kick-off-Veranstaltung wurden sie als »Geschenk« beschrieben, dies spiegelt eine Haltung der Gesamteinrichtung wider, welche es unterstützend mit Anreizen wie Fortbildungen, Fachtagen, Communities und auch durch Feiern zu erhalten gilt.

Der Austausch und die sozialen Kontakte in der Fortbildungsgruppe geben einen Einblick in Arbeitssituationen und ermöglichen somit den Transfer von Vorerfahrungen der Beschäftigten in der Einrichtung. Die systematische Reflexion und Rückkopplung der transferierten Inhalte innerhalb der Fortbildung sind als wichtig zu bewerten. Durch die zeitliche Überschneidung war es möglich, dass theoretischen Lernphasen und Anforderungen in der Praxis genügend Raum gegeben wurde. Durch die langfristige Fortbildung bestand so die Möglichkeit der Weiterentwicklung sowie Steigerung beruflicher Zufriedenheit innerhalb der Berufsbiografie von Beschäftigten. Um pädagogische Arbeit zielorientiert und wirksam in Hinblick auf die in den stationären Systemen wohnenden traumatisierten Kinder und Jugendlichen zu gestalten, entwickelten die Beschäftigten innerhalb dieser Fortbildung ihre bereits vorhandenen

Kompetenzen weiter und gewannen neue Kenntnisse und Wissen auf unterschiedlichen Ebenen hinzu. Die Kompetenzdefinition von Erpenbeck (2003, S. 365) beschreibt: »Kompetenzen sind Dispositionen zur Selbstorganisation menschlichen Handelns, das kreative Denkhandeln eingeschlossen; sie sind Selbstorganisationsdispositionen«. Dies bedeutete innerhalb der Fortbildung, dass Inhalte, welche über den theoretischen Input vermittelt wurden, im Handeln der Teilnehmenden zu erkennen waren. Die Steuerung, Vermittlung und Organisation der bedeutsamen Ergebnisse der eigenen Arbeit, zum Beispiel Betrachtung und Veränderung eigener Haltungen im pädagogischen Kontext, lag hier in der Verantwortung der Teilnehmenden. Die Entscheidung, in welcher Art und Weise der Beleg einer erfolgreichen Teilnahme und Absolvierung der Fortbildung erfolgte, zum Beispiel in Form eines Fachartikels oder der Vorstellung eines Projekts, verdeutlicht noch einmal die gewünschte Heterogenität der Teilnehmenden und Wertschätzung ihrer vorhandenen Kompetenzen.

Für andere Einrichtungen oder Träger, welche eine traumapädagogische Fort- oder Ausbildung planen, könnte von Interesse sein, dass vor allem:

- die Gleichwertigkeit der Zertifikatsorientierung in Bezug auf Praxis- oder Theorieprojekte (zum Beispiel Filmpräsentation vs. Fachartikel),
- die zeitlich-intensive Begleitung während der Ausbildung mit Rückkopplung zu Inhalten und Organisationsthemen zur Einrichtungsleitung sowie Dozenten
- sowie die deutliche Zeitspanne zwischen den Fortbildungsblöcken

in den Rückmeldungen der Teilnehmenden Berücksichtigung fanden und als positiv gewertet wurden.

Die Zusammenarbeit mit Kindern, Jugendlichen und deren Familien in der stationären Unterbringung, welche teils komplexe Traumatisierungen aufweisen, kann man sich teilweise wie die gemeinsame Reise zu einem unbekannten Planeten vorstellen. Für diese Weltraumreise benötigt jeder Beschäftigte des Teams Kompetenzen, welche sich in vier Grundkompetenzen beschreiben lassen und nur im gelungenen Zusammenspiel die Jugendhilfereise für alle erfolgreich werden lässt. Um zu diesem Planeten zu gelangen und mit den Familien auf ihm landen zu können, müssen Pädagogen »persönlich stabil sein«, bei anstehenden Problemen diese in den Griff nehmen und »ethisch fundiert« in ihrem Handeln umsetzen. Hierfür benötigen sie »ausgeprägte personale Kompetenzen«. In schwierigen Lagen, vielleicht sogar in Notsituationen benötigen sie »ausgeprägte aktivitätsbezogene Kompetenzen«, um »ein hohes Maß an Aktivität« zeigen zu können. Ihr »umfangreiches sachliches und fachliches Wissen« müssen sie in jeder Situation, auch bei fast unlösbaren medizinischen oder technischen

Problemen, anwenden können und benötigen hierfür »ausgeprägte fachlich-methodische Kompetenzen«. Da die Reise zu diesem fremden Planeten eine Gruppenveranstaltung ist, müssen sich die Teammitglieder aufeinander verlassen können, auch in Notsituationen absoluten Teamgeist zeigen, kreativ kooperieren und benötigen hierfür »ausgeprägte sozial-kommunikative Kompetenzen« (vgl. Erpenbeck, 2010, S. 84 ff.).

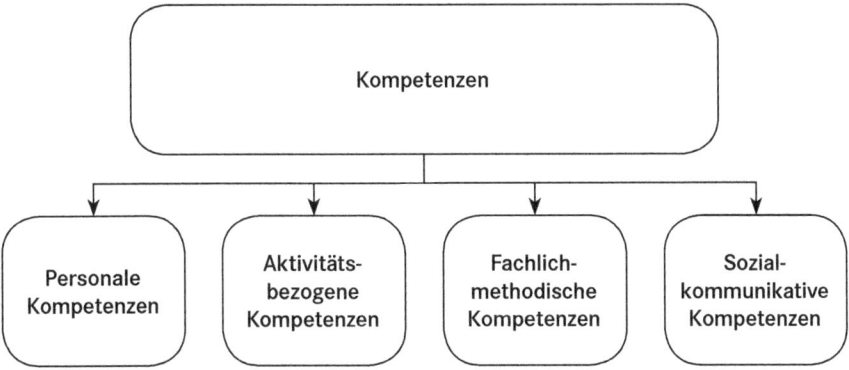

Abbildung 2: Grundkompetenzen

Eine Veränderung des praktischen Handelns in der pädagogischen Arbeit benötigt auch den Faktor Zeit, da Einstellungen und Werte betroffen sind, welche durch Erfahrungen erworben werden. Erfahrungen können nur selbst im eigenen Handeln und eigenständig organisiert durch Wissen erworben werden. Dieser Aneignungsprozess wird psychologisch betrachtet als Interiorisationsprozess (oft auch Internalisation) bezeichnet und zeigt sich in einem beispielhaften Auszug der Beantwortung der Beschäftigten auf die Fragebögen, welche im vorletzten Veranstaltungsblock der Ausbildung Traumapädagogik verteilt wurde.

20.10.1 Personale Kompetenzen

Im Bereich der personalen Kompetenzen und das Wissen um die eigene Wahrnehmung beschreiben Beschäftigte im Bereich der eigenen Wahrnehmung, dass zum Beispiel »Sinne geschärft wurden«. Weiterhin berichtet eine Beschäftigte, dass sie »entschleunigt wurde« im Austausch mit den Fortbildungsteilnehmern. Ein Beschäftigter gab an: »Durch diese Fortbildung hat sich der Blick, die Haltung und Einstellung zu Themen und Situationen noch geformt und gefestigt«, und dass eine Haltungsänderung durch den in der Traumapädagogik benannten »guten Grund« stattgefunden hat: »Für mich war die Erkenntnis, dass ›hinter jeder Tat‹ eine ›positive Motivation steht, ein Schlüsselerlebnis. Das hat sich stark

auf meine Haltung ausgewirkt. Ich kann Krisensituationen besser aushalten
und schneller einordnen/gelassener bleiben.« Weitere Rückmeldungen sind,
dass nach der Vermittlung traumapädagogischer Inhalte eine Eigenreflexion
stattgefunden hat. »Persönliche Themen konnte ich ›innerlich‹ bei Übungen
bearbeiten. Es war mir wichtig, mich immer wieder selbst zu betrachten und
die eigenen Themen gut im Auge zu haben. Somit konnte ich Dinge, die ich
tue, bewusst sehen.« Im Bezug auf das Feedback bisheriger Arbeit berichten
Beschäftigte: »Positiv war es zu hören, dass wir in vielfältiger Hinsicht bereits
so arbeiten, wie es aus traumapädagogischer Sicht sinnvoll ist« und »Ich konnte
während der Fortbildung immer wieder feststellen, dass bei uns in der Gruppe
gut und nah am Kind gearbeitet wird. Das hat mich nicht überrascht, war aber
unbeabsichtigt«.

20.10.2 Aktivitätsbezogene Kompetenzen

In der Sichtweise zu Vor- und Nachteilen praxisnaher Methodik gab es folgende
Rückmeldungen: »Da die Vermittlung traumapädagogischer Inhalte sehr praxis-
orientiert waren, fällt das Umsetzen dieser nicht schwer«. In Bezug auf die
Umsetzungsmöglichkeiten von Methoden in der Einzelarbeit gab es die Kritik,
dass die Betreuungsdichte nicht immer ausreichend sei und daher »Übungen
mit Jugendlichen wenig bis gar nicht umzusetzen waren«. Im konkreten Umgang
mit zu betreuenden Kindern berichteten die Teilnehmer: »Ich begegne den
Kindern nochmal offener und habe meinen Wissenshorizont erweitert« sowie
»Fundierte Kenntnisse über das Thema lassen mich im Umgang mit den Kindern
und Jugendlichen sicherer werden«.

20.10.3 Fachliche-methodische Kompetenzen

Beschäftigte beschreiben in Bezug auf Erfahrungen, dass »intuitiv geführte
Interventionen nun mit Theorie untermauert« wurden und einzelne Aspekte
der alltäglichen Arbeit im Umgang mit den Kindern in den Fokus geraten sind:
»Im Prinzip lassen sich alle Inhalte gut auf die tägliche Arbeit übertragen«.
Handlungsweisen wie zum Beispiel Blickkontakt herstellen beim Begrüßen
der Gruppe, um jedem einzelnen Kind das Signal zu geben »ich habe dich
gesehen«, wurden nochmal benannt und geraten so in den Fokus. Dieses Beispiel macht deutlich, wie wichtig es für Kinder und Jugendliche ist, ihre biografischen Erfahrungen im Blick zu behalten, »auch wenn sie vielleicht als
Kleinigkeit getarnt um die Ecke kommen«. Durch Einbezug von Erlebnissen
und Erfahrungen anderer können die neu vermittelten Wissenserkenntnisse

in die Arbeit übertragen werden. »Dadurch, dass mit praktischen Beispielen gearbeitet wurde und die Erlebnisse und Erfahrungen der Fortbildungsgruppe stets mit einbezogen wurden, fällt es nicht schwer, die bearbeiteten Inhalte gut in die Arbeit zu übertragen.« Dies wurde in der Rückmeldung einer Teilnehmerin deutlich: »Langfristig wird die Traumapädagogik einen hohen Stellenwert in meiner Arbeit einnehmen.« Im Zugewinn von Wissen wird berichtet: »Ich begegne den Kindern nochmal offener und habe meinen Wissenshorizont erweitert« und »auch welche unkonventionellen Wege so gegangen werden und wie viele gute Ergebnisse diese Arbeit hat«.

20.10.4 Sozial-kommunikative Kompetenzen

Zum Austausch in der Fortbildungsgruppe berichten Teilnehmende: »In erster Linie habe ich viele Menschen aus verschiedenen Bereichen kennengelernt. Dies ist im Arbeitsalltag aufgrund der Dezentralisierung kaum möglich, wenn auch gewünscht.« »Sehr wertvoll war für mich der Austausch innerhalb der Fortbildungsgruppe. Zu erleben, dass es anderen Kollegen in bestimmten Situationen/Fragestellungen ähnlich geht wie mir.« Hier wurde innerhalb der Fortbildungsgruppe deutlich, dass sich die Teilnehmenden sehr transparent in ihrem Austausch zeigten und eine annehmende Haltung gegenüber den zu betreuenden Kindern und Jugendlichen aufwiesen. Innerhalb des Austausches zeigte sich hier ebenso die uneingeschränkte Akzeptanz der Biografie des Kindes/ des Jugendlichen gegenüber. Die Haltung und Einstellung, sich symptomtolerant zu zeigen, zum Beispiel den Verhaltensweisen des Kindes/des Jugendlichen gegenüber, und ihnen auch mit dieser Haltung einen »sicheren Ort« zu bieten, benötigt kreative Mittel und viel Humor. Ebenso wurde berichtet, dass über das persönliche Miteinander hinaus Teilnehmende fachlich kennengelernt wurden. »Auch viele Menschen, die ich vielleicht gut kenne, konnte ich in der Fortbildung wieder anders kennenlernen, aus einem anderen, fachlichen Blickwinkel.« In der Antwort »Immer wieder bin ich überrascht davon, wie viele wirklich gute Leute im Heilpädagogischen Kinderheim arbeiten, die wirklich verrückte Ideen umsetzen und dies mit viel Freude und Elan« wurde dieser Aspekt besonders deutlich. Weiterhin wurde zu diesem Punkt ausgeführt: »Leider erfährt man das viel zu selten, was an guten Aktionen und guter Arbeit in den diversen Bereichen so läuft«. Eine personenzentrierte Haltung spiegelte sich sowohl zwischen den Teilnehmenden als auch in den Schilderungen der Praxisbeispiele wider, welche die grundsätzliche Bereitschaft, auch innerhalb der Organisation Veränderungen zuzulassen, kennzeichnet und aktive Mitarbeit zulässt. Deutlich wurde zudem, dass sich die Weiterentwicklung auf die Gesamtorganisation auswirkt: »Ich lerne stetig dazu, ich entwickle mich stetig weiter. Die Einrichtung tut das Gleiche. Alles, was wir lernen und erkennen, wird Auswirkungen haben, und wie sich das entwickelt, wird die Zeit zeigen. Beurteilen kann ich das nicht, ich kann aber sagen, dass ich Entwicklungen gut finde und neue Ideen immer gut sind.«

20.11 Transfer und Multiplikatorenwirkung

Welche Umsetzungsstrategien der Weitervermittlung in die Teams den Teilnehmenden gelungen sind und welche erfahrenen Inhalte der Fortbildung sich bewährt haben, zeigen die folgenden beschriebenen Implementierungsprozesse. Es stellte sich hier insbesondere die Frage, wie das erlernte Fachwissen und die erlernten Methoden in das Alltagsleben der stationären Jugendhilfe integriert werden kann.

Im Umgang mit Kindern und Jugendlichen mit traumatisierenden Erlebnishintergründen erlebten die Teilnehmenden eine Erziehungshaltung, in der sie als pädagogische Fachkraft Verhaltensreaktionen als Ergebnis des biografischen Kontextes verstehen konnten. Sie konnten somit berücksichtigen, dass das aktuelle Verhalten der Kinder und Jugendlichen einmal als Überlebensstrategie notwendig und erforderlich war. Dieses implizierte das Erleben im pädagogischen Alltagsgeschehen, dass die Erziehungserwartung an die Kinder und Jugendlichen, sich den Gruppenregeln anzupassen, nicht immer funktionieren kann und sollte. Häufig haben gerade diese Kinder und Jugendlichen erlebt, dass ihr Verhalten und ihre Reaktionen nicht verstanden werden, und dass sie nur angenommen und gemocht werden, wenn sie sich dem Erwartungsdruck der erwachsenen Beziehungspartner anpassen. Eine korrigierende Beziehungserfahrung bedeutet hier, dass die pädagogische Fachkraft den jungen Menschen dahingehend unterstützt und fördert, seinen eigenen Wahrnehmungen zu trauen. Die Teilnehmenden konnten erfahren, wie sie eine am Kind orientierte Erziehungshaltung einnehmen können.

Traumatisierte Kinder und Jugendliche brauchen eine Umgebung, in der sie konstruktive Kommunikationsmöglichkeiten lernen können. Eine offene Kommunikation beinhaltet grundsätzlich die Enttabuisierung von Gewalt. Klare Strukturen von Transparenz und Mitbestimmung geben ein Gefühl von Sicherheit (vgl. Weiß, 2009, S. 147). Durch die Erfahrungen in der Fortbildung wurde vermittelt, wie dieses in das Alltagsgeschehen implementiert werden kann.

Die Weiterbildung unterstützte die Pädagogen und Pädagoginnen der stationären Jugendhilfe, ihren Schwerpunkt im erzieherischen Alltagsgeschehen auf die Ressourcen und die Resilienz der Mädchen und Jungen zu legen. Sie wurden dahingehend unterstützt, eine wertschätzende und verstehende Haltung im Umgang mit den Symptomen der Kinder und Jugendlichen einzunehmen. Insbesondere im Umgang mit Sanktionen bei Regelverletzungen wurde deutlich, dass ein reibungsloser Ablauf im Gruppengeschehen häufig von einzelnen Kindern und Jugendlichen nicht integriert werden kann. Impulsausbrüche sowie aggressive Verhaltensweisen sind die Reaktionen auf Ängste und Wut, die von den Kindern und Jugendlichen nicht gesteuert werden können. Eine personenzentrierte Pädagogik beinhaltet, dass die Möglichkeiten und Grenzen des jungen Menschen beachtet werden. Die Teilnehmenden konnten erfahren, dass im Alltag der stationären Jugendhilfe der von ihnen gelebte überschaubare und gesicherte Rahmen (wie zum Beispiel eine Kontinuität in den Tagesabläufen sowie die Vermeidung von Bestrafungen für emotionale Reaktionen wie Wut oder Impulsausbrüche) zu einer korrigierenden Erziehungserfahrung führt.

Die Teilnehmenden konnten darin bestärkt werden, dass selbstwerterhöhende Botschaften der pädagogischen Bezugspersonen eine wichtige Voraussetzung für ein positives Selbstkonzept sind, die die Resilienz des jungen Menschen stärken.

Häufig glauben Kinder und Jugendliche mit traumatisierenden Lebenserfahrungen, dass Gewalt und sonstiges übergriffiges Verhalten ihnen gegenüber »normal« ist. Diese Erfahrung ist so integriert worden, dass sie sich für die entstandenen Situationen schuldig fühlen. Die Teilnehmenden konnten erleben, dass durch eine offene, transparente Kommunikation und durch die Wahrung der individuellen Grenzen der Kinder und Jugendlichen, Wahrnehmungsverzerrungen aufgelöst werden können. Ein neues Selbstbild kann integriert werden und Loyalitätskonflikte zu den gewaltausübenden, erwachsenen Bezugspersonen können aufgeweicht werden.

Die Teilnehmenden haben erfahren, dass sie eine »exklusive Beziehung« zu den ihnen anvertrauten Kindern und Jugendlichen aufbauen können. Dieses bedeutet die Sicherung einer »exzellenten Beziehungserfahrung«, die geprägt ist von Verlässlichkeit und Kontinuität. Korrigierende Beziehungserfahrungen werden erlebt und können integriert werden. Die Auseinandersetzung mit den Inhalten der Traumapädagogik ermöglichte die Bestärkung der Teilnehmenden in ihrer positiven Annahme der Kinder und Jugendlichen mit ihren Verhaltensmustern. Dieses beinhaltet, dass Übertragungen ausgehalten und diese im psychologischen Kontext betrachtet werden können. Dazu folgende Äußerung einer Teilnehmerin: »Ich nenne einfach mal nur eine Methode, die wir aktiv im Team angewendet haben: die positive Motivation im Verhalten. Hier konnten wir gut profitieren, wenn wir Kinder augenscheinlich nicht verstehen konnten. Mit der Erkenntnis, dass dieses Verhalten unter Umständen vielleicht die eigene Existenz gerettet hat, war es deutlich besser zu begleiten.«

Ein weiterer bedeutsamer Aspekt in der Fortbildung war die Betrachtungsweise der Bindungstheorien in der Arbeit mit Kindern und Jugendlichen. Eine wichtige Erkenntnis der Teilnehmenden war, dass die erlebten Bindungserfahrungen von Kindern die weitere Entwicklung im Bindungsverhalten zu späteren Beziehungspartnern beeinträchtigt. Weiterhin schränkt sie die »Offenheit für neue, korrektive Erfahrungen« ein. Nach vorliegenden Studien der Bindungstheorie (vgl. Bowlby, 1974; Bowlby, Hilling u. Han, 1974; Dornes, 2000) liegen sichere und unsichere Bindungsqualitäten im Rahmen durchschnittlicher normaler Eltern-Kind-Beziehungen. »Traumatisierte Kinder aber haben erhebliche Beeinträchtigungen in ihrem Bindungsverhalten« (Weiß, 2009, S. 45). »Auch wenn es den Mädchen und Jungen schwer fällt bzw. es manchmal unmöglich ist, neuen Bindungsangeboten bzw. Beziehungspartnern zu vertrauen, brauchen sie dieses Angebot. Sie suchten weiterhin nach dem Verlorenen oder erfolglos Gesuchten, nach Erwachsenen, die persönliche Verantwortung gerade für sie übernehmen würden« (Wieland, 2003, S. 95).

Zur Unterstützung der Verarbeitungsprozesse in der Arbeit mit traumatisierten Kindern und Jugendlichen wurden den Teilnehmenden für die pädagogische Arbeit eine Vielfalt an Möglichkeiten und Methoden geboten. Als hilfreich konnte hier zum Beispiel die Erstellung eines Lebensfadens (Zeitlinie) benannt werden. »Im Umgang mit Eltern« ist für eine Teilnehmerin entlastend gewesen, »dass Kinder mit Bindungsstörungen meistens Eltern mit Bindungsstörungen haben«. Im Erziehungsgeschehen werden Bindungsbedürfnisse der Kinder und Jugendlichen im Pädagogenteam analysiert und eine mögliche Versorgung erarbeitet. Die Weiterbildung hat den Mitarbeitern und Mitarbeiterinnen neue Möglichkeiten und Methoden aufgezeigt, wie bindungsrelevante Situationen, zum Beispiel Übergänge und Trennungen, für die Kinder und Jugendlichen bewusst gestaltet werden können.

Die Vernetzung und der offene Austausch zwischen den Teilnehmenden wurden angeregt und gestärkt. »Man hat sich besser und noch einmal ganz neu kennengelernt« war eine Aussage einer Teilnehmerin. »Ich kann mir kollegiale Beratung zu fachlichen Fragestellungen aus einem anderen Team holen und profitiere davon, dass meine Kollegen die Situation von außen betrachten.« Die einzelnen Teams profitierten von der Fortbildung, indem die Teilnehmenden viele neue und interessante Ideen in ihre Teamsitzungen einbringen konnten, die sie in der pädagogischen Arbeit ausprobiert und umgesetzt haben.

Literatur

Arnold, R. (2007). Ich lerne, also bin ich. Eine systemisch-konstruktivistische Didaktik. Heidelberg: Carl-Auer.

Bowlby, J. (1974). Frühe Bindung und kindliche Entwicklung (6. Aufl.). München: Reinhardt.

Bowlby, J., Hilling, A., Han, H. (1974). Bindung als sichere Basis. Grundlagen und Anwendungen der Bindungstheorie. München: Reinhardt.

Denner, S. (2008). Soziale Arbeit mit psychisch kranken Kindern und Jugendlichen. Stuttgart: Kohlhammer.

Dornes, M. (2000). Die emotionale Welt des Kindes. Frankfurt a. M.: Fischer Taschenbuch Verlag.

Erpenbeck, J. (2003). KODE – Kompetenz-Diagnostik und -entwicklung. In J. Erpenbeck, L. von Rosenstiel (Hrsg.), Handbuch Kompetenzmessung. Erkennen, verstehen und bewerten von Kompetenzen in der betrieblichen, pädagogischen und psychologischen Praxis (2. Aufl., S. 365–385). Stuttgart: Schäffer-Poeschel.

Erpenbeck, J., Rosenstiel, L. v. (Hrsg.) (2003). Handbuch der Kompetenzmessung. Erkennen, verstehen und bewerten von Kompetenzen in der betrieblichen, pädagogischen und psychologischen Praxis (2. Aufl.). Stuttgart: Schäffer-Poeschel.

Günder, R. (2011). Praxis und Erziehung in der Heimerziehung. Entwicklungen, Veränderungen und Perspektiven der stationären Erziehungshilfe. Freiburg im Breisgau: Lambertus-Verlag.

Häbel, H. (2012). § 34 SGB VIII. In Kinder und Jugendhilferecht. Gemeinschaftskommentar zum SGB VIII. In G. Fieseler, H. Schleicher, M. Busch, R.-J. Wabnitz (Hrsg.), (GK-SGB VIII 47. AL, S. 4–5). Köln: Luchterhand.

Ministerium für Schule und Weiterbildung des Landes Nordrhein-Westfalen (2010). Richtlinien und Lehrpläne zur Erprobung. Fachschulen des Sozialwesens. Fachrichtung Sozialpädagogik. 7605/2010. Düsseldorf: Ministerium für Schule und Weiterbildung des Landes Nordrhein-Westfalen.

Siebert, H. (2010). Lernen. In R. Arnold, S. Nolda, E. Nuissl, (Hrsg.), Wörterbuch Erwachsenenbildung (2. Aufl., S. 190–192). Stuttgart: Julius Klinkhardt/UTB.

Siebert, H. (2012). Didaktisches Design. Kaiserslautern: Studienbrief EB 0520 des Master-Fernstudiengangs Erwachsenenbildung der TU Kaiserslautern. (3. Aufl.). Unveröffentlichtes Manuskript.

Weiß, W. (2008). Philipp sucht sein Ich. Zum pädagogischen Umgang mit Traumata in den Erziehungshilfen (4. Aufl.). Weinheim: Beltz Juventa.

Wieland, I. (2003). Wie viel Wahrheit braucht mein Kind. Von kleinen Lügen, großen Lasten und dem Mut zur Aufrichtigkeit in der Familie (2. Aufl.). Reinbek bei Hamburg: Rororo Verlag.

Die Autorinnen und Autoren

Martin Baierl, geb. 1970, Diplom-Psychologe, Psychologischer Psychotherapeut; Fortbilder, Supervisor, Berater und Fachautor rund um die pädagogischen wie psychotherapeutischen Bedarfe junger Menschen mit psychischen Auffälligkeiten; Gründer und Leiter des Instituts »vonwegen«, Monreal (Eifel); https://www.vonwegen.org.

Alexandra Bruchholz, geb. 1976, staatlich anerkannte Erzieherin, Counselor (Systemische Therapie und Beratung, Kunst- und Gestaltungstherapie, BVPPT), Traumapädagogin, ist Teamleiterin einer Intensivwohngruppe im LWL-Heilpädagogischen Kinderheim Hamm.

Kurt Frey, geb. 1948, Dr., Studium der Sozialarbeit in Düsseldorf und Studium der Erziehungswissenschaften in Wuppertal, Ausbildung zum Supervisor, Counselor und in Organisationsentwicklung, war bis Ende 2013 Leiter des LWL-Heilpädagogischen Kinderheims in Hamm und ist seit Januar 2014 als Supervisor in freier Praxis tätig.

Friedericke Grimm, geb. 1969, Heilpädagogin, BA Soziale Arbeit, Counselor (Therapie und Beratung, BVPPT), Master (i. A.) Soziale Arbeit in Forschung und Praxis, ist als Heilpädagogin in intensiv-therapeutischen Wohngruppen tätig. Sie ist Teamleiterin, Leiterin einer Beratungsstelle und Fachbereichsleiterin des Therapie- und Diagnosezentrums für Kinder des LWL-Heilpädagogischen Kinderheims Hamm.

Daniela Herber, M. A. Erwachsenenbildung, Diplom-Sozialpädagogin, Zusatzqualifikationen in Kinderspieltherapie und Familientherapie, ist im LWL-Heilpädagogischen Kinderheim Hamm beschäftigt. Sie leitet ein ambulantes Familienpädagogisches Zentrum und den Bereich für ambulante und stationäre Hilfen zur Erziehung, ist Qualitätsbeauftragte sowie Beauftragte für Fort- und

Weiterbildung, Presse- und Öffentlichkeitsarbeit und Beschwerdemanagement sowie Dozentin. Sie ist freiberuflich als Weiterbildnerin, Coach und Beraterin tätig.

Stefan Kracht, geb. 1987, staatlich anerkannter Heilpädagoge, Traumapädagoge, ist Teamleiter im Therapie- und Diagnosezentrum in der Heilpädagogischen Wohngruppe am Roggenberg.

Dorothee Käufer-Meienreis, geb. 1959, Bachelor of Social Work, Traumapädagogin, ist im Vorstand der Deutschen Gesellschaft für Therapeutisches Puppenspiel und Leiterin der Erziehungsstelle Bullerbü in Kooperation mit dem LWL-Heilpädagogischen Kinderheim Hamm.

Nadine König, geb. 1976, Diplom-Sozialpädagogin, arbeitet nach mehrjähriger Berufserfahrung in einer Kinder- und Jugendpsychiatrie im LWL-Heilpädagogischen Kinderheim Hamm. Sie ist Teamleiterin der Therapiegruppe für Kinder in Ascheberg.

Mathias Kuczynski, geb. 1988, staatlich anerkannter Erzieher, Erziehungsberater, Traumapädagoge i. A., hat lange in der offenen Jugendarbeit gearbeitet und ist bis heute Mitkoordinator für Workshops und Projekte zu Jugendkulturthemen. Er ist Erzieher im Gruppendienst (Clearing und Förderbereich) im LWL-Heilpädagogischen Kinderheim Hamm.

Kathrin Lohmann, geb. 1980, Diplom-Sozialpädagogin, Traumapädagogin, ist im LWL-Heilpädagogischen Kinderheim Hamm tätig, sowohl in stationärer als auch ambulanter Jugend- und Familienhilfe. Sie ist außerdem Teamleiterin der Mädchenintensivwohngruppe Venne in Senden.

Christiane Lotto, geb. 1960, Diplom-Sozialarbeiterin, M. A. Social Services, Administration (Sozialmanagement), NLP-Master, leitet den Fachbereich des Pflegekinderwesens im LWL-Heilpädagogischen Kinderheim in Hamm. Sie ist Dozentin und Fortbildnerin.

Hans Meyer, geb. 1950, ist LWL-Jugend- und Schuldezernent. Er ist zuständig für die Bereiche Landesjugendamt, Schulen und die Koordinationsstelle Sucht. Er ist ehrenamtlich tätig als Vorsitzender des Kinderschutzbundes des Kreisverbandes Soest sowie stellvertretender Vorsitzender beim Jugendherbergswerk Westfalen-Lippe.

Manuela Schroeder, geb. 1979, Examinierte Kinderkrankenschwester, Diplom-Sozialpädagogin, Diplom-Sozialarbeiterin, Traumapädagogin, Arbeitsfelder: stationäre Jugendhilfe, Sozial Betreutes Wohnen (Nachtbereitschaft), Flexible

Wohngruppe, Regelwohngruppe, Mädchenintensivwohngruppe, ist Mitarbeiterin des LWL-Heilpädagogischen Kinderheims Hamm.

Negin Schumacher, geb. 1983, Kinderkrankenschwester, BA Heilpädagogik, Traumapädagogin, ist als Heilpädagogin in der Mutter-/Vater-Kind-Gruppe des LWL-Heilpädagogischen Kinderheims Hamm tätig.

Simone Thoms, geb. 1973, Diplom-Sozialarbeiterin, Traumapädagogin i. A., ist freiberufliche Wohngruppenleiterin einer familienanalogen Wohngruppe der Stadt Dortmund.

Susanne Tscherny, geb. 1978, staatlich anerkannte Erzieherin, Counselor (Systemik und Kunst, BVPPT), Traumapädagogin, hat die Gruppenleitung einer Regelwohngruppe mit teilweise intensivem Förderangebot inne.

Tanja Tüllmann, geb. 1987, staatlich anerkannte Erzieherin, Traumapädagogin, arbeitet in einer Regelwohngruppe des LWL-Heilpädagogischen Kinderheims Hamm mit Kindern und Jugendlichen im Alter von 9 bis 18 Jahren.

Stefanie von dem Berge, geb. 1981, Bachelor of Social Work, Traumapädagogin, Sozialpädagogin, Vorstandsmitglied der Deutschen Gesellschaft für Therapeutisches Puppenspiel, ist im Eylarduswerk, Bad Bentheim, in einer Außenwohngruppe tätig.

Sabrina Wiesing, geb. 1982, Erzieherin, Diplom-Sozialarbeiterin, Traumapädagogin, Fortbildungen zur Gruppenleiterin und Kursleiterin, ist ehrenamtlich und in einer Intensiv-therapeutischen Wohngruppe im Salvator Kolleg in Hövelhof tätig.

Notwendig und hilfreich – pädagogische Möglichkeiten der Traumabearbeitung

Silke Birgitta Gahleitner / Thomas Hensel / Martin Baierl / Martin Kühn / Marc Schmid (Hg.)
Traumapädagogik in psychosozialen Handlungsfeldern
Ein Handbuch für Jugendhilfe, Schule und Klinik
2. Auflage 2016. 296 Seiten, mit 11 Abb. und 6 Tab., kartoniert
ISBN 978-3-525-40240-5

eBook: ISBN 978-3-647-40240-6

Plötzlich erstarren, verstummen, um sich schlagen, panisch werden: Traumatisierte Kinder und Jugendliche fallen auf. Psychosoziale Fachkräfte in ambulanten und stationären Betreuungssettings, in der Schule oder im Kindergarten fühlen sich oft überfordert. Enttäuschungen und Verletzungen auf beiden Seiten sind die Folge. Dieses Buch sensibilisiert für Traumata und deren Auswirkungen und berücksichtigt dabei verschiedene psychosoziale Handlungsfelder und unterschiedliche Zielgruppen. Es vermittelt psychotraumatologisches Wissen für den pädagogischen Alltag, damit Fachkräfte kompetent handeln und Heranwachsende traumatische Lebensereignisse besser bewältigen können.

»In seiner Vielfalt spricht das Buch nicht nur die konzeptionelle Seite der Traumapädagogik an, sondern auch viele rein anwendungsbezogene Aspekte des Praxisalltags. Auf die Frage nach den Bedürfnissen unterschiedlicher traumatisierter Zielgruppen, kann der Band mehr Antworten vermitteln als jeder andere Sammelband in diesem Themenbereich zuvor.«
Trauma & Gewalt (Christina Frank)

Verlagsgruppe Vandenhoeck & Ruprecht | V&R **unipress**

www.v-r.de

Alltag mit psychisch auffälligen Jugendlichen

Martin Baierl
Herausforderung Alltag
Praxishandbuch für die pädagogische Arbeit
mit psychisch gestörten Jugendlichen
4. Auflage 2014. 448 Seiten, mit 54 Tab., gebunden
ISBN 978-3-525-49134-8

eBook: ISBN 978-3-647-49134-9

In der stationären Jugendhilfe werden zunehmend mehr Jugendliche mit psychischen Störungen betreut. Orientierungshilfen für mit Erziehungsaufgaben betraute professionelle Helfer – auch in der Kinder- und Jugendpsychiatrie – gibt es jedoch kaum. Dieses Handbuch schafft Abhilfe: Praktiker werden nicht nur mit den wichtigsten Störungen, sondern vor allem mit bewährten Interventionsmöglichkeiten vertraut gemacht, die zum Teil auch im Familienrahmen umsetzbar sind. Zum Rüstzeug gehören außerdem Tipps zur Selbstfürsorge. Eine leicht verständliche Sprache und ein umfangreiches Glossar ermöglichen ein rasches Nachlesen ohne Fachwörterbuch.

»Martin Baierl ist ein schon lange ausstehender Brückenschlag zwischen Kinder- und Jugendpsychiatrie und Jugendhilfe, Psychiatrie und Pädagogik gelungen. Dem Buch sind viele Leser/-innen zu wünschen.«
Kontext (Elisabeth Schweyer)

»Ein sehr empfehlenswertes Buch.«
sozialarbeitsnetz.de

Martin Baierl
Familienalltag mit psychisch auffälligen Jugendlichen
Ein Elternratgeber
2. Auflage 2014. 240 Seiten, mit 18 Tab., kartoniert
ISBN 978-3-525-40413-3

eBook: ISBN 978-3-647-40413-4

Wenn klar wird, dass das eigene Kind unter einer psychischen Störung leidet, steht das Familienleben Kopf. Dieser Ratgeber bietet betroffenen Eltern Orientierung.

Immer mehr Jugendliche ritzen sich, hungern absichtlich oder stecken dauerhaft in einem Stimmungstief. Hier ist die Unterstützung der Eltern besonders gefragt: Zusätzlich zu den normalen Klippen der Pubertät muss eine psychische Krise oder gar Störung überwunden werden. Der Ratgeber von Martin Baierl hilft mit störungsspezifischem Hintergrundwissen und praxisnahen Tipps zur Alltagsgestaltung, diese familiäre Herausforderung zu meistern. Hinweise zur Selbstfürsorge und zum Umgang mit professionellen Helfern sowie ein Glossar runden den Band ab.

»Fazit: ein Ratgeber, der seinen Namen verdient. [...] Sehr empfehlenswert für betroffene Eltern und interessierte Leser.«
Gehirn und Geist (Johanna Senghaas)

»... eine fundierte Fundgrube an Wissen rund um Menschen mit psychischen Auffälligkeiten.«
Sozialmagazin (Detlef Rüsch)

Verlagsgruppe Vandenhoeck & Ruprecht | V&R **unipress**

Bei Fragen zur Produktsicherheit wenden Sie sich bitte an:
If you have any questions regarding product safety, please contact:

Brill Deutschland GmbH
Robert-Bosch-Breite 10
37079 Göttingen
info@v-r.de